Knaus

K

Mary Dearborn

Henry Miller

Eine Biographie

Aus dem Amerikanischen
von Sabine Schulte, Sonja Hauser
und Elke Link

Albrecht Knaus

Die Originalausgabe erscheint unter dem Titel
THE HAPPIEST MAN ALIVE. A Biography of Henry Miller
bei Simon & Schuster, New York

Der Albrecht Knaus Verlag
ist ein Unternehmen der Verlagsgruppe Bertelsmann

1. Auflage

Gesetzt aus Korpus Garamond
Satz: Filmsatz Schröter GmbH, München
Schutzumschlag von Klaus Renner unter Verwendung
eines Fotos von Brassaï, Paris 1932,
Archiv für Kunst und Geschichte, Berlin (Vorderseite)
und von Man Ray, ca. 1945, © Man Ray Trust
Printed in Austria · Wiener Verlag
ISBN 3-8135-1152-9

Inhalt

Einleitung 7

1. TEIL: NEW YORK CITY

1 Der Schlittschuhläufer 17
2 Der Sohn des Schneiders 38
3 «Eine aberwitzige Pflanze» 62
4 Mona 84
5 An Junes Seite 102
6 Henry Street und Love Lane 121

2. TEIL: PARIS

7 Ein Amerikaner in Paris 145
8 «Die phallische Bedeutung der Dinge» 166
9 Tropische Stürme 193
10 Die Villa Seurat 218

3. TEIL: AMERIKA

11 Der klimatisierte Alptraum 247
12 Little Henry, Big Sur 274
13 Der Familienvater 302
14 Ruhm 327
15 Pacific Palisades 349

ANHANG

Lebensdaten 379
Anmerkungen 381
Bibliographie 400
Register 405
Dank 413
Bildnachweis 415

Einleitung

Ich hasse Montparnasse, ich hasse es, für einen Intellektuellen gehalten zu werden, vierzig zu sein, eine Brille zu tragen und eine Glatze zu haben.» Das schrieb Henry Miller, der einer der berühmtesten und auch berüchtigtesten Schriftsteller des 20. Jahrhunderts werden sollte, 1932 an einen Freund. Jeden Tag wanderte er zum Büro von American Express in Paris, weil er dort eine telegrafische Geldanweisung von seiner Frau June, die er in den Vereinigten Staaten zurückgelassen hatte, vorzufinden hoffte. Doch er hatte fast nie Glück. Anschließend begab er sich dann in das Dôme oder die Coupole, in der Hoffnung, dort irgendeinen Bekannten zu entdekken, der ihm ein Essen spendieren könnte.

Nach gängigen Kriterien mußte Miller als Versager gelten. Er hatte drei ausgesprochen mittelmäßige, nicht veröffentlichte Bücher geschrieben und zahlreiche Jobs gehabt, darunter eine Stelle bei der Telegrafengesellschaft Western Union, die mit einiger Verantwortung verbunden gewesen war, die er aber aus lauter Überdruß aufgegeben hatte. Seine zweite Ehe drohte zu zerbrechen. June, die eine lesbische Geliebte hatte, war eine krankhafte Lügnerin, die ihren Lebensunterhalt vor allem mit «Goldgraben» verdiente, einer vornehmeren Art der Prostitution. Miller war nach Paris gegangen, um einen letzten Versuch zu unternehmen, etwas aus sich zu machen. Aber in den ersten Monaten des Jahres 1930 fühlte er sich in Paris elender und mutloser als jemals zuvor im heimatlichen Brooklyn.

Doch dort, buchstäblich auf den Straßen von Paris, begann er das Buch, welches ihn berühmt machen sollte. «Ich habe kein Geld, keine Zuflucht, keine Hoffnungen. Ich bin der glücklichste Mensch der Welt», schrieb er auf der ersten Seite von *Tropic of Cancer (Wendekreis des Krebses)*. Während er dieses Buch verfaßte, verbesserte sich seine Lage erheblich. Die Schriftstellerin Anaïs Nin sorgte für finanzielle Unterstützung und machte ihn zu ihrem Liebhaber. Mit seinem Freund Alfred Perlès zog er in eine gemütliche

Wohnung im Arbeiterviertel Clichy. Als sich 1933 für *Wendekreis des Krebses* endlich ein Verleger fand, hatte Henry Miller auch bereits den großartigen Schluß des Buches geschrieben. Der Erzähler blickt dort auf die Seine, die ruhig, «wie eine große, durch den menschlichen Körper laufende Ader» dahinfließt, und er fühlt, wie ein tiefer Friede ihn überkommt: «Die Sonne geht unter. Ich fühle diesen Fluß durch mich hindurchfließen – seine Vergangenheit, seine altehrwürdige Erde, das wechselnde Klima. Die Hügel umgürten ihn sanft, sein Lauf ist festgelegt.»

Wendekreis des Krebses gab Miller das Gefühl, daß seine Laufbahn, wie der Lauf der Seine, festgelegt war. Das knappe Jahrzehnt, welches er in Paris verbrachte, war für ihn eine sehr fruchtbare Zeit. Außer einigen weniger bedeutenden Werken schrieb er zwei weitere Meisterstücke, nämlich *Tropic of Capricorn (Wendekreis des Steinbocks)* und *Black Spring (Schwarzer Frühling).* Diese Bücher gehörten einer eigenartigen neuen Gattung an, einer Art fiktionaler Autobiographie, die in Europa zwar Vorläufer hatte, zum Beispiel in den Werken von Proust und Céline, zu der es aber in Amerika eigentlich kein Gegenstück gab. Millers Werke erinnerten mit ihrer Verherrlichung des Ich an Whitman und Emerson, aber sie waren in einem überladenen, surrealistischen Stil geschrieben, der viele Leser und Kritiker befremdete. Dazu waren sie mit Sexualität und Obszönitäten geradezu durchtränkt und noch deutlicher und unverblümter als die Werke von James Joyce oder D. H. Lawrence.

Wendekreis des Krebses, Wendekreis des Steinbocks und *Schwarzer Frühling* wurden in Paris von einem Verlag veröffentlicht, der gewagte englischsprachige Bücher für Touristen herausgab, und fanden den Beifall der literarischen Avantgarde Europas, blieben jedoch außerhalb Frankreichs fast überall verboten. Als Miller 1940 in seine Heimat zurückkehrte, war er noch immer völlig mittellos und dem größten Teil des amerikanischen Lesepublikums unbekannt. Weil er «schmutzige Bücher» verfaßte, konnte er seine wichtigsten Werke in den Vereinigten Staaten nicht veröffentlichen, und genauso unmöglich war es, einen kommerziellen Verlag für die anderen Schriften zu finden, die er anzubieten hatte. In den folgenden zwanzig Jahren, die Miller in der Einsamkeit von Big Sur in

Kalifornien verbrachte, entstand das, was er für sein Lebenswerk hielt, nämlich das dreibändige Epos über sein Leben mit June – *Sexus, Plexus, Nexus*. Miller sah sich in dieser Zeit oft gezwungen, die unterschiedlichsten Dinge gegen Essen einzutauschen und Bettelbriefe zirkulieren zu lassen, in denen er um Unterstützung bat. Erst 1961, als er beinahe siebzig war, wurde in den USA das Verbot seiner in Paris entstandenen Bücher aufgehoben. Dadurch kam er zu Geld und verspäteter Anerkennung, wurde aber auch mit einer Reihe neuer Probleme konfrontiert. Er beklagte sich nun häufig, daß er zwischen Reportern, Verehrern, Wirtschaftsprüfern, Dokumentarfilmern und Rechtsanwälten kaum noch Zeit habe, sich seinem Lieblingsgenre zu widmen, nämlich dem Schreiben von langen Briefen an gute Freunde. Die Aufhebung des Verbots machte ihn berühmt, markierte aber gleichzeitig auch das Ende seiner Schriftstellerkarriere.

Millers Werdegang ist so verworren wie bei kaum einem anderen amerikanischen Schriftsteller, und sein Privatleben war nicht weniger verwickelt. Er wuchs um die Jahrhundertwende in einem strengen, deutsch-amerikanischen Haushalt der ersten Einwanderergeneration auf, und sein Charakter wurde von einer psychisch labilen Mutter, die ihre Kinder mißhandelte, und einem unfähigen, der Trunksucht verfallenen Vater geprägt. Doch in seinen «autobiographischen Romanen» vermischte Miller ehrfürchtige Nostalgie mit den quälendsten Einzelheiten aus der Kinderzeit. Aus Kindheit und Jugend ging Miller in sexueller Hinsicht als höchst komplizierter Mensch hervor. Von tiefem Mißtrauen gegen Frauen erfüllt, war er, was Sexualität anging, konservativ und trat selten für etwas anderes als die traditionellen Geschlechterrollen ein, obgleich er sich in seinen Büchern als wahrer Don Juan gebärdete. Als Weiberfeind und Romantiker in einer Person war Miller fünfmal verheiratet und hatte mindestens zwei bedeutende Affären. Im allgemeinen jedoch bevorzugte er männliche Gesellschaft, und häufig bediente er sich eines Kumpels, der den Clown für ihn spielen konnte und ihm half, Frauen ausfindig zu machen. Freunde fanden ihn oft warmherzig und charmant, und er war ein geborener Unterhalter und immer großzügig. Doch wenn es um seine innersten Gefühle ging, blieb er zurückhaltend, und er konnte einen

Menschen ganz plötzlich fallenlassen, wenn er sich einbildete, von ihm vernachlässigt zu werden. Sein Verleger Barney Rosset bezeichnete ihn als «kühl» und nannte ihn die «Kobra mit Kapuze». Außerdem neigte Miller dazu, sich sonderbare Gefährten zu suchen. Viele waren opportunistisch, andere waren – milde ausgedrückt – etwas aus dem Gleichgewicht geraten. Freunde beklagten, daß er bei der Veröffentlichung seiner Werke einen ähnlichen Mangel an Urteilsfähigkeit zeigte, da er buchstäblich alles herausbrachte, was er schrieb, wie unbedeutend es auch sein mochte.

Gern zitierte Miller sein Vorbild Walt Whitman: «Ob ich mir widerspreche? Ja, natürlich, es stimmt, ich widerspreche mir. Na und?» Als Mann mit ungewöhnlichen Widersprüchen läßt Miller sich weder leicht einordnen, noch ist er leicht zu verstehen. Obwohl er sich dem Grundsatz der Gleichheit und den Rechten des Individuums verpflichtet fühlte, hatte er einen starken Hang zum Antisemitismus, und trotz seiner gegenteiligen Behauptungen war er unfähig, Frauen als gleichwertige Personen anzuerkennen. Als Möchtegernphilosoph und Prophet wandte er sich oft der Astrologie und dem Okkultismus zu, um Antworten auf seine Fragen zu erhalten. Als eingefleischter Anarchist und überzeugter Pazifist romantisierte er trotzdem die Gewalt und gab sogar vor, sie zu befürworten. Er verschmähte die Gesellschaft etablierterer Autoren, obwohl er sich verzweifelt wünschte, in ihre Reihen aufgenommen zu werden. Als Schriftsteller, der bekannte, nur für sich selbst zu schreiben, sehnte er sich in aller Offenheit nach dem Nobelpreis. Und obwohl er von Zeit zu Zeit bemerkte, wie sehr er sich von seinen Verehrern belästigt fühle, hieß er sie doch immer großzügig willkommen und schenkte ihnen viele Tage, die er gewinnbringender mit Schreiben hätte verbringen können.

Hat Henry Miller heute noch eine Bedeutung? Hat er, abgesehen von einigen vagen und inzwischen allgemein akzeptierten Grundsätzen in bezug auf die sexuelle und künstlerische Freiheit, überhaupt eine Botschaft? Ist sein Werk nicht sexistisch und überholt? Weil seine Bücher ihres sexuellen Inhalts wegen verboten wurden, hält man ihn für einen freizügigen Verfechter der Darstellung des Sexuellen. Doch der Begriff «Freiheit» ist im Zusammenhang mit einer Weltsicht, die so sexistisch ist wie die seine, kaum angebracht.

Feministische Kritikerinnen haben zu Recht darauf hingewiesen, daß Miller in Wirklichkeit bestimmten männlichen Verhaltensweisen und Einstellungen, in denen sich die schwere Sexualneurose der amerikanischen Kultur des 20. Jahrhunderts deutlich widerspiegelt, seine Stimme verlieh. Dabei war er nicht einfach ein gewöhnlicher Chauvinist, sondern erlebte neben den sexuellen Konflikten seiner Generation und seiner sozialen Schicht gleichzeitig auch seine eigenen komplexen Reaktionen darauf. Seine Bücher sagen viel aus über die Mechanismen der Sexualität und über die Beziehungen zwischen den Geschlechtern in unserer jüngsten Geschichte.

Andere, weniger naheliegende Fragen bereiten größere Schwierigkeiten. «Ich habe selbst meine wahrheitsgetreuste Biographie geschrieben», sagte Henry Miller 1970, als jemand eine Biographie über ihn schreiben wollte. «Was nicht in meinen Büchern steht, ist nicht wirklich wichtig.» Anders als andere Schriftsteller, die gesellschaftliche Probleme distanziert betrachteten, ging Miller das Schreiben wie eine Art Therapie an. Unaufhörlich untersuchte er, was er war und wie er dazu wurde. Voller Freude sah er dem Tag entgegen, an dem er sich ausgeschrieben haben würde; wenn das Projekt endlich abgeschlossen war, wollte er nach Tibet gehen und ein heiliger Mann werden.

Das Ergebnis ist ein Werk, welches das Innenleben des Autors zwar akkurat wiedergibt, den Schwerpunkt aber auf die Phantasien und Obsessionen seines täglichen Lebens legt. «Für mich ist das Buch der Mann, der ich bin», schrieb Miller in *Schwarzer Frühling* «Der verwirrte Mann, der nachlässige Mann, der unbekümmerte Mann, der lustvolle, obszöne, prahlerische, nachdenkliche, gewissenhafte, verlogene, wahrheitsliebende Mann, der bin ich.» Wenn seine Bücher auch wertvolle Mitteilungen über ein faszinierendes Leben liefern, so wäre es doch falsch, nur sie allein als Quelle für Millers Leben zu verwenden. Die von ihm selbst so bezeichneten «autobiographischen Romane» sind sowohl irreführend als auch teuflisch wahrheitsgetreu. Häufig verzerrte er die Wahrheit, indem er wichtige Ereignisse ausließ oder andere unverhältnismäßig stark herausstrich. Aber dieser freie Umgang mit den Fakten weist den einzig möglichen Weg, Millers Bücher als biographische Dokumente zu lesen: mit großer Vorsicht nämlich. Miller gibt den Ereignissen oft charakteristische Nuancen, und diese Nuancen verraten häufig die Wahrheit. Man bekommt ein Gefühl dafür, was in Millers Berichten über sein Leben den Tatsachen entspricht und was nicht.

Als weiteres Problem kommt hinzu, daß Henry Miller in den Büchern, die als sein Hauptwerk angesehen werden, nur die ersten vierzig Jahre seines Lebens schildert. Dies gilt sowohl für *Wendekreis des Krebses* als auch für *Wendekreis des Steinbocks*, und obwohl Miller einige Aspekte seines späteren Lebens in Werken wie *The Colossus of Maroussi (Der Koloß von Maroussi)* und *Big Sur and the Oranges of Hieronymus Bosch (Big Sur und die Orangen des Hieronymus Bosch)* abhandelte, kehrte er für seine große Trilogie *The Rosy Crucifixion (Sexus, Plexus, Nexus)* auf früheres Terrain zurück. Der Biograph muß sich daher Millers umfangreicher Korrespondenz zuwenden, die allerdings auch nicht unbedingt «wahrheitsgetreu» ist. Ebenso wie bei Interviews mit Millers Freunden und Bekannten subjektive Interpretationen und Gedächtnislücken zu berücksichtigen sind, müssen alle schriftlichen Dokumente mit der gleichen Sorgfalt überdacht werden, die den «autobiographischen Romanen» entgegenzubringen ist.

Millers Schriften sind nicht leicht zu bewerten. Die akademische Literaturkritik zum Beispiel hat sich kaum mit ihnen beschäftigt. Seine Arbeiten scheinen einen empfindlichen Nerv zu treffen: Die Leser neigen zu leidenschaftlichen Reaktionen, die entweder positiv oder negativ ausfallen. «Der Unterschied zwischen mir und anderen Schriftstellern ist, daß sie sich bemühen, das zu Papier zu bringen, was sie hier oben im Kopf haben. Ich bemühe mich, das zu erfassen, was darunter ist, im Solarplexus und in den niederen Regionen.» So erläuterte Miller 1970 im *Playboy* seine Stellung in der Literatur.

Seine Erkundungen der «niederen Regionen» formten den Sittenkodex und das Sozialverhalten der Amerikaner und machten Literaturgeschichte. Die Version seines Lebens, wie Miller sie in seinen Büchern gibt, zeigt einen Amerikaner, der sich eine Fassade von solcher Härte zugelegt hat, wie Amerika sie nie zuvor erlebt hatte.

Von Anfang an, seit er in Teddy Roosevelt den Helden sah, der sein Vater nicht war, ist seine Geschichte die Geschichte der männlichen Identität im 20. Jahrhundert. Sie ist die Geschichte eines einzelnen Mannes, der sich in Opposition zu seiner Kultur begab und der, paradoxerweise, doch so sehr ein Teil dieser Kultur geblieben ist.

ERSTER TEIL
NEW YORK CITY

«Von Anfang an war nichts anderes als Chaos: ein Fluidum, das mich einhüllte, das ich durch die Kiemen einatmete.»

Henry Miller, *Wendekreis des Steiunbocks*

1. KAPITEL

Der Schlittschuhläufer

1891–1900

Obgleich Henry Miller seiner Herkunft nach fest in der deutsch-amerikanischen Tradition verwurzelt war, behauptete er doch gerne, in seinen Adern fließe in Wirklichkeit jüdisches, mongolisches, chinesisches, ja vielleicht sogar tibetanisches Blut.[1] Da sich für seine Großeltern mütterlicherseits keine Taufurkunden finden ließen, liebäugelte er mehrere Jahre lang mit der Vorstellung, Jude zu sein. Dann wiederum bildete er sich ein, chinesische Vorfahren zu haben, denn sein Gesicht mit den asiatisch geschnittenen Augen wies leicht mongolische Züge auf. Obwohl Miller sich als Schriftsteller, genau wie seine literarischen Vorfahren Whitman und Emerson, als Autodidakt bezeichnete, beschäftigte er sich doch intensiv mit seiner Abstammung.

In Millers Augen war das Schlimmste an seinen Vorfahren, daß sie nicht den Verstand besaßen, aus der «Kälte» in die «Wärme» zu kommen. *Wendekreis des Steinbocks*, diese ungewöhnliche Anklage gegen seine Familie und das amerikanische Arbeitsethos, eröffnete er mit einer Schmährede auf die idiotische Vorliebe seiner Leute für die «gemäßigten Zonen»:

> Bis zu meinem zehnten Lebensjahr wurde mir nie bewußt, daß es «warme» Länder gab, Orte, wo man nicht für seinen Lebensunterhalt schuften, auch nicht frieren und vorgeben mußte, das sei gesund und erhalte frisch. Überall, wo es kalt ist, gibt es Menschen, die sich schinden, und wenn sie Kinder in die Welt setzen, predigen sie den Kindern das Evangelium der Arbeit – das im Grunde nichts anderes ist als die Lehre von der Trägheit. Meine Leute waren alle nordischer Abkunft, mit anderen Worten: *Idioten.*[2]

Damit wollte Miller andeuten, daß sein Leben von Anfang an verpfuscht war, daß er ohne eigene Schuld in eine Familie von

Idioten hineingeboren und in einem Land von Idioten aufgezogen worden war. Seine Persönlichkeit war in einer Gesellschaft geformt worden, in der seine Chancen gleich Null waren, und in ihr hatte er auch das Schreiben gelernt. Sein Leben und seine Arbeit sollten eine ununterbrochene, wilde Anklage gegen die Kräfte werden, die ihn geschaffen hatten.

Das Familienalbum der Millers enthielt eine «Sammlung seltsamer Käuze»[3], wie er sagte, und mochte diese Bemerkung auch zynisch klingen, so traf sie doch zu, vor allem für die Nietings, die Familie seiner Mutter.

Henrys Großvater, Valentin Nieting, war Schneider und stolz auf sein Handwerk. Er kam am 7. Juli 1836 im Großherzogtum Hessen zur Welt. Mit sechzehn faßte er den Entschluß, nach Amerika auszuwandern. Zum einen kursierten Berichte vom gelobten Land, aber es gab noch einen triftigeren Grund als den wirtschaftlichen Anreiz: Durch eine bevorstehende Umstrukturierung des Militärs drohte Bürgern wie Nieting die Einberufung. Daher begab Nieting, der später seinem Enkel Henry immer wieder erzählte, daß er nicht Soldat werden wollte, sich nach England.[4] Er ging in London in der Savile Row in die Lehre, wo die bessere Gesellschaft Englands und Europas – und Amerikas, wenn sie es sich leisten konnte – ihre Kleidung anfertigen ließ. Dort erwarb er sein ausgezeichnetes Englisch, das er mit britischem Akzent sprach, und wurde so etwas wie ein Sozialist: Sein Leben lang blieb er ein treuer Gewerkschaftler. Doch er hatte weiterhin die Absicht, nach Amerika auszuwandern, und als sein Meister nach zehn Jahren ankündigte, daß er nach dorthin übersiedeln wolle, und ihm die kostenlose Überfahrt anbot, verließ Nieting London mit Ziel New York.

Nach seiner Ankunft ließ er sich in der Lower East Side nieder und lernte bald Emilie Insel kennen, eine junge Frau, die am 27. Januar 1842 in Deutschland geboren war. Ihre Mutter, Wilhelmina Schäfer, hatte einen Mann namens Insel aus Bremen geheiratet.[5] Am 1. April 1866 wurden Nieting und Emilie Insel von einem Pastor Pass in der evangelisch-lutherischen Kirche St. Mark an der East Sixth Street getraut. Ihre erste Tochter kam 1867 zur Welt und wurde nach ihrer Mutter Emilia genannt. Zwei Jahre später, am

13. Januar 1869, wurde Henry Millers Mutter Louise Marie geboren. Im gleichen Jahr, nur einige Monate später, bewarb Nieting sich aus Loyalität zu seinem neuen Land um die amerikanische Staatsbürgerschaft.[6] Zwei weitere Töchter, Annie und Mary, wurden 1873 und 1875 geboren, und zwei Mädchen starben bereits als Babys. 1878 starb der Sohn, Valentin Nieting, noch bevor er ein Jahr alt war. Die Familie ließ sich in Lower Manhattan in der Avenue A Nr. 153 nieder, aber dieser Wohnsitz sollte vorübergehend bleiben. In den achtziger Jahren zogen die Nietings in das vornehmere Viertel Yorkville, eine deutsch-amerikanische Hochburg in der Upper East Side.

Als der langersehnte Sohn endlich geboren wurde, war bereits klar, daß bei den Nietings nicht alles zum Besten stand. Jahre danach erzählte Mary ihrem Neffen Henry, ihre Mutter sei «abgeholt» worden, als sie noch jung war.[7] Später erinnerte Henry sich daran, daß man ihm gesagt hatte, seine Großmutter sei verrückt geworden, als seine Mutter zwölf oder dreizehn war. Weil bei Tante Emilia ebenfalls Anzeichen von psychischer Labilität auftraten, fiel der größte Teil der Verantwortung für die Haushaltsführung der jungen Louise zu. Zeitweise lebte zwar Millers Urgroßmutter Wilhelmina Insel nach dem Tod ihres Mannes bei der Familie ihrer Tochter, aber als Wilhelmina 1883 in dem Haus, welches ihr Mann für die Großfamilie an der Driggs Avenue in Brooklyn gekauft hatte, starb, waren die Nietings ganz auf sich gestellt.

Miller war überzeugt, daß diese frühe Verantwortung seine Mutter zu der harten und strengen Frau gemacht hatte, die sie war: «Sie *mußte* die Autokratin sein, um ihre Schwestern bei der Stange zu halten.»[8] Sein ganzes Leben lang gab er seiner Familie mütterlicherseits die Schuld an allem, was mit ihm und seiner Familie nicht stimmte. Er verdammte sie als «nüchtern, fleißig, sparsam».

Nun waren Millers Vorfahren väterlicherseits auch nicht ohne Fehler, aber er bedachte diese Verwandten nie mit dem gleichen Spott wie die Familie seiner Mutter. Sein Großvater Heinrich Müller, ebenfalls Schneider, wurde in Minden an der Weser im Hannoverschen geboren. Er heiratete Barbara Kropf, eine Bayerin, und wanderte etwa zur gleichen Zeit und aus den gleichen Gründen wie Valentin Nieting nach Amerika aus.[9] Bei der Ankunft in der

Neuen Welt änderte Heinrich seinen Namen in Miller, und als 1865 sein Sohn geboren wurde, nannte er ihn Heinrich Miller. Diesem Sohn richtete er einen Arbeitsplatz neben sich am Schneidertisch im Haus der Familie in Yorkville ein. Wie die Nietings, so schätzten auch die Millers die Respektabilität dieser deutsch-amerikanischen Enklave sehr, wobei die Millers jedoch auf der sozialen Leiter tiefer standen als die Nietings.

Henry zufolge war dieser Zweig der Familie, der sich aus Trinkern und Musikern zusammensetzte (und zu einem guten Teil auch aus Handwerkern und Kaufleuten, selbst wenn die Familiensaga etwas anderes behauptet), «zu gutherzig, zu unbeschwert, zu träge, zu verträumt»[10]. Die lebenslustigen Millers hatten mit den strengen Nietings überhaupt nichts gemein. Henry Miller meinte, sein immer tadellos gekleideter Vater sei in erster Linie ein sehr sinnlicher Mensch gewesen, und das Schneiderhandwerk habe ihm zugesagt, weil er gerne mit feinem Wolltuch und Seidenstoffen umging.

Heinrich Miller und Louise Nieting lernten sich 1889 kennen und wurden 1890 getraut. Sie waren ein attraktives Paar. Louise war hochgewachsen und hatte ausgeprägte Gesichtszüge, und Heinrich war ein kleiner, aber gutgebauter Mann mit warmen Augen und einem eleganten Schnurrbart. Beide waren Lutheraner, gingen allerdings nicht zur Kirche, und richteten sich nach den Normen der Mittelschicht. Damit endeten die Gemeinsamkeiten. Die Nietings hatten in Deutschland Geld zurückgelassen, das sie nicht aus dem Land herausbekamen, während die Millers nicht auf ähnliches zurückgreifen konnten. Valentin hatte durch seine Lehre in der Savile Row den Titel des Herrenschneiders erworben, eine Auszeichnung, von der Heinrich Miller nur träumen konnte. Auch vom Temperament her waren Louise und Heinrich sehr verschieden. Louise glaubte an strenge Disziplin und harte Arbeit, während Heinrich unbeschwert und heiter war und zum Müßiggang neigte. Sie hatten zwar ähnliche Ideale und Vorstellungen, aber an den Einzelheiten des häuslichen Alltags entzündeten sich ständig Streitereien. Louise war psychisch labil und neigte zu Wutausbrüchen, die sich über Tage hinzogen und zu Gewalttätigkeiten führen konnten. Als Frau aus «anständigem» Hause fügte sie sich nicht leicht in ihre neue Stellung in dem bayerisch-hannoveranischen Haushalt, den sie für «schlampig» hielt. Nach der Geburt ihres ersten Kindes erwies sie sich als gute Mutter von der schlimmsten Sorte; dem zweiten Kind wurde sie eine sehr schlechte Mutter.

Henry Valentine Miller kam am 26. Dezember 1891 in seinem Elternhaus in der East Eighty-Fifth Street Nr. 450 zur Welt. Sein Geburtsdatum erschien ihm später bedeutungsvoll, da Rimbaud, mit dem er sich wesensverwandt fühlte und den er mit Christus verglich, im Jahr 1891 gestorben war. «Dieses Sterbejahr Rimbauds», schrieb er, «steht am Ende einer Dekade, in der mehrere für das 20. Jahrhundert wichtige Schriftsteller geboren wurden.» [11] Auch der Tag seiner Geburt, der zweite Weihnachtstag, war von Bedeutung. Sein ganzes Leben lang trug er sich mit dem Gedanken, er sei vielleicht ein zweiter Jesus Christus, ein Jesus Christus der Gegenwart. Außerdem war er mit einem Doppelscheitel geboren, und einem Aberglauben zufolge war er damit etwas Besonderes.

Miller war überzeugt, seine Mutter sei schuld gewesen, daß er nicht schon am ersten Weihnachtstag geboren wurde. Sie habe «einen Klammerschoß» gehabt [12], und es habe «elende Mühe» bereitet, ihn «aus dem Mutterleib herauszubringen» [13]. Er glaubte auch, er sei hungrig zur Welt gekommen, sowohl im wörtlichen als auch im übertragenen Sinne. In *Wendekreis des Steinbocks* schildert er, wie er von frühester Kindheit an zugrunde gerichtet wurde: «Es ist, als habe meine Mutter mich mit einem Gift genährt, und obwohl ich früh entwöhnt wurde, blieb mir das Gift im Blut.» [14]

Obwohl Louise nach außen hin als liebevolle Mutter auftrat, zeigte sie Henry gegenüber niemals Zeichen echter Zuneigung. Die geringste Abweichung von der gewohnten Haushaltsroutine oder der kleinste Verstoß gegen ihre starren, oft nicht einsehbaren Regeln konnten bei ihr einen Wutanfall auslösen. Ihren Mann verhöhnte sie wegen seines schlechten Geschäftssinnes, und wenn Heinrich trank, wurde sie wütend, denn für sie war Trinken gleichbedeutend mit beginnendem gesellschaftlichem Abstieg. Ihre Wutausbrüche wiederum brachten ihren Mann dazu weiterzutrinken. In seinem kleinen Zimmer, «nur eine Zelle, mit einem einzigen

Fenster, das auf den Korridor hinausgeht», konnte Henry hören, wie sie sich beim Geschirrspülen stritten. Eines Abends gab seine Mutter seinem Vater mit ihrer nassen Hand eine «schallende Ohrfeige», woraufhin sein Vater ruhig sagte: «Wenn du das je wieder tust, verlasse ich dich.» [15] Danach wendete Louise körperliche Gewalt nur noch bei ihren Kindern an.

Trotzdem behauptete Miller immer wieder, die Kindheit sei die glücklichste Zeit seines Lebens gewesen, und rein äußerlich gesehen war sie das auch. Miller wurde, wie er oft sagte, mit einem Silberlöffel im Mund geboren. Der Familie ging es wirtschaftlich gut, und er bekam alles, was er sich wünschte, außer einem echten Pony. (Aber er hatte ein Phantasiepony, sein Holzpferd Dexter.) Er erinnert sich, daß er in einem Brief an den Weihnachtsmann um eine Trommel *und* eine Laterna magica bat, voll Vertrauen darauf, daß beides geliefert werden würde. [16] Er bekam Klavier- und Zitherunterricht und war von Verwandten umgeben, die zu seinem Gefühl der Geborgenheit beitrugen. Erst später sollte er die engen Familienbeziehungen der Millers als bedrückend empfinden.

1892 zog Familie Miller in das Haus der Nietings, Driggs Avenue Nr. 662, im Stadtteil Williamsburg in Brooklyn ein. Dieser Umzug brachte der Familie neues Ansehen. Das Haus lag am Ende einer Straße, die aus einem einzigen Block bestand, und da die Millers im obersten Stockwerk eines dreistöckigen Hauses wohnten, herrschte Henry, wie ihm zuerst schien, über ein vollständiges kleines Universum.

Brooklyn war zu jener Zeit eine blühende Stadt, deren Bewohner der Mittelschicht angehörten. Der erste Bürgermeister war in seinem Wahlkampf 1833 gegen die Ausbreitung von Kneipen und gegen freilaufende Schweine in den Straßen zu Felde gezogen, und diese Art bürgerlicher Vornehmheit war auch um 1890 noch das Ideal. [17] Obwohl Brooklyn die Unabhängigkeit anstrebte, hätte die Stadt ohne Manhattan ökonomisch nicht überleben können. 1893, Henry war gerade zwei Jahre alt, bemerkte *Harper's Magazine*: «Jede andere Stadt verdient ihren Lebensunterhalt selbst, doch Brooklyn arbeitet für New York und bekommt wie ein Ladenmädchen am Samstagabend seinen Lohn ausgezahlt.» [18] Der gleiche Kommentator schrieb, Brooklyn sei eine Stadt der Frauen. Die

Männer hielten sich tagsüber in den Geschäften und Werkstätten oder auf der anderen Seite des Flusses in Manhattan auf, während «die Frauen die Stadt für sich [haben] und über Kinder, Dienstmädchen, Ammen, schattige Bäume, Blumen und hübsche Hauseingänge herrschen»[19].

Als kleiner Junge nahm Henry nur äußerliche Eindrücke auf: den Gestank der Blechfabrik Haberman hinter dem Haus, den Geruch der heißen Stärke aus der Schneiderwerkstatt in der Straße, den Anblick von Mrs. O'Melios Katzen, die auf dem Blechdach über der Tierarztpraxis auf der anderen Straßenseite herumjagten.[20] Als er älter wurde, schickte man ihn, wenn die Verwandtschaft zusammenkam, in Pat McCarrens Kneipe an der Ecke, um dort in großen Krügen Bier zu holen. Diese Treffen der Millers und der Nietings fanden in der Küche von Henrys Elternhaus statt und waren angesichts der vielfältigen Krisen der Verwandten gleichzeitig aufregend und etwas beängstigend. Miller beschrieb sie als «erschrekkende, widerliche Sitzungen, von denen sie immer mit langen, ernsten Gesichtern oder roten, verweinten Augen wieder auftauchten»[21]. Die Schwestern Nieting unterhielten sich endlos darüber, wer ihre Mutter in der Irrenanstalt auf Blackwell's (jetzt Roosevelt) Island besuchen sollte, über ihren Onkel, George Insel, dessen Exzentrizität mehr und mehr ein Problem darstellte, und über Tante Emilia, deren Verhalten immer unberechenbarer wurde.

Von seinen Eltern wurde Henry anfangs wie ein entzückendes Spielzeug behandelt und aufwendig herausgeputzt. Zu ganz besonderen Anlässen, wie zum Beispiel zu der Parade für Teddy Roosevelt und seine Rough Riders nach ihrem Sieg bei San Juan Hill, wurde er mit einer kurzen, schwarzen Samtjacke, Knickerbockern, einer weißen Spitzenbluse und einer cremeweißen, seidenen Schottenmütze mit Pompon und schneeweißer Feder ausstaffiert.[22] Er selbst hielt seine Kleidung für großartig und war gekränkt, als die Kinder aus der Nachbarschaft höhnische Bemerkungen machten. Von da an betrachtete er seinen Aufzug mit ihren Augen: Er war wie ein Mädchen gekleidet, und wenn sie «Muttersöhnchen» hinter ihm herriefen, zuckte er zusammen.[23]

Sosehr er diesen Anzug auch verabscheuen mochte, trug er ihn doch zur alljährlichen Sonntagsschulparade, einem Brauch, der seit 1829 bestand. Alle Kinder Brooklyns, die zur Kirche gingen, marschierten zusammen durch die Straßen. Die Parade war ein Zeichen für Brooklyns Stolz auf seine beständige, fromme Bürgerschaft und für die Hoffnungen, die sie in ihren Nachwuchs setzte. Henry Ward Beecher nannte den Junitag, an dem die Parade stattfand, «den zauberhaftesten Tag des Jahres», und der berühmte Brooklyner Walt Whitman schrieb in seiner Kolumne im *Brooklyn Eagle*: «Der Anblick dieser erfreulichen Mädchen und Jungen, wie sie in allen Richtungen quer durch die Stadt marschieren, konnte das Herz eines Mannes weicher stimmen.» [24]

Den Millers galt die Parade als Bestätigung ihres eigenen gesellschaftlichen Ansehens. In einer Epoche großräumiger Verstädterung und Industrialisierung und angesichts der daraus resultierenden tiefgreifenden Veränderungen des Alltagslebens wurden Kirche und Sonntagsschule als stabilisierende Faktoren betrachtet. Für Familien wie die Millers war die Kirche ein Bollwerk gegen die latente Bedrohung durch kriminelle Banden und die Kneipe an der Ecke. Daher wurde Henry, wie es sich gehörte, erst in der lutheranischen Sonntagsschule und später bei der presbyterianischen Kirche an der Driggs Avenue und North Fifth Street angemeldet. Seine Eltern schätzten Dr. Wells, den Pfarrer dort, weil er Brite und in ihren Augen daher kultiviert war. Henry selbst erinnert sich an Dr. Wells als «Fiesling» [25]. Die Kirchenältesten mochten Henry, weil er intelligent und korrekt gekleidet war und aus guter Familie stammte.

Henry war ein frühreifes Kind. Seine Eltern setzten große Hoffnungen in ihren Sprößling, und weil er so intelligent war, schien er zu großen Taten bestimmt zu sein. Er lernte früh Laufen und Sprechen und konnte sowohl Englisch als auch Deutsch. Bevor er in den Kindergarten kam, konnte er schon Zeitung lesen, und von da an wünschte er sich nur noch Bücher zu Weihnachten. Henry las so viel, daß sein Großvater Valentin Nieting, der nach Henrys Geburt zu den Millers gezogen war, fürchtete, er würde sich die Augen verderben.

Großvater Nieting spielte in einigen der frühesten Kindheitserinnerungen Henrys eine zentrale Rolle. Sein Temperament war grundverschieden von dem seiner Tochter Louise. Er war der einzige, der sich ihr entgegenstellte, und dafür liebte Henry den alten Mann. Die Samstagabende verbrachte Nieting in einer Kneipe, die von Henrys Onkel Paul geführt wurde. Dort diskutierte er mit seinen Freunden über Sozialismus. Henry erinnerte sich später, daß allein das Wort seinen Eltern «unsägliche Furcht» einflößte.[26] Oft lag Henry am Boden neben Nietings Arbeitstisch – Nieting stellte Mäntel für Heinrich Miller her, der bei seinem eigenen Vater in Yorkville arbeitete –, hörte zu, wie der alte Mann «Shoo fly, don't bother me» und «Ich weiß nicht, was soll es bedeuten» pfiff, und las dabei über die Heldentaten von Teddy Roosevelt und Admiral Dewey, seinem anderen Helden aus dem spanisch-amerikanischen Krieg, jenem Sieger von Manila Bay, der am 25. Dezember geboren war, dem Geburtsdatum, um das man Henry betrogen hatte.[27] Über Henrys schmalem, durch einen Vorhang abgetrenntem Bett hing eine Lithographie des Kriegsschiffes *Maine*. Hier lag der Junge und träumte zuerst von Dewey und später von seinem Gegenspieler, «Amerikas Todfeind», dem philippinischen Rebellenführer Emilio Aguinaldo, dessen Bande von der amerikanischen Armee bekämpft worden war.[28] Ein Onkel Henrys hatte an diesen Expeditionen teilgenommen, und seine Berichte über die in Deutschland hergestellten Dumdumgeschosse, die im Leib des Feindes explodierten, sowie über die sogenannte «Wasserfolter» machten Henry deutlich, daß er, wie sein Großvater Valentin, überzeugter Pazifist werden würde. Doch seine frühesten Helden waren Soldaten.[29]

Ein anderer Spielkamerad, Stanley Borowski, den Henry Stasiu nannte, wohnte am anderen Ende des Blocks in einem ärmlichen, dreistöckigen Haus. Stanley und Henry spielten häufig neben dem Arbeitstisch seines Großvaters Domino oder mit Spielzeugsoldaten. Stanley war Waise und von seinem Onkel und seiner Tante adoptiert worden. Dem Onkel, einem Säufer und Rohling, gehörte der Friseurladen im Erdgeschoß des Hauses, in dem die Millers wohnten, und Henry hatte große Angst vor ihm. Stanley dagegen tat seine Prügel achselzuckend ab.

Miller schrieb später, es sei peinlich und beschämend für ihn gewesen, daß er von seinen Eltern alles bekam, was er wollte, während es seinen Freunden manchmal sogar am Notwendigsten fehlte.

Um den Reichtum zu verteilen und aus reiner Großzügigkeit – eine Eigenschaft, die er sein ganzes Leben behalten sollte – verschenkte Henry sein schönstes Spielzeug. Als er die Trommel weggab, die er zum vierten Geburtstag bekommen hatte, wurde er streng bestraft. Aber noch schlimmer war, daß seine Mutter ihn am Ohr zu den Wohnungen seiner Freunde zog und ihn die Sachen zurückfordern ließ.[30] So erschien Henry materieller Besitz schon früh suspekt; für ihn war er überflüssiges Beiwerk, das ihn an seine Mutter und ihre starren, hohlen Werte erinnerte.

Da der Junge den ständigen Wutausbrüchen und der Launenhaftigkeit seiner Mutter ausgesetzt war, suchte er bei seinem Vater ein Gefühl von Geborgenheit und Sicherheit. Louises Verhalten verstörte und erschreckte ihn. Einmal, als Henry vier Jahre alt war, trat Louise auf ihren Sohn zu, der auf seinem Stühlchen am Herd saß, und fragte ihn, was sie mit einer Warze an ihrem Finger tun solle. Henry hatte Angst, wollte es ihr aber recht machen und schlug ihr vor, die Warze mit einer Schere abzuschneiden. Louise befolgte anscheinend seinen Rat und zog sich dabei eine Blutvergiftung zu. Zwei Tage später drohte sie ihm mit ihrem verbundenen Finger und schrie: «Und du hast mir gesagt, ich soll sie abschneiden!» Dann ohrfeigte sie ihn.[31] Miller vergaß dieses verwirrende und alptraumhafte Erlebnis nie. Es blieb für ihn immer Sinnbild für den emotionalen Mißbrauch, den seine Mutter fortwährend mit ihm trieb.

Louises Verhalten wurde noch unerträglicher, nachdem sie am 11. Juli 1895 eine Tochter geboren hatte, die Lauretta Anna genannt wurde. Nach kurzer Zeit stellte sich heraus, daß Laurettas Entwicklung nicht normal verlief. Als Baby konnte sie den Kopf nicht hochhalten, so daß er unkontrolliert hin und her rollte. Nach dem Kindergarten konnte sie nicht die Grundschule besuchen, da sie dazu geistig noch nicht reif genug war. Sie wurde das Opfer der anderen Kinder in der Nachbarschaft, die ihr auf der Straße hinterherjagten, ihr «Verrückte Lauretta, verrückte Lauretta!» nachriefen, sie an den Haaren zogen und sie auch auf andere Weise belästigten.

Henry fiel die Aufgabe zu, seine Schwester zu beschützen. Er verteidigte sie heftig und bewunderte gleichzeitig heimlich ihre Art, sich einfach nicht normal zu entwickeln. In *Wendekreis des Stein-*

bocks bezeichnete er sie als «so etwas wie ein harmloses Ungeheuer, ein Engel, der den Leib einer Idiotin mitbekommen hatte»[32]. Weil Lauretta nicht lernen konnte, glaubte Henry, sie könne den Unterschied zwischen Gut und Böse nicht begreifen, und betrachtete sie daher als «die Güte selbst». Als sie zum Beispiel einmal Salz brachte, obwohl man ihr aufgetragen hatte, Zucker zu holen – Henry sah darin «einen schönen Akt der Güte» –, wurde sie von der aufgebrachten und uneinsichtigen Louise verprügelt.[33]

Einige der schlimmsten Szenen spielten sich ab, wenn Louise versuchte, Lauretta zu Hause zu unterrichten. Mehrere Male stellte sie in der Küche eine Tafel auf und machte sich daran, Lauretta das Einmaleins beizubringen. Wie vorherzusehen war, fand Lauretta nie die richtigen Lösungen für die ihr gestellten Aufgaben und riet statt dessen verzweifelt herum. Bei jeder falschen Antwort schlug Louise ihr mit einem Lineal auf die Fingerknöchel und wandte sich an Henry mit der Frage, warum Gott sie so heimgesucht habe.

Henry seinerseits erbrachte dafür besonders gute Leistungen. In der Grundschule an der North First Street bekam er nur Einsen, und für die kleineren Jungen in der Nachbarschaft hatte er etwas von einem Weisen. Als er fünf oder sechs war, beeindruckte er seine Freunde, indem er im Viertel herumstolzierte und verkündete: «Man hat ein Stück Land gefunden, das über den Rand der Erde hinausragt.» Er behauptete, damit sei bewiesen, daß die Erde eine Scheibe sei.[34] Für Henrys Eltern hatte Bildung einen sehr hohen Stellenwert, und er selbst war darauf bedacht, ihnen mit seinen Erfolgen in der Schule Freude zu machen. Seinen Tanten, die in ihn vernarrt waren, beeindruckte er mit schwindelerregenden Listen von Daten und Fakten, von Konjugationen und Deklinationen, die er alle auswendig lernte und dann stolz aufsagte. Er hatte ein hervorragendes Gedächtnis und lernte sehr früh, wie er andere Leute damit verblüffen konnte.

Henrys besessenes Lernen hatte jedoch noch andere Gründe als seine Frühreife und den Wunsch, andere zu beeindrucken. Er war von dem starken Bedürfnis beseelt, einen Ausgleich für Laurettas Schwäche zu schaffen und so die Aufmerksamkeit seiner Mutter von dem armen Mädchen abzulenken. In dieser Hinsicht nahmen seine verbalen Leistungen, die der Notwendigkeit entsprangen, den willkürlichen, gewalttätigen Zorn seiner Mutter abzuwenden, seine umfangreichen schriftlichen Leistungen vorweg. Wenn er sah, wie Lauretta geschlagen wurde, weil sie etwas falsch gemacht hatte, obwohl sie gar nicht richtig verstand, um was es ging, stand er vor einem Rätsel. Wenn Lauretta, die gut war, geschlagen wurde, als wäre sie böse, welchen Sinn hatte es dann, gut zu sein?

Henry folgte dieser Logik und versuchte einen anderen Weg, indem *er* beschloß, böse zu sein – und zwar in der Schule. Er fiel immer wieder unangenehm auf und wurde mehrere Male wegen schlechten Betragens nach Hause geschickt, normalerweise, weil er «uneinsichtig» war. Er sah seine Aufgabe darin, sich über die Lehrer, den Unterrichtsstoff und die gesamte Schule lustig zu machen und entwickelte plötzlich eine leidenschaftliche Abneigung gegen die Schule.

Der böse Henry war ein komplizierter Fall, denn seine Leistungen waren weiterhin hervorragend. Obwohl er jetzt Disziplinprobleme machte, erhielt er immer noch gute Noten und sammelte alle nur möglichen Auszeichnungen. Aus dem Rätsel, welches Laurettas schlechte Behandlung ihm aufgab, zog er nämlich auch den Schluß, daß er in irgendeiner Weise ganz besonders gut sein mußte, wenn er sich selbst vor den Wutausbrüchen seiner Mutter schützen wollte. Es war immer ein prekäres Gleichgewicht, und als er erwachsen wurde, zerbrach es ganz. Mehr als dreißig Jahre später beschrieb er in *Wendekreis des Steinbocks* ein Verhältnis zwischen Bruder und Schwester, in dem eine Seite sich immer genötigt fühlt, das Versagen der anderen wettzumachen:

> Weil ich, während sie überhaupt nicht wächst, wie ein Pilz hochschieße; weil ich, während sie keine Persönlichkeit hat, zum Koloß werde; weil ich, während sie frei von allem Bösen ist, zu einem zweiunddreißigarmigen Kandelaber des Bösen werde; weil ich, während sie von niemandem etwas fordert, alles fordere; weil ich, während sie überall zum Lachen reizt, Furcht und Achtung einflöße; weil ich, während sie gedemütigt und gequält wird, von allen, Freund oder Feind, Rache fordere; weil ich, während sie hilflos ist, mich allmächtig mache.[35]

Oft tauschte Miller in seiner Vorstellung den Platz mit seiner Schwester und erlitt an ihrer Statt die Qualen. Er entwickelte sogar die Fähigkeit, sich zu hypnotisieren, wenn er sah, wie seine Mutter Lauretta schlug. Statt das furchtbare Schauspiel mitzuerleben, entfloh er in eine Traumwelt. Autohypnotische Trancezustände erschienen ihm als ein bequemer und zunehmend notwendigerer Weg, der Verrücktheit seiner Familie zu entkommen. Hier sind auch die Anfänge von Henrys berühmter Härte, seiner scheinbaren Gefühllosigkeit, zu suchen.

Eine sehr bewegende Passage in Millers Schriften schildert einen derartigen Vorfall. Henry stellt sich eine bizarre Szene zu Hause vor, bei der es um einen Rostfleck auf einem Schlittschuh geht. Der Fleck führt zur Flucht in seine Traumwelt. In seiner Phantasie ist sein Vater der schiefe Turm von Pisa, sein Großvater eine Schnarchmaschine, seine Schwester eine Staupsäule und seine Mutter eine Flugechse in Menschengestalt.[36] Die Staupsäule greift nach dem Petroleumkanister, um den Rost vom Schlittschuh abzureiben, verschüttet dabei aber aus Versehen einen Topf mit Pflaumen, der für das Abendessen vorgesehen ist. Dafür muß sie natürlich Schläge bekommen, und sie schreit. Der schiefe Turm von Pisa verläßt daraufhin das Haus und betrinkt sich. Als er zurückkommt, stößt er in seinem angetrunkenen Zustand etwas Farbe vom Türrahmen ab. Das löst einen heftigen Streit zwischen ihm und der Flugechse aus, und dieser Streit versetzt Henry in einen Trancezustand. Denn aus alledem folgte, daß sich der kleine Rostfleck immer noch auf dem Familienschlittschuh befand und daß Henry ihn würde entfernen müssen, und zwar indem er so schnell und so weit Schlittschuh lief wie möglich, um ihn für immer abzureiben:

> Dieser kleine Rostfleck unter den Spannschrauben machte mich zu einem Meister im Schlittschuhlauf. Er zwang mich, so rasch und rasend zu laufen, daß ich, selbst wenn das Eis geschmolzen war, noch immer Schlittschuh lief – durch den Dreck und über den Asphalt, durch Bäche und Flüsse, durch Melonenpflanzungen [...]. Ich hätte durch die Hölle Schlittschuh laufen können, so rasch und behend war ich.[37]

Um der unerträglichen Situation in seinem Elternhaus zu entkommen, flüchtete Henry auf die Straße und versuchte, möglichst viel Zeit draußen zu verbringen. Williamsburg war ein ganz gewöhnlicher Stadtteil, aber auf den Jungen übte die Gegend eine ungeheure Anziehungskraft aus. Später schrieb Miller an einen Freund, er habe «das Leben eines angehenden Verbrechers» geführt.[38] Die Gegend des Viertels, in der die Millers wohnten, der Norden, befand sich in einem ständigen Revierkrieg mit dem hochnäsigen Süden. Es galt als großer Coup, in den Süden einzudringen, ein paar Jungen zusammenzuschlagen und nach Möglichkeit Gefangene zu machen.[39]

Mindestens einmal kam Henry als Junge mit dem Gesetz in Konflikt. Dieser Vorfall war mehr als die üblichen Strafpredigten, welche die Schutzleute den Kindern hielten, wenn sie ihre Runden machten. Henry hatte sich draußen auf der Straße vor einigen Kindern aus der Nachbarschaft aufgespielt, indem er große Worte hersagte, nur waren die heruntergerasselten Wörter in diesem Fall beleidigende Obszönitäten, die er der fünfzehnjährigen Florrie Martin ins Gesicht schleuderte. Er brachte Florrie so in Wut, daß sie ihn auf die örtliche Polizeiwache schleppte. Der Wachtmeister dort sprach Henry mit seinem vollen Namen an und erklärte dem Jungen, er kenne seinen Vater und Großvater und wundere sich über ihn. Miller schrieb später, daß es eine «ungeheure Wirkung» auf ihn gehabt habe, seinen Namen in aller Öffentlichkeit ausgesprochen zu hören.[40] Er glaubte, die Verbindung von «Henry» und «Miller» habe ihn so schockiert. Es beeindruckte ihn sehr, ein mit Sexualität verbundenes Vergehen in Zusammenhang mit seinem Familiennamen zu hören, vor allem mit dem Vornamen seines Vaters, der der gleiche war wie sein eigener. Als Miller erwachsen war, sollte sich dieses Erlebnis oft wiederholen. Ständig wurde er von Autoritäten für seine sogenannten «unanständigen Worte» zur Rechenschaft gezogen.

Doch ein Zusammenstoß mit der Polizei machte Henrys Leben auf der Straße nur noch aufregender. «Ich bin Lokalpatriot – mein Vaterland ist der 14. Bezirk in Brooklyn, wo ich aufwuchs», erklärte er fünfunddreißig Jahre später in den Eingangszeilen von *Schwarzer Frühling*.[41] Er betrachtete den 14. Bezirk als Mikrokosmos, als eine Welt mit menschlichen Dimensionen, die nach seinem Geschmack war. Trinker, Bettler und Geisteskranke bevölkerten die Straßen, und dazwischen suchten sich hoffnungsvolle Kleinbürger wie die Millers ihren Weg.

Im Alter von acht Jahren erschienen Henry die Jungen zwischen zehn und zwanzig wie Götter. Für Eddie Carney hätte er gelogen, gestohlen und gemordet. Henry bezeichnete ihn als «Abgott» [42], und er und seine Freunde strengten sich sehr an, um die Gunst dieser älteren Jungen zu gewinnen. «Wenn sie uns anlächelten oder auf den Rücken klopften, waren wir im siebten Himmel», erinnert er sich. [43]

In diesen Jahren begab Henry sich oft nach Yorkville, wo er seinen Vetter Henry Baumann besuchte, den Sohn von Annie, einer Schwester seiner Mutter. Von diesem jüngeren Vetter wurde Henry voller Stolz als «Henry Miller, Henry Miller aus Brooklyn» vorgestellt, so als sei ein Würdenträger von einem anderen Planeten zu Gast. Von Tante Annie bekam er etwas, das er später als eine Art mütterliches Sakrament ansah, nämlich eine Scheibe warmes Schwarzbrot, dick mit Butter beschmiert und mit etwas Zucker bestreut. [44]

Der offensichtliche Unterschied zwischen seiner und anderen Familien machte Henry schwer zu schaffen. Viele der Jungen hatten furchteinflößende Väter, die ganz anders waren als Heinrich Miller. Stanley mochte zwar einen betrunkenen Onkel haben, der ihn schlug, aber seine Tante, die Adoptivmutter, gab dem Jungen den gleichen Beweis ihrer mütterlichen Liebe, nämlich warmes Schwarzbrot. Und die Mutter seines Freundes Jack Lawton, der mit zwölf Jahren auf tragische Weise starb, verzauberte ihn mit ihrer Stimme. Wenn Jack nach Hause kam, rief sie «Jackie, oh, Jackie», umarmte und küßte ihn und sagte zärtlich «Mein Liebling, wie geht es dir, wie war's?» [45] Solche Worte hatte Henry nie zu hören bekommen, und Umarmungen oder Küsse kannte er nicht. *Seine* Mutter begrüßte ihn und seinen Freund mit der Warnung: «Macht nicht zuviel Krach, und räumt auch wieder auf, wenn ihr mit Spielen fertig seid.» [46] Wenn er Brot wollte, mußte er es aus dem Brotkasten holen und sich selbst eine Scheibe abschneiden.

Jeder Haushalt, den Henry kennenlernte, schien ihm besser zu sein als der seiner Mutter. In Glendale, Long Island, besuchte er seine Freunde Joey und Tony Imhof, deren Eltern wie die seinen Mitglieder im *Sängerbund* waren, dem deutschen Gesangsverein. Glendale lag auf dem Land und war eine magische Welt voller Vögel und Schlangen, Bäume und Taubeneier, so daß Henry bedauerte, ein Stadtkind zu sein. Auch der Vater der Jungen beeindruckte ihn tief, denn er war Künstler und verdiente seinen Lebensunterhalt mit bunten Glasfenstern in Kirchen. Nebenbei malte er Aquarelle.[47]

Am meisten zogen Henry bei den Imhofs aber die sexuellen Spielereien an. Joey und Tony hatten eine um einige Jahre ältere Schwester, die in einem Bett neben dem der beiden Brüder schlief. Obwohl Tony, der etwas von einem Tugendbold hatte, protestierte, schlich Henry sich auf Zehenspitzen zu Minnies Bett und schob ihr Nachthemd hoch, damit die Jungen sie betrachten konnten. Sie drohte zwar immer, sie zu verraten, tat es aber nie.

Erst gegen Ende seines Lebens enthüllte Miller ganz beiläufig: «Joey und ich hatten uns angewöhnt, uns gegenseitig zu befummeln.» Sie dachten sich nichts dabei, aber Tony war überzeugt, daß sie eine schwere Sünde begingen – die Imhofs waren katholisch –, und drohte, es dem Priester zu sagen. Manchmal versuchten die beiden Jungen, Tony zu befummeln*, «aber es half nichts – er war nicht zu korrumpieren»[48], fuhr Miller in seinen Aufzeichnungen fort.

Henrys Freundschaft mit Joey und Tony dauerte fünf Jahre, bis etwa zu seinem zwölften Lebensjahr. Während er sonst seine Kindheit wiederholt und ausführlich beschrieb, erwähnte er diese sexuelle Beziehung nur einmal, gab jedoch seinem Sohn den Namen Tony und nannte seine besten Freunde Joey. Henry hatte eine vage Ahnung davon, daß derartige sexuelle Aktivitäten von den Schwulen und «Muttersöhnchen» praktiziert wurden, die er auf der Straße immer so verspottete. Sie erschienen Henry, der sich kaum noch darum kümmerte, was seine Eltern dachten, nicht unmoralisch, aber er hielt sie für *unmännlich*.

---

* In der dt. Ausgabe von *Jugendfreunde* wird das Wort «bugger» mit «befummeln» übersetzt. Mary Dearborn gibt dem Wort den Sinn «Analverkehr haben» (Anm. d. Ü.).

Sicher war das alles für einen achtjährigen Jungen sehr verwirrend. An seinem eigenen Vater konnte er sich nicht orientieren, denn der hielt sich selten zu Hause auf. Seine häufige Abwesenheit war das einzige, was er mit den Vätern von Henrys Freunden teilte. Anders als diese hob er zwar nur selten die Stimme und schlug seine Kinder kaum, doch er und Louise stritten sich beinahe jeden Abend beim Essen, weil er immer wieder betrunken nach Hause kam. Henry verstörten diese Szenen. Sie schnürten ihm die Kehle zu und wirkten traumatisierend, so daß sich bis ins Erwachsenenalter hinein oft seine Kehle verkrampfte, wenn er essen wollte.[49] Weil Heinrich oft mit seinen Saufkumpanen herumzog, hielt Louise ihm vor, er sei kein richtiger Mann, denn er gebe sich lieber mit Männern als mit Frauen ab. Heinrich war ein sensibler Mann, der nach den Normen seines Kulturkreises etwas «Feminines» an sich hatte. Und obwohl es keinen Beweis dafür gibt, daß Heinrich in diesen Jahren aktiv homosexuell war, muß sein Sohn die Verwirrung im Haushalt gespürt haben. Seine Mutter war diejenige, die sich darum kümmerte, daß der Pastor auf einen Schnaps vorbeikam, daß die Raten für die Lebensversicherung bezahlt wurden und daß Heinrich ihr jeden Sonnabend seinen Lohn überreichte. Gemessen an den im Viertel geltenden Maßstäben gebührte dem sanften, zierlichen Heinrich mit den feinen Anzügen und dem schicken Schnurrbart wenig Respekt.

Millers Eltern jedoch waren fest entschlossen, nach außen hin dem Bild einer traditionellen Familie zu entsprechen. Aber die Wände der Wohnung an der Driggs Avenue hätten eine ganz andere Geschichte erzählen können, und Henry begann, diese Scheinheiligkeit zu hassen. Obwohl Louise mit Vergnügen strenge Verhaltensregeln erfand und durchsetzte, sei es nun für eine gute Verdauung, für die Behandlung einer zurückgebliebenen Tochter oder für die Entwicklung zum vorbildlichen Sohn, versank der Haushalt oft im Chaos. Louise war emotional so überreizt, daß sie das alltägliche Leben nur durch regelmäßige physische Gewaltanwendung bewältigen konnte.

Henry suchte seine Helden anderswo und fand sie unter den älteren Jungen der Nachbarschaft und zunehmend in Büchern. Der Jugendbuchautor George Alfred Henty fesselte ihn ebenso wie

Rider Haggard, der Autor von exotischen Romanen wie *She* und *King Solomon's Mines*. Beide Autoren gehörten, wie Miller später schrieb, zur «männlichen» Seite der britischen Literatur[50], beide hatten in jungen Jahren die «rauhe Seite des Lebens» kennengelernt und gingen neben dem Schreiben auch noch anderen Beschäftigungen nach. Sie lieferten Henry die Modelle für männliche Identität, die er in seiner Familie so schmerzlich vermißte.

Die amerikanische Kultur um die Jahrhundertwende predigte das Evangelium der Männlichkeit. 1902 riet Albert J. Beveridge den jungen Lesern der *Saturday Evening Post*: «Sei ein Mann – das ist der erste und letzte Grundsatz für den größten Erfolg im Leben.» Die Ideologie des späten viktorianischen Zeitalters forderte, daß natürliche aggressive und sexuelle Triebe unterdrückt werden mußten. Nach dieser Logik durften Frauen zwar Männer beherrschen, ihnen aber nicht ihre Männlichkeit rauben. Die Folge war eine beinahe absurde Romantisierung der Männlichkeit. Teddy Roosevelt, der seine Männlichkeit noch vor seinen Großtaten in Kuba im amerikanischen Westen unter Beweis gestellt hatte, verkörperte um die Jahrhundertwende das amerikanische Männlichkeitsideal.[51]

Für Henry war jeder Mann, der sich mit Tätigkeiten beschäftigte, von denen Frauen ausgeschlossen waren, ein Vorbild. Leider waren diese Tätigkeiten in der Mehrzahl illegal oder erforderten besondere Fähigkeiten, die ein kleiner Junge nicht haben konnte. Henry bewunderte Ringer und Boxer, Soldaten, Abenteurer, Spieler, Betrüger und Verbrecher. Polizisten hätten die Liste vervollständigen können, aber da sie zu den Autoritätspersonen des Alltags gehörten, kamen sie nicht in Frage. Sein Leben lang beschäftigte sich Miller mit Institutionen, die Männerdomänen waren. Zum Beispiel faszinierten ihn Gefängnisse, und die Tatsache, daß viele dieser nur den Männern vorbehaltenen Bereiche häufig krimineller Natur waren, veranlaßte ihn dazu, das Maskuline mit Rebellion gleichzusetzen.

In den Jahren zwischen 1896 und 1901, als Henry zehn wurde, setzte man die Ideologie der Männlichkeit und die Tugenden eines körperlich anstrengenden Lebens in der amerikanischen Kultur eifrig in die Tat um. In dieser Zeit war man überzeugt, die Familie stecke in einer Krise und die Unschuld der Kinder der Nation stehe auf dem Spiel. Als Folge davon suchten viele Rat bei der Kirche. Wegen der Glaubenskrise, die Darwins Erkenntnisse nach sich gezogen hatten, befand sich das amerikanische Christentum in einem Umwandlungsprozeß und versuchte, mit den neuen Werten der Gesellschaft Schritt zu halten. Bereits 1880, als Thomas Hughes, der Autor von *Tom Brown's School Days* (Tom Browns Schulzeit), *The Manliness of Christ* (Die Männlichkeit Christi) veröffentlichte, begann man damit, die neue Männlichkeit in die Kirche hineinzutragen. Jungen wurden dazu angeleitet, Christus als Mann zu betrachten. In neu gebildeten, von christlichen Prinzipien erfüllten Knabenvereinen, den Vorläufern der Boy Scouts, wurden die Jungen in paramilitärischen Gruppen organisiert. Sie gingen zelten und lernten, im Wald zu überleben und auf männliche Weise gute Taten zu vollbringen.[52]

In Brooklyn boten sich die von den Sonntagsschulen geförderten Knabenbrigaden als Lösung des «Knabenproblems» im späten 19. Jahrhundert an. Die Gründer dieser Knabenbrigaden hielten es mit Teddy Roosevelt, der in *The American Boy* (Der amerikanische Junge) geschrieben hatte, ein Soldat müsse schießen und in Dekkung gehen können – daß er boxen oder Fußball spielen könne, sei nicht wichtig.[53] Den Jungen wurden folglich militärischer Drill und soldatisches Handwerk beigebracht.

1898 trat Henry einer Knabenbrigade bei, die ihre Zusammenkünfte im Keller der presbyterianischen Kirche an der Driggs Avenue und der North Fifth Street abhielt und der Küstenwache «angegliedert» war. Die Jungen trugen aufwendige Uniformen mit roten Abzeichen. Die Aktivitäten der Gruppe umfaßten Exerzieren, körperliche Ertüchtigung und Überlebenstraining in Kriegszeiten. Zu besonderen Gelegenheiten wurden Scheingefechte veranstaltet. Henry war voller Begeisterung bei der Sache und stieg zum Oberleutnant auf, denn Hierarchie jeder Art faszinierte ihn.

Geleitet wurde die Gruppe von einem Engländer namens Tillotson, den die Jungen Major nannten. Er liebte Knaben, und die Eltern hielten ihn für einen «reizenden Mann». Aber, schrieb Miller gegen Ende seines Lebens: «Er liebte uns ein bißchen zu sehr, mehr als für ihn selbst gut war. Jeden Abend, wenn wir uns zum Dienst meldeten, führte er uns in sein kleines Büro, ließ uns auf seinem Schoß sitzen, und dann herzte, drückte und küßte er uns, so viel er nur konnte.»[54]

Henry und seine Freunde fürchteten diese Sitzungen, obwohl sie den Major mochten und von den anschließenden militärischen Übungen begeistert waren. Sie spielten zwar mit dem Gedanken, ihn zu verraten, fürchteten aber, niemand werde ihnen Glauben schenken, da der Mann so beliebt war. Das Streicheln und Hätscheln währte mehrere Jahre, aber schließlich wurden die Annäherungsversuche des Majors in der Nachbarschaft bekannt, und er mußte die Kirche verlassen. Die ruhmreichen Tage der Brigade, als die Jungen in Reih und Glied mit Major Tillotson unter ihrem roten Wappenschild in der Sonntagsschulparade mitmarschierten, lagen weit zurück.

Diese Erlebnisse bewirkten, daß Henry sich seinen Eltern und Autoritätspersonen noch weiter entfremdete. Louise und Heinrich Miller mochten Tillotson, weil er sie zu Weihnachten immer mit einem Geschenk bedachte. Für Henry müssen diese Besuche sehr problematisch gewesen sein, doch sein Schmerz verwandelte sich schnell in Wut und dann in Haß, in der gleichen Weise, wie er auch auf die Quälereien seiner Mutter reagierte. Sein gesamtes autobiographisches Werk ist von diesem Haß gefärbt. Die Wut trug dazu bei, einen Mann aus ihm zu machen.

Die Erfahrungen mit Tillotson führten schließlich dazu, daß Henry aus dem Schutzwall von Helden, mit dem er sich umgeben hatte, die Soldaten entfernte. Kurz nach dieser Enttäuschung begann er, Fahrrad zu fahren, und auf seinen langen Ausflügen kam er häufig an Kasernen vorbei. Der Anblick verursachte ihm beinahe Ekelgefühle. Obwohl er niemals aufhörte, die Gesellschaft von Männern zu suchen, konnte er doch die Heuchelei nicht vergessen, die zur Zersetzung einer so stolzen und strahlenden Organisation wie der Knabenbrigade geführt hatte.

Der junge Henry hatte den Pomp dort geliebt und eine Zeitlang sicherlich auch den freundlichen alten Mann, der die Brigade geleitet hatte. Beinahe wäre Tillotson in Henrys Heldengalerie aufgenommen worden, denn Henry war bei der Gestaltung seines Pantheons sehr großzügig und ließ fast jeden Mann hinein. Doch der Zutritt wurde ihm verwehrt, weil er eine Tat begangen hatte, die Henry wegen der tiefen Enttäuschungen in seiner Kindheit als die einzige Todsünde betrachtete: Heuchelei.

2. KAPITEL

Der Sohn des Schneiders

1900–1915

Im Jahr 1900 begannen Heinrich und Louise Miller, sich nach einer anderen Wohnung umzusehen. Eine neue Einwanderungswelle veränderte den Charakter des Viertels, und die Millers sahen ihre bürgerliche Welt bedroht. In einer weiter landeinwärts gelegenen Gegend Brooklyns, die ihrem Mittelschichtsgeschmack entsprach, fanden sie schließlich ein Jahr später ein hübsches Reihenhaus, und zwar in der Decatur Street Nr. 1063 in Bushwick, welches in jener Zeit zu den angesehenen Vierteln Brooklyns zählte.

Henry empfand den Umzug, der mit dem Beginn seiner Pubertät zusammenfiel, als Verrat. Die Wohngegend Bushwick war nicht so aufregend wie Williamsburg, und für die bürgerlichen Ambitionen seiner Eltern hatte er kein Verständnis, sondern tat sie als Heuchelei ab. Als Erwachsener erinnerte er sich an die neue Umgebung als an die «Straße der frühen Leiden» [1].

Das Familienleben war noch immer ein Alptraum. Es stellte sich heraus, daß Lauretta nicht nur einfach langsam lernte, sondern daß sie geistig zurückgeblieben war und niemals sich selbst ernähren und allein leben können würde. Heinrichs Alkoholkonsum nahm beängstigende Ausmaße an, und Louise wurde von Tag zu Tag streitsüchtiger. Henry, der nun kein kleiner Junge mehr war, erkannte langsam die Tragweite der Probleme in seiner Familie. In den folgenden Jahren wurden zwei seiner Verwandten, Tante Grussy und Tante Melia, in die Irrenanstalt gebracht, wo schon Großmutter Nieting lebte. So festigte sich bei ihm die Überzeugung, der Irrsinn in seiner Familie sei erblich und auch er selbst könne davon betroffen sein.

Genau wie in Williamsburg entfloh er auf die Straße. Auf der Public School, die an der Covert Street und der Evergreen Avenue lag, freundete er sich mit einem anderen deutsch-amerikanischen Jungen an, mit Emil Schnellock, dessen Kreidezeichnungen an der

Tafel ihn mit Bewunderung erfüllten. Nach und nach wurde er von den Jungen aus dem Viertel akzeptiert. In einer seiner liebsten Erinnerungen an die Zeit in der Decatur Street beschrieb Miller, wie die Jungen sich auf dem unbebauten Grundstück an der Straßenekke trafen, sich an einem Feuer wärmten, Kastanien rösteten und voller Eifer über alles mögliche sprachen, vom Kannibalismus bis zu den Meeresströmungen vor der japanischen Küste. [2]

Immer häufiger verspürten sie das Bedürfnis, über Sexualität zu sprechen. Die Jungen dozierten über diesen Gegenstand wie Weise. «Wenn die Unterhaltung auf dieses Thema kam, wurde sie ziemlich intim und kompliziert. Sie strömte ein Aroma aus, das stark an die Atmosphäre der frühen griechischen Philosophieschulen erinnerte.» [3]

Miller wurde, wie er Jahre später schrieb, zur Sexualität getrieben wie ein Pferd in einen Korral, und sein Zugang zum Sex sollte immer etwas Zwanghaftes behalten. Die Frauen in seinen Büchern werden oft zum Sex gezwungen, und in seinen sexuellen Phantasien erscheint er als Mann mit eiserner Maske. Als Henry ungefähr acht Jahre alt war, lockten er und sein Vetter Henry Baumann ein Mädchen aus Yorkville namens Weesie in einen Keller in der Nachbarschaft und ließen sie ihr Kleid hochheben. Die Jungen waren aufgeregt, aber Henry hatte auch ein wenig Angst. Als er sich später an die Szene erinnerte, stellte er sich vor, daß er eine eiserne Maske trug, die ihn zum Hinsehen zwang. Er lernte früh, daß die Sexualität nicht dem freien Willen gehorchte, sondern daß der Mensch Sklave seines Körpers war. Schon als Junge – und später als Mann – fühlte er sich mit beinahe fasziniertem Entsetzen zu Frauen hingezogen.

Louises Puritanismus und die generell repressive Atmosphäre bei den Millers trugen dazu bei, daß Sexualität für Henry mit großen Konflikten verbunden war. Als Teenager litt er häufig unter Phantasien, in denen er für seine wirklichen oder eingebildeten Handlungen eingesperrt wurde. Seiner Ansicht nach entzogen sich seine Triebe seiner Kontrolle. Was konnte ihn davor schützen, so zu werden wie Crazy Willie aus der Nachbarschaft, der jeden Abend um sechs auf der Fensterbank der Wohnung der Familie erschien und vor aller Augen masturbierte? Henry fühlte sich unerträglich erregt, wenn er Laternenpfähle oder Seile in der Turnhalle hinaufkletterte, und betrachtete das als Zeichen dafür, daß Sexualität unkontrollierbar, beinahe verbrecherisch war.[4] Aber gleichzeitig spürte er, daß gerade in diesem Mangel an Kontrolle etwas Aufregendes lag, ebenso wie es höchst faszinierend war, gefährlich zu leben oder sich außerhalb des Gesetzes zu bewegen.

Seine sexuelle Verwirrung verstärkte noch die Ängste, die er in jüngeren Jahren wegen seiner späteren Rolle als Mann gehabt hatte. Er hatte viele widersprüchliche Hinweise darauf bekommen, was es hieß, ein Mann zu sein – von seinem Vater, von Louise, von der Knabenbrigade, von der Gesellschaft. Als er später über die Qualen der Adoleszenz schrieb, erinnerte er sich an das Dilemma, in dem er steckte, als er erkannte, daß «die Dinge so sind, wie sie sind», das heißt: nicht zu ändern. Die einzige Lösung, die er sah, lautete: «Sei ein Mann.» Aber was bedeutete das?

Diese Anweisung – «Sei ein Mann!» – war der zu jeder sich bietenden Gelegenheit erteilte Ratschlag seines Vaters. Jahre später schrieb Miller etwas verbittert, daß nur wenige diesen Titel verdienten, wirklich sehr wenige. Wie bereits als Junge, umgab er sich bis an sein Lebensende mit männlichen Kameraden. Um ein Mann zu sein, so folgerte er, war man mit befreundeten Männern zusammen und vollzog gemeinsam irgendwelche männlichen Rituale. Damals, an der Grenze zum Erwachsenendasein, lebte er, wie er es nannte, in «einer kleinen griechischen Welt».

Nachdem er die Public School abgeschlossen hatte, erklärte er seinen entsetzten Eltern, er wolle nicht die High-School am Ort, sondern die Eastern District High-School an der Wythe Avenue in seinem alten Viertel besuchen. Heinrich und Louise konnten ihm diesen Plan nicht ausreden, und ab September 1906 stieg er wochentags in die Hochbahn, die ihn sozusagen in die Vergangenheit brachte.

Aber Williamsburg hatte sich gründlich verändert. Mit der Eröffnung der Williamsburg-Brücke und der Manhattan-Brücke hatten Scharen neuer Einwanderer, vor allem Juden und Italiener, die alteingesessenen Bewohner des Viertels verdrängt. Die Millers waren umgezogen, um eben diesen in ihren Augen minderwertigen Eindringlingen zu entgehen, und Louise zeigte offen ihr Mißtrauen gegenüber den Juden, die sie «sheenies» nannte.[5]

In der Schule stellte Henry fest, daß er einer von den wenigen Schülern war, deren Name amerikanisch klang. Er hatte das Gefühl, daß die anderen Klassenkameraden und ihre Familien für die Veränderung des von ihm geliebten Viertels verantwortlich waren, und dafür haßte er sie, vor allem die Juden. Während die Sehnsucht des Teenagers Miller nach der «alten» Driggs Avenue wuchs, entwickelte er auch den starken Antisemitismus, den er bis zum Zweiten Weltkrieg beibehalten sollte. Er schloß danach zahlreiche Freundschaften mit Juden, und als er älter wurde, schien ihm die jüdische Kultur in mancher Hinsicht anziehend, sogar faszinierend, aber als Jugendlicher haßte er die osteuropäischen Juden, die das Wesen seiner alten Straße verändert hatten, von ganzem Herzen.

Bereits sehr bald stellte Henry in der Schule fest, daß er bei den Lehrern schon allein deshalb beliebt war, weil er in Amerika geboren war, obwohl er nach wie vor als fürchterlicher Unruhestifter galt. Er hatte für seine Lehrer nichts als Verachtung übrig, folgte gelangweilt dem Unterricht und bekam trotzdem ohne große Anstrengungen weiterhin seine Einsen. Immer noch war er ein unersättlicher Leser, aber im allgemeinen las er Werke, die nicht Schullektüre waren, so zum Beispiel die Harvard-Klassiker-Ausgabe, die seine Eltern ihm im zweiten High-School-Jahr geschenkt hatten. Sir Walter Scott und Tennyson verdrängten nun Henty und Haggard als Vorbilder und verleiteten ihn zu Tagträumen von ritterlichen Heldentaten.

Mit sechzehn war Henry ein auffallend gutaussehender junger Mann, der mühelos die Aufmerksamkeit der Frauen auf sich zog. Sein Haar war dunkelblond, und er trug es in der Mitte gescheitelt. Fotografien zeigen einen jungen Mann mit dem zerfurchten Gesicht und den müden Augen eines viel älteren Mannes, und auf Gruppenfotos sieht er älter aus als seine Freunde. Der Sohn des Schneiders war natürlich auch als Jugendlicher tadellos gekleidet. Oft trug er einen Borsalino, und mit den runden Brillengläsern sah er aus wie ein Intellektueller.

Er flirtete mit einigen «netten» Mädchen, zum Beispiel mit der fünfzehnjährigen Miriam Painter, deren größter Reiz in ihrem kastanienbraunen Haar bestand, oder mit Marcella Murphy, die von seinen Fähigkeiten am Klavier beeindruckt war, oder mit Edna Booth aus Sparta, die er in Narrowsburg, New York, bei einem Familienurlaub kennengelernt hatte. Doch Cora Seward, in die Henry sich als Sechzehnjähriger verliebte, war seine große Leidenschaft.

Seine Liebe zu Cora kann kaum als gewöhnliche Jugendliebe bezeichnet werden, denn sie hatte mehr mit der edlen Ritterwelt gemeinsam, über die Henry alles verschlang, was es an Gedrucktem gab. So sah er Cora zum Beispiel nur selten. Sie trafen sich nur gelegentlich bei Partys, und wenn er mit ihr tanzte oder sie zusammen vordergründig harmlose, aber unterschwellig hocherotische Gesellschaftsspielchen spielten, zitterte er am ganzen Körper.

Cora war für ihn die Verkörperung der Frau an sich und daher kein wirklich reales Wesen aus Fleisch und Blut. Er bestand darauf, daß sie ein Engel sei, keine Frau*. So schrieb er Jahre später:

> Seltsam, daß ich nie daran dachte, sie zu ficken. Nicht daß sie zu erhaben, zu heilig gewesen wäre, um gefickt zu werden. Nein, was ich für Cora empfand, war LIEBE, Liebe in himmelhohen Buchstaben.[6]

Die Liebesbeziehung existierte nur in seinem Kopf, und niemals besudelte er sie mit lustvollen Vorstellungen. Drei oder vier Jahre lang erhob Henry sich Abend für Abend nach dem Essen vom Tisch, setzte seinen Hut auf und wanderte an den langen Häuserblocks vorbei nach Greenpoint bis in die Davoe Street zu Coras Elternhaus, an dem er in der Hoffnung vorbeiging, kurz durch das Wohnzimmerfenster einen Blick auf sie zu erhaschen. Er blieb nie lange genug stehen, um sie zu beobachten, und er brachte niemals den Mut auf zu klingeln. Nur in seinen Träumen konnte er Cora besitzen, und auch dann nur theoretisch. Er träumte manchmal, sein Freund George Wright führe ihn zu Coras Haus, und er fragte sich, warum George, den er als Doppelgänger betrachtete, in diesen Träumen erscheinen mußte.[7] Ohne die Gegenwart eines anderen

---

* Für Miller konnte ein Engel per definitionem keine Frau sein, ebenso wie eine Frau auch kein Engel sein konnte (Anm. d. Red.).

Mannes konnte er einfach nicht – auch nicht symbolisch. In späteren Jahren zeigte sich das darin, daß er Geschlechtsverkehr, bei dem mehrere Männer nacheinander mit der gleichen Frau schliefen, jeder anderen Variante von sexueller Betätigung vorzog. Miller war es immer lieber, in Gegenwart von männlichen Zuschauern mit einer Frau zu schlafen, oder, falls dies nicht möglich war, suchte er sich anschließend Kumpels, die er mit einer detaillierten Schilderung der Geschichte erfreuen konnte. Der homoerotische Charakter dieses Handlungsmusters entging ihm – im Gegenteil, er hielt sein Verhalten sogar für besonders männlich.

Henrys keusche Liebe zu Cora dauerte drei oder vier Jahre, und er sprach von dem Mädchen immer als von der großen Liebe seines Lebens. Doch etwas hinderte ihn daran, sich Cora auch nur zu nähern, geschweige denn, sie zu seiner Geliebten zu machen. Es überrascht aber nicht, daß Henry andere Ventile für seine sexuelle Energie fand. In seinem letzten Schuljahr besuchte er zum erstenmal ein Bordell, in einem Rotlichtbezirk westlich des Herald Square in Manhattan, und bekam sofort den Tripper.[8]

Gonorrhö behandeln zu lassen, war keine einfache Sache. Henry wandte sich an Dr. Rauth, den Hausarzt der Familie. Er war ein Holländer der alten Schule, der seinen Patienten Moralpredigten hielt, und erklärte Henry, daß er auf dem falschen Weg sei und wie Heinrich Miller als betrunkener Versager enden könnte.[9] Dieser ganze Vorfall erfüllte Henry mit Entsetzen; die Angst vor Geschlechtskrankheiten sollte ihn bis weit ins Erwachsenenalter hinein verfolgen, und in *Wendekreis des Krebses* taucht sie als beherrschendes Bild wieder auf.

Die Lösung aller mit Sexualität verbundenen Probleme bestand für Henry darin, Liebe und Sex streng zu trennen und das Erwachsenwerden möglichst lange aufzuschieben. Außerdem kam er zu dem Schluß, Sex sei bedrohlich, weil er die sichere Welt der Männerfreundschaften in Frage stellte, eine Welt, die für Henrys psychisches Gleichgewicht notwendig war.

1908, mit siebzehn Jahren, fand Henry großes Vergnügen an den Zusammenkünften einer Gruppe, die wegen der Vorliebe ihrer Mitglieder für das Griechische und für erhabene philosophische Debatten «Xerxes Society» genannt wurde. Die Xerxes-Gesellschaft bestand aus zwölf Jungen aus dem Viertel Greenpoint in Brooklyn, und ihr galt Henrys ungeteilte Loyalität. Alle Jungen begeisterten sich für die Musik, einige spielten Klavier, andere Geige. Alle zwei Wochen trafen sie sich in der Wohnung eines Mitglieds, wo sie bis zum Morgengrauen sangen und musizierten.[10]

Ein erfinderisches Mitglied der Xerxes-Gesellschaft ließ in der Schulwerkstatt Anstecknadeln anfertigen, auf denen in goldenen Buchstaben «Fratres Semper» (Für immer Brüder) eingraviert war. Die Mitglieder tauschten Losungsworte aus und hatten einen geheimen Händedruck, bei dem man den Handteller des anderen mit dem Zeigefinger kitzelte.[11] Später äußerte Henry sich oft über die starken brüderlichen Gefühle, die die Jungen miteinander verbanden, und meinte, daß er wahrscheinlich gefühlvoller gewesen sei als alle anderen. Er erinnerte sich, daß er schon den Tränen nahe war, wenn Georgie Alford, ein Mitglied der Gesellschaft, seine Geige aus dem Kasten nahm und stimmte.[12]

Die Mitglieder der Xerxes-Gesellschaft stammten alle aus Mittelschichtfamilien, und die Mehrzahl der Jungen hätte, wie Henry, studieren können, aber aus verschiedenen Gründen kam das College für sie alle nicht in Frage, häufig, weil die finanzielle Lage der Familie dies nicht gestattete. So fungierte die Xerxes-Gesellschaft als eine Art Burschenschaft für Nichtstudenten, als Zwischenstation auf dem Weg vom Jugendalter ins Erwachsenenleben.

Voller Zärtlichkeit und Nostalgie blickte Miller später auf die Zeit der Xerxes-Gesellschaft zurück, die bis zu seinem fünfundzwanzigsten Lebensjahr existierte. Als er einmal über einen Abend im Café Bousquet schrieb, einem französischen Restaurant in Manhattan, in dem die zwölf Jungen gerngesehene Gäste waren, bezeichnete dieser Mann, der als der Meister des schmutzigen Wortes berühmt werden sollte, sich und seine Gefährten als «wir großen Dummköpfe» und rief die inzwischen verstreuten Kameraden zu den Waffen:

> Steht auf, o altehrwürdige Mitglieder der Xerxes-Gesellschaft! Steht auf, auch wenn ihr mit den Füßen im Grab steht! Ich muß euch allen miteinander sagen, wie sehr ich euch geliebt habe, wie

oft ich seither an euch gedacht habe. Mögen wir alle im Jenseits wieder vereint werden! *Wir waren alle so gute Musikanten.* O trallala, O trallala, O trallala fiderallala.[13]

Zwar gaben sich die Mitglieder der Xerxes-Gesellschaft gerne den Anstrich von romantischer Ritterlichkeit, aber ihre Gespräche kreisten doch häufig um Sexualität. Der Gegensatz zwischen den erhabenen Idealen der Gruppe und ihrem höchst weltlichen Verhalten verstörte Henry. Einmal träumte er, daß er von seinem Xerxes-Freund Alec Considine mit einem Spionageauftrag nach Tokio geschickt wurde. Als er wieder ins Weiße Haus zurückkehrt, stellt er fest, daß George Wright Präsident der Vereinigten Staaten ist und daß er mit dem Rest der Xerxes-Gesellschaft eine Art Kabinettssitzung abhält. Auf dem Tisch tanzt eine nackte Frau. George gibt der Gruppe die Erlaubnis, zum Masturbieren den Raum zu verlassen, und bis auf Henry und George tun das auch alle. George sagt voller Verzweiflung zu Henry: «Du siehst, womit wir es zu tun haben [...] Ganz gleich, was wir für sie zusammenbrauen, es ist hoffnungslos. Ich werde Maßregeln ergreifen, um den Klub aufzulösen.»[14]

Die Vorstellung, daß viele der Klubmitglieder sexuelle Beziehungen zu Frauen aufnahmen, machte Henry schwer zu schaffen, aber ebensosehr beunruhigten ihn seine eigenen sexuellen Wünsche, und oft glaubte er, die Erwartungen der Gruppe zu enttäuschen. Wie konnte er der hochgesinnten Gesellschaft der «Tiefdenker» gerecht werden, wenn er mehrmals täglich masturbierte und von lustvollen Phantasien gequält wurde?

Als Henry 1909 die Eastern District High-School abschloß, standen ihm anscheinend unbegrenzte Möglichkeiten offen. Sein Vetter Henry Heller studierte am Cornell College, und Eltern und Lehrer meinten, daß auch er dieses College besuchen sollte. Ohne große Schwierigkeiten erhielt er ein Stipendium, um dort Deutsch zu studieren. Doch im Laufe des Sommers 1909 wurde deutlich, daß seine Familie es sich trotz des Stipendiums nicht leisten konnte, ihn auf eine auswärtige Schule zu schicken. Erst gegen Ende seines Lebens gab Miller zu, daß die finanzielle Situation seiner Familie den Collegebesuch verhindert hatte. Bis dahin hatte er behauptet, er wäre am Vorabend seiner Abreise mit einer Frau durchgebrannt.

Es gab jedoch eine Alternative, nämlich das City College in New York, an dem keine Studiengebühren verlangt wurden. Im September schrieb Henry sich dort ein, doch seine Studentenlaufbahn sollte nur sechs Wochen dauern. Wenn man «Bildung» erwarb, indem man *Hermann und Dorothea* oder *John Gilpin's Ride* las, so wollte er lieber darauf verzichten, und als er *The Faerie Queene* lesen sollte, gelangte er zu der Überzeugung, in einem Irrenhaus gelandet zu sein. Später gab er an, daß er sich auch durch die seiner Ansicht nach «unerträglich jüdische» Atmosphäre des Colleges erstickt gefühlt habe.[15]

Voller Empörung verließ Henry das College und beschloß, an der «Universität des Lebens» zu studieren. Er wurde zu einem überzeugten Autodidakten und frönte fortan seiner Leseleidenschaft: Seine neuen Helden waren Dostojewski, Nietzsche und Elie Faure, doch auch alles andere war ihm recht – sogar die Enzyklopädie, deren Wirkung er mit jener von Opium verglich. Die öffentliche Bibliothek in New York, die er fast täglich besuchte, war die einzige Institution, die er jemals lieben würde, und wenn er im Lesesaal saß, verglich er sich wiederum mit einem Opiumesser. «Regelmäßig fand ich mich zur Entgegennahme meiner ‹Dosis› ein und erhielt sie», schrieb er. Besonders liebte er das Regal mit der mythologischen Literatur. Deren Inhalt verschlang er, wie er sagte, «wie eine verhungerte Ratte»[16]. «Die Tische als solche regten mich an», schrieb er über die Bibliothek, und wenn er das Gebäude wieder verließ und hinaus auf die Fifth Avenue trat, war er wie benommen und hatte ein «Gefühl frommen Schauderns»[17].

Heinrich und Louise Miller konnten mit Büchern nicht viel anfangen, und beide wunderten sich über Henrys Lesewut. Unbehagen bereitete ihnen außerdem der Gedanke an die möglicherweise zündstoffhaltigen neuen Ideen, die in den hochgeistigen Büchern, die Henry mit nach Hause brachte, zu finden sein könnten. Obwohl sie, abgesehen von einem bürgerlichen Respekt gegenüber der gesellschaftlichen Institution Schule, keinen besonderen Wert auf höhere Schulbildung legten, fanden sie Henrys Versagen am College beunruhigend.

Die Millers waren glühende Anhänger der um die Jahrhundertwende hoch im Kurs stehenden Erfolgsideologie, die besagte, daß jeder Junge Millionär werden konnte, so wie Andrew Carnegie und die Helden in den Romanen von Horatio Alger dies ja schließlich bezeugten. Vorbild des amerikanischen Mannes war der Geschäftsmann, nicht der Handwerker oder kleine Ladenbesitzer. Arbeit war gut, harte Arbeit war besser. Henry Ford drückte das damalige Zeitgefühl aus, als er sagte: «Es ist natürlich zu arbeiten – zu erkennen, daß Wohlstand und Glück nur durch ehrliches Bemühen erlangt werden können», und er warnte: «Nichts ist mehr zu verabscheuen als ein Leben in Bequemlichkeit. Keiner von uns hat das Recht, es sich bequem zu machen. Für den Müßiggänger ist in der Zivilisation kein Platz.» [18]

Henry war natürlich anderer Meinung. Von Anfang an hatte er das protestantische Arbeitsethos verabscheut, auch wenn er sich in den nächsten zehn Jahren noch nicht von dessen Einfluß befreien konnte. Als er dann soweit war, machten ihm die Normen der Gesellschaft weiterhin zu schaffen, obwohl er sich das selten anmerken ließ. Statt dessen wütete er innerlich gegen die herrschenden Werte und nahm – zumindest in seiner Vorstellung – eine oppositionelle Haltung ein. Er sah zum Beispiel keinen Widerspruch darin, einen Freund wegen dessen angesehener Stellung zu verspotten und ihn im nächsten Atemzug anzupumpen. Das ist der Miller, der den Lesern der *Wendekreise* vertraut ist. Doch trotz seiner Verachtung der gesellschaftlichen Normen befürchtete er, in den Augen eben jener Gesellschaft ein Versager zu sein. Oft unterzeichnete er sogar seine Briefe mit «Der Versager» [19]. Er war sich seiner Situation nur zu bewußt: Er wurde von lustvollen Phantasien gepeinigt, seine Eltern hielten ihn für einen verlorenen Fall, und er hatte weder Geld noch irgendwelche hoffnungsvollen Zukunftsaussichten. Er wußte, daß er ebenso intelligent war wie die von ihm so bewunderten Schriftsteller, aber er hatte keine Ahnung, was er mit seinem Köpfchen anfangen sollte. Dieser Miller war in bezug auf seine Person sehr sensibel, und seine Schuldgefühle veranlaßten ihn, strenge Verhaltensregeln für sich selbst aufzustellen. Er führte Listen über seine Schulden, die er nach einem scheinbar willkürlichen, aber in Wirklichkeit sorgfältig ausgeklügelten System abbezahlte, und er entwarf komplizierte und höchst umfassende Programme, nach denen er sich selbst bessern wollte, von der Stärkung seiner Augen bis zum Lesen aller Bücher über den Buddhismus.

Voller Verzweiflung nahm er eine Stelle als Büroangestellter bei der Atlas Portland Cement Company an der Broad Street in Lower Manhattan an, die ihn aber fast augenblicklich langweilte. Wenn er Anfragen zu Frachtsätzen nach Orten wie Nagasaki, Pensacola, Singapur und Oscalooska beantwortete, geriet er ins Träumen über ein besseres Leben anderswo. Niemals bekam er einen Sack Zement zu Gesicht, aber er hatte das Gefühl, daß das Produkt ziemlich schlecht war, was ihn aber nicht weiter kümmerte. Weil er zu arm war, um zum Lunch auszugehen, vertrieb er sich die Zeit während der Mittagspause im Battery Park, studierte das Leben der Meerestiere im Aquarium und ging nur widerwillig ins Büro zurück.

Mit achtzehn begann für Henry eine Zeit ziellosen Herumtreibens. Die Stelle bei Atlas behielt er fast zwei Jahre lang, und in den folgenden vier Jahren hatte er, in immer kürzeren Abständen, eine ganze Reihe von Jobs. Seine Eltern verfolgten das mit zunehmendem Mißfallen, doch Henry tat so, als wäre ihm dies gleichgültig. In keinem Bereich wollte er ihren Erwartungen entsprechen. Ganz deutlich wurde das, als er 1909 eine Affäre mit Pauline Chouteau begann, einer siebenunddreißigjährigen geschiedenen Frau.

Henry lernte Pauline in der Wohnung ihrer Freundin Louise kennen, wo er für fünfunddreißig Cents pro Stunde Louises Tochter Klavierstunden gab. Für Henry waren die fünfunddreißig Cents ein Hungerlohn, und er pflegte sich für dreißig Cents zwei Banana Splits zu kaufen und den übrigen Nickel voller Verachtung in die Gosse zu werfen. Dies stärkte sein Selbstwertgefühl, denn er war über die schlechte Entlohnung beschämt, aber das Klavierspielen machte ihm Spaß. Nach dem Unterricht schickte Louise ihre Tochter aus dem Zimmer und flirtete dann heftig mit Henry. Einmal kehrte ihr Kostgänger und Liebhaber, ein Fahrradmechaniker namens Ed, früher in die Wohnung zurück als sonst. Schnell schob Louise Henry hinter einen Vorhang und rief zärtlich: «Oh, Ed, bist du es?»[20] Den Klang dieser Stimme vergaß Henry nie. Er war unwiderstehlich sexy, kam aber von den Lippen einer Frau, die so alt war wie seine Mutter und darüber hinaus deren Namen trug.

Louise flößte Henry Angst ein, doch ihre Freundin Pauline, die während der Klavierstunden oft zuhörte und dabei steif auf ihrem Stuhl in einer Ecke des Zimmers saß, nahm seine Aufmerksamkeit gefangen. Sie war, im Gegensatz zu der recht schlampigen Louise, eine gepflegte Erscheinung, mit hübsch zurechtgemachtem Haar und einem liebenswürdigen Lächeln, und ihr Südstaatenakzent fesselte den jungen Klavierlehrer.

Henry gewöhnte sich an, die um fast zwanzig Jahre ältere Frau nach Hause zu begleiten. Obwohl Pauline nicht viel Geld hatte, war ihre Wohnung sehr behaglich eingerichtet, und als Hausmeisterin mußte sie weniger Miete zahlen. Sie lebte mit ihrem Sohn George zusammen, der seine Arbeit als Schuhverkäufer bald wegen seiner fortgeschrittenen Tuberkulose aufgeben sollte. Über ihren Ex-Ehemann, dessen Namen sie wie «Shooter» aussprach, äußerte sie sich voller Bitterkeit, aber ansonsten hätte sie, wie Miller später schrieb, nicht sympathischer sein können:

> Sie [war] anbetungswürdig: ein venusgleicher Körper, eine venushafte Seele, treu, liebenswert, dankbar, alle Tugenden, die eine Frau haben soll.[21]

Doch ihre Beziehung war von Anfang an schwierig. Später sollte Miller sehr oft über Pauline schreiben, und er bezeichnete sie dabei immer als «die Witwe», obwohl «Shooter» erst 1915 starb. Es fehlte auch nie die Bemerkung, Pauline sei alt genug, um seine Mutter zu sein. Das machte natürlich einen Teil ihrer Anziehungskraft aus, verwirrte und schmerzte ihn aber auch. Zum Beispiel beschäftigte er sich krankhaft mit der Vorstellung, wie Pauline George zur Welt gebracht hatte. Ihren Worten zufolge hatte sie sich dazu draußen in der Toilette eingeschlossen, um vor ihrem betrunkenen Ehemann sicher zu sein, und Henry wurde von der Vision verfolgt, wie Pauline in den «geheimnisvollen Platinwellen» des Mondlichtes mit einem blutigen Bündel zwischen den Beinen auf dem Lehmboden lag.[22] Er wurde immer wieder vom Bild der verschlingenden Gebärmutter heimgesucht. «Sobald ich in die Nähe dieser Frau kam, überfiel mich eine düstere Ruhe. Da war sie mit ihrer Fud, die immer offen stand, immer auf mich wartete, bereit, mich mit Haut und Haaren zu verschlingen.»[23]

Henry hatte sich auf ein wahrhaft bizarres Familiendrama eingelassen. Oft saßen alle drei zusammen und hielten einander fest, wobei Henry und Pauline zärtlich summten und Georgie von Hustenanfällen geplagt wurde und klagte, daß er zu nichts tauge.

Henry wetteiferte mit Georgie um Paulines Aufmerksamkeit, hatte aber gleichzeitig ein schlechtes Gewissen, denn schließlich war Georgie Paulines Sohn und noch dazu krank.

Weil er sich von Pauline unwiderstehlich angezogen fühlte und die Nörgeleien seiner Eltern satt hatte, verschwand Henry für zwei Monate und zog zu Pauline in ihre Wohnung in der Decatur Street Nr. 366, nur zehn Häuserblocks von der Wohnung seiner Eltern entfernt. Er und Pauline genossen ihre sexuelle Beziehung, aber abgesehen davon fühlte Henry sich elend. Pauline erschien ihm plötzlich alt, und voller Ekel registrierte er die roten Wurzeln ihres wasserstoffgebleichten Haares. Nach kurzer Zeit tauchte er wieder in der Wohnung seiner Familie auf und besuchte Pauline wie vorher nur noch nach dem Abendessen.

Um seine Ängste bezüglich der Sexualität abzubauen, wandte er sich einer damaligen Modeströmung zu, die für ihn zu einer Leidenschaft werden sollte: der Körperkultur. Ein intensives Programm sportlicher Aktivitäten – verbunden mit mentaler Selbstdisziplin –, erschien Henry seit seiner Pubertät als ausgezeichnetes Mittel gegen alles, was ihn bedrängte. Von 1905 bis 1908 war er Mitglied im *Turnverein*, einem deutschen Verein an der Ecke Bushwick Avenue und Gates Avenue[24], aber als er ein Jahr später die High-School abschloß, war seine körperliche Verfassung nicht besonders gut. Abnehmende Sehkraft, die man zu jener Zeit allgemein als Folge exzessiver Masturbation ansah, bereits sich lichtendes Haar und eine wenig widerstandsfähige Konstitution – von seiner nervösen Empfindlichkeit und den sexuellen Zweifeln ganz zu schweigen – bewirkten, daß Henry sich zu dieser neuen «Wissenschaft» von der männlichen Lebenskraft hingezogen fühlte. Er erhoffte sich davon, Kontrolle über seinen Körper zu gewinnen und sein Verlangen zu zügeln.

Die Anhänger der Körperkultur propagierten gründliches Kauen (empfohlen in Horace Fletchers *Menticulture*, erschienen 1895, und praktiziert von Persönlichkeiten wie Henry und William James), fasteten und trainierten in den neuen Turnhallen, die überall im Land wie Pilze aus dem Boden schossen. Natürlich hatten sich auch Spinner der Bewegung angeschlossen. Der bekannteste unter ihnen war Bernarr Macfadden, dessen Lebensweg sich Jahre später wieder mit dem von Miller kreuzen sollte. Macfadden überwand seine eigene, seiner Meinung nach genetisch bedingte Veranlagung zur Schwäche, indem er ein System der «Kinesitherapy» entwickelte, welches er in mehreren «Healthatoriums» im ganzen Land lehrte. Er kündigte sich selbst als «Bernarr le Grand, Le Napoleon de la Force Humaine» an und heiratete eine Frau, die als die «stärkste Frau Großbritanniens» bezeichnet wurde. Macfadden sorgte dafür, daß sie ständig schwanger war, und während ihrer ersten Schwangerschaft führte er dem hingerissenen Publikum vor, wie fit die Arme war, indem er auf ihren gewölbten Bauch sprang. Er war ein großer Anhänger der «spermatischen Ökonomie», wie er es nannte, und entwickelte das «Peniskop», eine mit einer Gummibirne versehene gläserne Röhre, die mit einem Vakuum verbunden war. Dieses Gerät, so behauptete er, würde den Penis vergrößern.[25]

Sexuelle Aktivität war mit den Zielen der Körperkulturbewegung unauflöslich verknüpft. Einerseits darauf ausgerichtet, ungesunde sexuelle Triebkräfte zu zügeln, trat die Bewegung andererseits für eine «gesunde» Sexualität ein und verfocht die These, Sex sei notwendig für körperliches und geistiges Wohlbefinden. Macfadden hatte nicht nur das «Peniskop» erfunden, sondern als junger Mann auch Romane mit Titeln wie *The Athlete's Conquest* (Des Sportlers Eroberung) oder *The Strenuous Lover* (Der tüchtige Liebhaber) verfaßt und erklärte nun seinen Anhängern, Sex spiele im Leben des «neuen Mannes» eine zentrale Rolle. Die Körperkulturbewegung verherrlichte «Männlichkeit» und definierte sie als Zustand, in dem man sowohl sexuell als auch körperlich zu voller Leistung fähig sei. Dudley Sargent, ein weiterer Verfechter dieser Leistungsfähigkeit, entwickelte das «Sargent System», ein umfassendes Ernährungs- und Bewegungsprogramm, welches in der eben eröffneten Hemenway-Turnhalle an der Harvard University gelehrt wurde. Er schrieb:

> Die große Bedeutung von starken sexuellen Kräften kann nicht genug betont werden. Ihr Einfluß auf das Leben ist wunderbar. Wenn ein kräftiger, vitaler Mann sich ein Leiden zuzieht, welches seine Sexualorgane schwächt, werden seine Kräfte in jeder Weise zu schwinden beginnen – seine Muskeln werden schwächer, seine Nerven werden in Mitleidenschaft gezogen, und wenn nicht schnell eine Veränderung herbeigeführt wird, wird er bald ein physisches Wrack sein.[26]

Die Botschaft dieser Fitneßapostel war zweideutig: Sex war zwar notwendig, denn ohne ihn konnte man seine Kraft und als Folge davon seine Männlichkeit verlieren, aber er war ausschließlich zur Zeugung bestimmt. Macfadden war leidenschaftlicher Befürworter der Monogamie und verdammte die «Ehe auf Probe», nach seinem Dafürhalten ein Euphemismus für freie Liebe.

Körperkultur wurde zu einem wichtigen Teil von Henrys Programm zur Selbstdisziplinierung, welches er während seiner Affäre mit Pauline begann. Er schrieb sich sogar für sechs Wochen in der Sargent's School of Arms am Columbus Circle in New York ein, denn wie Sargent, glaubte auch er: «Schwäche ist ein Verbrechen.»

Henry vervollständigte seine körperlichen Aktivitäten durch einen weiteren Modesport, nämlich das Radfahren, das für ihn sehr wichtig wurde, gleichzeitig jedoch seine sexuellen Ängste verstärkte. Henrys Fahrrad, sein «Rad», war, wie er später sagte, sein bester Freund. Er fuhr leidenschaftlich gerne und begeisterte sich für das damals neue Phänomen des Sechstagerennens, bei dem die Radfahrer in einem mit einem Wall umgebenen Stadion wie bei einem Staffellauf sechs Tage lang ohne Unterbrechung fahren. Sein Lieblingsfahrrad, ein in Chemnitz hergestelltes «Presto», kaufte er nach einem Rennen im Madison Square Garden einem Sechstagefahrer namens Walter Rutt ab. Er besaß noch zwei andere Fahrräder, aber dieses durfte nur er berühren. Stundenlang konnte er es ölen und überhörte die Klagen seiner Mutter über seine schmierigen Fußspuren. Jahre später, als er mit seiner zweiten Frau zusammenlebte, träumte er einmal, seine Mutter habe ihm endlich erlaubt, das Rad mit ins Bett zu nehmen. Danach wachte er auf und war enttäuscht, anstelle des Rades seine Frau neben sich zu finden.[27]

In der Gesellschaft anderer Radfahrer fand Henry die Bestätigung seiner männlichen Identität, nach der er sich so sehnte, doch seine Sprache weist auch auf die sexuellen Stimuli hin, die sich ihm beim Radfahren boten. Mehrere Jahre vor und nach seinem zwanzigsten Geburtstag hatte er die Gewohnheit, täglich die Strecke abzufahren, auf der die Fahrer des Sechstagerennens trainierten. Die Strecke verlief von den Brooklyn Heights hinunter durch den Prospect Park auf einem geschotterten Radweg nach Coney Island, und in seiner Vorstellung fuhr Henry mit Größen wie Joe Folger und Oscar Egg um die Wette und legte mit ihnen zusammen bei Bedford Rest, auf der Hälfte der Strecke, eine kurze Pause ein. In einem späteren Traum über das Radfahren befühlt Joe Folger Henrys Waden, Oberschenkel und Arme und sagt: «Er wird seinen Mann stellen – gutes Material.»[28] Dann leiht er dem entzückten Henry sein Rad. Der schönste Teil des Traums aber war, so schrieb Miller, die Rückkehr nach Bedford Rest:

> Da waren sie wieder, die Jungens, alle in verschiedener Ausstaffierung, mit glänzenden und funkelnden Rädern, die Sättel gerecht [d. h. genau richtig], sie hatten alle die Nase erhoben, als schnupperten sie die frische Brise. Es tat gut, wieder bei ihnen zu sein, ihre Muskeln zu befühlen und ihre Ausrüstung zu mustern.[29]

Was für Amerika hauptsächlich ein gesunder Zeitvertreib war, bedeutete für Henry ein zutiefst sexuelles Erlebnis, dessen homoerotischer Charakter seine Befürchtungen in bezug auf seine Sexualität noch verschlimmerte. So war das Radfahren zu einer weiteren Quelle der Angst geworden, und später baute er es in seine erotischen Phantasien ein. Er behauptete, seine Frau June habe besondere Ledershorts besessen, die so angefertigt waren, daß sie Sex haben konnten, während sie in Paris Tandem fuhren – und es überrascht nicht, daß er in einer späteren biographischen Skizze fälschlicherweise behauptete, selbst Sechstagerennen gefahren zu haben.[30]

In jener Zeit wurde der sexuell ambivalente Miller, den der Leser aus den *Wendekreisen* kennt, geformt. Selbstverständlich durfte Sex nicht zensiert werden, darin teilte Henry Macfaddens Sichtweise, aber er gehörte nicht zu den wunderbaren Dingen des Lebens und machte eigentlich auch keinen Spaß. Sex war nur ein Zeichen für Männlichkeit und Leistungsfähigkeit, ein Teil des Lebens, aber eher mit dem Stuhlgang als mit dem Essen zu vergleichen.

Außerdem brachte Sex ernsthafte Komplikationen mit sich. Irgendwann im Frühling des Jahres 1912 wurde Pauline schwanger. Henry war entsetzt, zwar wurde eine Abtreibung erwogen, aber beide waren wie gelähmt und unfähig, konkrete Schritte zu unternehmen. Eines Tages im Spätsommer ging Henry mit Pauline, deren Schwangerschaft nun deutlich sichtbar war, zum Tanzen in den Luna Park. Dort trafen sie zufällig Cora Seward, und Henry in seiner Verlegenheit stand Höllenqualen aus. Er verneigte sich nur stumm, während Cora keine Miene verzog, aber Pauline spürte, daß Henry sich ihrer schämte, und forderte einen erneuten Beweis seiner Liebe. Schließlich verlor sie das Baby. Im Herbst 1912 fand Henry, als er in ihre Wohnung kam, Pauline in einer Blutlache und die «sieben Monate ‹Zahnweh›» tot in einem Handtuch in der Schublade des Toilettentisches.[31]

Henry schrieb später, daß diese Zeit von «einem anscheinend unlösbaren Konflikt zwischen meinem geistigen Idealismus und meinem unersättlichen sexuellen Verlangen» gekennzeichnet war.[32] Auf seiner Suche nach einer Lösung entschied er sich für die «männlichste» aller nur möglichen Tätigkeiten, nämlich für die Flucht in den Westen, um Cowboy zu werden. Seine diesbezüglichen Vorstellungen wurden von seinem alten Vorbild Teddy Roosevelt beeinflußt, der als Heilmittel gegen alles, was Amerikas Männerwelt quälte, ein «tätiges Leben» predigte und in seinen Reden und in Büchern wie *The Winning of the West* wiederholt den Zusammenhang zwischen Männlichkeit und dem Westen betonte.

Der zwanzigjährige Henry betrachtete nun den Westen als Schlüssel zur Wiedergewinnung seiner Männlichkeit. Pauline hatte ihn immer noch fest im Griff, und später schrieb er, daß er fortlief, um sich von einer «verhängnisvollen Vernarrtheit» zu heilen. «‹Schluß mit den Büchern!› sagte ich zu mir. ‹Zum Teufel mit dem intellektuellen Leben!›»[33] Für einen so eifrigen Leser wie Miller war das eine sehr plötzliche Sinneswandlung, aber er hielt eine gewaltsame Umwälzung wohl für nötig, wenn er sich aus seiner unerträglichen Situation befreien wollte. Pauline erzählte er, daß er später nach ihr schicken würde und daß sie dort draußen, wo niemand sie kannte, einen neuen Anfang machen könnten. Vielleicht glaubte er sogar selbst daran.

Henry sprach nur noch vom Westen, und seine Eltern mußten einsehen, daß es wohl am besten wäre, ihm seinen Willen zu lassen. Da ihre finanzielle Situation sich nach der Rezession von 1910 bis 1911 etwas gebessert hatte, konnten sie genug Geld für Henrys Zugfahrkarte zusammenkratzen. Einmal dort angekommen, würde er allein zurechtkommen müssen.

Als Henry im März 1913 in New Mexico eintraf, mußte er zu seinem Entsetzen feststellen, daß die große Zeit der Cowboys vorbei war. Anstatt von ausgedehnten Rinderranchs wurde der Westen, wie er ihn vorfand, von großen Farmen beherrscht. Es wurden keine Viehtreiber mehr gebraucht, sondern nur noch schlechtbezahlte, Saisonarbeiter oder «Pflücker». Henry ging erst nach San Pedro, dann nach Otay und schließlich nach Chula Vista in Kalifornien, wo er auf einer Zitronenfarm Arbeit fand, was sich aber wieder als Fehlschlag erwies. Die anderen Helfer nannten ihn «Yorkie», und er kam sich wie ein unfähiger Stadtjunge vor.[34] Zwar tat ihm die Arbeit im Freien gut, aber selbst seine Gesundheit schien ihm nicht mehr besonders wichtig. Jahre später beschrieb er in *Wendekreis des Steinbocks* seinen damaligen inneren Zustand:

> Ich bin allein und schufte wie ein Sklave [...] Verwirkliche ich mich selbst? Ich glaube nicht. Ich bin nur ein sehr unglücklicher, einsamer, elender Mensch. Ich scheine alles verloren zu haben [...] Ich bin völlig gesund und ebenso leer [...] So ganz lebendig und bei bester Gesundheit, daß ich den üppigen, enttäuschenden Früchten gleiche, die an den kalifornischen Bäumen hängen. Noch ein Sonnenstrahl, und ich bin verrottet.[35]

Wie so viele seiner Schwärmereien entpuppte sich auch der Traum vom «tätigen Leben» jetzt als falsch und hohl, aber Henry besaß noch nicht die Reife, dafür nicht sich selbst, sondern dem Traum die Schuld zu geben. Nachdem er neun Monate lang als Landarbeiter herumgestromert war, vermißte er Pauline, und er vermißte seine Bücher. Eine Zeitlang liebäugelte er mit der Idee, sich nach Alaska aufzumachen, meinte aber schließlich, ihm fehle der dazu notwendige Abenteuergeist, und er fühlte sich weniger denn je als Mann.

Aber Henrys Ausbruch in den Westen war für sein späteres Leben wichtig, denn in Kalifornien freundete er sich mit Bill Parr an, einem Cowboy aus Montana, der vorübergehend als Helfer auf einer Ranch arbeitete und Mitglied der Industrial Workers of the World war, einer Arbeiterfaktion, die darum kämpfte, alle Arbeiter in einer großen Gewerkschaft zu vereinigen. Henrys Beschäftigung mit Körperkultur und ähnlichen Bewegungen des «Neuen Denkens» fügte Parr politische Gesichtspunkte hinzu. Von Chula Vista fuhr eine Straßenbahn nach San Diego, und an einem Sonnabend verschoben die beiden jungen Männer, wie Miller sagte, einen Bordellbesuch, um einen Vortrag der berühmten Anarchistin Emma Goldman zu hören.

Emma Goldman war eine beeindruckende Frau mittleren Alters, die als fesselnde Rednerin und bezwingende Denkerin bekannt war. Mit ihrem Liebhaber Ben Reitman war sie in die Stadt gekommen, um Vorträge über das russische Drama zu halten, und dem Paar waren Gerüchte über ihren glühenden Anarchismus und ihre Praxis der freien Liebe vorausgeeilt. Als Henry Emma Goldman ansprach – er fing sie auf dem Weg nach draußen ab, nachdem sie ihren Vortrag nicht hatte halten dürfen –, interessierte er sich weniger dafür, was sie über Literatur sagte, sondern vor allem für ihre Meinung über die freie Liebe und die befreite weibliche Sexualität. Als Miller später über «freie Liebe» schrieb, meinte er: «Es hörte sich gut an für mich [...] Es ging eher darum, wie man zu dem Menschen, in den man verliebt war, auch eine sexuelle Beziehung haben konnte.» [36] Indem sie öffentlich für die sexuelle Liebe eintrat, hatte Emma Goldman in Henrys Augen seiner Beziehung zu Pauline ihren Segen gegeben. Außerdem war die bloße Gegenwart einer so attraktiven und intelligenten Frau, die gleichzeitig so offensichtlich auch ein sexuelles Wesen war, eine Offenbarung für

Henry und versetzte ihn in Hochstimmung. Ihm wurde klar, daß der sexuelle Charakter seiner Beziehung zu Pauline Liebe nicht ausschloß. Trotzdem sollten die Narben, die seine frühe, strenge Unterscheidung zwischen Liebe und Sex hinterlassen hatte, nie ganz ausheilen.

Henrys Begegnung mit Emma Goldman führte auch dazu, daß er den Anarchismus entdeckte. Er lieh sich von Bill Parr ein wegweisendes Buch zu diesem Thema, *Instead of a Book, by a Man Too Busy to Write One* (Anstelle eines Buches, von einem Mann, der zu beschäftigt ist, um eines zu schreiben) von Benjamin Tucker[37], und fand darin eine Philosophie, die seinem rebellischen Wesen entsprach, eine Art Antiphilosophie, die auf formlose Weise Zynismus mit Idealismus und einem tiefen Mißtrauen gegenüber Autoritäten vermengte. Bei Millers ausgeprägt individualistischen Neigungen erschien ihm der Anarchismus mit seiner Zurückweisung jeder Idee einer kollektiven Gesellschaft wesentlich reizvoller als der Sozialismus, und der wertneutrale Charakter des Anarchismus war für ihn eine Offenbarung. Aus der Sichtweise des Anarchismus, so wie Henry ihn verstand, waren die Handlungen des Individuums nicht den Grundsätzen der konventionellen Moral unterworfen.

Nach seiner Rückkehr nahm Henry die Beziehung zu Pauline wieder auf und widmete sich noch leidenschaftlicher der Verbesserung seines Selbst. Die Begegnung mit Emma Goldman hatte ihn hungrig nach neuen Ideen gemacht. Er konsultierte einen Augenarzt, den er später als Quacksalber bezeichnete, und eine Handleserin, die ihm sagte, er würde einen guten Juristen oder Architekten abgeben. Und natürlich las er weiterhin in Macfaddens *Physical Culture* alle möglichen Tricks und Kniffe nach. Außerdem zogen ihn die über Manhattan verstreuten öffentlichen Vortragssäle an, in denen sich die Arbeiter und Einwanderer, die nach kostenlosem Wissen lechzten, abends versammelten. Im Labor Temple an der Fourteenth Street hörte er W. E. B. Du Bois und später John Cowper Powys. Außerdem besuchte er die Rand School, die im Village etwas wie ein Zufluchtsort für Sozialisten war. Ein Sprecher, der ihn tief bewegte, war Benjamin Fay Mills[38], der das «Neue Denken» populär machte, wobei er eine großzügige Dosis Emerson, *Bhagavadgita* und Freud, dessen Lehren eben Amerika erreichten, hinzufügte. Mills war ein faszinierender Redner und predigte «Gemeinschaft», ein verschwommenes Konzept, dessen Bezeichnung von William Morris stammte und das anscheinend dem sozialen Aufschwung der Menschheit dienen sollte.

Die Rückkehr nach New York war für Henry also sehr angenehm und anregend, die Freude wurde ihm aber etwas vergällt durch das Drängen seiner Eltern, endlich ernsthaft ins Berufsleben einzusteigen. 1912 war Valentin Nieting gestorben und hatte soviel Geld hinterlassen, daß Heinrich sich als Teilhaber in eine Schneiderwerkstatt in der West Thirty-First Street in Manhattan einkaufen konnte.[39] Das Geschäft ging von Anfang an nicht besonders gut, und Louise hatte Henry immer wieder gebeten, bei seinem Vater zu arbeiten. Im Spätjahr 1913 stimmte er schließlich widerwillig zu und begann in der Schneiderwerkstatt eine Lehre.

Es war ein «Kompaniegeschäft von Vater und Sohn mit der Mutter dazu, welche die Kasse führte»[40], schrieb Henry später. Heinrich war inzwischen ein starker Trinker, der oft ganze Tage in den Hotelbars an der Fifth Avenue und am Broadway verbrachte, wo sein Sohn – so schrieb er zumindest im Alter – mehr als einmal seine Ehre verteidigen mußte. Aber zwischen Henry und den jüdischen Zuschneidern im Hinterzimmer der Werkstatt entstand eine herzliche Freundschaft, und Henry diskutierte mit ihnen gern über Philosophie und Literatur.

Die Schneiderwerkstatt verschaffte Henry auch einen Einblick in das gesellschaftliche Leben New Yorks, denn Heinrich Miller war «Herrenschneider», und seine Kunden kamen aus allen möglichen Gesellschaftskreisen der Stadt. Manche Kunden faszinierten Henry zutiefst, so etwa der Schauspieler John Barrymore oder der Gesellschaftsfotograf Walter Pach, der seine Schulden oft mit Familienfotos von den Millers bezahlte.

Ein anderer Kunde, Frank Harris, der Herausgeber der *Saturday Review* und Autor des skandalösen Buches *My Life and Loves* (Mein Leben und meine Liebschaften) wurde von Guido Bruno, einer bekannten Gestalt im Village, in die Schneiderwerkstatt gebracht. Heinrich Miller ließ sich von dem neuen Kunden, der im Ruf stand, ein großer Liebhaber zu sein, nicht beeindrucken, aber sein Sohn war hingerissen, und das erst recht, als Harris die Zuschneider im Hinterzimmer in ein Gespräch über Shakespeare, Oscar Wilde und die Bibel verwickelte. Henry fand Harris' Gewohnheit, keine Unterwäsche zu tragen, höchst interessant, aber am meisten war er beeindruckt, als er Harris einen Anzug in seine Wohnung am Washington Square brachte und den großen Mann dort mit einer Frau im Bett vorfand. Und als Harris nackt und nicht im mindesten verlegen aus dem Bett sprang und den Anzug anprobierte, stieg er in Henrys Achtung noch mehr.

Der Vertreter Paul Dexter, der im Laden Stammkunde war, beeindruckte Henry wegen der großen Zuneigung, die er Heinrich Miller entgegenbrachte. Dexter sah in dem sorglosen Schneider, der eigentlich ein Versager war, eine verwandte Seele, und die beiden Männer tauschten Blicke voller Wärme und Bewunderung. Henry bemerkte dies wohl, und später schrieb er: «Manchmal standen sie sich gegenüber und blickten sich anbetend an, bis ihnen die Tränen kamen.» Wenn Dexter den Laden verlassen hatte, ging Heinrich «in das kleine Loch von einem Büro, saß still für sich da und starrte und starrte»[41]. Die Blickwechsel beunruhigten Henry, doch die Tiefe der Gefühle seines Vaters rührte ihn auch.

Henry, der in einem lieblosen Haushalt aufgewachsen war, sah in der Schneiderwerkstatt eine Welt, in der Liebe freigebig verteilt wurde, eine Welt, in der es ohne Bedeutung war, ob jemand Erfolg hatte oder ein Versager war. «Die Männer, die durch meines Vaters Laden gingen, dunsteten Liebe aus», schrieb Miller in *Schwarzer Frühling*. «Sie waren heiß und weinselig, schwach und faul, mit Sexus bewimpelte Schnellsegler, und wenn sie nachts an mir vorbeifuhren, waren meine Träume wie von Räucherkerzen durchduftet.»[42] Seine Erfahrungen in der Schneiderwerkstatt waren von den «männlichen» Gerüchen nach Tweedstoffen, Tabakrauch und Whiskeyatem durchdrungen.

Jahre später schrieb Henry einen Text über den Schneiderladen, der zu einer langen Meditation über Männlichkeit werden sollte und über die Beziehungen zwischen Männern, die einander zärtlich und hingebungsvoll zugetan waren. Doch Henry assoziierte diese Liebe zwischen Männern mit Versagen und besonders mit dem geschäftlichen Scheitern seines Vaters. Trotzdem rührte ihn die Schwäche, von der diese Liebe begleitet wurde:

> Die Leute, die mein Vater liebte, waren schwach und liebenswert. Alle miteinander verblaßten wie glänzende Sterne vor der Sonne. Sie erloschen ruhig und katastrophenartig. Nicht ein Fetzen von ihnen blieb übrig – nur das Andenken an ihren Glanz und ihre Größe. Sie fließen jetzt in mir wie ein großer, von Sternschnuppen verschütteter Fluß.[43]

Das eigentliche Wesen dieser Liebe stand nicht zur Debatte. Obwohl in Millers späterer Schilderung der Schneiderwerkstatt Heinrich tatsächlich in einem betrunkenen Augenblick einen Freund mit ins Bett nimmt, interessierte Henry sich nicht für den sexuellen Akt, den er als logische Folge der homoerotischen, sexuell aufgeladenen Atmosphäre im Schneiderladen betrachtete, sondern vielmehr für Louises grundlegenden Mangel an Verständnis für die Beziehungen ihres Mannes zu anderen Männern. Henrys im Grunde mitfühlendes Wesen und seine große Liebe zu seinem Vater ließen ihn Beziehungen zwischen Männern mit tiefer Zärtlichkeit und nostalgischer Sehnsucht betrachten. Ehefrauen und Mütter waren in dieser Welt nebensächlich, sie waren entweder bedrohliche Harpyien oder Sexualobjekte, die man genießen und dann ausrangieren mußte. Henry bewertete schließlich Beziehungen zwischen Männern höher als alle anderen, und schaffte so das Fundament für eine Gewohnheit, die er sein Leben lang beibehielt, nämlich sich mit Männern, häufig Versagern, zu umgeben, die er bedingungslos liebte.

Während die dreieinhalb Jahre in der Schneiderwerkstatt Henrys zwanghafte Beschäftigung mit seiner Männlichkeit noch verstärkten, warfen sie auch die unangenehme Frage nach seinem Platz in seiner großen – und ziemlich verrückten – Familie auf. Diese Phase fand ihren Höhepunkt an einem Wintermorgen im Jahr 1914, als Henry mit seiner Mutter das Thema Pauline besprach und verkündete, er wolle die um Jahre ältere Frau heiraten. Louise ging daraufhin mit einem Küchenmesser auf ihn los. Noch ein Wort, sagte sie, und sie werde es gebrauchen. Henry war sicher, daß

Louise durch ihre völlig unangebrachte Eifersucht in diese mörderische Wut versetzt worden war, und führte diese auf die durch Inzest hervorgerufene Geisteskrankheit in der Familie der Nietings zurück. Von einer Großtante nämlich wurde behauptet, sie habe ihren Bruder geheiratet, und Henry hatte das Gefühl, daß auch seine Mutter von inzestuösen Wünschen getrieben wurde. Seiner Erinnerung zufolge lag Inzest ständig in der Luft. Für Henry war Louises Handlung ein Zeichen für inzestuöse Gewalttätigkeit und Geisteskrankheit, und Henry sollte sie nie vergessen und in seinen Werken wie besessen darüber schreiben. Zur Verdeutlichung des Dramas ließ er Louise dabei oft anstelle des Messers ein Hackbeil schwingen.

3. KAPITEL

«Eine aberwitzige Pflanze»

1915–1923

Zweimal in jungen Jahren, sagte Miller später, habe er sterben wollen: einmal mit acht und einmal mit Anfang Zwanzig. 1915, als er dreiundzwanzig war, hielt er sich für einen völligen Versager. Sein Leben war ein einziges Chaos, die bezeichnenden Symptome dafür waren Enttäuschungen, Mißerfolge und Schulden. Er verbrachte seine Tage noch immer in der Schneiderwerkstatt, und er war noch immer mit Pauline zusammen; er meinte, er hinge an ihrem Körper «wie die Zecke an der Kuh»[1]. Er hatte ein vages Verlangen, Schriftsteller zu sein, und zwei Kunden seines Vaters, Boardman Robinson und Frank Harris, ermutigten ihn darin.[2] Robinson war ein bekannter Illustrator, und eines Tages erhielt er in seinem Atelier Besuch von Henry, der ihn fragte, wie man denn mit dem Schreiben beginne. Robinson antwortete, soweit er wisse, fange man einfach an. Miller machte sich sofort auf den Weg, kaufte sich ein kleines Notizbuch und schrieb auf den Deckel: «Der intellektuelle Sohn des Schneiders».

Aber sein kleines Notizbuch wollte sich nicht füllen. Später schrieb er an seinen Freund Lawrence Durrell, daß er damals nicht in erster Linie habe schreiben, sondern vielmehr «Schriftsteller *sein*» wollen. Er spielte mit der Idee, ein Theaterstück zu verfassen, und in ruhigen Stunden schrieb er in der Schneiderwerkstatt einen langen Essay über Nietzsches *Antichrist*. Mit seinem Freund Stanley Borowski, der vor kurzem von seinem Dienst in der Armee in Fort Oglethorpe zurückgekehrt war, diskutierte er bis spät in die Nacht hinein über Literatur. Jack London, Dostojewski und Herbert Spencer waren ihre Lieblingsautoren, und auch Elie Faure diente als Vorbild. Mit ihm fühlte Henry sich verbunden, weil sein Buch *History of Art* (Geschichte der Kunst) von Walter Pach, der ebenfalls zu den Kunden seines Vaters gehörte, übersetzt worden war.

Aber seine Vorbilder erwiesen sich eher als einschüchternde Beispiele. Zwar schrieb Henry im Kopf ganze Bände – ja Wälzer –, aber er hatte nicht die Disziplin, um etwas davon zu Papier zu bringen. Wenn es ihm ausnahmsweise doch gelang, las sich das Geschriebene, als würde er an einem Fernlehrgang für Schreiben teilnehmen, und das schreckte ihn erst recht ab. 1916 mißlang ihm einer seiner ersten Versuche, etwas zu veröffentlichen. Er schickte ein Manuskript an Guido Bruno, der eine Reihe unterhaltsamer Bändchen und kurzlebiger Zeitschriften mit Titeln wie *Bruno's Bohemia, Bruno's Weekly* und *Bruno's Greenwich Village* herausgegeben hatte.[3] Bruno hatte ein besonderes Geschick dafür, Leuten – vor allem Frauen – beträchtliche Geldsummen abzuschmeicheln, und irgendwie schaffte er es, von Miller zweihundert Dollar zu bekommen, ohne jemals seine Arbeiten zu veröffentlichen. Miller schrieb an einen Freund, er habe sich davon «teilweise erholt», aber er war trotzdem desillusioniert.[4] Im gleichen Brief klagte er ironischerweise, noch schlimmer als tatsächlich künstlerisch veranlagt zu sein, sei es, sich einzubilden, man sei künstlerisch veranlagt. Er persönlich war sich ziemlich sicher, daß er es tatsächlich war, hatte aber keine Vorstellung davon, wie er diese Veranlagung nutzen sollte.

Während er sich mit dem Schreiben abmühte, erschien eine Frau auf der Bildfläche, die schnell zu einer ernst zu nehmenden Rivalin für Pauline wurde. Im Oktober 1915 verliebte Henry sich in eine Frau, die die «unpatriotische Gewohnheit [hatte], Liszts Rhapsodien zu spielen»[5]. Es war die Pianistin Beatrice Sylvas Wickens, jung und hübsch, mit dunklen Haaren und dunklen Augen, hohen Wangenknochen, einem winzigen, klassisch geformten Mündchen und feinem Benehmen. Nach der Wiederheirat ihrer Mutter war sie von einer alleinstehenden Tante aufgenommen und in einer Klosterschule erzogen worden, mit dem Ergebnis, daß sie puritanisch und tugendhaft war und große Probleme mit ihrer Sexualität hatte.

Beatrices musikalische Bildung war ebenfalls eine Folge ihrer Jahre in der Klosterschule, und es waren ihre Fähigkeiten am Klavier, die Henry anzogen. Musik hatte er immer geliebt, und musikalische Frauen hatten für ihn einen ganz besonderen Reiz. Musik erinnerte ihn an seine frühe Kindheit und an die Besuche bei seiner Tante Grussy in Glendale. Sein Repertoire, das er Verwandten und Freunden aus der Xerxes-Gesellschaft vorspielte, enthielt den «Orangenblüten-Walzer», den «Mitternachts-Feueralarm», das «Wagenrennen» und den «Brand Roms»[6] ebenso wie Stücke von Czerny und Liszt, die die Familie so liebte. Seine Begeisterung wuchs noch, als Walter Pach ihm im Jahr 1914 und 1915 als Gegenleistung für Heinrich Millers Schneiderarbeiten einige Karten für Vorstellungen in der Carnegie Hall schenkte, denn die Konzerte waren ein echter Ansporn zur ernsthaften Auseinandersetzung mit der Musik.

Im Oktober 1915 erschien Miller bei Beatrice in der Ninth Street, um Klavierunterricht zu nehmen. Eine Zeitlang hatten sie ein reines Lehrer-Schüler-Verhältnis. Sie ließ Henry zu Hause auf dem neuerworbenen Klavier der Millers Liszt-Etüden üben, aber Henry war nicht fähig, untätig neben einer schönen Frau auf der Klavierbank zu sitzen[7]; allein die körperliche Nähe war für ihn eine Aufforderung zum Handeln.

Der große Krieg, wie Miller es nannte, hatte begonnen. Er warb lange um Beatrice, und sie verteidigte ihre Tugend standhaft. Miller verbrachte immer weniger Zeit mit Pauline und führte statt dessen Beatrice abends in Varietés, in Konzerte im Luna Park und in Biergärten auf Long Island. Anschließend kam es regelmäßig bei ihr im Hausflur zu langem Petting. Beatrice ihrerseits wurde von Schuldgefühlen gepeinigt, obwohl sie sich von Miller angezogen fühlte, und benahm sich entsprechend, indem sie in einem Augenblick die Verführerin spielte und im nächsten entrüstet ihre Keuschheit verteidigte. Henry glaubte, daß ihre Probleme von inzestuösen Begegnungen mit ihrem Stiefvater herrührten, auf den er sehr eifersüchtig war.[8] Für diese Vermutung gibt es jedoch keinen Beweis.

An einem Abend in der ersten Zeit ihrer Beziehung streckte Beatrice sich in ihrer Wohnung in der Ninth Street auf einem Heizkörper aus und ließ ihren seidenen Morgenrock auseinanderfallen, um ihren nackten Körper zu zeigen. Miller griff nach ihr, aber sie wurde plötzlich hysterisch, und er flüchtete. Dann überlegte sie es sich anders und lief ihm nach. Draußen im Flur beruhigte er sie, bis sie wieder auf ihn einging; als er aber ihre Hand nahm und vielsagend nach unten führte, wurde sie wieder hysterisch, und er stürzte hastig hinaus. Einige Tage später erhielt er einen Brief von ihr, in dem sie ihm mitteilte, sie wolle ihn nie wieder sehen.[9] Erbittert schrieb Miller an seinen Freund Charles Keeler: «Miss Wickens und ich machen schnelle Fortschritte in unserer gegenseitigen Unterwerfung.»[10]

Es dauerte mehrere Wochen, bis Beatrice seinem Drängen schließlich nachgab, und selbst dann bestand sie darauf, daß Miller durch ihren Morgenrock in sie eindrang. Miller dachte, sie wolle ihn auf die Probe stellen, gleichzeitig aber eine Schwangerschaft verhüten.[11]

Allmählich akzeptierte Beatrice seine Annäherungsversuche und ergriff sogar selbst die Initiative. Miller besuchte sie manchmal mitten am Tag, und sie spielte ihm dann Sonaten vor. Oft unterbrach sie ihr Spiel und ging zu ihm hinüber, um sich streicheln zu lassen. Anschließend war sie immer verzweifelt, denn Sex am hellichten Tag jagte ihr Schuldgefühle ein.[12]

Millers Situation war verfahren. 1917 verließ er die Schneiderwerkstatt und hatte keine feste Vorstellung, was er als nächstes unternehmen wollte. Obwohl die meisten seiner Freunde zumindest davon sprachen, zur Armee zu gehen, zeigte er, als Amerika in den Ersten Weltkrieg eintrat, kein Interesse daran, Soldat zu werden. Als Möchtegernschriftsteller hatte er keinen Erfolg, und in der Beziehung zu Beatrice kam er nur langsam voran. Pauline, die wußte, daß er Ersatz für sie gefunden hatte, schickte ihm weiterhin kurze Briefchen und fand zahlreiche Gelegenheiten, ihn wie zufällig auf der Straße zu treffen – diese Begegnungen waren für beide immer sehr schmerzlich. Schließlich war es Louise, die eine Änderung herbeiführte, denn wenn Henry selbst mit seinem ziellosen Leben auch zufrieden sein mochte, Louise hatte es gründlich satt. Eines Morgens im Sommer 1917 kam sie am Schlafzimmer ihres Sohnes vorbei und sah ihn wie immer im Bett liegen. Tag für Tag kam er nicht aus den Federn, und das machte sie so wütend, daß sie einen Eimer Wasser aus der Küche holte und ihm den über den Kopf schüttete. Sie befahl ihm aufzustehen und zu verschwinden – entweder solle er Soldat werden oder sich Arbeit suchen.[13]

Henry wußte sehr wohl, daß seine Mutter recht hatte – vielleicht war das auch einer der Gründe, weswegen er sie zutiefst haßte. Sie sprach für den Teil von ihm, der ahnte, daß er ein Versager war. Trotzdem fiel es ihm sehr schwer, sich von dieser müßigen Lebensweise loszureißen. Keine der von ihr vorgeschlagenen Alternativen sagte ihm zu. Vor dem Krieg hatte er Angst und stand offen dazu[14]; später schrieb er einmal, er könnte einen Mann im Zorn töten, aber niemals kaltblütig oder aus Prinzip.[15] Arbeit – zumindest, was Louise Miller darunter verstand – war gleichfalls undenkbar. Die Schneiderwerkstatt hatte ihm jede Art bürgerlicher Beschäftigung vergällt; danach waren, mit einer Ausnahme, seine Jobs immer vorübergehend, reine Überbrückungsmaßnahmen.

Glücklicherweise erzählte im Frühling 1917 einer der Kunden seines Vaters dem jungen Henry von einem Job im Kriegsministerium in Washington, D. C. Es war nur eine bescheidene Tätigkeit – er mußte Post sortieren –, aber begierig sagte Henry zu und reiste sofort nach Washington. Während des einen Monats, den er dort verbrachte, überschüttete er Beatrice mit glühenden Liebesbriefen, in denen er in Plänen für ihre gemeinsame Zukunft schwelgte – die räumliche Distanz brachte wunderbarerweise seine Leidenschaft zurück. Er schilderte, wie es ihm gelungen war, eine Zusage von der *Washington Post* zu erhalten, daß jede von ihm eingereichte Geschichte für eine Veröffentlichung in Erwägung gezogen würde. Dieses vage Versprechen betrachtete er als Angebot einer freien Mitarbeit. Aber das Land befand sich mitten in den Kriegsvorbereitungen, und es dauerte nicht lange, bis Miller die Aufforderung erhielt, sich für die Einberufung registrieren zu lassen.

Miller handelte schnell. Er stellte einen Antrag auf Zurückstellung und begründete ihn mit seiner bevorstehenden Heirat und der Notlage seiner Eltern, denn sein Vater war krank. Dann kehrte er nach New York zurück und legte seine ehrgeizigen Pläne für Washington auf Eis, bis das Einberufungsproblem geklärt sein würde. Er zog mit Beatrice in das Claridge Hotel in Manhattan, und dort diskutierten sie eine ganze Woche lang die leidige Heiratsfrage, wobei Beatrice Gründe für die Hochzeit anführte und Miller Einwände vorbrachte. Zwar konnte nur eine Heirat Millers Zurückstellung vom Militär gewährleisten, aber für ihn war eine konventionelle Ehe wie die seiner Eltern eine Schreckensvision, und er ahnte, daß er mit Beatrice eine eben solche führen würde.

Während ihres Aufenthalts im Claridge Hotel tauchte ein Mann aus Beatrices Vergangenheit auf und machte ihr Millers Angaben zufolge einen Heiratsantrag. Miller suchte auf der Stelle den Mann auf und schleppte ihn ins Claridge. Beatrice war anscheinend gerade nicht da. In einer Marathonsitzung, welche die ganze Nacht dauerte – es war eine «regelrechte Alphonse-und-Gaston-Szene», wie Miller später schrieb –, erzählte er dem Mann alles über Beatrice und ermunterte ihn, sie zu heiraten. Seine kühne Rechnung ging jedoch nicht auf; der Mann biß nicht an, und am nächsten Morgen wurden Miller und Beatrice in der City Hall getraut. [16]

Die Hochzeit fand statt, obwohl Henry sich das Geld für einen Friseurbesuch leihen und Beatrice die Gebühren bezahlen mußte. [17] Millers Freunde von der Xerxes-Gesellschaft schenkten ihnen ein Hochzeitsessen im Café Bousquet, so daß der Tag nicht nur trübsinnig verlief. Die Flitterwochen verbrachte das Hochzeitspaar, vermutlich mit finanzieller Hilfe der Eltern, an den Niagarafällen. [18] Unmittelbar darauf kehrte Henry resigniert in die Schneiderwerkstatt seines Vaters zurück; er war nun ein verheirateter Mann und trug Verantwortung.

Das Paar zog in eine neue Wohnung in der Sixth Avenue Nr. 244 im Park-Slope-Viertel in Brooklyn. Alle waren hocherfreut, daß Henry sich endlich häuslich niedergelassen hatte – alle außer ihm selbst. Schon bald ödete ihn die ganze Sache an, und er weigerte sich, die Rolle des hart arbeitenden Ehemannes zu spielen. Beatrice gab ihm von seinem Gehalt gerade fünf Dollar pro Woche, und von dem Geld, das sie für Klavierunterricht erhielt, bekam er nie etwas zu sehen. Zeitungen und Zeitschriften waren voll mit Karikaturen von herrschsüchtigen Frauen mit dicken Hintern, die Pralinen aßen, und Henry liebte diese Art der Komik. Er fing an, Beatrice als Figur aus einem Cartoon zu betrachten, als Karikatur einer Hausfrau. Er begann sogar, die einst von ihm so geliebte Musik von Liszt zu hassen, einfach, weil er einer der Lieblingskomponisten seiner Frau war. [19]

Der Haussegen hing endgültig schief, als Beatrices Mutter mit ihrem Pudel auftauchte und verkündete, sie habe die Absicht zu bleiben. Miller mochte sie sofort, denn sie war temperamentvoll, lustig und voller Verständnis – das bedeutete, daß sie auf seiner Seite stand. Beatrice schäumte innerlich vor Wut, aber um sie loszuwerden, mußte das Paar versprechen, sie in Delaware zu besuchen. Miller tat, als habe er kein Interesse an den Reiseplänen, doch in Wirklichkeit war ihm im Sommer 1918 ein Urlaub sehr willkommen.

Die Reise begann vielversprechend. Die Wohnung der Schwiegermutter war gemütlich, und die Millers lagen morgens lange im Bett. Beatrice hatte mehr Freude am Sex, so, als verschaffe die Gegenwart ihrer Mutter ihr eine Absolution. Nach kurzer Zeit jedoch wurde deutlich, daß Beatrices Mutter es auf ihren Schwiegersohn abgesehen hatte, und Henry erlag schließlich der Versuchung – er konnte älteren Frauen nicht widerstehen. Die beiden begannen ein Verhältnis. Anscheinend hatte keiner von beiden das Gefühl, etwas Verbotenes zu tun.

Wie Miller später schrieb, schöpfte Beatrice anscheinend über Nacht Verdacht und bestand darauf, nach Hause zu fahren, aber Henry weigerte sich. Es folgte eine heftige Auseinandersetzung, während der Beatrice ihren Verdacht zwar nicht aussprach, Henry aber ihre Unsicherheit und ihre Angst eingestand, so zu werden wie ihre leichtfertige Mutter. Schließlich stimmte Henry ihr zu, daß ihre Mutter eine unmoralische Frau sei, und die Szene endete damit, daß die beiden – Beatrice mit roten, geschwollenen Augen – engumschlungen unter den Tisch rollten.

Anfang 1919 merkte Beatrice, daß sie schwanger war, aber diese Neuigkeit war wegen der Spannungen in der Ehe und wegen der bedenklichen finanziellen Lage höchst unwillkommen. Auf Millers Drängen hin erkundigte Beatrice sich bei ihrer Kusine Alice nach den Möglichkeiten einer Abtreibung, und Alice kam eines Abends mit einigen schwarzen Pillen und Ratschlägen über Senfbäder vorbei. Es war ein schwüler Sommerabend, und die drei tranken zur Erfrischung Bier. Nach kurzer Zeit war Alice betrunken und saß auf Henrys Schoß, und als sie schließlich umkippte, hätte Beatrice sie am liebsten umgebracht. Jedenfalls nahm Beatrice die Pillen nicht und ließ Henry schwören, ihr gegenüber nie wieder etwas von einer Abtreibung zu erwähnen.

Am 30. September 1919 brachte Beatrice ein Mädchen zur Welt, das den Namen Barbara Sylvas erhielt, aber dieses freudige Ereignis konnte den Zerfall der Ehe nicht aufhalten, im Gegenteil; die beiden stritten sich noch heftiger als zuvor. Miller schien darauf aus, die schlechte Ehe seiner Eltern nachzuahmen, aber mit einem entscheidenden Unterschied: Er bot seiner Frau die Stirn, während sein Vater das nicht tat. Für ihn war Beatrice eine zweite Louise, die die Absicht hatte, ihn einzuschränken und für das häusliche Leben abzurichten. Nach der Geburt verabscheute er sie noch mehr, denn er hegte eine heftige, irrationale Abneigung gegen alle Frauen mit kleinen Kindern. Er wurde Beatrice gegenüber zum brutalen Tyrannen und neigte wie Louise zu unkontrollierten Wutausbrüchen. Zwar bereute er oft sein Verhalten, aber diese Gewissensbisse vergrößerten nur seine Konflikte.

Etwas an Beatrice, schrieb Miller später, weckte in ihm ein ganz niederträchtiges Verhalten, und es dauerte nicht lange, bis er sich nach anderen Frauen umsah. Obwohl er selten mit ihnen schlief, erfand er doch alle möglichen Entschuldigungen, um nicht nach Hause kommen zu müssen. Wenn er tatsächlich in der Wohnung auftauchte, hatte er normalerweise einen Freund im Schlepptau, denn sowohl er als auch Beatrice legten Wert darauf, so wenig wie möglich allein zusammenzusein. Oft fühlte Beatrice sich dann in irgendeiner Weise von Millers Freund beleidigt, und sie reagierte darauf, indem sie ihren Mann und seinen Gast mit deutlicher Verachtung bediente, was Henry wiederum als Demütigung empfand. Daher sorgte er im Gegenzug dafür, daß das Gespräch sich immer um Sexualität drehte, womit er seine Frau noch mehr in Verlegenheit brachte.

Auch Millers Verhältnis zu seiner kleinen Tochter war äußerst problematisch. Die Atmosphäre stiller Wut, die im Haushalt herrschte, machte es für ihn beinahe unmöglich, gegenüber seiner Tochter zärtlich zu sein. Aber im stillen mochte er das kleine Mädchen, das intelligent und hübsch war und ein liebenswertes Wesen hatte. Barbaras wöchentliches Bad, nach dem sie mit großem Trara auf dem zinkblechbeschlagenen Küchentisch abgetrocknet wurde, wurde zum Motiv eines Schnappschusses, den er jahrelang bei sich trug. Die wenigen glücklichen Momente, die er mit Beatrice teilte, waren jene, in denen sie zusammen mit dem Kind spielten.

Beatrice nörgelte nun ständig an ihrem Ehemann herum. In ihren

Augen war er ihr nicht nur untreu, sondern konnte nicht einmal Frau und Kind ernähren. 1920 hörte Miller endgültig auf, in der Schneiderwerkstatt seines Vaters zu arbeiten, und wechselte nun ziellos von Job zu Job. In den dazwischenliegenden Zeiten machte er sich jeden Tag voller Optimismus auf die Arbeitssuche, landete aber immer wieder in der öffentlichen Bibliothek. Später gab er an, er habe in jenen Jahren kein einziges Mal die Stellenanzeigen durchgesehen.

In jener Zeit gelangte Miller zu der Überzeugung, daß er in irgendeiner Weise Künstler sein müsse. Aber durch den «ständigen Krieg», als den er später seine Ehe bezeichnete[20], war ihm nach ein oder zwei Jahren die Lust am Klavierspielen vergangen, und auf dem Gebiet der bildenden Künste hielt er sich für hoffnungslos unbegabt. Sein Freund Emil Schnellock war Werbegraphiker geworden, und Henry hatte den Eindruck, daß er niemals so realitätsgetreu würde zeichnen können wie dieser. Also blieb nur das Schreiben. Aber genau wie im Jahr 1915 hatte Miller nichts zu sagen.

Es war charakteristisch für ihn, daß er sich vornahm, die Muse zu bezwingen. Er würde einfach losschreiben, beschloß er, und die Eingebungen würden folgen. Oder er würde mit großer Beharrlichkeit einfach so viel schreiben, daß sich etwas Brauchbares daraus machen ließe. Wenn nötig, würde er auf Bestellung schreiben. In einem Brief an Emil Schnellock zwei Jahre später argumentierte er, daß «alle großen Männer auf Bestellung schreiben», und zitierte als Beispiele Cäsar, Balzac, Wells, Shaw, Strindberg, Barrie «und den unvergleichlichen Dostojewski»[21].

Die Prosa, die Miller in seinen ersten Jahren als Schriftsteller produzierte, war schwülstig und überladen mit Wörtern wie «opalisierend» («opalescent»), «autochthon» («autochthonous»), «Ichor» («ichor») und «mit einer Schabracke bedeckt» («caparisoned»). Er neigte generell zu geschraubten Sätzen. Als Beispiel diene ein Satz aus einem 1923 an Schnellock geschriebenen Brief, in dem Miller die Bowery Savings Bank beschreibt: «Das Auge kann die mannigfaltigen Schönheiten der Ornamente, die in die Retina hineinwogen und gegen sie hämmern, nicht aufnehmen.»[22] Im Alltag wurde Miller oft von Sinneseindrücken überwältigt, und beim Schreiben versuchte er, das gleiche sinnliche Erleben im Leser zu wecken, indem er seine Erfahrung beschrieb, anstatt sie im Leser hervorzurufen.

Bereits 1919 hatte ein Fünf-Cent-Schundheftchen mit dem Titel *The Black Cat: Clever Short Stories* Millers Neugier erregt, denn der Herausgeber kündigte das Wiederaufleben des drei Jahre alten «Black Cat Club» an. Die Abonnenten sollten die Möglichkeit haben, jede in der Zeitschrift erschienene Geschichte zu kritisieren. Zukünftige Meister der «schreibenden Zunft» könnten so ihre Technik verfeinern, indem sie die Technik anderer studierten. Der Club, so schrieb der Herausgeber, «sorgt jeden Monat für neue Inspiration und bekämpft abflauendes Interesse und moralische Ermattung»[23].

Der Pragmatismus dieses Plans gefiel Miller, der sich stolz als Autodidakt betrachtete, und er abonnierte die Zeitschrift. Als die Februarausgabe kam, analysierte er die Leitgeschichte, Carl Clausens «The Unbidden Guest» (Der ungebetene Gast), und seine Kritik war, wie er hoffte, professionell. Während er keine philosophische Tiefe in der Geschichte finden konnte, meinte er doch, daß «einen beim Lesen ein angenehmes Gefühl beschleicht, welches von dem Wissen kommt, daß der Autor das verwendete Material und das Thema wirklich verstanden hat»[24]. Er schickte seine paar hundert Worte ab und wartete gespannt auf die Reaktion.

Im Mai erfuhr er, daß sein «Essay» angenommen worden war, und er erhielt einen Scheck über 4,86 Dollar – einen Penny pro Wort. Er war begeistert, denn der Scheck hatte symbolische Bedeutung für ihn: Er arbeitete jetzt als Schriftsteller. Sein erster Impuls war, den magischen Scheck nicht einzulösen, aber dazu war er doch zu sehr Sohn seiner Eltern.

Voller Elan stürzte er sich nun in seine neue Aufgabe, und in den nächsten fünf Monaten wurden vier weitere seiner Kritiken angenommen, für die er eine Gesamtsumme von 9,50 Dollar erhielt. Millers Beiträge für *The Black Cat* sind alle unreif und schwach, aber sie werfen ein Schlaglicht auf seine schrullige Persönlichkeit und auf seinen eigenartigen literarischen Geschmack. Eine Geschichte erregte sein Interesse, weil sie gewagt war: Sie handelte von einem Mann und einer Frau, die sich gezwungenermaßen ein Bett in einem Pullmanwagen teilen. Die Pointe besteht zum Schluß in der Enthüllung, daß die beiden miteinander verheiratet sind. In seiner Kritik erklärte Miller, er habe beim Lesen der Geschichte beinahe den Atem angehalten, und er meinte, daß eifersüchtige Frauen, wie die Heldin, «Freude daran haben, sich ein wenig grausam zu zeigen, vor allem jenen gegenüber, die sie lieben»[25]. In einer anderen Kritik schrieb er, es brauche nur drei Tage Ehe, um einem Mann die Augen zu öffnen.[26]

Für Autoren wie Eliot, Pound, Fitzgerald oder Hemingway, die sich alle am Beginn ihrer Schriftstellerlaufbahn befanden, hatte Miller nicht viel übrig. Seine Vorbilder blieben die Europäer: Nietzsche, Tolstoi, Gorki, Darwin, Spencer, Anatole France, Schopenhauer, Mann und Huxley. Er las Freud, Havelock Ellis und Otto Weininger, einen Psychologen, dessen Theorie vom Gegensatz der Geschlechter ihn ganz besonders interessierte. Sein neuer Lieblingsautor war der norwegische Schriftsteller Knut Hamsun, der Verfasser von *Hunger* und *Victoria*.[27] Hamsuns impressionistische, leicht mystisch gefärbte Erzählungen von zwanghaften großen Leidenschaften berührten Miller, denn sie erinnerten ihn an seine vergebliche Liebe zu Cora Seward. Hamsuns Helden, alles starrköpfige Bilderstürmer, waren Miller selbst nicht unähnlich, und auch Hamsuns Sprache fand Millers Bewunderung, denn der Norweger war ein Vorbote der Moderne und neigte dazu, surrealistische Elemente – wie zum Beispiel blutende Klaviere – in seine Erzählungen einzufügen.

Für den dreißigjährigen Miller war die Welt so absurd, daß blutende Klaviere sich leicht in seine täglichen Erfahrungen einzufügen schienen. Er selbst strebte nach einer Art literarischer Anarchie, doch seine Vorbilder waren Europäer des 19. Jahrhunderts, und die Effekte, die ihm vorschwebten, ließen sich mit der Technik der linearen Erzählweise des 19. Jahrhunderts nicht darstellen. Miller versuchte zwar, surrealistische Beschreibungen und chaotische Szenen in traditionelle realistische Handlungsstränge einzubauen, aber das führte zu katastrophalen Ergebnissen.

In den Briefen, die Miller mit Anfang Dreißig an seine Freunde schrieb, läßt sich das leicht nachweisen. In jener Zeit begann er seine umfangreiche Korrespondenz, die er sein ganzes Leben lang fortführen sollte. An einem Tag konnte er mehrere Briefe von zwanzig und dreißig Seiten Länge schreiben, und darin versuchte er sich an verschiedenen Erzähltechniken. Einer seiner liebsten Briefpartner war Emil Schnellock. Miller war ein häufiger Gast in Emils Atelier in der Fifty-Fifth Street in Manhattan, wo die beiden heiße Diskussionen über Kunst und Kunstkritik führten. Millers Briefe an Emil enthalten seine bedeutendsten literarischen Versuche aus diesen frühen Jahren, vielleicht, weil er sie nicht «auf Bestellung» schrieb wie die Stücke, die er in Zeitschriften und Zeitungen unterzubringen hoffte.

Abgesehen von seinem eher bescheidenen Erfolg bei der Zeitschrift *The Black Cat*, die ihren Leserkommentarteil allerdings Ende 1919 einstellte, hatte Miller in diesen Jahren wenig Glück mit Veröffentlichungen. Selbst als er versuchte, sein Schreiben auf ein bestimmtes Publikum auszurichten, wurden seine Arbeiten abgelehnt. Miller verfaßte in jenen Jahren außer seinen langen Briefen aber nicht viel, denn er fand kaum Ruhe zum Schreiben. Ständig drängte ihn Beatrice, sich endlich Arbeit zu suchen, und schließlich gab sich Miller geschlagen.

Er war gewillt, alles anzunehmen. Und zwar, so dachte er sich, je demütigender die Tätigkeit, desto besser. Wenn Beatrice einen Lohnsklaven aus ihm machen wollte, würde er es ihr schon zeigen. Anfang 1920 bewarb er sich daher beinahe trotzig um einen wirklich bescheidenen Job, nämlich um den eines Boten bei der Telegrafengesellschaft Western Union. Millers verächtliche Haltung war für den Personalchef im Büro der Telegrafengesellschaft im Flatiron Building nur allzu offensichtlich, und er bekam die Stelle nicht.

Beatrice nahm die Nachricht mit «dem üblichen Hohn und Spott» auf, schrieb Miller und deutete damit an, sie habe sehr wohl gewußt, daß seine Bewerbung eine reine Formsache gewesen sei. Aber die Ablehnung erschütterte sein Selbstvertrauen zutiefst. Er konnte einfach nicht verstehen, daß ein allem Anschein nach respektabler Mann aus der Mittelschicht abgewiesen werden konnte, wo doch jeder wußte, daß die Western Union täglich den Abschaum der Menschheit als Boten einstellte.

Am nächsten Morgen zog Miller seinen besten Anzug an, stellte sich im Hauptbüro der Western Union am Park Place vor und verlangte, den Präsidenten zu sprechen. Als man ihm sagte, der Präsident sei nicht abkömmlich, akzeptierte er ganz bescheiden das Angebot, sich mit dem Sekretär des Vizepräsidenten zu unterhalten.

Die Situation verlangte geradezu nach einem grandiosen Auftritt, und Miller war darauf vorbereitet. Er gab eine brillante sprachliche Vorstellung, die jenen seiner Kinderjahre wahrlich Konkurrenz machte, und wies auf die schwerwiegende Ungerechtigkeit eines Systems hin, das ihm eine Stelle verweigerte, während es Unfähigkeit belohnte. Schnell merkte er, daß sein Zuhörer weniger an der Ungerechtigkeit als vielmehr an der Unfähigkeit interessiert war, und es stellte sich heraus, daß Miller anscheinend von einem Mann abgewiesen worden war, der nicht einmal das Recht hatte, Einstellungen vorzunehmen – von dem Abteilungsleiter Sam Sattenstein.

Der Sekretär griff nach dem Telefon, und kurz darauf erschien der Generaldirektor Mr. Kaplan. Nach längerer Diskussion waren sich alle einig, daß dieser sprachgewandte junge Mann recht hatte: In der Tat war er genau der Mann, den sie suchten. Der für die Einstellung von Boten zuständige Personalchef mußte ausgetauscht werden, und Miller mit seiner «am College erworbenen Bildung» war genau der Richtige für die Stelle. Er konnte sofort anfangen, mit einem Gehalt von 240 Dollar im Monat, allerdings würde man ihn zuerst in die verschiedenen, über die Stadt verstreuten Büros schicken, damit er den Betrieb von Grund auf kennenlernen konnte. Und gelegentlich, fügte Kaplan hinzu, möge Miller ihn doch abends zu Hause besuchen und ihm mitteilen, was er in den Büros gesehen habe, damit er seinen Chef, Mr. Willever, darüber informieren könne.

Das war mehr, als Miller zu hoffen gewagt hatte. Das Gehalt war phantastisch, und Kaplans Bemerkung über seine Lehrzeit interpretierte Miller sofort dahingehend, daß er den Spion für die Gesellschaft spielen sollte. Obwohl ihm das zuerst Gewissensbisse verursachte – er hatte immer noch das Gespür für Fairneß und Loyalität, das er auf der Straße gelernt hatte –, siegte sein Zynismus, denn die Ironie der Situation sagte ihm zu: Der Botenjob war ihm von einem heimtückischen Abteilungsleiter verweigert worden, doch er hatte sich durch sein Reden eine Stelle erkämpft, auf der er eben diesem Mann nachspionieren sollte, und dann, nach wenigen Wochen, würde er den Personalchef ersetzen und Vorgesetzter des Mannes werden.[28] In Wahrheit war Miller nur einer von vielen Personalchefs, obwohl er es immer anders darstellte.

Innerhalb weniger Monate, schrieb Miller später in *Wendekreis des Steinbocks* über die legendäre «Kosmodämonische Telegrafen-Gesellschaft», saß er in einem neuen Büro in Park Place Nr. 33 «und heuerte und feuerte wie der Teufel»[29]. Zum erstenmal in seinem Leben bekleidete er eine Stellung, die mit einer gewissen Macht verbunden war, und mit der ihm eigenen Energie ergriff er die Initiative. Er herrschte über sein Reich wie ein östlicher Potentat, versammelte um sich einen Hofstaat von treuen Anhängern und alten Freunden. Sam Sattenstein, den Hymie aus *Wendekreis des Steinbocks*, behielt er trotz seines ursprünglichen Vorsatzes, denn Sam erwies sich als ausgesprochen loyal. Als Assistenten stellte er seinen alten Freund Joe O'Regan ein, einen Zyniker mit großer Vorliebe für schlüpfrige Witze, für die auch Miller sich begeisterte. Als Joe ein hübsches junges Mädchen entdeckte, das im Archiv einen russischen Roman las, stellte Miller sie als Sekretärin ein. Sie hieß Muriel Maurer, und es dauerte nicht lange, bis er in sie verknallt war. Der Zufall wollte es, daß sie später den Kritiker Malcolm Cowley heiratete.[30]

In Wirklichkeit war Millers Reich eher klein. Im obersten Stockwerk des Gebäudes befand sich die Kleiderkammer, wo die Uniformen der Boten aufbewahrt wurden, und im ersten Stock war eine Schneiderwerkstatt, von wo aus der Schneidermeister, der die Herstellung der Uniformen beaufsichtigte, alles, was um ihn herum vorging, beobachtete und an Willever weitererzählte. Die rückwärtige Seite des Erdgeschosses bestand aus dem Umkleideraum für die Boten, und auf der vorderen Seite befanden sich die Einstellungsbüros. Ein Geländer trennte die Bewerber von dem eigentlichen Büroraum, in dem Henry, Joe und Muriel ihre Schreibtische hatten. Der ganze Raum war von der Straße her einzusehen, und Passanten, die durch die Fensterscheibe hineinschauten, erblickten die ausgeschnittene Pappfigur eines Boten in Uniform.[31]

Gleich zu Beginn erkannte Miller, daß seine Arbeit eigentlich nicht zu bewältigen war. Wenn er morgens – immer zu spät – im Büro eintraf, drängten sich dort bereits die Bewerber, und bevor er auch nur den Hut abnehmen konnte, mußte er ein Dutzend Telefongespräche führen. Zusammen mit dem erfahrenen Sam versuchte er, alle leeren Stellen zu besetzen, aber jeden Tag mußten sie wieder ganz von vorn beginnen, denn Western Union hatte gewaltige Probleme mit dem Personalwechsel. Das Personalbüro stellte zehntausend Boten – oder «Trottel», wie die Leitung sie nannte – im Jahr ein, um ein Arbeitskräftepotential von eintausend Boten zu erhalten. Zu Beginn seiner Arbeit gelang es Miller, den Personalwechsel um beinahe die Hälfte zu reduzieren, was eine großartige Leistung darstellte, aber dann kürzte die Unternehmensleitung die Löhne, so daß Miller kaum noch Boten finden konnte. [32]

Das «Heuern und Feuern» machte Miller schwer zu schaffen, denn die kunterbunte Ansammlung von Bewerbern erschütterte ihn. Oft waren es Männer, die nicht mehr aus noch ein wußten und die aus irgendeinem Grund an den Rand der Gesellschaft gedrängt worden waren. Jeder einzelne hatte eine Geschichte zu erzählen, und Miller war ein guter Zuhörer. Dazu kam täglich eine wahre Flut von Post: Väter schrieben über mißratene Söhne, Kunden berichteten über das Verhalten der Boten, frühere Angestellte beschwerten sich wütend über eine angeblich schlechte Behandlung, Männer bewarben sich voller Hoffnung. Ein Brief von Nathan Stillman, der typisch war, begann: «In dem Wunsch, mit einem Unternehmen in Verbindung zu treten, welches direkt oder indirekt in irgendeiner Weise mit jener großartigen Kraft, der Elektrizität, in Zusammenhang steht, ergreife ich diese Gelegenheit [...]» [33] Stillmans Sprache beeindruckte Miller, und er bewahrte den Brief auf. Er hob auch einen Brief von einem William J. Grimmond auf, dem offensichtlich gekündigt worden war und der Miller und Joe O'Regan der Deutschfreundlichkeit beschuldigte. [34]

Miller lernte schnell, unbarmherzig zu handeln. Die Arbeit hätte jeden Menschen zum Zyniker gemacht: Miller machte sie hart. Wie er später Lawrence Durrell mitteilte, war er ein hochsensibler junger Mann, und hochsensible Menschen legten sich seiner Ansicht nach ein besonders dickes Fell zu. [35] Ein weiterer Grund für seine Persönlichkeitsveränderung war die Tatsache, daß er nun eine

Machtposition innehatte. Seit seiner frühen Kindheit, als er in der Nachbarschaft herumstolziert war und verkündet hatte, die Erde sei eine Scheibe, war Miller ein kleiner Autokrat gewesen, und jetzt konnte er diesen Impulsen endlich nachgeben, indem er sich mit Kumpels umgab, über die er herrschte – ein Muster, welches in seinem Leben immer wieder auftauchen sollte. Zu dieser Zeit nahm Miller auch die Gewohnheit an, mit heiserer, kehliger Stimme zu sprechen, wie er es in Vaudeville-Parodien im Varieté gehört hatte, denn dies paßte zu seinem neuen Image. Zwar war er nach wie vor weichherzig und empfindsam, wenn er mit Freunden und bestimmten Frauen zusammen war, aber im Büro und überhaupt im Umgang mit Personen, die ihm nicht nahestanden, wurde er kalt und rücksichtslos. Darüber hinaus wurde er mit der Zeit launisch und reizbar: Morgens konnte er einem Boten noch großzügig Geld leihen und ihn am gleichen Abend bereits feuern. Über Bewerber, die ihn am Anfang vielleicht noch gerührt hatten, konnte er sich nur noch lustig machen. Sein Zynismus gipfelte in der Tatsache, daß er eine Akte anlegte, die er «Humorakte» nannte und in der er zum Beispiel den Brief eines tauben Bewerbers aufbewahrte.

Seine Position bot viele Möglichkeiten zur Korruption, und Miller kannte keine Skrupel. Seit der Zeit in der Driggs Avenue, als er hautnah miterlebt hatte, wie die älteren Jungen Straßenbanden anführten, hatte er sich gewünscht, über ein eigenes Revier zu herrschen. Bei der Western Union ging dieser Wunsch in Erfüllung. Hier wusch eine Hand die andere, die Schwachen wurden ausgeplündert, die Brutalen hatten das Sagen. Jeden Tag bekam Miller das Fahrgeld für die Boten – keine geringe Summe – und steckte es in die eigene Tasche. Nur den «Repeaters», dem Stammpersonal, das von der Existenz der Fahrgeldkasse wußte, zahlte er etwas davon aus.[36] Als die Gesellschaft anfing, weibliche Boten einzustellen, versuchten Miller und Joe, die Frauen im Umkleideraum zu verführen. Miller bemühte sich auch weiterhin um Muriel, aber diese hatte mit seinem Freund Emil Schnellock angebändelt; dafür kam ihre hübsche Schwester Ethel seinen Annäherungsversuchen etwas bereitwilliger entgegen.[37] Die Geschwindigkeit seines Lebensstils war wirklich atemberaubend.

Zu Hause in Brooklyn beobachtete Beatrice Henrys Verwandlung voller Sorge. Beruflich hatte er inzwischen Erfolg, das mußte sie zugeben, aber dafür ging er nun noch weniger auf sie und ihre Tochter ein, und oft war sein Verhalten einfach beleidigend. Im Gegenzug wurde Beatrice ihrerseits noch kälter. Miller hatte die Angewohnheit, Freunde oder Boten, die er interessant fand, zum Abendessen mit nach Hause zu bringen, so zum Beispiel den Hindu Haridas Mazumdar.[38] Jahre später schilderte Miller einen dieser Abende mit Haridas und schrieb, daß er mitten in einer Unterhaltung, die sich um Sexualität drehte, in die Küche zu Beatrice gehen wollte, um ihr zu gestehen, daß er ein Schuft sei und ihr nicht mehr weh tun wolle, daß aber ihre Kälte an seinem schlechten Benehmen schuld sei. Er schaffte es dann aber doch nicht, ihr das zu sagen; zwischen den beiden war kaum noch eine Verständigung möglich.[39]

Die starren Fronten gerieten in Bewegung, als die Millers Harolde Ross, einen Musiker aus Minnesota, der zum Studium nach New York gekommen war, als Untermieter bei sich aufnahmen. Beatrice mochte ihn sofort. Harolde hatte ausgezeichnete Manieren, war rücksichtsvoll und aufmerksam, alles Eigenschaften, die Henry nicht besaß. Ironischerweise war Henry ebenfalls von dem Untermieter fasziniert, denn dieser zeigte auf literarischem Gebiet guten Geschmack – er versuchte, Henry für den Lyriker Carl Sandburg zu gewinnen. Zuerst verringerte Haroldes Anwesenheit die Spannungen in der Wohnung, aber schließlich konnte Henry nicht mehr übersehen, daß Harolde und Beatrice eine gegenseitige Zuneigung verband. Miller zufolge ergab sich daraus eine weitere «Alphonse-und-Gaston-Szene», in der Henry andeutete, daß Beatrice für Harolde mühelos zu haben sei. Miller behauptete, Harolde sei über diesen Vorschlag beleidigt gewesen, denn einem anderen Mann die Frau auszuspannen, habe nicht seinen Vorstellungen von gutem Benehmen entsprochen. Was tatsächlich vorfiel, wird sich wohl nie feststellen lassen – auf jeden Fall bestieg Harolde den Zug nach Minnesota und ließ eine verliebte Beatrice zurück.

Miller war mit seiner Weisheit am Ende. Irgendwie empfand er noch etwas für Beatrice, und der Ausdruck «die Mutter seines

Kindes» konnte ihn zu Tränen rühren, aber ihre Nörgelei und ihre sexuelle Zurückhaltung – sie wollte immer noch mit Zärtlichkeiten überschüttet werden, bevor sie sich ihm hingab, und nach dem Akt litt sie unter Gewissensbissen – zermürbten ihn. An allem gab er Beatrice die Schuld: an seinem verrückten und aufzehrenden Job und an seiner Unfähigkeit, Schriftsteller zu werden. Für ihn war sie nun die Verkörperung der amerikanischen Frau schlechthin. In einem Brief an Emil Schnellock beklagte er sich über «den ganzen Stamm der amerikanischen Frauen mit ihrer falschen Jungfräulichkeit, ihrer falschen Liebe, ihren schmutzigen [...] Masturbationstricks»[40]. Seine Verachtung schien grenzenlos. Er behauptete, «den widerlichen Hurensohn [sic!], der mein Kind geboren hat», zu hassen, aber in Wirklichkeit waren seine Gefühle vielschichtiger. Wenn es abstrakt um die Ehe und seine Vaterschaft ging, konnte er sehr gefühlvoll werden, aber in der Realität erschien ihm Beatrice als Klotz am Bein, der ihn davon abhielt, sich ganz und gar in die aufregende neue Welt zu stürzen, die seine Stelle bei der Western Union ihm eröffnet hatte.

Beatrice fühlte sich ebenfalls unglücklich. Miller war unerträglich, und sie vermißte Harolde, mit dem sie einen regen Briefwechsel begonnen hatte. Immer stärker wurde das Gefühl, irgend etwas unternehmen zu müssen, um aus dem Teufelskreis auszubrechen. Im Herbst 1921 erinnerte sie sich an ihre alte unverheiratete Tante, die sie aufgezogen hatte, und beschloß, zusammen mit dem Kind zu ihr nach Rochester im Staat New York zu fahren. Miller hatte dagegen nichts einzuwenden.

Kaum war Beatrice abgereist, zog Miller zu Joe O'Regan nach Manhattan, wild entschlossen, das Junggesellenleben ganz und gar auszukosten. Muriel hatte eine Stelle als Einkäuferin in einem Warenhaus angenommen, und Miller und Joe hatten in Camilla Fedrant, einer hübschen, schwarzen Frau – der Mulattin Valeska aus *Wendekreis des Steinbocks* – Ersatz gefunden. Sie mochte Miller und war häufig in Joes Wohnung zu Gast. Außerdem nahm sie die Männer zu aufregenden Ausflügen in Harlemer Nachtklubs mit. Überhaupt schien die Western Union einen unerschöpflichen Vorrat an jungen Frauen zu bieten, und einige Wochen lang schwelgte Miller in seiner neuen Freiheit.

Aber seine Gedanken kehrten immer wieder zu Beatrice zurück, die er mit seiner Gefühllosigkeit vertrieben hatte. Bei all seiner Grobheit hatte Miller einen ritterlichen Wesenszug, und wenn er eine Frau verletzte, fühlte er sich ihr verpflichtet. Wenn er jemanden schlecht behandelt hatte, neigte er dazu, seine Handlungen zu romantisieren und der Person mit neuer Zärtlichkeit zu begegnen, und Beatrice bildete da keine Ausnahme. Als zehn Tage nach ihrer Abreise ein Brief von ihr eintraf, war Miller voller Zuneigung und Reue. Sofort schickte er ihr telegrafisch Geld und schrieb ihr einen zehn Seiten langen Eilbrief. Daraufhin setzte auf beiden Seiten eine wahre Flut von Briefen ein, und Miller schickte außerdem Blumen und Süßigkeiten und kleine Geschenke für Barbara.

Beatrice ließ sich erweichen und erlaubte Miller, für drei Tage zu Besuch nach Rochester zu kommen. Ihr Wiedersehen war leidenschaftlich, der Sex war besser als je zuvor. Als Miller den Zug zurück nach New York bestieg, schien die Ehe gerettet, und die Entdeckung, daß Beatrice ihm Knut Hamsuns *Victoria* in die Reisetasche gesteckt hatte, freute ihn; die große, unmögliche Liebe, die in dem Buch beschrieben wurde, hatte ihn immer bewegt.[41]

Er las während der ganzen Rückreise, und bei seiner Ankunft in New York war klar, daß das Bedürfnis des Romanhelden, aus gesellschaftlichen Zwängen auszubrechen, ihn mehr faszinierte als dessen Liebe zu Victoria. Die Versöhnung mit Beatrice bedeutete, daß sie nach Brooklyn zurückkehren würde in der Erwartung, wieder mit ihm zusammenzuleben. Diese Vorstellung konnte Miller nicht ertragen. Wie Hamsuns Held hatte er das Gefühl, ausbrechen zu müssen. Er unterdrückte seine wiedererwachten zärtlichen Gefühle und setzte einen Brief an Beatrice auf, in dem er sie als Victoria ansprach und seine Notlage erklärte: «Ich muß frei herumlaufen, mit verrücktem Herzen, vor Schmerz und Ekstase brüllend, mit gesenkten Hörnern angreifend, die Barrikaden, die mich einengen und unterdrücken, aufreißend. Ich muß Raum haben, um mich auszudehnen.»[42]

Aber Miller schickte den Brief nicht ab – zur offenen Rebellion fehlte ihm doch der Mut – und Beatrice kehrte nach zwei Monaten nach Brooklyn zurück. Bald darauf war sie wieder schwanger. Voller Angst, daß man ihn noch weiter einengen könnte, lieh Miller sich von Camilla Fedrant hundert Dollar für eine Abtreibung. Von da an bestand Miller darauf, Kondome zu verwenden, aber trotz dieser Vorsichtsmaßnahme war Beatrice bald wieder schwanger. Dieses Mal – 1923 – mußte Beatrice sich allein um die Abtreibung kümmern, denn Miller war schließlich mit wichtigeren Dingen beschäftigt – *er* war Literat, der Autor eines Buches.

Das Buch hieß *Clipped Wings* (Beschnittene Flügel). Miller hatte es während eines dreiwöchigen Urlaubs im März 1922 geschrieben, zum größten Teil in Schnellocks Atelier.[43] Der Titel bezog sich auf die Flügel im Logo der Western Union, und das Buch bestand aus den Porträts von zwölf Boten, von Engeln, denen man die Flügel gestutzt hatte. Dreisers Buch *Twelve Men* hatte Miller dazu angeregt, und sein Buch sollte ebenfalls nicht fiktiv sein, aber mit fiktiven Ausschmückungen versehen und kunstvoll zusammengestellt werden. Die Bemerkung Willevers, er würde es gerne sehen, «wenn jemand eine Art Lebensbeschreibung wie die des Horatio Alger zum Ruhme der Telegrammboten schriebe»[44], war für Miller der unmittelbare Anlaß zum Schreiben gewesen.

Als Miller das Projekt in Angriff nahm, beschloß er, mindestens fünftausend Wörter pro Tag zu schreiben, und er hielt sich daran. Manchmal schaffte er ein- oder zweitausend Wörter mehr, aber niemals weniger. Am 20. März 1922 gestand er Schnellock: «Der erste Tag meines Schriftstellerdaseins hat mir beinahe das Rückgrat gebrochen.»[45] Miller begann mit der Beschreibung eines «jüdischen Bastards», der Bote gewesen war und «die feine Kunst der Widerstandslosigkeit ausübte»; das veranlaßte ihn, nach einigen Gedichtzeilen zu suchen, mit dem Ergebnis, daß sich am Ende seines ersten Tages acht Gedichtbände auf seinem Schreibtisch stapelten, darunter Lindsay, Masters, Pound und Maxwell Bodenheim. Er fand die Zeilen schließlich in dem Gedicht «The East Side» von Irwin Granich.[46]

Miller behauptete später, das fertige Manuskript sei sehr schlecht gewesen. Von *Clipped Wings* existieren nur noch Fragmente, aber diese legen nahe, daß das Buch eine üble Mischung aus Antisemitismus, Rassismus und allgemeiner Misanthropie war. Im Porträt eines Mannes, den Miller «The Mental Moron» (Der Schwachsinnige) nennt, werden «mehr Kinder von der besseren Sorte und weniger von der schlechteren Art» gefordert, und das Kapitel schließt mit der Forderung, daß die Schwachen und Behinderten beseitigt werden müssen.

Miller wußte um die Mängel seines Buches, die Typenhaftigkeit der Charaktere und die gekünstelten Szenen, aber das hielt ihn nicht von dem Versuch ab, es zu veröffentlichen. Als der bekannte und renommierte amerikanische Verlag Macmillan es jedoch nicht annehmen wollte, war er so entmutigt, daß er keinen weiteren Versuch mehr unternahm, überzeugt, daß die Welt für seine revolutionären Ideen noch nicht reif sei. Trotz der fehlenden literarischen Qualität schätzte Miller sein Erstlingswerk und bearbeitete immer wieder einzelne Passagen daraus. Zum Beispiel fügte er der Beschreibung von Tawde, einem Hinduboten, einige Gedanken über den indischen Dichter Rabindranath Tagore hinzu und schickte das Ergebnis an W. E. B. Du Bois, einen Mann, dessen Reden er in der Zeit, als er zu Vorträgen im Labor Temple gegangen war, bewundernd gelauscht hatte. Der Text erschien 1924 in Du Bois' *The Crisis*, dem offiziellen Organ der NAACP (National Association for the Advancement of Colored People) unter dem Titel «Black and White». Andere Textpassagen fügte er in *Wendekreis des Steinbocks* ein, wiederum andere tauchen in seinen frühen, unveröffentlichten Romanen auf. Alle Porträts sind auf eine Weise abstoßend, die sich weder mit dem gesellschaftlichen Hintergrund noch mit der extremen Armut der Helden erklären läßt. In Wahrheit lief ihrem Schöpfer Miller die Galle über. Die Welt ekelte ihn an, und für ihre Kreaturen hatte er nur Verachtung übrig.

Das Buch wirkte wie eine Reinigung, aber es wusch nur die oberste Schmutzschicht fort. Miller hatte im Kern seines Wesens eine ungeheure Wut entdeckt, und die Tatsache, daß er aus reiner Willenskraft ein Buch geschrieben hatte, stillte diese kaum. Frustriert mußte er feststellen, daß das «Schriftsteller werden» – ebenso wie die Körperkultur, wie seine Reise in den Westen, wie die Ehe – sein Leben nicht sehr verändert hatte. Mit einunddreißig war er Angestellter bei der Western Union, als Ehemann und Vater ein

Versager, ständig pleite, und jetzt konnte er sich auch noch als schlechten Schriftsteller bezeichnen. Fünfzehn Jahre später schrieb er in *Wendekreis des Steinbocks,* daß er nie getan hatte, was er wollte, und darum «wuchs in mir diese Schöpfung, eine aberwitzige Pflanze, eine Art Korallenbaum, der alles verschlang, sogar das Leben selbst» [47].

4. KAPITEL

Mona

1923–1924

Fast fünf Jahre, von 1920 bis Ende 1924, arbeitete Miller bei der Western Union. Aus seiner Sicht war es ein absurder Job; er handelte mit Menschen, behandelte menschliche Wesen wie Automaten, nahm Fingerabdrücke, heftete Bewerbungsunterlagen ab, und alles, wie er später schrieb,

> damit das amerikanische Volk sich der raschesten Form der Nachrichtenübermittlung, die der Mensch kennt, erfreuen, damit es seine Waren schneller verkaufen kann, damit, wenn jemand tot auf der Straße umfällt, sein nächster Verwandter unverzüglich [...] benachrichtigt wird, wenn der Bote, dem das Telegramm anvertraut wird, es nicht vorzieht, seine Arbeit aufzugeben und das ganze Bündel Telegramme in die Mülltonne zu werfen.[1]

Es war ein großes Unternehmen, das letzten Endes von einer äußerst unzuverlässigen Belegschaft abhängig war. Miller störte jedoch ganz besonders die heuchlerische Atmosphäre bei der Western Union. In jeder Zweigstelle – Miller pendelte zwischen Park Place und den Büros am unteren Broadway und an der Fulton Street in Brooklyn hin und her – hing eine große Fotografie von Andrew Carnegie mit der Unterschrift: «Für unsere Botenjungen, von denen ich einer war.»[2]

An einem typischen Arbeitstag klingelte Millers Wecker um sieben Uhr, und er lag dann noch eine Stunde schlaflos im Bett und wagte nicht, an die Schrecken des vor ihm liegenden Tages zu denken. Hastig schlang er dann das Frühstück hinunter und lieh sich von Beatrice Kleingeld für die Untergrundbahn; wenn sie schlecht gelaunt war, mußte er das Geld vom Zeitungshändler am Bahnhof stehlen. Atemlos kam er im Büro an, wo Sam zwischen den Anrufen bereits seine Bleistifte spitzte und Carey, der Detektiv, ihm mitteilte, welche Bewerber sich schon unter anderem

Namen beworben hatten. Die Hälfte der Männer, die den Raum füllten, mußte abgewiesen werden, einige, weil sie über fünfundvierzig waren, der festgesetzten Altersgrenze für Boten, andere wegen körperlicher Beschwerden und wieder andere, weil sie für diese Arbeit zu labil waren. Da Willever häufig die Anweisung gab, noch mehr Boten einzustellen, und wegen des ständigen Personalwechsels erschienen regelmäßig in jeder Zeitung in New York und Umgebung Suchanzeigen, und Millers Leute durchkämmten auf der Suche nach Bewerbern Schulen, Wohlfahrtseinrichtungen und YMCAs*.[3] Miller selbst wurde einmal ausgesandt, um in einer Schule für geistig zurückgebliebene Jungen Boten anzuwerben, aber er hatte solche Angst vor einem öffentlichen Auftritt, daß er einfach nicht hinging.[4]

Miller beschrieb seine Arbeit bei der Western Union als «Chaos! Brüllendes Chaos!»[5], und nach einem hektischen, verrückten Tag ging er oft mit seinem Freund Carey, den er später als «Busenfreund und gelegentlich eine Art Psychopomp»[6] beschrieb, spazieren. Sie durchstreiften die Stadt, wobei der Detektiv Carey sich über alle Arten von Verbrechen ausließ und ihm die Schattenseiten des Stadtlebens zeigte: Wohnungen von auf Abwege geratenen Boten, Spielsalons, Absteigen und Spelunken, Gefängnisse, Asyle und Besserungsanstalten für Knaben.

Miller war überwältigt und «fühlte genau, was Jesus Christus gefühlt hätte, wenn er vom Kreuze genommen und ihm nicht erlaubt worden wäre, im Fleisch zu sterben»[7]. Er litt für die Sünden, die seine «Trottel» seiner Meinung nach begingen, konnte sie aber nicht erlösen.

Miller war Gewalt nicht fremd, aber in diesen Jahren nahm die Gewalt in seinem Leben sprunghaft zu. Seine Faszination für Perversionen, Geisteskrankheiten, Verbrechen – oder, genauer gesagt, Sittenwidrigkeiten – wuchs. Um das Jahr 1923 freundete er sich mit einem dubiosen jungen Architekten namens Sleaco an, der endlos über Frauen und Pferde sprach. Zusammen mit seinen zwei Architektenkollegen Blount und Dredge, deren Namen Miller unheim-

* YMCA: Young Men's Christian Association, entspricht dem CVJM (Anm. d. Ü.)

lich fand, tauchte Sleaco häufig in der Wohnung in der Sixth Avenue auf, bewaffnet mit einer Flasche Whiskey vom Schwarzmarkt. Alle drei waren starke Trinker, und Miller, der bis dahin nur den Sherry getrunken hatte, den Beatrice ihm widerwillig zugestand, hielt kräftig mit.[8]

Das war zur Zeit der Prohibition, und Miller fand es höchst aufregend, wie alle ständig gegen das Gesetz verstießen. Kleine Vergehen begeisterten ihn: eine Zeche prellen, eine Hotelrechnung nicht bezahlen, indem man sich mitten in der Nacht hinausschlich, oder für die Freundinnen seiner Kumpels bei der Western Union Abtreibungen organisieren. Tatsächlich waren Abtreibungen «Verbrechen», die so richtig nach Henry Millers Geschmack waren. Schließlich waren dabei schäbige Hinterzimmer, Gefahr, komplizierte Verabredungen und natürlich Sexualität im Spiel. Außerdem wurde das Gesetz gegen die Abtreibung ebenso häufig, wenn auch weniger offen umgangen wie das Alkoholverbot, und Miller genoß den weitverbreiteten Widerstand gegen dieses Gesetz mit beinahe erotischer Intensität. Er begeisterte sich für die Gewalttätigkeit der Menge in New York City, und «Amoklaufen» war einer seiner Lieblingsausdrücke.[9]

Ehebruch war für Miller inzwischen beinahe zur Routine geworden. Camilla Fedrant war eine seiner bevorzugten Partnerinnen, denn wenn er mit einer schwarzen Geliebten schlief, so verstieß er gleich gegen ein zweifaches Tabu. Sie inspirierte Henry sogar zu seinem ersten Gedicht, einer Ode an das Gebäude der Metropolitan Lebensversicherung.[10] Gladys Miller, eine Kellnerin in einem griechischen Restaurant, bezauberte ihn mit ihren schönen Beinen und ihren Griechisch- und Lateinkenntnissen, und 1923 hätte er ihretwegen beinahe Beatrice verlassen. Er schrieb einen Abschiedsbrief und legte ihn auf den Küchentisch, verlor dann aber schnell den Mut und nahm ihn wieder an sich, denn Gladys' fettige Hände und ihr trauriges Leben in einer Pension schreckten ihn letzten Endes doch ab.[11]

Obwohl Miller in der Wohnung in der Sixth Avenue einen großen Schreibtisch aufgestellt und ihn mit einem magischen Halbkreis von Stühlen umgeben hatte, schrieb er kaum. Während er durch die Straßen von Manhattan bummelte – besonders gern trieb er sich in der Theatergegend herum –, sagte er sich, daß er entweder sofort nach Hause gehen und sein Buch schreiben oder fortlaufen und ein neues Leben beginnen müsse. Beide Aussichten versetzten ihn in Angst und Schrecken. Denn selbst wenn er schreiben könnte, so meinte er, würde niemand sein Buch annehmen, und selbst wenn er fähig wäre, einen neuen Anfang zu machen, hätte das keinen Sinn, denn er eignete sich einfach nicht zum Arbeiten. So kam er zu dem Schluß, daß er *anders* sei. [12]

Seine Umgebung spürte das auch. Jahre später gestand Miller, daß es ihn immer erstaunte, wie ärgerlich Leute werden konnten, wenn sie ihm nur zuhörten. Manche Menschen konnte er, unabhängig von ihrer Herkunft, mit seinen Monologen fesseln, aber bei anderen spürte er ein instinktives Mißtrauen, ein Unbehagen. Sie fühlten sich abgestoßen von seiner ausgefallenen Redeweise, von seinen Anspielungen auf tabuisierte Dinge und von der Leichtigkeit, mit der ihm die Worte über die Lippen kamen. Miller schrieb: «Nie gelang es mir, mit dem Individuum, mit dem ich mich gerade unterhielt, ganz *au point* zu kommen.» [13]

Nicht, daß es ihm an Freunden gefehlt hätte. Während seiner Zeit bei der Western Union, so schrieb er in *Wendekreis des Steinbocks*, «schienen sie rings um mich wie Pilze aus dem Boden zu schießen» [14]. Den Medizinstudenten Emil Conason lernte Miller kennen, als dieser sich an die Western Union wandte, in der Hoffnung, mit den Boten dort Intelligenztests durchführen zu können. Emil, und später auch seine Frau Cele, waren sehr enge Freunde von Henry. Bill Dewar war ebenfalls ein ständiger Begleiter. Miller bewunderte ihn, weil er von der anderen Seite von Williamsburg stammte, wo die Jungen eine rauhe Sprache sprachen und auf die Straße spuckten, und Dewar machte sich bei Miller mit seinem Respekt vor Bildung, seiner Leidenschaft für Varieté und Tanzdiele und seiner Ablehnung von «femininen» Werten beliebt. Er verspottete Beatrice ganz offen und drängte Henry, sie und das Kind zu verlassen.

Dewar und O'Regan verstanden sich recht gut mit einigen von Millers Freunden – so zum Beispiel mit Steve Ramos und Carey – aber bei Sam Sattenstein und Emil Conason zogen sie die Grenze. Tatsächlich kamen nur wenige von Millers Freunden gut miteinander aus, und sowohl Stanley Borowski als auch Emil Schnellock weigerten sich, ihn in Gesellschaft von einem der anderen zu treffen.[15] Millers Leben war ein einziger Jongleurakt. Manchmal gelang es ihm mit Hilfe von Alkohol, alle seine Freunde zu einem ausgelassenen Dinner bei Childs' oder in Joe's Restaurant an der Forty-Ninth Street zusammenzubringen, aber weitaus häufiger mußte er sich Schnellocks oder Stanleys Tiraden gegen neue Rivalen anhören.[16]

Zum Teil war es der Antisemitismus, der seinen Freundeskreis spaltete. Im Alter zwischen dreißig und vierzig Jahren beschäftigte Miller sich ständig mit dem Judentum, und das Thema bereitete ihm viel Kopfzerbrechen. Einerseits idealisierte er die Juden, hielt sie für exotisch und fand jüdische Frauen erotisch, und außerdem mußte er zugeben, daß viele große Wissenschaftler, Dichter und führende Männer Juden gewesen waren. Das ärgerte ihn jedoch gleichzeitig auch und erfüllte ihn mit Neid. Miller glaubte, daß die Juden sich für überlegen hielten und sich daher der Assimilierung widersetzten, und obwohl er diese Weigerung verstand, hielt er sie für verwerflich.

Dieser alles durchdringende Groll gegen die Juden wurde noch stärker, als Miller Anfang der zwanziger Jahre zusammen mit Stanley Borowski sein altes Viertel in Williamsburg besuchte. Dort fand er das deutsche Ledergeschäft und die alte Tierarztpraxis durch koschere Lebensmittelläden ersetzt. Und überall waren Männer in schwarzen Gewändern und Frauen mit Perücken zu sehen. Miller fand die Straßen schmutzig und zog daraus den einfachen Schluß, daß die osteuropäischen Juden, die das Viertel verändert hatten, *gern* im Schmutz lebten, genauso wie – so schrieb er später – die Deutschen ordentlich waren, die Iren arm und die Katholiken unwissend. New York, so klagte er, gehöre den Juden.[17]

Miller romantisierte das alte Williamsburg so sehr, daß er einen Sündenbock brauchte, den er für den Verfall verantwortlich machen konnte. So wie er seinen Eltern, vor allem seiner Mutter, die Schuld daran gab, daß sie ihn aus dem alten Viertel herausgerissen hatten, so beschuldigte er jetzt die Juden, die in das Viertel gezogen waren, nachdem alteingesessene Gruppen von Einwanderern es verlassen hatten. Ganz bewußt machte er sich daran, aus seinem Antisemitismus ein Gedankengebäude, sogar eine Philosophie zu entwickeln.

Er stützte sich dabei auf Werke von Nietzsche, Herbert Spencer und Spengler, deren Inhalt er verfälschte, und verschlang Bücher wie Hilaire Bellocs *The Jews*. Er betrieb «Feldarbeit» in den Cafés in der Lower East Side und führte nicht nur mit Dewar, O'Regan und Schnellock lange philosophische Diskussionen über das Thema, sondern auch mit jüdischen Freunden, wie zum Beispiel Conason und Sattenstein.

Miller behauptete später, er habe mehr jüdische als nichtjüdische Freunde gehabt, und obwohl das nicht stimmte, war sein New York tatsächlich zu einem großen Teil jüdisch. Als er seine antisemitischen Gedanken später zu Papier brachte, schrieb er an seinen französischen Verleger, daß er die Dinge einfach beim Namen nenne, so wie er sie sehe, daß er schreibe wie ein Mann von der Straße, der Teil des großen Schmelztiegels New York sei. Das war natürlich eine trügerische Rationalisierung, unlogisch und unehrlich wie jeder Rassismus.

Mit einer weiteren logischen Kehrtwendung behauptete Miller, seine «Ehrlichkeit» veranlasse viele zu der Annahme, er sei ein «abtrünniger Jude»[18]. Auf der Höhe seines Antisemitismus liebäugelte er mit der Vorstellung, er selbst sei Jude. Freunde wie Stanley und Emil Conason glaubten, seine hohen Wangenknochen und die schmalen Augen könnten auf eine asiatische – und damit möglicherweise jüdische – Abstammung hinweisen. «Wie kann ich wissen, was meinen Vorfahren zur Zeit der großen Pestepidemien, bei der Völkerwanderung et cetera, et cetera zugestoßen ist? Ein kleiner Tropfen jüdisches Blut wiegt eine Tonne nichtjüdisches Blut auf», schrieb Miller in vollem Ernst an einen Freund.[19] Er glaubte, Charakterzüge zu haben, die er für typisch jüdisch hielt, zum Beispiel seine Gelehrsamkeit, seine Liebe zu ausufernden Diskussionen – und überhaupt sein «Besonderssein». Ebenso wie er einmal gedacht hatte, er hätte eigentlich am 25. Dezember geboren werden müssen, und ebenso wie er davon überzeugt war, daß er künstlerisch veranlagt sein *müsse*, so beschloß er jetzt, daß er eigentlich Jude hätte sein müssen. Juden waren *anders*, genau wie er. Und wenn er nicht einer von ihnen sein konnte, machte ihre Andersartigkeit sie für ihn verachtenswert. Als jemand, der gern Jude gewesen wäre, romantisierte er aber andererseits auch diese Andersartigkeit. Der Konflikt sollte auf die Spitze getrieben werden, als Miller die große Liebe seines Lebens kennenlernte, eine Frau, die, wie konnte es anders sein, Jüdin war.

Im Sommer 1923 hielt Henry sich kaum noch zu Hause auf, aber Beatrice schien das nicht weiter zu stören; sie wollte nur mit Einzelheiten verschont bleiben. Ihre Welt war der Haushalt, das Klavierspiel, die kleine Barbara und die wechselnden Untermieter, welche die Millers zur Aufbesserung von Henrys Gehalt aufnahmen. Tauchte Henry in der Sixth Avenue auf, war die in der Luft liegende Feindseligkeit mit Händen zu greifen. Beatrices aus Henrys Sicht träge Passivität weckte seinen latenten Sadismus, und nur gelegentlich hatte er wegen seiner Grausamkeit Gewissensbisse.

In jenem Sommer hielt Miller sich am liebsten in den Tanzlokalen um den Times Square auf. Die dort beschäftigten Frauen tanzten mit jedem, der den Preis von zehn Cents pro Tanz bezahlen konnte.[20] Der Flitter, die grelle Atmosphäre und die Andeutung, daß Sex hier käuflich zu erwerben war, zogen Miller an, und die Schilder, die deutlich «unschickliches Tanzen» verboten, erschienen ihm geradezu als eine Einladung an die Kunden, eben dieses wenigstens zu versuchen.

Eines Donnerstagabends schlenderte er mit dem Wochenlohn in der Tasche den Broadway hinauf bis zur Ecke der Forty-Sixth Street, wo sich zwei Tanzdielen befanden, die er schätzte: der Orpheum-Tanzpalast und Wilson's Tanzdiele. Er wählte Wilson's Tanzdiele, kletterte die steile, wacklige Holztreppe hinauf, kaufte bei dem griechischen Kassierer eine Rolle Karten und fand einen Platz, von dem aus er die Mädchen gut beobachten konnte.[21]

Er suchte sich eine Frau aus und tanzte einige Male mit ihr, wobei er versuchte, sich mit ihr über Pirandello zu unterhalten, aber sie interessierte sich nicht für das Thema. Miller trat an den Rand zurück. Dann, einen Augenblick später, trieb aus der Menge ein auffallendes Gesicht auf ihn zu, und die junge Frau forderte ihn zum Tanzen auf.

Zwischen den einzelnen Tänzen sprachen sie über Strindberg, vor allem über seine Figur Henriette, mit der sie sich, wie sie sagte, identifizierte, und über Knut Hamsuns *Victoria*, die sie angeblich genauso liebte wie Miller. Wie sie hieße? Nun, das sei kompliziert, meinte sie. Aber warum nannte er sie fürs erste nicht einfach June Mansfield?

Miller wollte mehr wissen. Diese geheimnisvolle Frau, die er später in seinen Schriften Mona nennen sollte, bezauberte ihn. Ihrem Aussehen nach zu urteilen war sie zwischen achtzehn und dreißig Jahre alt; sie hatte schwarzblaues Haar und ein auffallend weißes Gesicht, aus dem glänzende, dunkle Augen leuchteten. Unter dem enganliegenden blauen Samtkleid zeichnete sich ihr üppiger Körper ab. Miller schrieb später in *Wendekreis des Steinbocks*, daß ihr ganzes Wesen sich im Gesicht ausdrückte, und er erinnerte sich an ihr Lächeln, «ein wissendes, geheimnisvolles, flüchtiges Lächeln –, das plötzlich wie ein Windstoß aufsprang» [22].

Auf June Mansfield wirkte Miller zunächst wie ein gewöhnlicher Geschäftsmann, recht gesetzt, oder wie ein Lehrer[23], aber wie er über Kunst sprach, gefiel ihr; sie hielt sich, wenn nicht für eine Künstlerin, so doch für die Muse eines Künstlers. Dieser Mann war voller Versprechungen: Er hatte gesagt, er würde ihr Bücher von Ben Hecht und Sherwood Anderson mitbringen, und hatte auch noch andere, substantiellere Entlohnungen angedeutet.[24]

Auf Millers Drängen hin trafen sie sich nach ihrer Arbeit im Chin Lee, einem chinesischen Restaurant. Dort setzten sie zuerst ihre Unterhaltung über Literatur fort, aber dann wurde das Gespräch persönlicher. Henry wollte mehr wissen, nicht nur über Junes literarische Interessen, sondern auch über ihre Herkunft. Sie schien etwas zu verbergen, und das brachte ihn zur Verzweiflung. Was sie sagte, war ohne Zusammenhang, sie sprang von einem Thema zum anderen, als gäbe es dazwischen eine Verbindung, und Henry bemühte sich, ihren Sprüngen zu folgen. June wiederum bemerkte, wie sehr sie ihn fesselte. Bereits zu diesem frühen Zeitpunkt hatte sie entdeckt, wie sie ihn umgarnen konnte. Diese Art der Irreführung, die ihn so faszinierte, war ihre zweite Natur, und seine Paranoia und seine Eifersucht erleichterten ihr die ganze Sache. Sie war in ihrem Element.

Obwohl er sie im Taxi zum Haus ihrer Eltern in Bensonhurst in Brooklyn brachte, gelang es Miller an diesem Abend nicht, eine schlüssige Geschichte aus June herauszubekommen. Sie vertraute ihm alles mögliche an: Daß sie vielleicht Zigeunerblut habe, daß ihr

Vater vielleicht eine Rennbahn gehabt habe, daß sie allein ihre Mutter und ihre Brüder ernähre – oder daß sie ihre Familie niemals sehe. Sie deutete noch größere Geheimnisse an, unter anderem eine verlorene Stradivari. Und Männer? Oh, gar keine, behauptete sie. Abgesehen von dem Mann, der ihretwegen Selbstmord begangen hatte, und einem reichen Rechtsanwalt, der sie mit Geschenken überschüttete, und einem gewissen verheirateten Mann. Und dem einen Mann, den sie liebte, ohne daß er davon wußte.

Erst nach und nach erfuhr Miller biographische Daten über June, und meist nicht von ihr persönlich. Als er sie 1923 kennenlernte, war sie einundzwanzig Jahre alt, und selbst ihren Namen hatte sie erfunden. Eigentlich hieß sie Juliet Edith Smerth, und sie war am 7. Januar 1902 in der Bukowina, dem Heimatort ihrer Mutter Fanny, in der k. u. k. Monarchie geboren worden.[25] Ihr Vater stammte aus Galizien, dem polnischen Teil des habsburgischen Kaiserreichs, und als er mit seiner Frau und fünf Kindern 1907 in Amerika ankam, gab er seinen Beruf mit «Bügler» an.[26] Als der Vater keine feste Anstellung fand, wurden die Kinder ausgeschickt, um jede Arbeit anzunehmen, die sie bekommen konnten. Mit fünfzehn sah Juliet bereits zehn Jahre älter aus, als sie tatsächlich war, und sie verließ die High-School, um den Job in der Tanzdiele anzunehmen. Wie die meisten Angestellten in den Tanzlokalen nahm sie einen «Bühnennamen» an: June wählte sie wegen der Ähnlichkeit mit Juliet und Mansfield wegen des eleganten Klangs. «Smerth» wurde in «Smith» umgewandelt, ein Nachname, den sie ebenfalls gelegentlich benutzte.[27]

Waren ihre Geschichten über Männer wahr? Mit Gewißheit läßt sich das nicht sagen. Mit einundzwanzig war sie eine schöne junge Frau, und ein gutaussehendes Tanzmädchen konnte sehr wohl innerhalb weniger Jahre eine Reihe intensiver Erfahrungen machen. June wußte sich durchzusetzen, und sie kannte die Schattenseiten des Lebens. Schwindeleien und sogenannte «Sexspiele» – auch bekannt als «Goldgraben» – gehörten dazu. Miller gegenüber bestand sie darauf, daß sie Männern niemals sexuelle Gefälligkeiten erwies, und gab an, als Äußerstes vierzig oder fünfzig Dollar zu akzeptieren, wenn sie mit jemandem eine Stunde lang ein gutes Gespräch geführt hatte.[28]

Miller glaubte ihr nur zu gern. Bereits an jenem ersten Abend war er sich sicher, daß er sich in sie verliebt hatte, daß er die Frau seines Lebens getroffen hatte. Er machte ihr leidenschaftlich den Hof, und June behauptete später, er habe drei Tage lang vor dem Haus ihrer Eltern in Bensonhurst kampiert.[29] In Millers zahlreichen Versionen der Geschichte warb er mit Worten um sie und überhäufte sie mit Briefen und Büchern. June hielt sich selten bei ihren Eltern auf, was ihn vor lauter Mutmaßungen rasend machte, und der einzige Ort, an dem er sie mit Sicherheit finden konnte, war Wilson's Tanzdiele. Gleich zu Beginn ihrer Beziehung nahm er einmal seine Freunde in die Tanzdiele mit, um ihnen June zu präsentieren: Mit einer Rose, die ein Verehrer ihr geschenkt hatte, führte sie ein bühnenreifes Schauspiel auf.[30] Henrys Freunde aber blieben unbeeindruckt, und ihn beschlich der Verdacht, daß er ihnen ein bißchen leid tat.

Falls seine Freunde wirklich Mitleid mit ihm hatten, so erwähnten sie das mit keinem Wort. Es war zu offensichtlich, daß er den Kopf verloren hatte. Mit der Zeit begann auch June, seinen leidenschaftlichen Liebeserklärungen Glauben zu schenken, doch als es darum ging, mit Henry ins Bett zu gehen, war sie nicht leicht zu gewinnen. Eines Abends, ermutigt von Junes Reaktion auf einen von ihm geschriebenen Text, balgte Henry sich im Sand von Manhattan Beach mit ihr. Jahre danach beschrieb er die Szene als «versuchte Vergewaltigung»[31]. June meinte später, es sei schade gewesen, daß er sie nicht gezwungen habe. Aber trotz dieses lockeren Geredes war June nicht zum Geschlechtsverkehr bereit, machte allerdings für die gemeinsame sexuelle Zukunft phantastische Versprechungen.

In Notizen, die Miller später über diese Zeit machte, schrieb er: «Große Verzweiflung, Eifersucht, Qual.»[32] Er merkte schnell, daß June psychisch sehr labil war. Sie wiederum deutete an, daß sie Drogen nahm, und er beschrieb einen großen Teil dessen, was sie sagte, als «Koksgeschwätz», als ein verrücktes, beinahe paranoides Drauflosreden. Doch Miller war von June geradezu hypnotisiert. Ihre Sprache war mit Redewendungen aus dem Polizisten- und Kriminellenmilieu gewürzt[33], entsprach also genau dem Jargon, den er anstrebte, und ihr psychischer Zustand stand für ihn in Einklang mit der Verrücktheit New Yorks. Zweifellos erinnerte June ihn an seine Schwester Lauretta, die in ihm starke Beschützerinstinkte geweckt hatte: Genau wie Lauretta konnte auch June zwischen «richtig» und «falsch» nicht unterscheiden, und genau wie Lauretta lebte auch June in ihrem eigenen kleinen, verdrehten Universum, brauchte Henrys Schutz. Auf der Suche nach einem Schlüssel zu Junes Persönlichkeit fiel ihm ein, daß ihr Geburtsort die Bukowina gewesen war, und diese Landschaft spielt eine wichtige Rolle in dem Drakulamythos, der von Bram Stoker im 19. Jahrhundert durch seinen Roman berühmt gemacht wurde. June schien für Miller alle typischen Eigenschaften eines Vampirs zu besitzen; sie veränderte ständig ihre Gestalt und ihr Auftreten, sie liebte die Dunkelheit, und sie machte ihre Opfer hilflos. Und sie war, wie Drakula, unbesiegbar.

June wußte ganz genau, wie sie Miller festhalten konnte. Ihre weitschweifigen Erzählungen von anderen Männern erregten ihn, und Eifersucht war der Kitt ihrer Beziehung – June sorgte dafür, daß Miller dazu immer ausreichend Grund hatte. Aber noch etwas anderes band Miller an June. Eines Abends fiel sie vor dem Haus in Bensonhurst auf die Knie und nannte ihn ihren Gott. Immer wieder flehte sie ihn an, seinen Job aufzugeben, damit er endlich schreiben könne. Sie glaubte felsenfest an sein Talent, und Miller sah sich von ihr ernstgenommen.

Mit der Begeisterung eines Frischverliebten weckte Miller eines Nachts Beatrice, um ihr von June zu erzählen. Ihre Reaktion war vorherzusehen: Zuerst schrie sie, dann weinte sie, und schließlich nahm sie ihn mit ins Bett, um ihn sexuell zurückzuerobern. Danach wurde das Thema June möglichst vermieden, und wenn Miller auf eine von Beatrices Forderungen einging, sagte er sich im stillen: «Na schön, ist das alles, was du von mir willst? Ich tue alles, was du möchtest, außer daß ich dir die Illusion gebe, ich würde den Rest meines Lebens bei dir bleiben.» [34]

Wochen nach ihrer ersten Begegnung gab June schließlich Henrys Drängen nach. [35] Die beiden trafen sich in der Wohnung eines früheren Liebhabers von June, der Marder hieß. Henry zufolge – der die Gelegenheit erfunden haben könnte, so genau spiegelte sie seine homoerotischen und voyeuristischen Phantasien – kehrte der Mann unerwartet zurück. Obwohl Marder eifersüchtig war, ließ er ein Festmahl kommen, und die drei betranken sich. June landete schließlich auf Marders Schoß, und alles deutete darauf hin, daß sie noch immer Marders Geliebte war. Sie gestand Miller, daß sie selbst jetzt noch manchmal mit Marder zusammen war, aber nur, um ihn von seiner Trunksucht zu heilen.

Kurz nach diesem Ereignis verschwand June.[36] In einer Flut von Telegrammen und Briefen enthüllte sie Miller, daß sie mit zwei Freundinnen aus der Tanzdiele, von denen Miller nichts hielt, aus der Stadt geflüchtet war, um einen Hinterwäldler in New England zu besuchen. Miller kam das, verständlicherweise, unwahrscheinlich vor, und er hatte den Verdacht, daß dieser Hinterwäldler in Wirklichkeit Marder sei. Doch in ihren Briefen sprach June nur von ihrer Liebe zu Miller und schrieb, daß sie seine Frau werden wolle. Als sie zurückkam und er sie am Bahnhof abholte, war sie unter ihrem Regenmantel nackt, und Miller war wieder besänftigt. Trotz deutlicher Hinweise wollte er sich nicht eingestehen, daß June, wenn sie auch keine Prostituierte war, doch mit anderen Männern schlief und als Gegenleistung Geld annahm. Mit der Zeit wurde Miller de facto ihr Zuhälter – obwohl June immer darauf bestand, daß bei ihren Affären mit anderen Männern Geschlechtsverkehr ausgeschlossen war.

Henry tauchte ganz in Junes Welt ein und sah nun seine Ehe nur noch als ein Hindernis an. Er und Stanley beschäftigten sich stundenlang mit diesem Problem, entweder am Küchentisch in der Sixth Avenue oder auf Spaziergängen im Prospect Park. Später erinnerte er sich an einen «herrlichen Abend», an dem sie im Park im Gras lagen und darüber diskutierten, wie er «loskommen könnte»[37]. Stanley, loyal wie immer, versprach, er werde sich um alles kümmern.

Kurze Zeit danach, im Herbst 1923, fuhr Beatrice mit Barbara in Urlaub. Obwohl Miller über die genauen Einzelheiten nicht informiert war, hegte er den Verdacht, daß diese Reise von Stanley arrangiert worden war, als Teil des großen Plans, der Henry aus seiner Ehe befreien sollte. Vielleicht sollten Beatrice dadurch Gründe für die Scheidung an die Hand gegeben werden.

Miller mochte von Stanleys Plänen nicht überzeugt sein – June jedoch war begeistert. Sie war noch nie in der Wohnung der Millers gewesen, nun aber entschlossen, Beatrices Abwesenheit zu nutzen. Sie zog sogar deren Morgenrock an, denn in Wirklichkeit war, wie sie erklärte, *sie* jetzt Henrys Frau. Merkwürdigerweise zögerte June aber, im Ehebett zu schlafen, und sie verbrachten die Nacht statt dessen auf einer Couch in der Küche.

Am nächsten Morgen, während Henry Speck und Eier zum Frühstück vorbereitete, öffnete sich die Küchentür, und auf der Schwelle stand Beatrice mit dem Vermieter und dessen Tochter als Zeugen. Diesmal blieb Beatrice ganz gelassen. Mit kühler Zurückhaltung befahl sie Henry, «das Weib» sofort fortzuschaffen, drehte sich auf dem Absatz um und ging. Das Pärchen verschwand in aller Eile, und Miller sagte später, er habe nur bedauert, daß er den Speck und die Eier nicht fertigmachen konnte.[38] Hinter solchen charakteristischen Bemerkungen versteckte sich Miller immer, wenn er seine wahren Gefühle nicht zeigen wollte.

Eine Zeitlang hatten Henry und June keine feste Adresse. Zuerst wohnten sie bei einem Freund von Emil Conason, einem Dr. Paul Luttinger in der Bronx, dessen Haus sie Cockroach Hall («Schloß Schabenhall») nannten. Kurz darauf zogen sie in eine von Millers Freund Harold Hickerson angemietete Fünf-Zimmer-Wohnung am Riverside Drive, wo sie einen winzigen Raum bewohnten, der durch einen Verbindungsflur von einem anderen winzigen Raum getrennt war, in dem Emil und Cele Conason lebten.[39] Sie freuten sich zwar, daß sie nun ungestört zusammensein konnten, aber das gemeinsame Leben war anstrengend, denn ihr Lebensrhythmus war sehr verschieden. June erwartete von Henry, daß er sie morgens um zwei, wenn ihre Arbeit beendet war, in Wilson's Tanzdiele abholte, und nachher mußte er sich ihre Erzählungen anhören, bis sie endlich einschlief, was oft erst um fünf Uhr morgens geschah; er aber mußte um halb acht wieder zur Arbeit.[40] Als er an seinem Penis entzündete Stellen entdeckte, hatten sie eine Woche lang keinen Geschlechtsverkehr, was bedeutete, daß June die ganze Nacht hindurch redete. Sie erklärte kategorisch, es wäre absolut unmöglich, daß sie ihn mit Syphilis angesteckt habe – natürlich Millers erster Gedanke –, wartete jedoch mit weiteren sexuellen

Enthüllungen auf. Zwar bestand sie darauf, daß ihre Verehrer alle zu alt für Sex seien, beschrieb dann aber in allen Einzelheiten, wie sie ihnen zum Orgasmus verhalf.

Wenige Wochen, nachdem er Beatrice verlassen hatte, bat Miller sie telefonisch um ein Treffen, denn die Trennung machte ihm mehr zu schaffen, als er wahrhaben wollte. Gemeinsam erarbeiteten sie einen Wochenplan für Miller, legten fest, was er für den Haushalt zu bezahlen hatte und wann er Barbara besuchen sollte. June tat, als kümmere sie das alles nicht, aber als sie das Kind, welches sie immer nur «die Kleine» nannte, zum erstenmal sah, machte sie Miller heftige Vorwürfe. Wie Miller sich später erinnerte, sagte June: «Wenn das mein Kind gewesen wäre, hätte ich es nie verlassen, für niemanden.»[41] Beatrice ihrerseits spielte die verletzte Ehefrau, sprach June nie mit ihrem Namen an und tat, als stehe sie über der Sache. Bald erkannte sie jedoch, daß die Rollen sich kaum merklich verändert hatten und daß *sie* nun die «andere» Frau war. Für Miller war sie nun wieder sexuell attraktiv. Die beiden fanden alle möglichen Gelegenheiten für Intimitäten, so hemmungslos, wie Beatrice sie vorher nie zugelassen hatte.

Natürlich schöpfte June Verdacht. Sie telefonierte mit Beatrice und bot ihr melodramatisch an, sich zurückzuziehen. Während Miller einmal Frau und Kind besuchte, unternahm June einen Selbstmordversuch – wie, das erfuhr er nie – und wurde nur durch das Eingreifen von Blackie gerettet, einem Kollegen von der Western Union, der sich häufig in Cockroach Hall aufhielt und June anhimmelte. Miller jagte zurück in die Bronx, stellte aber fest, daß er in Gedanken nicht bei June, sondern bei Beatrice war. Während der ersten Monate der Trennung fühlte er sich zwar zu June hingezogen, aber immer noch an Beatrice gebunden, was bei June zu hysterischen Ausbrüchen führte.

Endlos unterhielten sich June und Henry über diese verworrenen Beziehungen. Beide waren große Redner. Henry hatte in June eine Konversationspartnerin gefunden, die ihm gewachsen war, und sie suchten sich Leute aus, die mithalten konnten. In Cockroach Hall waren die Juden das Lieblingsthema, und in der Wohnung der Hickersons am Riverside Drive drehten sich die endlosen Gespräche um Freud und Kinderpsychologie, bevor sie zu den Juden und der Überlegenheit der nordischen Rasse zurückkehrten. June, die selbst Jüdin war – obwohl Henry das zu diesem Zeitpunkt nur vermutete –, fühlte sich aus diesen Diskussionen ausgeschlossen und machte daher einmal einen halbherzigen Versuch, Henry mit einem kleinen Bündel unter dem Arm zu verlassen, aber sie kehrte fast augenblicklich wieder zurück.

June hungerte nach Beachtung, und nachdem sie eines Abends mit den Conasons eine Theatervorstellung besucht hatten, erklärte sie, sie wolle die Tanzdiele verlassen und zur Bühne gehen. Sie nahm Kurse im Henry Street Settlement House, wo sie behauptete, mit dem Schauspieler Richard Mansfield verwandt zu sein.[42] Das erforderte die Erfindung einer völlig neuen Vergangenheit, und entsprechend erdichtete sie Theaterkurse am Wellesley College, eine lebenslange Begeisterung für Eleanora Duse und die Bekanntschaft mit Schauspielern wie Ben Ami und Helen Westley. Zum großen Erstaunen aller bekam sie prompt die Hauptrolle in einer Produktion von Shaws *Joan of Arc* und stürzte sich in einen Wirbel von Proben und Flirts mit dem Direktor und dem Hauptdarsteller. Miller, die Hickersons und die Conasons waren verblüfft, June selbst jedoch war völlig überzeugt von ihren Fähigkeiten.[43] Als angehende Schauspielerin konnte man sie nun nicht mehr als das Mädchen aus der Tanzdiele abtun, und alle mußten ihr neuen Respekt entgegenbringen.

Beatrice hatte inzwischen kein Interesse mehr an einer Versöhnung und leitete die Scheidung ein. Diese wurde am 21. Dezember 1923 ausgesprochen[44] und berührte Miller tief. Der Richter war streng in seinem Urteil und tadelte ihn, weil er in einem Haushalt mit Kind benutzte Kondome hatte herumliegen lassen und weil er eine andere Frau in die eheliche Wohnung mitgebracht hatte.[45] In einem Anfall von Reue wies Miller die wöchentliche Zahlung an Beatrice, die das Gericht von ihm verlangte, als zu niedrig ab und erbot sich, statt dessen dreißig Dollar zu zahlen. Sofort nach der Verhandlung machte er einen weiteren Versuch, die Aufmerksamkeit von seinem sexuellen Fehlverhalten auf seine guten Absichten zu lenken, indem er sich hinsetzte und einen Glückwunschbrief an Beatrices Anwalt schrieb. Danach stattete er Ethel Maurer, der Schwester seiner Freundin Muriel, einen Besuch ab und bot ihr an, sie zu heiraten. Seine neugewonnene Freiheit machte ihn trunken, und seine besorgten Freunde drängten ihn, nicht wieder zu heiraten.

June sah, daß sie sich erneut um seine Zuwendung bemühen mußte, machte aus dem plötzlichen Tod ihres Vaters eine hochdramatische Angelegenheit. Henry kaufte Trauerkleidung für sie und hoffte, ihre Familie kennenzulernen, die sie vor ihm geheimgehalten hatte. Aber June verschwand ganz plötzlich für zehn Tage, und als sie schließlich in ihrem schwarzen Trauerkleid und einem schwarzen Turban wieder in seinem Büro bei der Western Union auftauchte, war Henry, wie er später schrieb, von ihrer großen Schönheit tief berührt.[46]

June kämpfte wie eine Löwin, wildentschlossen, Henry für sich zu gewinnen. Sie war überzeugt, daß er ein großer Schriftsteller werden würde, und er verstand – oder akzeptierte zumindest – ihre Listen und Tricks, ohne die sie nicht leben konnte. June wußte, daß Henry ihre große Chance für ein Leben mit der Kunst war.

Sie spielte mit Henrys Eifersucht, indem sie ihre sexuellen Abenteuer beschrieb. Miller bat sie, ihm nichts davon zu erzählen, und wenn sie trotzdem begann, wollte er sie nicht fortfahren lassen, aber June ließ sich nicht beirren. Sie fing mit einer seltsamen Geschichte an, wie sie im Auto von der Tanzdiele abgeholt und auf einer Wiese von drei Männern vergewaltigt worden war. Von dem kalten Gras, fügte sie in einer ihrer «typischen Wendungen», wie Henry es nannte, hinzu, habe sie Hämorrhoiden bekommen.[47] Von diesem Ereignis aus ging sie weiter in die Vergangenheit zurück und behauptete, ihre Mutter habe sie schon als junges Mädchen zum «Goldgraben» geschickt. Sie gab mehrere Affären zu. Ja, Marder hatte sie ausgehalten, und es hatte auch andere Männer gegeben: Baker, den Schuhfabrikanten; Jerry, den Preisboxer; Harris, den Theaterbesitzer; einen Studenten, der sie in Marders Wohnung verführt hatte, und zahllose andere. Von jeder dieser Affären erzählte June bis ins kleinste Detail und quälte Henry, indem sie ihm die Gewißheit gab, daß sie tatsächlich mit vielen Männern sexuellen Verkehr gehabt hatte.

Junes Strategie funktionierte. Sie hatte eine masochistische Ader in Henry bloßgelegt – den gleichen Trieb, der ihn als Jugendlichen dazu veranlaßt hatte, immer und immer wieder an Cora Sewards

Haus vorbeizugehen –, und sie spielte mit seinem Voyeurismus, denn sie hatte sein Interesse an der Lust anderer Männer erkannt. Bereits bei ihrem dritten oder vierten Treffen hatte June bei einer Balgerei auf einem unbebauten Grundstück neben dem Haus in Bensonhurst «mit einem Lächeln, das beinahe häßlich war», gesagt: «Und jetzt der schmutzige Teil.»[48] Henry fühlte sich nicht abgestoßen, sondern gefesselt. Er gab ihr das Geld, das sie brauchte, und entschloß sich, sie vor solcher Selbsterniedrigung zu beschützen, selbst auf Kosten seiner eigenen Selbstachtung. In *Sexus* versuchte Miller zu erklären:

> Ich war durchaus bereit, mich eifersüchtig machen zu lassen, wenn ich nur Zeuge jener Kraft wurde, mit der sie andere dazu brachte, sie zu lieben. Mein Ideal [...] war eine Frau, der die Welt zu Füßen lag. Wenn es Männer gab, die für ihren Charme unempfänglich waren, würde ich ihr bewußt helfen, auch sie in ihren Bann zu ziehen. Je mehr Liebhaber sie aufzuweisen hatte, desto größer war mein eigener Triumph. Denn sie liebte ja *mich*, darüber gab es keinen Zweifel.[49]

Immer, wenn June sich wieder zu einer Affäre bekannte, schwor sie Henry anschließend ihre unverbrüchliche Liebe. Sein Verstand sagte ihm zwar, daß sie unfähig war, ihm die Treue zu halten, aber er beschloß, nur ihren Liebesschwüren zu glauben. Er schlug auch alle Warnungen seiner Freunde in den Wind und brachte das Argument vor, daß die Ehe June vielleicht ruhiger machen würde.

Ihr Hochzeitstag, der 1. Juni 1924, hätte, angesichts des besonderen Datums und ihrer unleugbaren Faszination füreinander, großartig werden sollen[50], aber statt dessen war er so chaotisch wie die meisten Tage, die Henry und June gemeinsam verbrachten. Für die anfallenden Gebühren mußten sie sich Geld leihen, und da June angegeben hatte, sie sei minderjährig, meinte Henry, sie würden besser in New Jersey heiraten, wo sie behaupten könne, volljährig zu sein, ohne daß Urkunden mit gegenteiligen Angaben auftauchen konnten. Emil Conason und seine Frau Cele wurden als Trauzeugen gebeten. Auf dem Weg zur Trauung beschuldigte June Henry, er wolle kneifen, und sie stritten sich heftig. Als sie in Hoboken ankamen, stellten sie fest, daß das Büro des Richters bald geschlossen werden würde und daß von den Conasons nichts zu sehen war. Henry war nahe daran aufzugeben, aber June schlug vor, Trauzeugen von der Straße zu holen, und die bedrückende Zeremonie nahm ihren Lauf. Wieder zurück in der Stadt, besuchten sie Ned Schnellock und seine Freundin Marcelle, um mit ihnen zu feiern. Ihren Hochzeitsabend verbrachten sie gemeinsam mit den beiden in einem Varieté in der Houston Street, wo June einen hysterischen Lachanfall bekam, den Henry ihrer Aufregung wegen der Hochzeit zuschrieb. Er machte ihm jedoch Angst, und so flehte er Ned an, ihr zu sagen, daß er hoffe, sie würde Kinder bekommen, daß er und Marcelle ihr ein Hochzeitsgeschenk kaufen würden – alles, bat Miller, nur «laß sie nicht wieder so lachen»[51].

Der Beginn ihrer Ehe stand unter keinem glücklichen Stern. Sowohl Henry als auch June hatten zwar ein festes Einkommen, aber mit ihrer unregelmäßigen Lebensweise brachten sie ihre jeweiligen Jobs in Gefahr. Sie hatten keinen festen Wohnsitz. June war erst einundzwanzig, und ihre psychische Labilität begründete das Entstehen einer verhängnisvollen Symbiose. Dafür bot June Henry aber eine andere Realität an: einen gesetzesfreien Raum, wo das Gespräch mehr galt als die Wahrheit, wo der äußere Anschein alles war, wo richtig nicht von falsch zu unterscheiden war. Für Henry, der von früher Kindheit an geglaubt hatte, daß er sich außerhalb der bestehenden Moral befand, war June die weibliche Verkörperung der chaotischen Intensität, nach der er sich so sehnte. In den sieben Jahren ihrer Ehe sollte diese *folie à deux* eskalieren.

5. KAPITEL

An Junes Seite

1924–1926

Bei ihrer Eheschließung nahm June Miller sich vor, aus Henry einen Schriftsteller zu machen. Als erstes ging sie daran, dafür die Voraussetzungen zu schaffen, denn wie jede gute Schauspielerin war sie überzeugt, daß Henry sich in seine Rolle erst einfühlen mußte, bevor er sie richtig spielen konnte. In einem neuen, enganliegenden roten Kleid, «in bester Form damals»[1], wie Miller sich erinnerte, schleppte sie ihn auf der Suche nach der richtigen Wohnung durch die Straßen von Brooklyn Heights. Ihre Leidenschaft war von neuem erwacht, und sie umarmten sich häufig in den Hauseingängen, ohne die Klingelknöpfe, gegen die sie sich dabei lehnten, zu beachten.

Im ersten Stock eines Backsteinhauses in der Remsen Street Nr. 91 fanden sie schließlich eine Wohnung, die genau Junes Vorstellungen entsprach. Das Haus hatte einmal einem Richter gehört, und June bestand darauf, die Wohnung zu nehmen, obwohl die monatliche Miete neunzig Dollar betrug, doppelt soviel, wie sie sich eigentlich leisten konnten. Die Räume waren wunderschön, mit Parkettböden, seidenen Wandbespannungen, eingebauten Bücherschränken, einem bunten Glasfenster auf dem Treppenabsatz und viereinhalb Meter hohen Decken. Die Nachbarschaft war ausgesprochen aristokratisch, und Miller schrieb später, daß das Futter, das die Nachbarn ihren Katzen und Hunden gaben, ihnen das Wasser im Munde zusammenlaufen ließ. Ihr Haus war als einziges in der ganzen Straße in Wohnungen aufgeteilt, und der Vermieter, ein Mann aus Virginia, war von Millers Position bei der Western Union so beeindruckt, daß sie als Anzahlung für die beiden großen Vorderzimmer, die kleine Küche und das Bad nur zehn Dollar zu hinterlegen brauchten.[2]

Miller kaufte Möbel für die Wohnung – auf Kredit natürlich –, und June besorgte von einem Verehrer, der als Angestellter im Hotel Bossert arbeitete, die restlichen achtzig Dollar. Tatsächlich bat sie ihn um fünfhundert Dollar und bekam dreihundert, was sie Henry aber erst später erzählte.[3] June und Henry wählten jeden einzelnen Einrichtungsgegenstand sehr sorgfältig aus, und weil sie die Räume nur spärlich möblierten und in einem Zimmer in der Mitte auf dem blanken Holzfußboden nur ein niedriges Sofa stand, bezeichnete Miller die Wohnung als ihr «japanisches Liebesnest»[4]. Aber die hohe Miete war von Anfang an eine große Belastung, denn Miller mußte schließlich jede Woche an Beatrice Unterhaltszahlungen leisten.

Andere Ausgaben kamen dazu. June hatte beschlossen, daß sie wie die Könige leben sollten, und brachte Henry alle möglichen Geschenke mit – seidene Morgenröcke, Bücher, Pfeifen, Schallplatten, marokkanische Hausschuhe und ein Schachspiel.[5] Eine Weile schwelgte er in diesem neuen Luxus, und immer häufiger meldete er sich in der Arbeit krank. Die Abende, an denen June im Theater auftrat, verbrachte Henry mit Lesen; er hatte in der Montague Street eine Zweigstelle der öffentlichen Bibliothek entdeckt und sich mit dem dortigen Bibliothekar angefreundet. Manchmal schauten auch Sleaco und seine Freunde vorbei und brachten etwas zu trinken mit. Einmal, als June die Nacht nicht zu Hause verbracht hatte, holte Henry in der Sixth Avenue Beatrice und Barbara zu einem Ausflug aufs Land ab.[6] Die beiden waren begeistert. Bei seiner Heimkehr fand Henry eine wütende, von Eifersucht gepeinigte June vor.

Bei der Western Union wurden Henrys unregelmäßiges Erscheinen und vor allem seine neue Angewohnheit, nachmittags ein Schild mit der Aufschrift «Heute geschlossen» auf den Schreibtisch zu stellen, mit Mißtrauen beobachtet.[7] Mike Rivise, der als Leiter der Abteilung «Special Messenger Service» wie ein Detektiv die Angestellten überwachte, berichtete seinen Vorgesetzten, Miller sei als Personalchef faul und selbstherrlich. Solche Berichte wirkten wie ein schleichendes Gift und sorgten für einen Stimmungswandel.

Anderen Leuten erzählte Miller immer, er habe die Stelle auf Junes Drängen hin gekündigt, um ernsthaft mit seiner Schriftstellerkarriere beginnen zu können. Es ist jedoch wahrscheinlicher, daß er die Demütigung, hinausgeworfen zu werfen, vermeiden wollte. An einem Montag im September 1924, nachdem er drei Tage hintereinander nicht zur Arbeit erschienen war und seine Freizeit in vollen Zügen genossen hatte, kam Miller der unvermeidlichen Strafe zuvor und kündigte fristlos. Er sagte einfach Sam Sattenstein, er solle es dem Chef mitteilen, und verließ das Büro. Den Schlüssel zu seinem Schreibtisch nahm er mit.[8] Eine Woche später schickte er June vorbei, um seinen restlichen Lohn abzuholen.[9]

June, die Henry immer «an ihrer Seite» haben wollte – ein Ausdruck, den beide in diesen Jahren häufig verwendeten –, machte diese Wendung der Ereignisse überglücklich, obwohl nun sie allein für die Beschaffung von Geld zuständig war. Aber solche Herausforderungen ließen sie aufblühen, denn je größer die benötigten Summen waren, desto kunstvollere Tricks mußte sie sich einfallen lassen. Trotzdem schien das Geldproblem unlösbar. June unterstützte ihre Familie bei der Abzahlung der Hypothek – zumindest behauptete sie das –, und nun mußte sie auch noch für ihre Miete und Millers Alimente aufkommen. Miller entwickelte bald eine panische Furcht davor, mit leeren Händen in der Wohnung in der Sixth Avenue zu erscheinen. Immer wieder mußte er Beatrice vertrösten – und bat sie schon im nächsten Moment selbst um Geld oder eine Mahlzeit. Als diese erniedrigenden Besuche häufiger wurden, brachen Henry und Beatrice ihre sexuellen Kontakte ab, und bald ließ Miller seine frühere Frau und seine kleine Tochter völlig im Stich. Jetzt lebte er in ständiger Furcht davor, daß man ihn wegen Nichterfüllung der Unterhaltsverpflichtungen festnehmen könnte.[10]

Nachdem er nun nicht mehr tagtäglich bei der Western Union erscheinen mußte, hätte er sich mit Elan auf das Schreiben stürzen können, aber er brachte die dazu nötige Disziplin nicht auf. Später sagte er, er sei so verliebt in die Vorstellung gewesen, Schriftsteller zu *werden*, daß er deshalb nicht habe schreiben können. Er habe eine große Menge physischer Energie besessen und sich in Vorbereitungen verzettelt. Außerdem, so argumentierte er, gab es keinen Grund zur Eile. In *Plexus* beschrieb er seine damalige Gemütsverfassung: «Nun war es Morgen, ein langer, müßiger Ferienmorgen, der ewig dauern mußte. Ich war entschlossen, einen Vorzugsplatz im Paradies einzunehmen. Das war gewiß. Ich konnte mir also erlauben, mir Zeit zu gönnen, die köstlichen Tage zu vergeuden, die ich noch in der Welt und ihrem sinnlosen Treiben verbrachte.»[11]

Ein «Vorzugsplatz im Paradies»: Das sind die Worte eines Mannes, der unter Größenwahn leidet. Miller hatte zwar schon immer das Gefühl gehabt, er sei zu etwas Besonderem bestimmt, und seine Freunde waren immer überzeugt gewesen, daß er in irgendeiner Weise genial war, aber dieses neue Selbstvertrauen war ihm wahrscheinlich von June eingeimpft worden. June stellte sein Genie über ihre eigene schauspielerische Begabung, die sie für beträchtlich hielt, überschüttete ihn pausenlos mit überschwenglichem Lob und war wohl letzten Endes dafür verantwortlich, daß seine großartigen Ambitionen zu einer fixen Idee wurden. Da es ihm aber trotz dieses hohen Selbstbewußtseins nicht gelang, mit dem Schreiben auch wirklich zu beginnen, benutzte er die beliebte Ausrede aller Anfänger. Er behauptete, er brauche noch mehr Erfahrung, was in der Praxis bedeutete, daß er sich wie gelähmt Junes chaotischem Lebensrhythmus unterwarf.

June deutete diese Passivität als Gleichgültigkeit ihr gegenüber und verstärkte ihre Aktivitäten beim «Goldgraben». Indem sie Henry ihre neuen Verehrer vorstellte, versuchte sie, ihn erneut zu betören. Im Raymo, einer Flüsterkneipe* im Village, nahm sie einen Job als Tischdame an, und da sie dort wohl oder übel mit ihren Kunden trinken mußte, kam sie häufig angeheitert nach Hause. Nachdem sie den Job verloren hatte, arbeitete sie im Perroquet, einer Teestube, wo sie allerdings weniger verdiente, weil dort kein Alkohol ausgeschenkt wurde. Die Millers waren jetzt in ernsthaften finanziellen Schwierigkeiten. Henry versuchte, von alten Freundinnen wie Muriel Kleider für June zu schnorren, und wurde ärgerlich abgewiesen. Er lieh sich von früheren, fast vergessenen Freunden kleine Geldbeträge, versicherte aber seinen derzeitigen Freunden, er komme gut zurecht.[12] Henry entwickelte geradezu eine «Kunst des Borgens», die ihre eigenen Regeln besaß: «Es ist [...] leichter, von jemandem zu borgen, der unter einem steht, als von einem Gleichgestellten oder jemandem, der über einem

* Flüsterkneipe: Ort, an dem während der Prohibition (1920–1933) illegal alkoholische Getränke verkauft wurden (Anm. d. Ü.)

steht.»[13] Seinem komplizierten Moralkodex zufolge mußte man Schulden nur an diejenigen zurückzahlen, die das Geld im rechten Geiste verliehen hatten, und schließlich stilisierte er das Geldborgen zu einer edlen Tat hoch. Trotzdem konnten ihn diese Rationalisierungsversuche nicht davor schützen, das Betteln als entwürdigend zu empfinden, und als seine Versuche, Geld aufzutreiben, nichts fruchteten, wurde er immer härter und zynischer.

Während June draußen Geld beschaffte, ließ Henry zu Hause die Puppen tanzen. Sleaco, Blount und Dredge platzten ständig herein, und Joe O'Regan war so oft zu Besuch, daß er eines Tages einfach nicht nach Hause ging und sich für einige Monate in der Wohnung einnistete. Auch Emil Schnellock kam häufig und fesselte Miller mit seinen schwärmerischen Berichten über Europa. Einmal brachte Angus Bolton, der Bibliothekar aus der Montague Street, eine Flasche Absinth mit, und dann saßen Angus, Henry, Emil und Joe zusammen und schwadronierten über den Cirque Medrano, über südliche Länder und über Renaissancemaler – es waren verrückte, halluzinatorische Sprachorgien.[14]

In diesen Gesprächen kam Miller immer wieder auf sein altes Lieblingsthema zurück: die Juden. Vor kurzem hatte er in einer dramatischen Szene mitten in Brooklyn, während aus einer Synagoge Musik erklang, June gefragt, ob sie Jüdin sei. Als sie seine Frage bejaht hatte, war er seltsam bewegt gewesen und hatte sogar erwogen, zum jüdischen Glauben zu konvertieren.[15] Er begann, jüdische Treffpunkte in der Lower East Side aufzusuchen: ein rumänisches Kaffeehaus an der Second Avenue, wo er einen «verrückten» jiddischen Dichter kennenlernte, und jüdische und polnische Cafés in der Nähe des East River, wo er Schach spielte. Als Miller sich eines Abends mit Harold Hickerson und Joe O'Regan im Café Royal an der Second Avenue aufhielt, kam es zu einer unerfreulichen Szene. Ein bärtiger, alter jüdischer Hausierer kam an ihren Tisch und bot seine Waren an, woraufhin Miller ihn aufs Gröbste beleidigte, ihm eine Zigarre in den Mund steckte und entwürdigende Fragen stellte. Harold und Joe entschuldigten sich bei dem alten Mann und verurteilten Henry wegen seines Verhaltens scharf. *«Acte gratuit»*, schrieb Miller später in seinen Notizen über diese Zeit.[16]

Miller wußte, daß sein Antisemitismus beleidigend und sein Verhalten irrational war. Juden weckten eine große Angst in ihm, die auf seltsame Weise mit seinem Schreiben verbunden war. *Clipped Wings* war teilweise ein eugenisches Traktat, und sein erster Roman, *Moloch*, sollte eine Untersuchung seiner eigenen Vorurteile werden. Der Antisemitismus hatte ihn zu seinen ersten, schwachen Schreibversuchen angeregt, und gerade auch aus diesem Grund hegte und pflegte er ihn.

Kurz nach dem Erlebnis im Café Royal unternahm Miller heftige Anstrengungen zu schreiben, oder, genauer gesagt, vom Schreiben zu leben. Schon früher hatte er so intensiv nach einem Thema gesucht, daß es ihm zur Gewohnheit geworden war, die Welt so zu betrachten, als wäre er ein riesiges Auge, wie er später in *Plexus* schrieb. Das Ergebnis war, daß er überall Motive sah und glaubte, er könne über alles schreiben und alles spannend darstellen. Also legte er sich systematisch eine Themenliste an, verschickte sie an die Herausgeber von Zeitschriften und Zeitungen und verfaßte «lange, törichte» Briefe dazu, in denen er seine Ziele genauer erläuterte. Diese Aktion ergab «Auseinandersetzungen und Wortwechsel [...], fruchtlose Besuche auf Redaktionen, Kränkungen, Meinungsverschiedenheiten, Wutausbrüche, Verzweiflung und Ärger. *Und kostete vor allem Porto!*»[17] Wenn ein Redakteur ihm ein paar ermutigende Worte zurückschrieb, betrachtete er diese als Auftrag und machte sich verbissen daran, einen Artikel aufzusetzen, der dann natürlich abgelehnt wurde.

Sein erstes Manuskript aus dieser Zeit, «Brooklyn's Back Yard» (Brooklyns Hinterhof) entstand aus seiner Begeisterung für die Hafengegend: die Docks, die Marinewerft und die alten Fährhäuser. Obwohl Miller eine ungeheure Fülle an Details in den Text hineinzwängte, gelang es ihm nicht, die Atmosphäre des Ortes zu beschwören. Der Text blieb eine reine Beschreibung, die Miller in seinem neuen Ablagesystem als «Material» einordnete. In der darauf folgenden Zeit verbrachte er ganze Tage mit Erkundigungen. Auf der Suche nach Ideen wanderte er durch Straßen und Stadtviertel: Chinatown, Harlem, Hoboken und Coney Island im Winter; sie alle boten sich an. Diese neue Beschäftigung benutzte er auch als Vorwand, um einer alten Leidenschaft zu frönen: Er suchte das Viertel seiner Kindheit auf und entdeckte wieder seine Vorliebe für Varietés und Ringkämpfe. Über den Ringer Jim Londos schrieb er einen kurzen Text, «The Little Hercules» (Der kleine Herkules), den er recht gelungen fand. Dadurch ermutigt, begann er mit einer kurzen Erzählung, «Diary of a Futurist» (Tagebuch eines Futuristen)[18], die er Emil Schnellock, seinem schärfsten Kritiker, vorlas. Emil überzeugte die Geschichte nicht, und er drängte Henry, genau so zu schreiben, wie er sprach.

Emils Ratschlag erwies sich als gut. Wenn Henry einen Abend lang geredet hatte und sich danach zu Hause hinsetzte und das Gesagte Revue passieren ließ, stellte er fest, daß seine Monologe nicht nur inneren Zusammenhang und Form, sondern auch Rhythmus und Wohlklang besaßen.[19] Er handelte aber erst ein Jahrzehnt später nach dieser Einsicht, als er *Wendekreis des Krebses* schrieb. Vorerst betrachtete er seine rhetorischen Fähigkeiten nur als ein weiteres Indiz dafür, daß er etwas Besonderes war, und kam zu dem Schluß, daß er seine potentiellen Themen gründlicher erforschen müsse, was zu irrwitzigen Umwegen führte. Zum Beispiel besuchte er für einen Artikel über die Produktion von Kaugummi nicht nur eine Kaugummifabrik auf Long Island, sondern wälzte auch, als er von den *chicleros* in Yukatan erfuhr, die den Grundstoff für das Kaugummi sammelten, tagelang Bücher über die Mayas. Das wiederum führte ihn über den untergegangenen Kontinent Mu und den Schiffsverkehr zwischen der Osterinsel und Südamerika zum aztekischen Alphabet und dem Leben und den Briefen Paul Gauguins, nur um schließlich beim Leben und den Briefen von van Gogh zu landen.[20]

Zuerst hatte Miller wenig Glück damit, seine Geschichten unterzubringen. Ende 1924 schrieb er an Emil Schnellock, daß das *Menorah Journal* ihm drei Aufträge gegeben habe und an seinem Text über das Houston Street Varieté und einem anderen Text über die Cafés an der Second Avenue interessiert sei.[21] Doch das *Menorah Journal* veröffentlichte Millers Texte nie. Trotzdem verstärkte die Tatsache, daß eine jüdische Zeitschrift sich als erstes für seine Arbeit interessierte, sein Gefühl, daß Judentum und Schreiben irgend etwas miteinander zu tun haben mußten, und überzeugte ihn außerdem einmal mehr von seiner merkwürdigen, widersprüchlichen Wesensverwandtschaft mit den Juden.

Da seine schriftstellerischen Bemühungen nach wie vor wenig Geld einbrachten, wandte er sich ausgerechnet an den Werbefachmann Bruce Barton, der den Bestseller *The Man Nobody Knows* geschrieben hatte, ein Buch, das Christus als den Begründer der modernen Werbung schilderte.[22] Natürlich befand Barton, das Schreiben sei eindeutig nicht Millers Stärke, und riet ihm, sich eine bürgerliche Arbeit zu suchen. Der niedergeschlagene Henry rächte sich, indem er ihm eine Flut von beleidigenden Briefen schickte.[23]

Ein anderer Weg brachte mehr Erfolg. Emil Schnellocks Bruder Ned arbeitete für ein Verlagsimperium, welches von Millers altem Vorbild Bernarr Macfadden geleitet wurde, der mit Zeitschriften wie *True Story* und *True Confession* große Erfolge erzielte. Als Ned für eine neu auf den Markt gebrachte Zeitschrift ein Geleitwort schreiben mußte, wandte er sich mit der Bitte um Hilfe an seinen schreibenden Freund Henry. Da er mit dessen Leistung sehr zufrieden war, organisierte er ein Treffen zwischen Henry und Macfadden, aber statt zu versuchen, das Idol seiner Jugend mit seinem Witz zu beeindrucken, erzählte Miller ihm die Geschichte, wie er bei der Western Union gekündigt hatte, um Schriftsteller zu werden. Macfadden, der ein Gespür für gute Storys hatte, sagte ihm sofort, er solle nach Hause gehen und darüber eine Artikelserie für eine seiner Zeitschriften schreiben, warnte Miller jedoch, ihm «nicht literarisch» zu kommen.[24]

Junes und Henrys Freunde freuten sich über diese vielversprechenden Neuigkeiten, aber obwohl die Reaktion seines Idols ihm schmeichelte, war Henry sich nicht sicher, ob er die Story, die Macfadden von ihm erwartete, auch wirklich verfassen könnte. Seinen Freunden teilte er mit, er wisse noch nicht, wie man schreibe, und der Erfolg könnte ihn verderben. Nach einigem Zögern lehnte er Macfaddens Angebot schließlich ab.

Danach war Henry völlig blockiert. Stundenlang starrte er auf eine leere Seite und tippte dann langsam und mühselig ein oder zwei Sätze. Wenn June seine Arbeit sehen wollte, murmelte er etwas von «anderen Seiten», und seine Freunde waren in Junes Gegenwart zu verbalen Verrenkungen gezwungen. Wenn jemand das Buch erwähnte, das Henry *schreiben würde*, schöpfte June Verdacht, und der Freund mußte das Gesagte zurücknehmen und von dem Buch sprechen, das Henry *gerade schrieb*. Das Ganze endete meistens mit nervösem Gelächter. Alle wollten an Henry glauben, fanden das aber zunehmend schwieriger.[25]

Als Joe O'Regan einmal Millers Stapel unveröffentlichter Texte durchging, erklärte er sehr bestimmt, Henry werde niemals einen Herausgeber für seine Werke finden und solle sie daher selbst veröffentlichen. Henry und June waren sofort Feuer und Flamme und machten sich daran, einen Plan auszuarbeiten. Sie wollten eine Reihe von Prosagedichten auf steifes Farbpapier drucken lassen und durch Subskriptionen an Millers Freunde und in seinem großen Bekanntenkreis verkaufen. Sie nannten diese Prosagedichte «Mezzotints» (Mezzotintos), und das erste, eine Passage aus einem Brief an Emil Schnellock, hieß «The Bowery Savings Bank» (Die Bowery Sparkasse). Sie ließen fünfhundert Exemplare drucken, konnten aber nur einen Bruchteil davon verkaufen. Millers Freunde bezweifelten, daß er würde durchhalten können, und subskribierten höchstens auf einen Monat. Joe O'Regan ging unerschrocken auf die Straße und verkaufte die Mezzotintos an den Haustüren, aber für Junes Geschmack zeigte der Erfolg sich viel zu langsam, und sie war überzeugt, daß sie selbst es besser konnte. Henry und June hatten etwas Erfahrung darin, Süßigkeiten von Tür zu Tür zu verkaufen, und sie wußten, daß sie mehr Erfolg hatten, wenn Henry mit der Ware draußen wartete und June das Verkaufsgespräch allein führte. Sie machte den Vorschlag, dieses Prinzip auch auf den Verkauf der Mezzotintos anzuwenden, ihren Namen auf die Blätter zu setzen und damit in Cafés und Flüsterkneipen in Greenwich Village hausieren zu gehen. Ergeben willigte Henry ein.[26] So blieb «The Bowery Savings Bank» das einzige Mezzotinto, das mit «Henry V. Miller» unterzeichnet war.

Zu Anfang erzielte June spektakuläre Erfolge. Sie verkaufte die Mezzotintos für das Drei- und Vierfache des Preises, den sie sich erhofft hatten, und manchmal wurde sie sogar die gesamte Auflage los. Bald grenzte sie ihre Kundschaft ein, denn sie fand es lukrativer, nur ihre größten Bewunderer zu bearbeiten, die dann häufig ihren ganzen Stapel Mezzotintos für fünfundsiebzig oder achtzig

Dollar kauften. June behauptete, daß diese Männer von ihr nicht mehr erwarteten, als einen Abend lang unterhalten zu werden. Und wenn sie morgens um zwei Uhr nach Hause kam, weckte sie Miller, um ihm die neuesten Geschichten zu erzählen.

Miller wurde schnell klar, daß das Geschäft mit den Mezzotintos zu einem weiteren Vorwand für June geworden war, das zu betreiben, was sie am besten konnte: eine Art vorsichtiger Prostitution. Wie immer redete sich June ein, daß sie das Geld nicht für sexuelle Gefälligkeiten bekam, sondern für irgend etwas anderes – in diesem Fall für Henrys Texte. Dabei wies sie Henry, indem sie die Mezzotintos mit ihrem Namen unterzeichnete und zu einer zweit- oder sogar drittrangigen Sache in ihren Transaktionen machte, unabsichtlich auf die Wertlosigkeit seiner Bemühungen hin. Obwohl sie es gut meinte und fest entschlossen war, für Henry und ihr «japanisches Liebesnest» zu sorgen, untergrub sie Henrys Selbstvertrauen in einem Bereich, wo er sehr verletzlich war. Sie hielt zwar noch hartnäckiger als Henry an einer idealen Vorstellung von Kunst fest, bestärkte ihn aber gleichzeitig auch in seiner Tendenz, das Schreiben unter rein kommerziellen Gesichtspunkten zu betrachten. Beim Geschäft mit den Mezzotintos nahm Miller die Vermarktung der Kunst und des geschriebenen Wortes, die seine ganze Karriere bestimmen sollte, bereits vorweg.

Eines Abends lernte June den Bankier Howell French kennen, der ihren gesamten Vorrat aufkaufte und sagte, er wolle *Junes* Karriere als Schriftstellerin unterstützen. Er ließ sie wissen, William Randolph Hearst sei ein guter Freund von ihm und er könne June probeweise zwei Monate lang täglich eine Kolumne in einer Hearst-Zeitung vermitteln. Vorerst wolle er June wöchentlich hundert Dollar aus der eigenen Tasche bezahlen, und dann werde er Hearst ihre Arbeit persönlich vorlegen.

In seinen Notizen über diese Zeit schilderte Miller den Plan und schrieb dazu nur: «Fehlschlag»[27]. Er behauptete immer, er habe selbst zwei Monate lang die Kolumnen für French geschrieben, aber von derartigen Texten ist keine Spur erhalten. Wahrscheinlicher ist, daß er den Plan schnell als weitere List Junes erkannte, wobei die «Kolumnen» ihr einfach als Vorwand dienen sollten, sich mit French zu treffen und für ihre Gefälligkeiten Geld aus ihm herauszuholen.[28] Wie die übriggebliebenen Mezzotintos, die die Millers an irgendwelche Adressen aus dem Telefonbuch schickten, so waren auch die Kolumnen, wenn sie überhaupt existierten, nur Tauschobjekte. Miller fand es durchaus passend, daß er während des ganzen Winters 1924/25 unter schmerzhaften Hämorrhoiden litt – so stark wirkte die Demütigung auf ihn.

Als der Frühling kam, setzte Henry den ersten seiner zahlreichen «Bettelbriefe» auf. Er bat darin um Unterstützung und verschickte sie an «alle und jeden», wie er sich später ausdrückte.[29] Der Brief war an «Freunde und Almosengeber» adressiert, und er wurde fünfzigmal vervielfältigt. Doch die Reaktion auf den Brief deckte kaum die Portokosten. Nur wenigen von Millers Freunden ging es wirtschaftlich besser als ihm selbst, und die «Kontakte», an die er den Brief schickte – höchstwahrscheinlich Kunden seines Vaters – waren nicht gewillt, ein Ehepaar zu unterstützen, das offensichtlich der Meinung war, die Welt schulde ihm auf der Höhe des wirtschaftlichen Aufschwungs der zwanziger Jahre seinen Lebensunterhalt. Widerstrebend gaben Henry und June diesen Versuch auf, aber Miller griff im Laufe der Jahre immer wieder entschlossen auf Bettelbriefe zurück.

June nahm wieder eine ihrer alten Gewohnheiten auf und schickte, wenn die Lage wirklich ernst wurde, verzweifelte Telegramme an Bekannte. Je drängender und zwingender die Bitte um Geld formuliert war, desto sicherer schien ihr der Erfolg. Als die Millers 1925 begannen, sich von dem mühsamen Geschäft mit den Süßigkeiten zurückzuziehen, telegrafierte June einem Hotelangestellten des Imperial, er solle dreihundertfünfzig Dollar schicken, und zwar «sofort». Als Antwort kam ein Brief, in dem Junes Schulden bei dem Empfänger des Telegramms aufgelistet waren und in dem mit einem Verfahren wegen Erpressung gedroht wurde.[30]

Inzwischen waren die Millers mit der Miete für die Wohnung in der Remsen Street so sehr im Verzug, daß eines Tages der Verwalter Henry beiseite nahm und ihm eröffnete, sie müßten ausziehen. Miller schrieb am Abend ihres Abschieds von der Wohnung einen traurigen Brief an Emil Schnellock, in dem er ihn einlud, eine Flasche mitzubringen, um auf die fünfunddreißig Mezzotintos anzustoßen, die sie bis dahin hergestellt hatten, und auf die verlorenen Herrlichkeiten der Remsen Street. Er gestand:

> Gott weiß, daß ich gerne meine Frau zu Hause an meiner Seite behalten würde, wo sie hingehört; ich würde gern die Alimente bezahlen und mein Kind auf eine anständige Schule schicken; ich würde gern weiterhin in einem schönen, sauberen, luftigen Raum in einem respektablen Viertel wohnen; ich würde gern regelmäßig dreimal am Tag essen, ohne daß mir das Essen wieder hochkommt; ich würde sogar einer Kirche beitreten, wenn alles andere dementsprechend wäre.

Aber, schrieb er weiter an Emil, er vermute, das sei der Preis, den man zu zahlen habe, wenn man versuche, Schriftsteller zu sein: Man müsse all das aufgeben. Resigniert, aber mit einem Anflug von gespielter Tapferkeit fuhr Miller fort: «Weiterhin vermute ich, daß ich eine von diesen feigen Nieten bin, die nicht genug Mumm in den Knochen haben, um sich aufzumachen, einen Job für Männer anzunehmen und acht oder zehn Stunden wie ein Sklave für irgendeinen Kerl zu arbeiten, der etwas weniger weiß als ich.» Etwas ironisch fügte er ein Postskriptum hinzu: «Noch ein Brief, der Dir gehört.»[31] Wenn er auch nur eine feige Niete war – die Ausdrucksweise stammte von Bernarr Macfadden –, so konnte er doch Briefe verschicken, sozusagen als Tauschobjekte. Hier bot er, in Dankbarkeit und Freundschaft, Emil einen an.

Nach ihrer Vertreibung aus der Remsen Street zogen Henry und June von einer Brooklyner Adresse zur nächsten, aber nirgends blieben sie lange. In ihrer ersten Bleibe, einem möblierten Zimmer am Garden Place in Brooklyn Heights, beleidigte die aus Nova Scotia stammende Vermieterin June, indem sie an der Lebensweise des Paares Kritik übte. Um mit ihr abzurechnen – und auch, um die Miete nicht bezahlen zu müssen –, verwüstete Miller zusammen mit den Kindern eines alten Freundes das Zimmer. Sie beschmierten alles mit Ketchup, zerrissen die Bettlaken und verwandelten den Raum in einen Trümmerhaufen. Henry und June verbarrikadierten die Tür und schlichen sich mit ihren Koffern durch die Hintertür hinaus. Miller hielt das Ganze für einen tollen Streich, und die

Aktion war so spektakulär, daß sie alle Schamgefühle, die ihn vielleicht wegen seines verantwortungslosen Handelns überkommen mochten, überdeckte.

Anschließend wohnte das Paar so lange bei Stanley Borowsky, bis er die beiden hinauswarf, ihnen aber noch Fahrgeld schenkte. Danach fanden sie für kurze Zeit Unterschlupf bei Millers altem Freund Karl Karsten[32] und zogen als nächstes in eine Wohnung in der Clinton Avenue, waren aber auch dort schnell mit der Miete im Rückstand.

June gab nun nicht mehr vor, irgendwelche anderen Waren zu verkaufen, wenn sie ihre abendlichen Runden durch Greenwich Village drehte, sondern betrieb das «Goldgraben» jetzt «ernsthaft», wie Miller später schrieb. Allmählich keimte in ihnen der Gedanke, eine Flüsterkneipe zu eröffnen. Miller argumentierte, daß ihre Freunde oft genug bei ihnen zu Gast waren – warum sollten sie nicht für ihre Getränke bezahlen? June ihrerseits betrachtete eine Flüsterkneipe als ideale Möglichkeit, ihrem Geschäft nachzugehen, es vielleicht sogar auszubauen. Ein Raum sollte so eingerichtet werden, daß sie darin ihre Liebhaber unterhalten konnte, während Miller im Hinterzimmer wartenden Verehrern und Freunden Getränke und Snacks servieren würde.

Um das Unternehmen zu finanzieren, mußten sich Henry und June nochmals ganz besonders anstrengen. Mit einem Gefühl von Abscheu und Erniedrigung wandte Henry sich an seine Mutter, die ihn aber abwies. Schließlich gelang es ihm, mit Hilfe von seinem Onkel, einem Börsenmakler am Broadway[33], genug Geld aufzubringen, um einen kleinen Keller in Perry Street zu mieten und die Küche mit Gin vom Schwarzmarkt und einem kleinen Vorrat an Nahrungsmitteln auszustatten. An der Wand in der Küche hängte Miller sein Lieblingsfoto von Barbara auf, und dann ließen sie alle wissen, daß sie bereit waren, Gäste zu empfangen.

Von Anfang an mußte Miller so tun, als sei er nicht Junes Ehemann – für das Gelingen des Unternehmens war das wichtig. Er wusch Geschirr ab und schenkte Getränke aus, und wenn der Laden ihm zu voll wurde, flüchtete er durch das hintere Kellerfenster. Ned Schnellock, Joe O'Regan und er saßen in der Küche und spielten Ukulele, während June sich im Vorderzimmer mit ihren Verehrern traf. Ein Mann aus Hobokens Unterwelt bezahlte oft fünfundzwanzig Dollar für das Privileg, nach Geschäftsschluß noch bleiben zu dürfen, und höchstwahrscheinlich steckte er June heimlich noch größere Summen zu. Aber Junes Traum von dem reibungslosen «Goldgraben» war ständig bedroht, weil alle ihre Verehrer auf Rivalen eifersüchtig reagierten. Die großen Gewinne blieben aus, und die Millers mußten ständig ihren Gläubigern aus dem Weg gehen. Der Kohlenhändler, der Eismann, der Händler, bei dem sie jüdischen Meßwein kauften, Beatrices Anwalt: alle waren ihnen auf den Fersen.

Dann schlug Joe O'Regan vor, daß Miller und Ned Schnellock sich mit ihm zusammen an Bodenspekulationen in Florida beteiligen sollten. Henry war alles andere lieber als der deprimierende Keller in der Perry Street, und auch June mußte zugeben, daß die Situation ausweglos war. Obwohl sie fürchtete, daß Henry nur in den Süden wollte, um *sie* zu verlassen, erkannte sie auch die finanziellen Möglichkeiten, die in dem Unternehmen steckten, und sie machte sich sofort daran, das Geld dafür zu beschaffen. Am Thanksgiving Day 1925 brachen Henry und Joe in einem Schneesturm auf, um Ned in Washington zu treffen und dann mit ihm zusammen nach Miami zu fahren.

Die Reise war natürlich ein Reinfall.[34] Um bei den Bodenspekulationen in Florida Erfolg zu haben, mußte man ein erfahrener Betrüger sein, und im Vergleich dazu wirkte Henry Miller wie ein Waisenknabe. Die selbsternannten «Drei Musketiere» trafen im Süden auf eine ganze Schar von Möchtegernspekulanten, und als sie hörten, daß in Miami und Umgebung kein freies Zimmer mehr zu finden sei, beendeten sie ihre Reise bereits in Jacksonville. Dort wohnten sie im YMCA und lebten von überreifen Apfelsinen und Melonen, die sie aus den Lagerschuppen der Eisenbahn stahlen. Miller konnte einen Tag lang als Plakatkleber arbeiten, und Schnellock bekam einen Job bei der Lokalzeitung, wo er als Arbeitsprobe einen Text von Miller eingereicht hatte. Nachdem sie eine Woche lang arbeitslos gewesen waren, baten Miller und O'Regan einen katholischen Priester um Hilfe, und als sie abgewiesen wurden, wandte Henry sich an einen Rabbiner, der sie mit einem Gutschein für eine Mahlzeit zur Heilsarmee schickte.

Ned und Joe waren wild entschlossen, ihren ursprünglichen Plan durchzuführen, aber Henry hielt dieses entbehrungsreiche Leben nicht länger als zwei Wochen aus. Außerdem wollte er unbedingt erfahren, was June inzwischen trieb. Um Geld für die Rückfahrkarte zu bekommen, wandte er sich an den einzigen Menschen, von dem er ohne schlechtes Gewissen Geld leihen konnte, nämlich an seinen Vater. Auch Heinrich Miller war mit der Kunst des Borgens vertraut und wußte, daß man eine dringende Bitte um Hilfe nicht abschlagen durfte. Er schickte seinem Sohn sofort hundert Dollar.

Als Miller am nächsten Morgen aus dem Zugfenster sah, sann er darüber nach, wie gefährlich nah er daran gewesen war, zum Landstreicher zu werden. Noch nie im Leben war er so tief gesunken; in Brooklyn hatten June und er zumindest immer ein Dach über dem Kopf gehabt, und seine Stellung in der Flüsterkneipe war zwar entwürdigend gewesen, hatte ihm aber nach außen hin doch den Anschein von Ehrbarkeit gegeben. Bei seiner Rückkehr aus dem Süden jedoch war ihm nichts mehr geblieben. Als er vom Bahnhof in die Perry Street eilte, fand er den Keller verlassen; von June fehlte jede Spur. Nach verzweifelter Suche entdeckte er sie schließlich bei ihrer Mutter in Bensonhurst. June erklärte ihm, daß ihr Unternehmen während seiner Abwesenheit gescheitert war, denn zu ihrem allabendlichen Jongleurakt hatte sie Henrys Hilfe gebraucht, und ohne seine Anwesenheit war der geregelte Betrieb in der Flüsterkneipe einfach zusammengebrochen. Nach kurzer Diskussion beschlossen sie, für eine Weile getrennt bei ihren Familien zu leben, denn nur so konnten sie genug Geld zusammensparen, um wieder von vorn zu beginnen. In seinen Notizen über diese Zeit schrieb Miller: «Keine Hoffnungen mehr [...] Totales Scheitern und Unterwerfung – ganz und gar geschlagen.»[35] Mit fünfunddreißig war er allem Anschein nach auf der untersten Stufe der sozialen Leiter angelangt. Nach seinem Versuch, sich gegen die Normen der Mittelschicht aufzulehnen, fand er sich nun statt im Zustand einer romantischen Armut, den er sich erträumt hatte, beinahe in der Gosse wieder.

Louise Miller nahm die Rückkehr ihres Sohnes mit stoischem Gleichmut auf. Sie hatte nichts anderes erwartet. Mit Henrys erster Ehe war sie nicht zufrieden gewesen, und bei ihrer ersten Begegnung mit June fragte sie diese, ob sie und Henry denn wirklich verheiratet seien. Als June ihr dies versicherte, gab Louise zurück: «Das ist schlecht, er taugt nichts, er ist ein Mörder.»[36] In ihren Augen war Henry tatsächlich in gewisser Weise ein Mörder: Er hatte Beatrices ungeborene Kinder getötet und Louises Träume zerstört. Sie hatte versucht, sich an den Gedanken zu gewöhnen, daß ihr Sohn Schriftsteller war, aber sie konnte nicht verstehen, warum er nicht für die *Saturday Evening Post* oder die Lokalzeitung *The Chat* schrieb. Sie drängte ihn, kürzere «Geschichten» zu verfassen, denn je schneller er mit einem Stück fertig wäre, desto schneller käme auch sein Scheck.[37]

Heinrich seinerseits freute sich über Henrys Gesellschaft, obwohl er etwas bestürzt war, daß sein Sohn, der schon zum zweitenmal verheiratet und Vater eines Kindes war, nun in seinem Eßzimmer an der Schreibmaschine saß. Vor einigen Jahren war Heinrich, nachdem er erst dem Alkohol abgeschworen und dann zur Religion gefunden hatte, in eine tiefe Depression verfallen. Eine Weile war er in der Kirche glücklich gewesen, und offenbar hatte er eine starke Zuneigung zum Pfarrer entwickelt, aber als dieser die Gemeinde verlassen hatte, um in einer Gemeinde auf Long Island zu arbeiten, hatte Heinrich sich betrogen gefühlt.[38] Er war daraufhin nörglerisch und verbittert geworden, machte täglich lange Spaziergänge über den Friedhof und konnte dort stundenlang auf einer steinernen Bank sitzen. Die Rückkehr seines Sohnes lenkte ihn ein wenig ab, und er versuchte, sich mit ihm an die guten alten Zeiten zu erinnern. Leider jedoch war das Thema, auf das er immer wieder zurückkam, der große berufliche Erfolg von Jimmy Pasta, einem Spielkameraden aus Henrys Kinderzeit.

Als Reaktion auf diese vermeintlichen Ermutigungen begann Henry mit einem Selbstporträt, das er «Der Versager» nannte. Den ganzen Tag über saß er an seiner Schreibmaschine, immer darauf gefaßt, zusammen mit seinen Utensilien in einer Kleiderkammer zu verschwinden, sobald Besuch kam. Louise beklagte sich über den Rauch von seinen Zigaretten, dessen Herkunft sie den Gästen irgendwie erklären mußte.[39] Manchmal mußte Henry sich stundenlang im Schrank verstecken, und dort konnte er darüber nachdenken, warum die zweiunddreißigjährige Lauretta, die eigentlich das schwarze Schaf war, sich in aller Öffentlichkeit bewegen konnte, während er, der vielversprechende Sohn, sich hinter geschlossenen Türen versteckt hielt.

Diese Erfahrung ließ Henry aktiv werden. Er machte einen weiteren Versuch, seine Texte zu veröffentlichen, und es lag wohl an seiner wilden Entschlossenheit, daß er schließlich Erfolg hatte, wenn auch nur bescheidenen. *Pearson's Monthly Review* nahm Millers Mezzotinto über die Bowery Savings Bank an und veröffentlichte es unter dem Namen June E. Mansfield.[40] Ob June das Manuskript unter ihrem Namen einreichte oder ob die Zeitschrift auf andere Weise in den Besitz eines Mezzotintos gelangt war, ist nicht geklärt. Bei der *New Republic* reichte Miller einen langen Artikel über Dreiser ein, den die Zeitschrift zwar ablehnte, aber im April 1926 wurde ein kurzer Auszug daraus als Leserbrief veröffentlicht.[41]

Daraufhin stattete Miller mit seinen Manuskripten unter dem Arm Ronald Millar, dem Herausgeber der Zeitschrift *Liberty*, einen Besuch ab. Den Namen Millar betrachtete Henry als gutes Omen, und im Gespräch überzeugte er Millar, so wie er damals Bernarr Macfadden überzeugt hatte. Nach kurzer Zeit bot Millar ihm eine Position als Redakteur bei der Zeitschrift an und überreichte ihm einen Scheck über zweihundertfünfzig Dollar. Dafür sollte Henry einen Artikel über Wörter schreiben. Der Artikel wurde nie gedruckt – Henry behauptete immer, er wäre abgelehnt worden, weil er «zu gut» war –, aber die zweihundertfünfzig Dollar legte er beiseite für die Zeit, wenn er wieder mit June zusammenleben würde.

Dann erfuhr Miller, daß June in ein möbliertes Zimmer gezogen war, ohne ihm etwas davon zu sagen, und daß sie sich wieder mit anderen Männern traf, was ihn rasend eifersüchtig machte. Außerdem war Beatrices Rechtsanwalt wieder hinter ihm her, weil er die Alimente nicht bezahlte. Eines Abends rief June an und drohte, sie würde fortlaufen. Henry suchte die ganze Nacht lang in den Straßen nach ihr, und als er sie schließlich fand, stellte er fest, daß sie einen besorgniserregenden Tick entwickelt hatte, den er auf Drogenkonsum zurückführte.[42]

Henry schob einen Neuanfang mit June immer wieder hinaus, denn er fürchtete sich eigentlich vor einem erneuten Zusammenleben. Aber die Atmosphäre in der Decatur Street war zu bedrükkend, und June war zu hartnäckig, und so mieteten sie im Frühjahr 1926 eine möblierte Wohnung in der Hancock Street in Brooklyn, nicht weit von der Wohnung von Henrys Eltern entfernt. June hatte einen neuen Plan, in dem Henry nicht vorgesehen war: Sie bot ihren reichen Verehrern Fahrstunden an.[43] Im Auto gab es, wie Henry grimmig feststellte, natürlich viele Möglichkeiten für Intimitäten, und um ihn zu beruhigen, verschaffte June ihm die Möglichkeit, für einen mit ihr befreundeten Herausgeber, Courtland Young, pikante Geschichten zu schreiben. Sie brachte Young die Geschichten selbst und setzte ihren eigenen Namen darunter. In seinen Zeitschriften (*Young's*, *Breezy Stories* und *Droll Stories*) erschien keine einzige von den Geschichten, aber er bezahlte sie trotzdem, und Henry schrieb fleißig neue. Schließlich schlachtete er einfach zurückliegende Nummern der Zeitschriften aus und verwendete bereits erschienene Geschichten, doch als Young das nicht merkte, war Henry so empört, daß er sofort mit dem Schreiben aufhörte.

Wieder einmal reichte das Geld hinten und vorne nicht. Als sie ein Telegramm von Joe O'Regan erhielten, in dem er mitteilte, er habe endlich in North Carolina mit Bodenspekulationen das große Geschäft gemacht, hatten sie nichts zu verlieren und machten sich sofort auf den Weg. Trotz ihrer schlechten Erfahrung mit Schwindeleien und Gaunereien waren Henry und June überraschend weltfremd, und als sie per Anhalter in Asheville ankamen, hatte Joes unverhofftes Geschäftsglück sich natürlich bereits in nichts aufgelöst. Da sie das Geld für die Rückfahrt nicht aufbringen konnten, mieteten sie ein möbliertes Zimmer und versuchten, in North Carolina etwas auf die Beine zu stellen, mußten jedoch erkennen, daß ihre Schulden sie im Süden noch schneller einholten als in New York. Schließlich sahen sie sich, wie Miller es später formulierte, «genötigt», mitten in der Nacht aus ihrem Zimmer fortzuschleichen. Auf dem Rückweg nach New York bekamen sie Magenkrämpfe, weil sie zu viele grüne Äpfel gegessen hatten, und sie entschlossen sich, mit einem alten Trick zu einer guten Mahlzeit zu kommen: Sie wollten sich herzhaft satt essen und sich dann auf Gedeih und Verderb dem Mitleid des Gastwirtes ausliefern. Der griechische Besitzer des Restaurants zeigte jedoch kein Verständnis und rief die Polizei. Henry und June verschickten eine Reihe von Telegrammen und taten so, als hätten sie Geld zu erwarten; der Polizist ließ sich schließlich erweichen und setzte sie in einem Hotel ab. Frühmorgens schlichen sie sich dort wieder hinaus und gelangten mit viel Glück bis nach New York. Dort trafen sie, wie Miller in seinen Notizen berichtete, die «bleichen Gesichter, die jüdische Menge, Gestank und Lärm der Stadt wie ein Schock». Er fuhr fort: «Schlafen in [Conasons] Bude in der Bronx. Überall Wanzen und medizinische Bücher. Ekel vor N. Y. Wieder in der Falle.»[44] June und Henry schworen sich, daß es Zeit sei, ein anständiges, ehrbares Leben zu führen, und sie nahmen all ihre Kräfte zusammen, um ein weiteres Mal einen neuen Anfang zu machen.

6. KAPITEL

Henry Street und Love Lane

1924–1930

Anständige und ehrbare Arbeit bedeutete, daß June eine Stelle als Kellnerin annahm und Henry Enzyklopädien verkaufte. Zuerst hoffte June, daß sie das Geld für ihren Lebensunterhalt allein verdienen könnte, so daß Henry Zeit zum Schreiben hätte, aber Henry war entschlossen, sich «aus dem Leben voller Erpressung und Goldgraben zu befreien»[1], wie er später schrieb, und er bezweifelte Junes Entschlossenheit in diesem Punkt. Außerdem hatte ihn das Schreiben auf Bestellung erschöpft. Jetzt richtete er seine ganze Energie auf das Überleben.

Das Paar mietete sich ein Zimmer, wieder in der Remsen Street, aber bei weitem nicht so großartig, wie die frühere Wohnung dort gewesen war. Miller begann, von Haus zu Haus zu gehen, um die Encyclopaedia Britannica und die Jewish Encyclopedia zu verkaufen. Vom frühen Morgen bis zum späten Abend war er in den Außenbezirken New Yorks und in New Jersey unterwegs. June bat ihn, seine Mahlzeiten im Pepper Pot einzunehmen, dem Restaurant in Greenwich Village, wo sie Arbeit gefunden hatte, aber er weigerte sich. Er machte einen letzten, verzweifelten Versuch, seine Neigung zu Müßiggang und Tagträumerei zu überwinden. Die Umgebung in der Remsen Street weckte in ihm wieder den Wunsch nach einem Lebensstil, wie er in der Mittelschicht üblich war, mit einer netten, sauberen Wohnung und einer Frau, die zu Hause blieb.

June jedoch schien sich in eine diametral entgegengesetzte Richtung zu entwickeln. Die Atmosphäre in Greenwich Village schien seltsame Auswirkungen auf sie zu haben, und ihr Aussehen veränderte sich vollkommen. Sie zupfte ihre vollen Augenbrauen zu dünnen Bogen zurecht und schminkte sich stark, schmierte sich Vaseline auf die Augenlider und bestäubte ihr Gesicht mit grünlichem Puder. Sie veränderte ihre Frisur und begann, sich merkwürdig zu kleiden. In die Körbchen ihrer Büstenhalter schnitt sie

Löcher, so daß die Brustwarzen hindurchsahen, und sie ging zu allen Jahreszeiten ohne Strümpfe. Meistens kleidete sie sich in Schwarz, manchmal auch in Purpur, und als Unterwäsche trug sie mit Parfüm getränkten, schwarzen Samt. Miller schrieb, daß ihre Gesichtszüge sich verhärteten und sie den ganzen Tag mit einer Zigarette zwischen den Lippen herumlief.[2]

Neue Verehrer traten auf – der Besitzer einer Buchladenkette, ein Ringkämpfer, mehrere «Millionäre» – und schickten Bücher, Süßigkeiten und Geld. June bezeichnete sie als «Dummköpfe» und «Kujone» und behauptete wie immer, daß sich die Männer als Gegenleistung für ihre Geschenke nur Körbe einhandelten.[3] Miller war zu niedergeschlagen, um sich dafür zu interessieren[4], entwikkelte aber eine tiefe Abneigung gegen Greenwich Village und seine Bewohner. «Es gab dort nichts als Spelunken und Lasterhöhlen, nichts als Päderasten, Lesbierinnen, Zuhälter, Huren, faulen Zimt und Zauber jeder Art», schrieb er später.[5] Daß June selbst etwas von einer Hure und einer Schwindlerin an sich hatte, wollte er sich nicht eingestehen.

Schließlich erschien noch eine weitere Person auf der Bildfläche, und Miller mußte sich damit auseinandersetzen, daß June möglicherweise eine andere Frau liebte. Im Herbst 1926 hörte er zum erstenmal von Jean Kronski, einer völlig mittellosen Künstlerin aus dem Village, deren Vergangenheit völlig undurchsichtig war. Ende Oktober, nachdem June ohne weitere Erklärungen drei Tage fortgeblieben war, kam sie mit einer seltsamen Puppe nach Hause, die sie Graf Bruga nannte, nach einer Figur in einem Roman von Ben Hecht. June schleppte die Puppe ständig mit sich herum, nahm sie mit zur Arbeit und setzte sie zu Hause auf das Kopfbrett des Bettes, damit Henry sie bewundern sollte. Er fand die Puppe mit dem schwarzen Sombrero und den violetten Haaren und Augen bizarr, mußte aber zugeben, daß sie handwerklich gut gemacht war. Schließlich eröffnete ihm June, daß ihre Freundin Jean sie hergestellt habe; Jean sei einfach ein Genie.

Miller schöpfte sofort Verdacht, und June erfand immer neue Ausflüchte, um ihre Zeit mit Jean verbringen zu können. Sie behauptete zum Beispiel, daß sie oft ihre kranke Mutter besuchen müsse, aber als Miller Mrs. Smerth anrief, stellte er fest, daß diese

June monatelang nicht gesehen hatte. Er begann, unregelmäßige Besuche im Pepper Pot zu machen, und jedesmal war June abwesend. Während dieser Zeit gab er seinen Job als Enzyklopädie-Vertreter auf, denn er war von seinem geringen Verkaufserfolg entmutigt.

«Jean ein typisch pathologischer Fall – June blind für alles»[6], bemerkte Miller einige Jahre später, als er an seinen Notizen zu *Wendekreis des Steinbocks* arbeitete. Millers Berichten über diese kritische Zeit seines Lebens zufolge scheint Jean unter starker geistiger Verwirrung gelitten zu haben. Sie war im Westen geboren, früh verwaist und von Pflegeeltern aufgezogen worden, die ihr den Namen Marion gaben.[7] Weil June fand, daß Marion nicht zu ihr passe, und weil Jean behauptete, ihre Vorfahren seien Russen gewesen, taufte June sie Jean Kronski und erfand für sie eine Vergangenheit mit einer Abstammung von den Romanoffs. Als Jean in Greenwich Village ankam, war sie etwa einundzwanzig Jahre alt. Sie hatte schöne, maskuline Züge, langes, schwarzes Haar und veilchenfarbene Augen. Sie besaß keinen Cent und lebte mal hier, mal dort. Angeblich versuchte sie zu malen und Gedichte zu schreiben. Sie war noch nicht lange im Village, als sie wegen ihres auffälligen Verhaltens in Polizeigewahrsam genommen wurde. Die Berichte sind hier lückenhaft, aber anscheinend wurde Jean zur Beobachtung in die Irrenanstalt Bellevue gebracht, und June ernannte sich selbst zu ihrem Vormund.[8] Als Jean nach einer guten Woche entlassen wurde, ließ sie sich in der Pierrepont Street in Brooklyn Heights nieder, um ganz in Junes Nähe zu sein.

Miller war sehr mißtrauisch, aber er war auch neugierig, denn June sprach über Jean, als wäre sie ein Mann oder eine Art Zwitter. Die Vorstellung, daß seine Frau «pervers» sein könnte, wie er es ausdrückte, faszinierte ihn zwar, aber Junes Interesse an Jean stellte sein schwer erkämpftes Gefühl, ein richtiger Mann zu sein, in Frage. Als Jean ihn zu einem Gespräch ins Pepper Pot bat, gestand er ihr, der Gedanke, jemand könne ihn fragen, ob etwas mit ihm nicht stimme, verursache ihm ein Schaudern. «Weil mit einem Mann etwas nicht in Ordnung sein muß –», erklärte er, «so nimmt man wenigstens an –, wenn eine Frau sich in eine Geschlechtsgenossin verliebt.»[9] Die meisten Männer hätten sich wohl an diesem

Punkt zurückgezogen, aber Miller war entschlossen, den Kampf weiterzuführen.

Voller Verzweiflung machte er June zum zweitenmal den Hof. Er kramte alte Liebesbriefe und Fotos hervor, auf deren Rückseite er witzige Kommentare schrieb und die er so liegen ließ, daß June sie sehen mußte. Eines Abends lehnte er die Puppe Graf Bruga gegen das Kopfbrett des Bettes und gab ihr in die eine Hand die Heiratsurkunde und in die andere sein Scheidungsurteil. Als June mit Jean nach Hause kam – sie hatte sich angewöhnt, Jean über Nacht mitzubringen –, fragte sie nur: «Ist das wieder einer deiner Witze, Val?»[10] Er war überzeugt, daß die beiden Frauen sich insgeheim über ihn lustig machten. Seine Notizen über diese Zeit deuten an: «Fange jetzt wirklich an, bekloppt zu werden.»[11]

Miller beschäftigte sich nun verstärkt mit sexuellen Perversionen. Er brachte die Arbeiten von Krafft-Ebing und Forels *The Sexual Question* mit nach Hause und strich darin die seiner Meinung nach passenden Stellen für die Frauen an. Er erinnerte sich an Junes – sicherlich erfundene – Beschreibung eines Menschen, den sie im Pepper Pot gesehen hatte, eines Hermaphroditen mit einem Schwanzansatz. Als June darauf bestand, daß ihre Freundin nicht anormal sei, sondern unter einer «Entwicklungsstörung» leide, bat er seinen Freund, den Arzt Emil Conason, Jean zu untersuchen. Conason erklärte ihre Geschlechtsorgane für normal, aber er hatte genug Psychologie studiert, um zu erkennen, daß die beiden Frauen ein tückisches Gespann bildeten. June begann, eine Menge ungereimtes Zeug über Drüsen zu erzählen; als sie Jahre später über ihre leidenschaftliche Beziehung zu Jean sprach, behauptete sie, sie sei zu lesbischer Liebe nicht fähig, sondern habe immer unter einer Überfunktion der Schilddrüse gelitten.[12]

Fast von Anfang an war das Verhältnis auch eine Dreiecksbeziehung. Die beiden psychisch labilen Frauen agierten wie auf der Bühne und brauchten Publikum, brauchten einen Dritten, dessen Eifersucht ihre Leidenschaft noch verstärkte. Außerdem machten sie sich gegenseitig eifersüchtig, indem sie sich abwechselnd Henry näherten, der sich seinerseits ein wenig in Jean verliebt hatte. Er beschloß, mit Conasons Unterstützung Jean zu quälen und sie zurück in die Irrenanstalt zu treiben. Im Gegenzug quälte Conason *ihn*, indem er ihm erzählte, June sei schon immer lesbisch gewesen.[13]

Schließlich erteilte Henry wie ein strenger Ehemann Jean Hausverbot. Als sie noch in der gleichen Nacht wiederkam, verließ er die Wohnung und trieb sich trotz eines Schneesturms bis zum Morgengrauen in den Straßen herum. Bei seiner Rückkehr warf er June und Jean hinaus, legte sich dann erschöpft ins Bett und schlief sechsunddreißig Stunden lang. Als er erwachte, entdeckte er, daß die beiden Frauen ihn anscheinend für immer verlassen hatten. Voller Verzweiflung rief er Conason und sagte ihm, er wolle sich umbringen, und sie besprachen lange, wie für Barbara gesorgt werden könnte. Dann ließ Conason einige Tabletten auf dem Nachttisch liegen und ging.

Miller nahm die Tabletten und legte sich zu Bett, überzeugt, daß er sterben werde. Als einige Minuten vergangen waren und nichts geschah, stand er auf, öffnete alle Fenster und hoffte, er würde vor Kälte sterben, denn er vermutete, daß Conason ihm nur ein leichtes Beruhigungsmittel gegeben hatte. Schließlich schlief er ein. Inzwischen hatte Conason June gefunden, und diese eilte mit Jean im Schlepptau nach Hause. Trotz seiner Schläfrigkeit merkte Henry, daß sie seinen Abschiedsbrief, in dem er den Selbstmord erklärte, kaum las und sofort für zwei Stunden mit Jean verschwand, um etwas «zwischen die Zähne» zu bekommen. Später schrieb Miller dazu: «Jetzt weiß ich, daß ich fertig bin. Unmöglich, gegen beide gleichzeitig anzukämpfen.»[14]

Sicher hatte Miller gewußt, daß Conason ihm keine tödlichen Medikamente geben würde, und so war sein halbherziger Selbstmordversuch nur eine Geste gewesen, die June mit einer ihrer dramatischen Szenen provoziert hatte. Das chaotische Leben, das June führte und das ihm einst so faszinierend erschienen war, trieb ihn jetzt zur Verzweiflung, und daß das Chaos sich auch auf den sexuellen Bereich ausdehnte, gefährdete Millers psychisches Gleichgewicht erst recht. Bei früheren Krisen war es um seine Familie, um Liebe und Sex und um seinen Beruf gegangen, aber in diesem Fall fühlte er seine Männlichkeit bedroht.

Die Remsen Street war für den unkonventionellen Haushalt der Millers bald zu bürgerlich, und June und Jean fanden eine neue

Bleibe für das Trio, eine Kellerwohnung in der Henry Street, passenderweise ganz in der Nähe einer Straße, die Love Lane hieß. In der Wohnung war einmal eine Wäscherei untergebracht gewesen. June dekorierte die Wände mit Malereien und strich die Decke violett[15], und Miller hängte sein Foto von Barbara und eine Zeichnung von Emil Schnellock im Badezimmer auf. Von June unterstützt, nahm Jean das beste Zimmer für sich selbst in Anspruch. Der einzige Raum, den sie gemeinschaftlich nutzten, war die Küche. In die Mitte stellten sie einen Tisch, den sie «Ausgußtisch» nannten, weil sie dort ihr Innerstes ausschütteten. Später beschrieb Miller die Wohnung für Anaïs Nin:

> Betten den ganzen Tag ungemacht; häufig stiegen wir mit den Schuhen hinein; Laken zerwühlt. Schmutzige Hemden dienten als Handtücher [...] Geschirr in der Badewanne gespült, die verdreckt war, mit schwarzem Schmutzrand. Badezimmer immer kalt wie ein Eisschrank [...] Die Jalousien immer heruntergelassen, die Fenster niemals geputzt, Atmosphäre gruftartig. Boden ständig mit Gipsbrocken übersät, mit Werkzeugen, Farben, Büchern, Zigarettenstummeln, Abfall, schmutzigen Tellern und Töpfen. Jean den ganzen Tag im Overall herumrennend. June, immer halbnackt, klagt über die Kälte.[16]

Miller fühlte sich dort, wie er später schrieb, «wie ein Fremder»[17].

Am Ausgußtisch wurden erstaunliche Dinge enthüllt. Jean bekannte, daß sie die Lesbierin nur gespielt habe, um aus einem Verehrer Geld herauszubekommen, was June rasend eifersüchtig machte. Conason verstärkte seine Bemühungen, Jean mürbe zu machen, und ängstigte sie mit ständigen Drohungen, daß er das Bellevue anrufen würde. June versetzte Henry in Angst und Schrecken, als sie sagte, daß sie sowohl ihn als auch Jean liebe. Jean ihrerseits vertraute Conason einige Fakten über Junes Neigungen an, in der Hoffnung, daß er sie Henry weitererzählen würde. Als Conason dies tatsächlich tat, stellte Henry June zur Rede, die wiederum behauptete, Jean treibe nur ihr Spiel mit ihm.

In der neuen Wohnung ging es zu wie in einer Rauschgifthöhle, kommentierte Miller später und verriet weitere Details aus der *ménage à trois*: Rund um die Uhr hätten die Frauen aus voller Kehle «Let Me Call You Sweetheart» gesungen, und eines Nachts sei er so wütend geworden, daß er mit einem Stock hinter ihnen hergelaufen sei und versucht habe, sie zu schlagen. Bei einer anderen Gelegenheit habe er ein Messer in Jeans Tür gebohrt, und weil es kalt gewesen sei und sie kein Geld gehabt hätten, hätten sie alle Stühle im Kamin verbrannt und danach auf Packkisten sitzen müssen. Abends habe er Jeans langes Haar gebürstet und ihr die Zehennägel geschnitten.[18]

Den Versuch zu arbeiten hatte er bereits aufgegeben; nun gab er es auch auf, Freunden und Verwandten Geld zu entlocken, und begann statt dessen, auf der Straße zu betteln. Seine Tage verbrachte er in Spielhallen, Varietés und Flüsterkneipen.[19] Seine früheren Freunde, die fast alle in angesehenen Positionen arbeiteten, hatten ihn praktisch aufgegeben, mit Ausnahme von Sleaco, der inzwischen selbst etwas verrückt geworden war.

Zweimal machte er sich auf den Weg Richtung Westen. Einmal schaffte er es bis Philadelphia, wo er seinen alten Freund Blount ausfindig machte und sich Geld von ihm lieh. Das zweite Mal kam er bis Pittsburgh. Dort verlor er plötzlich den Mut und kehrte um.[20] Einmal versuchte Jean, die Stadt zu verlassen, behauptete, Junes Theatralik sei ermüdend, aber da Miller das Geld für ihre Reise nicht zusammenbekommen konnte, wurde aus dem Weggehen nichts, und June und Jean taten so, als wäre das Ganze nur wieder einer von Henrys Tricks gewesen. Dann bat June Henry, sie mit Jean fortgehen zu lassen, denn diese sei krank und brauche ihre Pflege. Er willigte ein, aber sie kamen nur bis Greenwich Village.

Millers Eltern hielten den Lebenswandel ihres Sohnes für verantwortungslos, und er tat sein bestes, um seine häuslichen Schwierigkeiten vor Heinrich und Louise zu verbergen, aber die Familientradition verlangte, daß er in bestimmten Abständen in der Decatur Street erschien. So war am Weihnachtstag 1926 ebenfalls ein Besuch vorgesehen, und auf Junes Bitten hin willigte er schließlich ein, Jean mit zu seinen Eltern zu nehmen, machte aber zur Bedingung, daß sie sich wie eine Frau kleidete. Er hatte alle Hände voll zu tun, bis sie alle dem Anlaß entsprechend angezogen und unterwegs waren, denn die beiden Frauen waren in der Nacht betrunken nach Hause gekommen. Bei den Millers angekommen, versuchte Henry, das Gespräch nicht auf so gefährliche Themen wie moderne Kunst oder radikale politische Richtungen kommen zu lassen. Als die beiden Frauen darum baten, auf dem Sofa ein Mittagsschläfchen halten zu dürfen, war er gerettet, denn die beiden schliefen den ganzen Nachmittag. Die Familie versammelte sich um den Baum und sang Weihnachtslieder, ganz leise, um die Frauen nicht zu wecken. Als Jean und June dann später erwachten, wurde das Fotoalbum hervorgeholt, und man sprach über die dort abgelichteten Exzentriker der Familie.[21] Henry, der sich wegen seiner eigenen psychischen Labilität Sorgen machte, muß die Szene höchst makaber erschienen sein.

Er war in eine tiefe Depression verfallen. Später, in *Nexus*, schrieb er, er habe gewußt, daß er am Ende war. Meistens sprach er, wenn überhaupt, nur in einsilbigen Wörtern; manchmal schwadronierte er stundenlang. Er konnte lange Zeit völlig still in der gleichen Stellung verharren, und wenn June und Jean dann nach Hause kamen, fanden sie ihn wie eine Statue an der Wand lehnend; dann wieder begann er, unermüdlich zu sprechen, wie ein Automat.[22] Alle drei warfen sich gegenseitig vor, wahnsinnig zu sein. June, die jeden, den sie mochte, als «verrückt», und diejenigen, die sie nicht leiden konnte, als «Dummköpfe» bezeichnete, gewöhnte sich an, Henry voller Zärtlichkeit einen lieben Dummkopf zu nennen, was ihn noch weiter verwirrte.

Henrys Drang zum Schreiben hatte nachgelassen; statt dessen gab er nun vor zu schreiben. Er behauptete, er verfasse ein Theaterstück in drei Akten, in dem drei Personen auftraten: er selbst, June und Jean. In ein Notizbuch, das er immer bei sich trug, notierte er alle Enthüllungen, mit denen die Frauen aufwarteten, und er drohte ihnen, sie mit Hilfe der Kunst bloßzustellen.[23] Miller hatte aufgehört, sich für Junes Tändeleien mit anderen Männern zu interessieren, aber jede Andeutung, daß sie Jean mehr liebe als ihn oder daß sie Sex mit Frauen dem Sex mit ihm vorziehe, verstörte ihn tagelang.

Dann heckte June einen neuen Plan aus: Sie wollte mit Jean nach Paris fahren. Seit Miller Emil Schnellocks begeisterte Erzählungen über Frankreich gehört hatte, war es sein Traum gewesen, nach Europa zu fahren, doch nun bemächtigte June sich dieses Traumes, und zwar auf höchst irritierende Weise. Sie machte nie klare Aussagen darüber, ob er mitfahren solle oder nicht, wie lang sie fortbleiben wollten und ob sie überhaupt zurückkommen würden; sie wußte nur, daß sie unbedingt alle drei irgendwann nach Paris fahren mußten. Sie betrachteten sich gern als Bohemiens und waren überzeugt, daß Paris genau der richtige Ort für sie war und daß sie dort aufblühen würden.

«Mehr Goldgraben in großem Stil – nur ist es jetzt eine Posse»[24], ist in Millers Notizen aus dieser Zeit zu lesen. Neue Projekte wurden in Angriff genommen. Jean beschloß, Puppen herzustellen, und nahm auch Totenmasken in ihre Produktion auf. Als diese jedoch keinen Absatz fanden, suchten die Frauen im Village nach neuen Opfern für ihr «Goldgraben». June versuchte, sich gegen Geld für medizinische Experimente zur Verfügung zu stellen, und beide Frauen nahmen begeistert Henrys Idee auf, Blut zu spenden, wurden aber wegen Anämie abgewiesen. June brachte inzwischen ungeniert Männer mit nach Hause, und Henry saß dann frierend in dem kleinen Schuppen hinter dem Haus und horchte auf die Geräusche, die durch die Wände drangen. Eines Abends gestand June, nachdem sie tagelang gebrochen hatte, daß sie Drogen genommen hatte. Unverständlicherweise behauptete sie, es sei für sie eine Opferhandlung gewesen.

Dieses letzte Eingeständnis[25] riß Miller aus seiner Trägheit. Er wollte nun mehr über June in Erfahrung bringen, setzte sich mit früheren Verehrern in Verbindung und rief einen ihrer Brüder an. Alle bestätigten ihm, daß June ihn hinsichtlich ihrer Vergangenheit belogen hatte. Daraufhin besuchte er Junes Mutter und erfuhr, daß an Junes Elternhaus nichts Geheimnisvolles war, sondern daß sie einfach von zu Hause fortgegangen war, weil sie sich nicht mit ihrem Vater verstanden hatte. Außerdem gab es noch eine ältere Schwester, Maria, die noch schöner war als June und auf die June eifersüchtig war. Mrs. Smerth holte sogar die Geburtsurkunde[26], aus der hervorging, daß June am 28. Januar 1902 geboren war, und sie zeigte Henry ein Foto von June im Alter von achtzehn Monaten. Eine Bemerkung von Mrs. Smerth fiel Henry besonders auf: «Sie trug den Kopf immer hoch», sagte sie über ihre Tochter.[27] Daran hatte sich nichts geändert.

Dieser Besuch, bei dem zumindest etwas Klarheit geschaffen wurde, hatte eine anregende Wirkung auf Henry. Kurz darauf, im April 1927, begegnete er auf der Straße zufällig seinem alten Freund Jimmy Pasta. Zuerst schämte sich Miller, denn seine Kleidung war abgerissen, und er hatte wie immer kein Geld, aber Jimmy war sehr freundlich und um sein Wohlergehen besorgt. Er hatte eine Stelle bei der Parkverwaltung und war sich sicher, daß er Henry auch dort unterbringen könnte. Nachdem er sich mit June beraten hatte, nahm Henry trotz seiner Zweifel die Stelle an. Obwohl er es später so hinstellte, arbeitete er dort nicht als Totengräber; aber die Vorstellung hatte für ihn einen großen Reiz.

Am Samstagmorgen nach seiner ersten Arbeitswoche weckte June ihn mit einem Frühstück aus Erdbeeren mit Schlagsahne. Jean sang im Badezimmer, während er badete, und June bat ihn, ihr von seinem ersten Wochenlohn einen Büstenhalter und ein Paar Strümpfe zu kaufen. Als er zur Arbeit ging, begleiteten die beiden ihn bis auf die Straße, und er vermutete, daß sie wieder etwas im Schilde führten. Als er am Abend zurückkam, waren ihre Koffer verschwunden und die Totenmasken und Graf Bruga fortgeräumt. Aus dem Briefchen, das auf dem «Ausgußtisch» in der Küche lag, erfuhr er, daß June und Jean nach Paris abgereist waren.

Nach dem ersten Schock zertrümmerte Henry das restliche Mobiliar und jammerte so laut, daß die Wirtin erschrocken herunterkam. Dann überdachte er seine Lage. Die Henry Street war so voller Erinnerungen, daß er als erstes umziehen mußte, und der einzige Ort, wo er sich hinwenden konnte, war die Wohnung seiner Eltern in der Decatur Street. Er hoffte, daß seine gute Arbeitsstelle ihn vor der Kritik seiner Mutter schützen würde. Bevor eine Woche vergangen war, war er wieder in sein altes Zimmer eingezogen. Seinen Eltern versicherte er, daß June nur «zum Urlaubmachen» nach Europa gefahren sei. Bald trafen im Büro der Parkverwaltung Telegramme ein, in denen sie um Geld bat, und Henry schickte June alles, was er entbehren konnte. Sosehr sie ihn auch hintergangen haben mochte, sie hatte ihn immer noch in ihrer Gewalt, und ein ungeschriebenes Gesetz besagte, daß eine Bitte um Geld ernst genommen werden mußte. Miller borgte Geld von seinem Onkel Dave und von Jimmy Pasta, um ihr die verlangten Summen schikken zu können.[28]

Wieder saß Miller am Eßtisch seiner Eltern hinter der Schreibmaschine. Nun schrieb er Briefe an June, in denen er ihr Fragen über Paris stellte, aber als Antwort trafen nur weitere Telegramme ein. Am 21. Mai 1927, dem Tag, an dem Lindbergh in Paris landete, erhielt er einen der beiden Briefe, die June ihm während ihrer Reise schrieb. Sie teilte ihm darin mit, daß Jean mit einem närrischen Österreicher nach Nordafrika gegangen war und daß sie selbst sich mit einigen Bekannten in Wien aufhielt. Miller las den Brief zweimal, verstand dann aber schnell: «Man brauchte für ‹einige› nur ‹einen› Bekannten zu lesen.»[29]

Am gleichen Tag begann er, in seinem Büro in der Parkverwaltung Notizen zu machen.[30] Er arbeitete fieberhaft, und als er fertig war, lag ein Stapel mit mehr als dreißig engbeschriebenen Seiten neben seiner Schreibmaschine. Während er schrieb, kristallisierte sich der Plan für sein Lebenswerk heraus: Er würde die Geschichte seines Lebens mit June und Jean aufschreiben, eine Geschichte von großer Liebe und großem Verrat. Die Notizen hatten noch keine Form und kein durchgängiges Thema, aber es gab bestimmte Motive: «Goldgraben», heftige Streitereien, Orgien und Lügen. Er erfand fiktive Namen für seine Freunde und legte eine Liste von Junes Liebhabern an. Wiederholt ermahnte er sich, daß er keine Einzelheit vergessen dürfe. Wenn er sich an ein Ereignis erinnerte, das von der Chronologie her gerade nicht in seine Notizen paßte, schrieb er es trotzdem auf und notierte sich dazu, daß er es als Rückblende einfügen wolle. Er legte eine Liste von «Merkwürdigen Boten» und «Zu verwendenden Manuskripten» an. Dazu gehörten die Mezzotintos, einige Briefe an Emil, ein Teil des Materials für *Snappy Stories* und der Brief, den er vor seinem Selbstmordversuch an June geschrieben hatte. Alles, was er jemals zu Papier gebracht hatte, sollte in das Werk aufgenommen werden.

Wie eine Vision stand sein Projekt vor ihm. Als er sich der Größe der Aufgabe bewußt wurde, die er sich gestellt hatte, war er überwältigt. Gleichzeitig erkannte er, daß ihm der emotionale Abstand für ein derartiges Vorhaben fehlte: Er hatte das letzte Kapitel noch nicht gelebt.

Tatsächlich aber hatte Miller mit diesen Notizen den ersten wichtigen Schritt auf dem Weg zum Schriftstellerdasein getan. Endlich hatte er etwas zu sagen. Und er hatte genug zu sagen, um Bände zu füllen. Er war entschlossen, seinen zukünftigen Lesern die psychischen Erschütterungen, die er in der Zeit mit June durchgemacht hatte, zu vermitteln. Diese Entschlossenheit gab ihm eine neue Ruhe, und seine Verzweiflung ließ nach. Er hatte eine Aufgabe.

Anfang Juli traf ein Telegramm ein, in dem June Henry mitteilte, sie würde in einigen Tagen auf der *Berengaria* zurückkehren. Als er an dem angegebenen Tag zum Hafen ging, war ihm etwas beklommen zumute, aber June tauchte nicht auf. Als er zwei Wochen später ein weiteres Telegramm erhielt, mietete er ein möbliertes Zimmer und ging wieder zum Hafen. Diesmal kam June wohlbehalten an, allerdings ohne Jean. Im Taxi unterdrückte Henry seine Fragen nach der Freundin und dem Grund für die verspätete Ankunft, aber er wäre auch kaum zu Wort gekommen, denn June erzählte fieberhaft von Paris: von Montparnasse, den Märkten, den Cafés, den Parks und den breiten Boulevards. Sie hatte den in Rußland geborenen Dichter Ossip Zadkine kennengelernt, und er hatte sie zu einem Picknick in den Bois de Boulogne mitgenommen. Cocteau und Picasso hätten sich beide in sie verliebt, berichtete sie und sprach von den Malern Hans Reichel, Tihanyi und Michonze. Sie hatte Marcel Duchamp kennengelernt und hielt ihn für den kultiviertesten Menschen, dem sie je begegnet sei.[31] Ständig sprach June nun davon, daß Miller sofort mit ihr zusammen nach Paris zurückkehren müsse.

Obwohl Miller der Meinung war, daß das möblierte Zimmer ihren Ansprüchen vollauf genügte, fand June bald wieder eine luxuriöse Wohnung in der Clinton Avenue Nr. 180, in der Nähe der Fulton Street. Millers Eltern hatten gehofft, daß Junes Rückkehr ihn nicht dazu veranlassen würde, seine Stelle zu kündigen, aber genau das tat er postwendend.[32] Nun würde er endlich mit dem Schreiben beginnen. Von seinem Schreibtisch aus blickte er in einen schönen Garten mit zwei schattigen Bäumen, und die jüdische Vermieterin unter ihnen spielte häufig Synagogenmusik, weil sie wußte, daß er diese gerne hörte.[33] Ihren «lästigen Freunden von früher», wie Miller sie nannte, teilten sie die neue Adresse nicht mit.[34]

Aber die Geldquellen flossen spärlich, und Miller dachte daran, wieder zu arbeiten. June brachte schließlich genügend Geld zusammen, um im Village an der Ecke Macdougal Street/Third Street eine Kellerkneipe zu eröffnen, die sie «Roman Tavern» nannte. Diesmal wurde Miller jedoch der Zutritt verboten, und er befolgte das Verbot mit ungewöhnlicher Fügsamkeit.[35] Ein neuer Verehrer war nämlich aufgetaucht, ein Mann aus der Pelzbranche, der sich nur «Pop» nannte, und dieser Mann, so meinte June, sei an ihr als Schriftstellerin interessiert. Sie hatte ihm einige übriggebliebene Mezzotintos gezeigt, und er wollte ihr nun eine wöchentliche Unterstützung zukommen lassen, damit sie einen Roman schreiben konnte. Er machte nur zur Bedingung, daß sie ihm jede Woche einige fertige Seiten zeigte.

Natürlich sollte Miller die Seiten schreiben, doch dabei tauchte ein Problem auf. Ein Mann konnte zwar ein Prosagedicht schreiben und es für das Werk einer Frau ausgeben, doch Miller fürchtete, daß es nicht so einfach war, einen ganzen Roman hindurch eine weibliche Sichtweise beizubehalten. Außerdem wollte «Pop» etwas über den kreativen Schaffensprozeß hören, und June konnte sich nicht einfach unwissend stellen, wenn sie bei bestimmten Szenen nach ihrer Motivation gefragt wurde. Für Miller drängte sich darüber hinaus die Frage auf, ob June tatsächlich keine weiteren Gegenleistungen für das Stipendium erbrachte. In *Nexus* schrieb er knapp: «Vielleicht war es natürlich, daß sie sich nichts schenken ließ und das auch von Anfang an nicht getan hatte.»[36]

Miller schrieb nur unregelmäßig. Er hatte seine Notizen für das Buch über June vorläufig zur Seite gelegt und begann statt dessen einen Roman, der seine Jahre bei der Western Union und seine Ehe mit Beatrice zur Grundlage nahm. Das eigentliche Thema wurde auf der ersten Seite angekündigt, mit der Eröffnung, daß der Held, Dion Moloch, «oft als Antisemit angesehen wurde»[37]. Antisemitismus, schrieb der Erzähler, sei ein Vorurteil und keine Krankheit.

Als der Roman Gestalt annahm, stellte sich heraus, daß Miller, indem er Dion Moloch bei seinen Streifzügen durch New York begleitete, das Phänomen des Antisemitismus untersuchte. Er gab dem Roman probeweise den Titel *Moloch*, nach dem jüdischen Begriff für eine dämonische Kraft, die alles verschlingt. Henrys Leben war, wie das Leben seines Helden, von einer Macht bestimmt worden, die Ähnlichkeit mit dem Moloch hatte.

Wie immer fiel Miller das Schreiben «auf Bestellung» schwer. «Jedesmal, wenn ich mich hinsetzte, um eine Seite für ihn [«Pop»] zu schreiben, brachte ich meine Kleidung in Ordnung, bürstete mir das Haar glatt und puderte mir die Nase» schrieb er später.[38] Er hatte das Gefühl, daß die Sprache einer Erzählerin sanft und gewählt sein müsse, und seine eigene Sprache – soweit er überhaupt eine besaß – hatte keine dieser beiden Eigenschaften. Seit Jahren machte er bereits Anleihen bei Walter Pater und Henry James, und diese Gewohnheit war schwer abzulegen. Wenn er zum Beispiel über Wolkenkratzer in New York schrieb, zog er eine Parallele zu den übervölkerten Stadtbezirken des kaiserlichen Rom, und er suchte dann einen Band von Mommsens *Römischer Geschichte* hervor, mit dem er sich stundenlang ablenkte. An sonnigen Tagen setzte er sich häufig mit einem Buch in den Fort Greene Park, zum Beispiel mit Samuel Ornitz' *Haunch, Paunch and Jowl* oder mit Unamunos *Das tragische Lebensgefühl.*

Sein wöchentliches Pensum belastete ihn, und auch June, die wie eine besorgte Mutter über ihn wachte, bedrückte ihn. «Überanstreng dich nicht, Val», pflegte sie zu sagen. «Aber ich strengte mich an», schrieb Miller in *Nexus*, «ich arbeitete nur so drauflos, bis ich kein Stückchen Kacke mehr im Bauch hatte. Manchmal kommt mir die Erleuchtung gerade, wenn sie sagt: ‹Komm zum Abendessen.›»[39] Man konnte nie wissen, was ein Tag bringen würde. «Manchmal segelte ich mit großen schwarzen Flügeln hinein. Dann kam alles holterdiepolter, mit dem Arsch zuerst. Seite auf Seite. Stöße davon. Aber nichts paßte in den Roman.»[40]

Miller faßte zusammen:

Eine so exquisite Folter, dieser Schwindel mit dem Schreiben! Irrenhausträumereien gemischt mit Erstickungsanfällen [...] Vierschrötige Skulpturen mit Diamantentiaren. Barocke Architektur. Kabbalistische Logarithmen. Mezuzahs und Gebetsmühlen. Geschwollene Sätze.[41]

Das Ergebnis ist ein uneinheitliches Manuskript mit einem fast durchgängig gestelzten und schwerfälligen Stil. Gelegentlich fallen Bilder auf, die ans Surrealistische grenzen, und der Erzähler versucht, einen derben, volkstümlichen Ton durchzuhalten, aber für heutige Ohren klingt die Sprache veraltet und hölzern, und die Stimme des Erzählers ist nicht einheitlich. Der Beginn des Manuskripts ist in dieser Hinsicht für den ganzen Roman typisch:

Dion Moloch schlenderte mit dem träumerischen Gang des Schlafwandlers unter den Erscheinungen der Bowery umher. Ich sage «Erscheinungen», denn die Bowery ist, wie jeder gebildete New Yorker weiß, eine Durchgangsstraße, wo zerstörte Seelen zum Preis eines Gratisessens repariert werden.[42]

Als Miller das Manuskript fünf Jahre später wieder durchlas, schrieb er an seinen Freund Richard Osborn, daß er beinahe geweint hätte: «Ich rannte damals wie ein Hund auf der Straße herum, pinkelte an jede Ecke und schnüffelte und kläffte. Jetzt erkenne ich, daß ich vor mir selbst davonlief.»[43]

Aber sein Stundenplan sorgte für Disziplin, und er war hocherfreut, als er entdeckte, daß das fertige Werk einen Umfang von mehr als einhunderttausend Wörtern hatte. Es gefiel «Pop» – Henry und June feierten mit einer Flasche Chartreuse, als die ersten fünfzig Seiten seine Zustimmung fanden –, und er ermutigte June zu einem weiteren Roman.[44] June war in Hochstimmung, weil Henry schließlich doch seine schriftstellerischen Fähigkeiten unter Beweis gestellt hatte, und den Schluß des Romans, in dem der Held zu einer Beatrice entsprechenden Figur zurückkehrt, ignorierte sie. Sie nahm an, daß Miller ihn nur so konstruiert hatte, um sie zu ärgern. Miller wußte, daß das Buch unfertig war, und bemühte sich nicht um eine Veröffentlichung, trug es aber trotzdem jahrelang mit sich herum, in der Hoffnung, Stücke daraus verwenden zu können. Miller hatte größtenteils das gleiche Material benutzt wie schon in *Clipped Wings*, aber der große Fortschritt lag in der Schaffung eines Helden mit autobiographischen Zügen. Miller hatte erkannt, daß seine Begabung sich vor allem für die kunstvolle Anordnung von Ereignissen aus seinem eigenen Leben eignete.

Im Mai 1928 verbrachten Henry und June einen zweiwöchigen Urlaub in Quebec, der ihren Wunsch, ins Ausland zu gehen, wieder aufleben ließ.[45] Es gab viele Gründe, warum sie New York verlassen wollten. Inzwischen hatten ihre alten Freunde die Adresse in der Clinton Avenue herausbekommen, und Miller machte sich Sorgen, daß Beatrice von ihrem neuen Wohlstand erfahren könnte, denn «Pop» war, anders als Junes sonstige Verehrer, sehr zuverlässig. Miller brannte darauf, endlich fortzukommen, denn Amerika schien ihm steril und New York bedrückend. Alle Schriftsteller von Rang und Namen waren in Europa – June hatte Hemingway im Café Deux Magots entdeckt –, und Miller, der sich jetzt selbst als Literat fühlte, wollte unbedingt zu diesem im Ausland lebenden Kreis dazugehören. Im Village hatte er zwar neben Bodenheim, Sadakichi Hartman und Guido Bruno gesessen, aber nie war er einem Sherwood Anderson, John Dos Passos oder e. e. cummings begegnet.[46]

«Pop» war es schließlich, der ihnen das Geld für die Überfahrt gab, vermutlich als Belohnung für den vollendeten Roman. Aber da er die beiden auch mit Geld für einen neunmonatigen Aufenthalt ausstattete, ist es wahrscheinlich, daß er eine bedeutende Gegenleistung von June verlangte. Henry stellte keine Fragen. Im Juni begannen sie ernsthaft mit den Vorbereitungen, lernten die Linien der Metro auswendig und liehen sich von Henrys Vater die Sprachlehrbücher von Berlitz.[47] Im Juli reisten sie ab.

Ende Juli 1928 legte die *S. S. Paris* in Liverpool an, und die Millers begaben sich nach London, das sie feucht und bedrückend fanden. Miller zeigte sich vorerst von Europa überhaupt nicht beeindruckt. Das änderte sich erst, als sie in Paris ankamen. Als sie in der Abenddämmerung in einer Droschke vom Gare St. Lazare nach Saint Germain fuhren, hatte er sein Herz an diese Stadt verloren.

In Amerika hatte Miller auf dem Stadtplan von Paris staunend die

Straßen studiert, die nach Dichtern benannt waren, und nun schlenderte er eben diese Straßen entlang. Paris schien wie für Schriftsteller geschaffen, vor allem für arme Schriftsteller. Den ganzen Nachmittag lang konnte man in den Cafés bei einer Tasse Kaffee sitzen, und das tat Miller häufig. June kannte Montparnasse in- und auswendig und führte Miller in das Dôme oder die Coupole oder das Select – die Lieblingsorte der im Ausland lebenden Amerikaner.

Aber Miller nahm auch das andere Paris wahr. Er liebte den Marktplatz in der Rue Buci an einem Sonntagmorgen, geschäftig und sprühend vor Leben, ganz anders als das sonntäglich traurige Brooklyn. Ständig zog er Vergleiche. Manche Viertel in Paris erinnerten ihn stark an Gegenden in Brooklyn, die er als Junge geliebt hatte, und er fuhr häufig in die Randbezirke der Stadt. Man brauchte nur in die Metro zu steigen, schrieb er an einen Freund, und alles veränderte sich. [48]

An einem späten Sommernachmittag, als sie ziellos in Montparnasse umherschlenderten, trafen sie in der Rue Delambre Alfred Perlès. June hatte den kleinen, charmanten österreichischen Schriftsteller bei ihrem früheren Aufenthalt in Paris kennengelernt, und ihrem Bericht zufolge hatte er sich damals in sie verliebt – obwohl er dann mit Jean nach Nordafrika gefahren war. Es war ein warmer Tag, und sie beschlossen, in den Jardin du Luxembourg zu gehen. Miller war von Perlès so beeindruckt, daß er den Österreicher beim Abschied fragte, ob er Geld brauche. Er habe nicht oft die Möglichkeit, so ein Angebot zu machen, vertraute er ihm an. Perlès lehnte dankend ab, spürte aber, daß er eine verwandte Seele getroffen hatte. [49]

Kurz nach dieser Begegnung brachen die Millers ohne bestimmtes Ziel zu einer Reise durch Belgien, Deutschland, die Tschechoslowakei und Polen auf. [50] Henry hatte vor, den Spuren ihrer Vorfahren nachzugehen, obwohl June sich dafür herzlich wenig interessierte. Außerdem wollte er das Gästebuch des Hotels, in dem June angeblich in Wien gewohnt hatte, inspizieren, denn er vermutete, daß ihre Geschichte über ihren Besuch in Wien nicht stimmte. Jeans Geist verfolgte sie auf der ganzen Reise, denn da June sie in Paris zurückgelassen hatte, war nicht vorherzusehen, wo sie auftauchen würde.

Die Deutschen ließen Miller, wie er erwartet hatte, gleichgültig, und die Polen, die er ungehobelt fand, stießen ihn ab. Von Budapest, das ihnen besser gefiel als Wien, fuhren sie mit dem Zug nach Rumänien, um Junes Geburtsort in der Bukowina zu besuchen, und als sie an der Grenze aufgehalten wurden, machte Junes Onkel sich mit einer Troika auf den Weg, um sie abzuholen.

In Frankreich unternahmen sie eine Fahrradtour durch den Midi, und hier mußten sich die Millers nun der Tatsache stellen, daß ihnen das Geld ausging. Sie hatten zwar ihre Rückfahrkarten nach New York, besaßen aber kaum noch Bargeld. In Nizza verkauften sie ihre Fahrräder und fuhren per Anhalter nach Monte Carlo, in der Hoffnung, dort zu Geld zu kommen, aber June hatte in der Provinz nicht soviel Selbstvertrauen, und sie waren auf die Großzügigkeit eines schwarzen Amerikaners angewiesen, der am Boulevard des Anglais einen Schuhputzstand betrieb.[51] Seine Rücklagen reichten jedoch nicht weit, und nach drei Wochen wandte Miller sich an den amerikanischen Konsul mit der Bitte, June nach Paris fahren zu lassen. Dort angekommen, brachte sie schnell das Geld für Millers Zugfahrkarte zusammen.

Aber das Gleichgewicht der Kräfte in ihrer Ehe hatte sich inzwischen leicht verschoben. In einem Café in Monte Carlo hatte Miller beobachtet, daß June mühsam die Tränen zurückhalten mußte; ihr stiller Kummer war ihm neu. Die Europareise hatte das Paar auf sich selbst zurückgeworfen, und ohne eine dritte Person oder einen Schwarm von Verehrern ließ Junes Energie nach, während Miller sich endlich von den Demütigungen erholte, die June und Jean ihm zugefügt hatten. Er hatte ein Buch geschrieben und spürte, daß er unbedingt ein zweites schreiben wollte. June wirkte nun, da sie nicht mehr in ihrem Element war, sehr jung und verwundbar. In Europa war es Henry, der die Initiative ergriff, und diese Erfahrung veränderte ihn.

Im Januar 1929 kehrte das Paar nach New York zurück. Sie wohnten gerade so lange in der Decatur Street, bis sie genug Geld zusammenhatten, um eine Wohnung in der Gegend um Fort Greene in Brooklyn zu mieten. June versuchte eine Weile, Arbeit als Schauspielerin zu finden, aber bald kehrte sie zu ihrem alten Job im Pepper Pot zurück und ließ «Pop» wissen, sie sei wieder da. Henry beobachtete Junes allmählichen Verfall mit stiller Verzweiflung. Sie war noch immer schön, und manchmal zeigte sich noch ihre frühere Vitalität und starke Sinnlichkeit, aber durch ihren Drogen- und Alkoholkonsum wurde das empfindliche Gleichgewicht ihrer Psyche gestört, und was früher romantisch und geheimnisvoll an ihr erschienen war, wirkte jetzt abstoßend. Henry erinnerte sich daran, daß sie ihren Drogenkonsum früher dunkel als «Opferhandlung» bezeichnet hatte. Sie würde *alles* tun, sagte sie in einer Sprache, die eindringlicher war als je zuvor, um Henry dabei zu helfen, ein großer Schriftsteller zu werden.

Angesichts eines solchen Opfers wandte Henry sich dem großen Roman zu, den er in sich entstehen fühlte: der Geschichte seiner Liebe zu June. Schon während der Ausarbeitung des Konzepts begann er jedoch, sich nicht mehr an die Wahrheit zu halten. In frühen Entwürfen kämpfte er mit Jean um die Liebe seiner Frau, wobei er June selbst als völlig ahnungslos darstellte. Eine lange Passage am Schluß schilderte Junes Parisreise mit Jean und ihre Rückkehr als romantisches Idyll, als friedliche und glückliche Zeit für den Helden Tony Bring; für Miller war diese Zeit in Wirklichkeit die reine Hölle gewesen.

Vielleicht lag es daran, daß die Vorgänge, über die er schrieb, im wirklichen Leben noch nicht abgeschlossen waren – jedenfalls scheiterte Miller. Er gab dem Roman den vorläufigen Titel *Lovely Lesbians* (Schöne Lesbierinnen) und produzierte eine Fassung nach der anderen. Entsetzt stellte er fest, daß Jean sich als zentrale Figur herauskristallisierte. In der Fassung, die June bevorzugte, erschien Jean als Cowgirl, das als mythisches, androgynes Wesen verherrlicht wurde. Möglicherweise als Gegenreaktion darauf ließ Miller sie am Ende einer anderen Fassung von Tony Bring mit einem Brotmesser ermorden. In wieder einer anderen Fassung wird die Figur der Jean verrückt. Tony Bring, der Held des Romans, verhält sich größtenteils passiv, und am Schluß einer Version wird er zu einem lachenden Hund erniedrigt. Jahre später verwendete Miller diesen Schluß für seinen Roman *Sexus*, der damit endet, daß der Held im Traum ein Hundehalsband trägt und wie ein Hund bellt – ein Bild der äußersten Erniedrigung.

Der Arbeitstitel des Romans weist bereits darauf hin, daß Miller einen bitteren, ironischen Tonfall anstrebte, und der Roman wirkte so gekünstelt, daß er langweilig war. Dieser Ton aber paßte nicht zu der Mischung aus Unschuld und Einfalt, die Miller vielen Erfahrungen, vor allem seiner Ehe mit June, entgegenbrachte. Es gelang Miller nicht, die verschiedenen Ebenen miteinander zu verbinden, und er versuchte, dieses Unvermögen mit einer Fülle von realistischen Details aufzuwiegen. Daher baute er zum Beispiel lange Szenen ein, in denen die beiden Frauen die Hämorrhoiden des Helden versorgen, und fügte weitschweifige Diskussionen über verschiedene Formen sexueller Perversion hinzu. Die existierenden Fassungen des Romans zeichnen sich durch einen übertriebenen Realismus aus, der an die mit Details überfrachteten Romane Theodore Dreisers erinnert, den Miller sehr verehrte. Doch Miller war damit noch nicht zufrieden. Er wollte die Verrücktheit jener Tage wieder aufleben lassen und fügte surrealistische Passagen ein, ohne jedoch die Technik zu beherrschen.

Später behauptete er, schuld am Mißlingen des Romans seien June, Amerika und das Schicksal gewesen.[52] Doch 1929 weigerte er sich noch, seinen Mißerfolg einzugestehen. Sein Roman *Moloch* war ein ganz anderer Fall, denn er hatte ihn für «Pop» auf Bestellung geschrieben, aber dieser Roman war aus Verzweiflung und Liebe geboren und mußte daher einfach ein Meisterwerk sein. Bei der Beurteilung von *Lovely Lesbians*, das er später in *Crazy Cock* umbenannte[53], zeigte sich bereits jener mangelnde kritische Blick, der so typisch für Miller werden sollte. Obwohl er spürte, daß etwas mit dem Roman nicht stimmte, und für die vielen Fassungen jedesmal beinahe den ganzen Roman umschrieb, hielt er hartnäckig an seinem Werk fest. Jahrelang ging er damit hausieren und gab erst auf, als er viele der Szenen für *Wendekreis des Steinbocks* umgearbeitet hatte. Aber selbst dann behielt er das Manuskript noch in Reichweite und verwendete weitere Passagen daraus für *Sexus, Plexus* und *Nexus*.

Auch June hielt den Roman für gelungen. Sie las ihn als Verherrlichung ihrer selbst und übersah – oder billigte vielleicht auch – die Lügen und Intrigen, die für die nach ihr gezeichnete Figur charakteristisch waren. Tony Bring war verachtenswert genug dargestellt und die Figur der Jean angemessen überlebensgroß. Die Seiten, die

June las, riefen in ihr Erinnerungen an die Henry Street wach. Sie beschäftigte sich wieder mit dieser Zeit und sorgte dafür, daß das Manuskript ständig überarbeitet werden mußte. Unter Junes Einfluß war es Miller unmöglich, einen in sich stimmigen Roman zu verfassen. Es gab so viele Geschichten, und jede war so gut – und *wahr* – wie die vorhergehende. Ganz unabsichtlich brachte June Henry davon ab, auf konventionelle Art und Weise zu schreiben: Erstens ermutigte sie ihn, «Stückchen» zu produzieren, die man «umarbeiten» konnte, und zweitens stellte sie die Realität selbst, die der Künstler erfaßte, in Frage. Millers spätere Arbeiten hatten Junes «Koksgeschwätz» ebensoviel zu verdanken wie seinen Vorbildern Dostojewski und Hamsun.

Und Miller hatte June noch etwas zu verdanken: Sie brachte das Geld nach Hause, damit er schreiben konnte. Sie hatte wieder viele neue Pläne und Verehrer. «Pop» war immer noch auf der Bildfläche, interessierte sich vermutlich weiterhin für Junes Karriere als Schriftstellerin, aber es gab einen anderen, ernsthafteren Bewerber, über den June sich verdächtig genau ausließ: Stratford Corbett, der bei der Versicherungsgesellschaft New York Life arbeitete. Obwohl June Henry immer noch liebte, war sie so unbeständig, daß sie eine neue Liebschaft brauchte. Sie mag auch gespürt haben, daß es Henry ebenso ging, daß er ihre Untreue brauchte, weil Kränkungen und Verletzungen ihn aufblühen ließen und er dahinsiechte, wenn das Leben zu bequem für ihn wurde.

1930 hatte June ihren letzten und tollkühnsten Plan ausgetüftelt: Wenn Miller ein großer Schriftsteller werden wollte, mußte er allein nach Europa zurückkehren. Sie würde ihn ernähren. Sie würde, allein in New York, einige große Betrügereien aushecken, so daß sie anschließend genug Geld hätten, um zusammen in Europa leben zu können. Aber sie müßten ihr gegenwärtiges Zusammenleben einem höheren Ziel opfern, nämlich Millers Triumph als Schriftsteller. Stratford Corbett stand natürlich im Hintergrund, falls etwas schiefgehen sollte, aber das erwähnte June nicht.

June setzte immer noch große Hoffnungen in Henrys Zukunft, aber sie war gleichzeitig auch verzweifelt. Er schien unfähig zu sein, in der Welt zurechtzukommen, und es machte ihn, im Gegensatz zu ihr selbst, nicht glücklich, eine Existenz am Rande der Gesellschaft zu führen. Vielleicht würde Henry sich in Paris wohler fühlen. Und wenn das nicht der Fall sein sollte, würde er sie doch wenigstens nicht mehr bei ihren Versuchen, ihren Lebensunterhalt zu verdienen, stören. Außerdem schienen kritische Situationen ihn aufleben zu lassen, und June vermutete, daß er davon in Paris mehr als genug würde bewältigen müssen.

All das breitete sie vor ihm aus, und der Zeitpunkt schien Miller genau richtig. Es war ein denkwürdiges Jahr: Er hatte seinen ersten, wie er meinte druckreifen Roman geschrieben; er hatte von seinem alten Freund Stanley Borowski gehört, daß Beatrice wieder geheiratet hatte; und endlich hatten sie auch etwas über Jean Kronski erfahren: Sie war nach New York zurückgekehrt und hatte sich in einer Irrenanstalt umgebracht. Diese Nachricht setzte den Schlußstrich unter seine Ehe. Sieben Jahre waren vergangen, seit er June kennengelernt hatte, und seine Beziehung zu Beatrice hatte ebenfalls sieben Jahre gedauert. Miller glaubte an die Vorsehung – einem Mann, der sein Leben so wenig in der Hand hatte, blieb fast nichts anderes übrig –, und es schien ihm, als hätte das Schicksal etwas Neues mit ihm vor. Er würde nach Europa gehen und sehen, was ihn dort erwartete.

ZWEITER TEIL
PARIS

«... die Sprache; die Sitten; die Pissoirs; die Etiketten auf den Flaschen; die Trinkgelder, deren Höhe sich ständig verändert; die Höflichkeiten, die eigentlich gar keine Höflichkeiten sind; die *procession des noctambules*; die *chanteurs ambulants*; das Gewirr der Stimmen, das mich jeden Morgen aufweckt und mir gestern schon die gleiche Melodie vorkeuchte wie heute – all diese Dinge sind böhmische Dörfer für mich.»

Henry Miller, *Letters to Emil*

«Wenn ich irgendwo meine Zelte abbrechen will, brauche ich nur ein paar Kondome einpacken, und schon bin ich so weit.»

Miller an Ned Calmer, Juli 1932

7. KAPITEL

Ein Amerikaner in Paris

1930–1931

Mit zehn Dollar in der Tasche, die ihm sein alter Freund Emil Schnellock geliehen hatte, machte sich Miller an Bord der *Bremen* auf den Weg nach London. Die Überfahrt war qualvoll für ihn, denn er wurde einfach die Erinnerung an seine Abreise nicht los. Sie spukte ihm im Kopf herum, weil ihm beim Verlassen seiner Wohnung in Fort Greene im Hausflur ein Mann über den Weg gelaufen war, den er für «Pop» gehalten hatte.[1] Er hatte nicht einmal gewagt, zu jenem Fenster hochzublicken, aus dem June ihm zum Abschied nachwinkte.

Zehn Dollar reichten nicht weit in London, wo er am 25. Februar 1930 ankam. Sein Aufenthalt in der Stadt schien völlig sinnlos. Er hatte sich angewöhnt, Orte danach zu beurteilen, wie es den Armen dort ging, weil er wußte, daß er höchstwahrscheinlich bald selbst unter ihnen leben würde, und im ersten Jahr der Weltwirtschaftskrise ging es den Armen in London offenbar besonders schlecht. Die Düsternis dort sei so dicht, schrieb Miller an Schnellock, daß man sie mit einer Axt durchhauen könne.[2] Er schlug die Zeit tot, machte Ausflüge nach Whitechapel und schaute sich Turners Bilder in der Tate Gallery an – die einzigen Sehenswürdigkeiten, die ihn wirklich beeindruckten –, bis June telegrafisch weiteres Geld anwies, gerade genug für die Zugfahrt nach Paris. Miller war nun ganz auf seine alles andere als zuverlässige Frau angewiesen: Traf tatsächlich Geld ein, bedeutete das, daß ihr gerade wieder ein Abenteuer geglückt war, was ihn nicht unbedingt aufmunterte; kam kein Geld, wußte er nicht, ob ihr irgend etwas zugestoßen war oder ob sie ihn einfach vergessen hatte.

Das Büro von American Express in der Rue Scribe gehörte zu den ersten Orten, die Miller nach seiner Ankunft in Paris am 4. März aufsuchte – von nun an sollte dieser Gang zur Gewohnheit werden. Manchmal trottete er dreimal täglich von seinem schäbigen Hotelzimmer am linken Seineufer in der Hoffnung auf eine telegrafische

Geldanweisung oder einen Brief von June auf die andere Seite des Flusses, aber meistens wurde er enttäuscht.

Als erstes fielen Miller die öffentlichen Mitteilungen auf, die in Frankreich überall zu finden waren: im Zug von Le Havre die Reservierungsschilder für die *mutilés de la guerre** und in Paris die Plakate, die vor den Gefahren der Geschlechtskrankheiten warnten und deren Verlauf sehr anschaulich von der Ansteckung bis zum grinsenden Totenkopf illustrierten. Ihm erschienen diese Plakate wie eine düster realistische, eindringliche Mahnung, daß die zahlreichen Prostituierten von Paris die Gefahr der Krankheit in sich trugen, daß Sex und Tod zwangsläufig zusammengehörten.[3] Sex, Tod, Verfall, Gewalt: Diese Themen sollten Millers Schriften während seiner frühen Jahre in Paris beherrschen.

Miller mußte zu seiner Bestürzung feststellen, daß er seine ohnehin geringen Französischkenntnisse vergessen hatte, doch bereits nach kurzer Zeit war er der Sprache wieder mächtig und entdeckte, daß viele Franzosen es als etwas Selbstverständliches erachteten, Geld zu verleihen: Er war hocherfreut, als die *patronne* in der Rue des Canettes ihm «gerne» weiter Kredit gewährte, nachdem er dort schon mehrere Wochen lang seine Mahlzeiten eingenommen hatte. Und ein Kellner in einem Café am Ende des Boulevard St. Michel steckte ihm nicht nur einige wenige Francs zu, wenn er ihn darum bat, sondern gleich ein paar hundert, und lud ihn obendrein noch zum Abendessen und ins Kino ein.[4]

Aber Miller war einsam. Zadkine, ein Bildhauer russischer Abstammung, den Miller auf seiner ersten Europareise kennengelernt hatte (und den er für einen von Junes Liebhabern hielt), nahm ihn eines Abends zu einer Orchesteraufführung am Boulevard Haussmann mit und versuchte, ihn in seinen Bekanntenkreis einzuführen. Während seiner ersten Monate in Paris gebärdete Miller sich noch ganz wie ein Tourist. Freunden in New York berichtete er über Belanglosigkeiten, wie das Aussehen und Verhalten von Hunden (verwahrlost und träge), Polizisten (sie durften im Dienst rauchen und benahmen sich ansonsten recht gesittet) und Kindern (ausgesprochen brav). Die französische Küche veranlaßte ihn zu einem

---

* *mutilés de la guerre:* Kriegsverletzte (Anm. d. Ü.)

Anfall von Patriotismus; seinem Freund Schnellock teilte er in einem Brief mit: «Bei Gott, ich bin Amerikaner! Und ich bin es nicht gewöhnt, die Innereien von Hunden, Pferden und Meerschweinchen zu essen.»[5] Wie so viele seiner Landsleute schrieb er die «unerträglichen Idioten»[6] im Dôme und in der Coupole schon bald ab.

Doch die Überheblichkeit, die Miller gegenüber den anderen Amerikanern im Exil empfand, verflüchtigte sich genauso schnell wie seine Finanzen. Er zog vom Hôtel St. Germain-des-Prés in eine Reihe von kleineren und billigeren Unterkünften um; er sparte an den Mahlzeiten und versuchte, von Bananen und Orangen zu leben; er verwickelte Fremde ins Gespräch, um ihnen so vielleicht ein paar Francs für ein Essen zu entlocken. Seine Freunde in New York waren allein schon von seiner Reise nach Paris so beeindruckt, daß sie ihm gewöhnlich ohne zu murren Geld oder Kleidung schickten, aber das war lediglich eine Notlösung. Amerikanern ohne Arbeitserlaubnis standen nur ganz wenige Beschäftigungen offen, und Miller hatte nicht einmal eine *carte d'identité*, wodurch sich seine Arbeitssuche als fast völlig aussichtslos erwies.[7] Ein Amerikaner namens Fred Kann schlug vor, sie könnten eine Akademie für amerikanische Studenten eröffnen, doch es fehlte ihnen an den finanziellen Mitteln, um den Plan in die Tat umzusetzen.[8] Als Frau, überlegte Miller, wäre alles leichter. Aber er als Mann hatte nichts zu bieten. Manchmal gab er Englischstunden, aber seine Schüler ließen ihn immer wieder im Stich.[9]

Während Miller versuchte, etwas auf die Beine zu stellen, verfaßte er heroische surrealistische Briefe an Cocteau und Buñuel. Tief beeindruckt von Paul Morands Buch über New York, das ihn monatelang beschäftigte, bot er ihm seine Dienste als Sekretär an. Doch es gelang ihm nur ab und zu, bizarre kleine Jobs an Land zu ziehen. So schrieb er zum Beispiel für einen französischen Katholiken einen Brief an den Papst (warum dieser Brief unbedingt in englischer Sprache abgefaßt sein mußte, wurde ihm nie so recht klar).[10]

Die meiste Zeit führte er ein Leben *en marge**, wie er sich gern

---

* *en marge:* am Rande (Anm. d. Ü.)

ausdrückte. Als er völlig pleite war, fand er einen Schneider in der Rue St.-André-des-Arts, der ihm zwei Anzüge abkaufte, die Henry von seinem Vater bekommen hatte. Sie waren maßgeschneidert und jeder davon mindestens hundert Dollar wert; Miller bekam nur fünfundsiebzig Francs – ungefähr drei Dollar – für beide zusammen. Aber der Schneider lud ihn dafür zu einem opulenten Abendessen ein, was Miller als angemessenen Ausgleich betrachtete.[11] Er sorgte sich nur um seine unmittelbaren Bedürfnisse: ein Bett, Wein, etwas zu essen – besonders das Essen wurde für ihn zu einer Manie.

Er schrieb Schnellock, er komme immer mehr herunter[12], und die Leute auf der Straße würden sich gegenseitig anstoßen und auf ihn deuten. Er baute bewußt ein bestimmtes Bild von sich auf, trug immer häufiger eine Cordhose, die in den dreißiger Jahren als Kennzeichen des Künstlers galt, und dazu einen passenden Schlapphut. Mit seiner dicken Brille und den stechenden blauen Augen sah er schäbig und gleichzeitig eigenwillig aus.[13] Freunde und Bekannte aus jener Zeit sagten, er habe damals viel größer gewirkt, als er tatsächlich gewesen sei, denn seine tiefe, rauhe Stimme habe nach einem ziemlich gebieterischen Menschen geklungen.

Schließlich freundete sich Miller mit einigen Leuten von den *terrasses* der Cafés in Montparnasse an. Viele der Exilamerikaner hatten Frankreich nach dem Börsenkrach verlassen, und diejenigen, die zurückgeblieben waren, unternahmen recht klägliche Versuche, die Fröhlichkeit der zwanziger Jahre wiederaufleben zu lassen. Der Glanz der *lost generation* war verblaßt. Die Künstler, die sich in den Cafés versammelten, verdienten sich mit ihrer Kunst normalerweise ihren Lebensunterhalt, und die Schriftsteller waren oft Journalisten, die für die Pariser Ausgabe der *New York Herald Tribune* und der *Chicago Tribune* arbeiteten. Millers erste Freunde in Paris waren amerikanische Zeitungsleute: Wambly Bald, der Verfasser der beliebten Klatschspalte «La Vie de Bohême» in der *Tribune*, und Ned Calmer, der als Journalist für den *Herald* arbeitete. Dieser Kreis sprach kaum französisch und hatte nur wenig Kontakt mit dem Pariser Alltag, und so erwarb sich Miller eine gewisse Beliebtheit, weil er eine genaue Kenntnis des Pariser Straßenlebens für sich beanspruchen konnte.

Natürlich war diese angebliche Kenntnis fast völlig aus der Luft gegriffen. Noch 1933, also im vierten Jahr seines Parisaufenthalts, beklagte sich Miller in einem Brief an seinen Freund Dobo, daß er nie «eine französische Telefonistin, eine *dactylo*, eine Verkäuferin in einem Kaufhaus, eine *midinette*, eine *grisette, lorette* oder *cocotte*»* kennengelernt habe.[14] Wie andere Ausländer an der Peripherie der Künstlerwelt, so schrieb er, habe auch er das Ziel, «die Pforten der französischen Gesellschaft einzureißen». «Ich werde dabei ganz kaltblütig vorgehen», sagte er. «Ich will mit diesen Leuten in ihrer eigenen Umgebung verkehren.» Er wolle in ein Pariser Stadthaus eingeladen werden und zusammen mit einer Matrone aus der guten Gesellschaft, die sich ein bißchen mit Kunst beschäftige, mit einem Sportwagen im Bois spazierenfahren. Angewidert fügte er hinzu, er kenne nicht einmal Kiki vom Montparnasse, die gefeierte Herrscherin der *demi-monde*. Dabei kannte doch *jeder* Kiki.

Dafür lernte Miller in jenen frühen Jahren die Gastarbeiter kennen, die einen ziemlich großen Teil der arbeitenden Bevölkerung von Paris ausmachten. Sie verrichteten die schlechtbezahlten Tätigkeiten und verdienten sich ihren Lebensunterhalt als Straßenkehrer, Kammerjäger oder Schrotthändler. Zu Millers Bekannten aus dieser Bevölkerungsschicht gehörte der Hindu Haridas Mazumdar, sein alter Kumpel aus der Zeit bei der Western Union, der jetzt recht erfolglos Perlen verkaufte. Miller arbeitete eine Zeitlang gegen karge Kost und Logis für ihn als Bediensteter. Außerdem traf er sich auch gelegentlich mit einem Russen namens Serge aus Suresnes.[15] In der Gegend um die Porte de Vauves lernte er Eugène Patschutinski kennen, einen weiteren Russen, der einen «erbärmlichen» Job in einem Kino hatte. Durch ihn erfuhr Miller von einem Hotel, in dem er für hundertfünfundzwanzig Francs im Monat – etwa fünf Dollar – wohnen konnte, doch selbst das war noch zuviel, so daß er einige Wochen lang bei Albert Kotin, einem Kunststudenten, den es ebenfalls von Brooklyn nach Paris verschlagen hatte, auf dem Fußboden schlief.[16]

Im April trank Miller sich gerade mit leeren Taschen Mut an, um

---

* All diesen Frauen aus der Arbeiterschicht wurde gerne nachgesagt, sie hätten eine lockere Moralvorstellung (Anm. d. Red.).

sich dann dem Lokalbesitzer auf Gedeih und Verderb auszuliefern, als der Österreicher Alfred Perlès, der mit Jean Kronski durchgebrannt war und den Miller durch June bereits 1928 kennengelernt hatte, hereintrat. Perlès war klein, ein wenig unbeholfen und sehr jungenhaft. Er arbeitete als Korrektor bei der *Tribune*, wo er auch hin und wieder einen Artikel unterbrachte, und schrieb an einem surrealistischen Roman in französischer Sprache. Perlès und Miller verstanden sich auf Anhieb, denn ihnen war nicht nur ein starker Wille zum Überleben gemein, sondern auch ihr Hang zur Albernheit. Perlès förderte Millers Neigung zur Faulheit, seine Späße und seine schludrige Philosophiererei. Gleichzeitig diente er Miller als «zweite Besetzung», die er immer brauchte, als Clown, der ihm den Spiegel vors Gesicht hielt. Miller schlug sofort vor, daß sie sich gegenseitig «Joey» nennen sollten (wohl nach seinem Freund Joey Imhof, mit dem Miller in jungen Jahren seine ersten homoerotischen Erfahrungen gemacht hatte). Perlès, der meist mit allem einverstanden war, was Miller sagte, stimmte bereitwillig zu, und bald schon hießen alle am linken Seineufer «Joey», ob ihnen das nun paßte oder nicht.

Perlès löste außerdem Millers dringendste finanzielle Probleme, indem er ihm die Zeche und die Miete für ein Zimmer im Hôtel Central zahlte, wo auch er wohnte und das am Square du Maine lag.[17] Von seinem Zimmer aus konnte Miller die Prostituierten sehen, die auf dem Boulevard Edgar Quinet auf und ab flanierten, und die Arbeiter, die ihre Käsebrote auf den Bänken unter seinem Fenster verzehrten. Endlich glaubte er, das echte Paris gefunden zu haben. Er brachte es zwar zu keinem festen Job, aber dafür schrieb er wieder, und zwar an einem seiner bis dahin besten Werke, wie er meinte. Er trug immer ein Notizbuch mit sich herum, in das er kurze Beschreibungen von Straßenszenen und anderen Ereignissen eintrug. Dazu gehörten zum Beispiel das Sechstagerennen, das er im März gesehen hatte, eine Meereskunstausstellung im Théâtre Pigalle oder Skizzen über die Weinhändler in Bercy. Sein Stil verlor allmählich die Unbeholfenheit, mit der Miller früher zu kämpfen gehabt hatte, und war weniger hölzern und gekünstelt. «Wenn man tagtäglich eine fremde Sprache hört», erklärte er später, «sticht einem die eigene stärker ins Auge, und man nimmt plötzlich gewisse Nuancen und Schattierungen wahr, die man überhaupt nicht vermutet hatte... Man wird sich seiner eigenen Sprache bewußter.»[18] Er genoß auch die langen Briefe, die er – besonders an Emil Schnellock – schrieb: «In einem Brief kann ich einfach so vor mich hinschreiben und muß nicht allzusehr auf die Grammatik und solche Dinge achten. Ich kann fluchen, wann ich will, und meterweise Adjektive aneinanderreihen.»[19] Das Briefeschreiben verhalf seiner Prosa zu dem natürlichen Gesprächston, den sie dringend benötigte, und er arbeitete an der Entwicklung einer anonymen, voyeuristischen Erzählstimme, die Jahre später sein Buch *Wendekreis des Krebses* auszeichnen sollte. In seinen Briefen begann er, von seinem «Pariser Buch» zu sprechen; viele der Beschreibungen aus dem Paris des Jahres 1930 finden sich in seinem ersten «richtigen» Roman wieder.

Vorerst jedoch richtete er sein kommerzielles Augenmerk auf einen neuerlichen Versuch mit *Moloch*: Es war ihm gelungen, Henry Müller, einen Lektor bei Grasset, dafür zu interessieren. Müller hatte den Roman für gut gehalten, glaubte aber nicht, daß er die französische Leserschaft ansprechen würde. Miller legte sein Werk auch Edward Titus, dem Herausgeber von *This Quarter* und dem Inhaber eines Buchgeschäftes an der Rue Delambre vor, in dem viele Amerikaner Kunden waren. Als Titus das Manuskript prompt verlor, faßte Miller dies als Omen auf und wandte sich statt dessen *Crazy Cock* zu, dem Manuskript über sein Leben mit June.[20] Er zeigte Ned Calmer und Perlès das Buch, doch von keinem der beiden erfuhr er sonderlichen Zuspruch.[21] Miller machte sich Sorgen, daß das zentrale Thema des Werks – die Perversion – die Verlage verschrecken würde, aber eben diese Perversion war für den Roman unerläßlich.

Jene Versuche brachten natürlich nicht das Geld ein, das Miller so dringend gebraucht hätte. Im Mai schrieb er Emil Schnellock, er habe mit Frank Harris, einem alten Kunden seines Vaters, korrespondiert, der in Nizza lebe, und er habe um Geld für seinen Vater gebeten.[22] Heinrich Miller erlebte wieder einmal eine Pechsträhne und mußte auf Kommissionsbasis arbeiten, was «nicht genug Geld zum Leben und auch nicht genug zum Sterben» einbrachte. Er ging seinen Sohn um Taschengeld an – drei Dollar die Woche fürs

Mittagessen – und schrieb, er solle es so schicken, daß Louise nichts davon erfahre. Miller schämte sich für seinen Vater und schickte, was er konnte, auch wenn er seinen Freunden gegenüber in dieser Sache den Gefühllosen spielte. Die Bitten seines Vaters ließen ihn aktiv werden; plötzlich stellte er seine Zielstrebigkeit unter Beweis.

Diese Reaktion schlug sich auch auf Millers schriftstellerische Bemühungen nieder. In seinem frühesten Entwurf von *Wendekreis des Krebses*, der gerade begann, auf der Grundlage der Pariser Skizzen Gestalt anzunehmen, notierte er folgende Ermahnung: «Von nun an in bezug auf mich selbst nur noch die erste Person Singular, ein großgeschriebenes Ich und keine Grimassen dahinter. Sei ein Mann, genau wie mein Vater es mir immer geraten hat. Heraus damit!»[23] *Als Mann* zu schreiben erforderte Millers Ansicht nach absolute Aufrichtigkeit und Ehrlichkeit, die schon fast ans Häßliche grenzte. Er begann, Schimpfworte und Flüche in seine Entwürfe einzufügen, was er bisher noch nie getan hatte. In sein Notizbuch schrieb er, Dreiser sei durch ein «schmutziges» Buch – *Schwester Carrie* – berühmt geworden. Warum solle er das nicht auch versuchen?[24]

Eines der ersten kurzen Werke, das Miller Ende 1930 oder Anfang 1931 in dieser neuen Schreibart verfaßte, war «Mademoiselle Claude»[25]. Mademoiselle Claude, die Protagonistin der Geschichte, war eine bekannte Nutte vom linken Seineufer, die Miller zwar bewunderte, aber nur selten besuchte. Als sie sah, wie Henry sich in Cafés Notizen machte, fragte sie ihn, was er da in sein Heft eintrage, und das brachte ihn auf die Idee, über sie zu schreiben. Als er ihr das sagte, war sie überzeugt, er würde sich eine schöne Geschichte über sie ausdenken. Um sie in diesem Glauben zu bestärken, gab er Auszüge aus britischen Klassikern als seine Lobgesänge auf sie aus.[26] Nachdem er schließlich den Mut gefunden hatte, Mademoiselle Claude einen rein geschäftlichen Besuch abzustatten, teilte er einem amerikanischen Freund in einem Brief mit, er sei zwar mit ihr ins Bett gegangen, dann aber so von ihrer Kultiviertheit angetan gewesen, daß er mit ihr über Bücher diskutiert und schließlich ohne Sex nach Hause gegangen sei.[27]

In der Geschichte, die Miller tatsächlich verfaßte, stellte er sich als Mademoiselle Claudes Zuhälter dar und nannte sie den reinsten

Engel: Das einzige Problem, das das Leben mit einer Nutte brachte, so schrieb er, war die dauernde Angst vor Geschlechtskrankheiten. Die Erzählung dreht sich hauptsächlich um die Frage, welcher der beiden Partner den anderen mit dem Tripper angesteckt hat, und vereinigt in sich sämtliche Ängste Millers vor Frauen, Krankheiten, Sex und seiner eigenen Männlichkeit. Das Leben mit diesem «Engel» habe ihn selbst in einen Heiligen verwandelt. Doch ganz, als erkenne er seine eigene Widersprüchlichkeit, meint er weiter: «Wenn Claude mich umarmt – sie liebt mich jetzt mehr denn je –, scheint es mir, als sei ich nur eine verdammte Mikrobe, die sich ihren Weg in Claudes Seele gebahnt hat. Ich fühle, daß wenn ich auch mit einem Engel lebe, ich doch versuchen sollte, einen Mann aus mir zu machen.» [28]

In «Mademoiselle Claude» setzte Miller sich wieder einmal mit seiner zwiespältigen Liebe zu seiner Frau June auseinander, die er gleichzeitig als Hure und als Heilige betrachtete. Indem er eine professionelle Prostituierte zur Heldin der Geschichte machte und sich selbst zu ihrem Zuhälter, wurde sein Stil eindrucksvoller und seine emotionale Beteiligung weniger heftig und dominant. Mit «Mademoiselle Claude» traf er genau den Tonfall, nach dem er so lange gesucht hatte; er fand seine ureigenste Ausdrucksform, die des literarischen *clochard*, des Schriftstellers als Geächtetem.

Vielleicht fühlte sich Miller gezwungen, in seinem Werk eine neue Form der Auseinandersetzung mit June zu finden, weil sie inzwischen tatsächlich in sein Leben zurückgekehrt war. Sie hatte bereits im Mai gedroht, zu ihm nach Paris zu kommen, doch damals hatte er Schnellock in einem Brief gebeten, sie davon abzuhalten, bis er einen Job fände. Im August arbeitete er dann schließlich für Haridas Mazumdar, und diese Nachricht bestürzte June so sehr, daß sie schnellstens das Geld für die Überfahrt zusammenkratzte. Sie kam um den 1. Oktober 1930 in Paris an; sie und Miller verfehlten sich am Gare St. Lazare, und er fand sie schließlich bei einem Glas Pernod in einem Café, wo sie sich bereits wie zu Hause fühlte. Das alte Spiel zwischen den beiden begann fast sofort wieder von neuem, und June berichtete ihm von all den Intrigen und Verehrern während ihrer siebenmonatigen Trennung. Als Henry erwähnte, er habe im vergangenen Mai die gefeierte Germaine

Dulac kennengelernt, und sie habe vage angedeutet, sie wolle einen Film in englischer Sprache drehen, faßte June dies in der für sie so typischen Art als Rollenangebot auf. Die Tatsache, daß Mme. Dulac ihre lesbischen Neigungen offen lebte, bestärkte June nur noch in ihren Erwartungen. Sie lag Henry die ganze Zeit deswegen in den Ohren, und endlich gelang es ihm, Mme. Dulac eine Zusage zu entlocken.

Der Drehbeginn war jedoch erst für den Sommer 1931 angesetzt, und June ging schnell das Geld aus. Bereits nach drei Wochen kehrte sie wieder nach New York zurück, um, wie sie sagte, einen gutbezahlten Job im Theater zu finden, bevor sie am Ende des Winters zurückkäme. Nach ihrer Abreise fühlte Miller sich einsamer denn je; als er sie zum Zug gebracht hatte, glaubte er, die Welt müsse untergehen.[29] Aus dieser Stimmung heraus beschloß er, ebenfalls zurückzufahren, und bat deshalb seine Familie und seinen Freund Abe Elkus Mitte November, das Geld für seine Schiffspassage aufzutreiben.[30] Das «Buch über Paris», so redete er sich ein, könnte er immer noch zu Hause zum Abschluß bringen. So geriet er an der Schwelle zum kreativen Durchbruch wieder ins Wanken – er hatte sich inzwischen schon zu sehr an den Mißerfolg gewöhnt.

Doch nach Junes Besuch fragte Henry sich auch, ob seine Besessenheit von ihr nicht am Abklingen war, ob ihr Einfluß nicht ganz allmählich nachließ. Die Monate, die Miller allein in Paris verbrachte, machten ihn härter und verliehen ihm die Gewißheit, daß er auch allein überleben und vielleicht sogar noch ein weiteres großes Buch schreiben konnte. Nicht einmal einen Monat, nachdem er zu Hause um das Geld für die Überfahrt nachgesucht hatte, steckte er schon wieder voller Energie und schrieb an Schnellock: «Der Saft rinnt wieder; ich wache mit Sperma in der Hand auf, habe Einfälle auf der Toilette, in der Metro, in Telefonzellen usw. Ein gutes Zeichen. Frohe Kunde. Ich werde wieder schreiben.»[31]

Nach Junes Abreise zögerte er, wieder bei Perlès einzuziehen. Zufällig kam er mit Richard Osborn aus Bridgeport, Connecticut, in Kontakt, und dieser bot ihm in seiner Wohnung in der Rue Auguste Bartholdi, nicht weit vom Eiffelturm entfernt, einen

Schlafplatz für den Winter. Osborn stammte aus großbürgerlichem Haus, hegte literarische Ambitionen und arbeitete tagsüber als Anwalt in der Pariser Niederlassung der New Yorker National City Bank. In Millers Augen bedeutete das, daß Osborn reich sein mußte; deshalb hatte er auch keine Skrupel, die Zehn- oder Zwanzig-Francs-Scheine einzustecken, die dieser ihm am Morgen immer hinlegte. Osborns Motive hingegen waren weit unklarer. Er hatte bereits seine neueste Freundin in der Wohnung untergebracht, eine Russin namens Irene, die nicht nur blaues Blut, sondern auch den Tripper hatte. Osborn erklärte dieses Arrangement damit, daß Irene ihn amüsierte, und behauptete, er lasse Miller bei sich wohnen, weil die Räume für ihn und Irene allein zu groß seien, und außerdem könne Miller sich tagsüber um das Feuer im Kamin kümmern.[32]

Miller und Irene gingen einander schon bald auf die Nerven. Die Russin redete unaufhörlich, und sie hatte die Angewohnheit, Millers Handtuch zu benutzen, was ihn entsetzte, weil er schreckliche Angst davor hatte, sich von ihr den Tripper zu holen. Auch nachdem die Krankheit behandelt und ausgeheilt war, schlief Irene mit keinem der beiden Männer und behauptete, Lesbierin zu sein. Sie ließ sich weder von Millers künstlerischen Ambitionen noch von Osborns Geld beeindrucken. Miller, der den ganzen Tag in der Wohnung im siebten Stock eingesperrt war, tat sein möglichstes, sie einfach zu ignorieren und sich auf seine Schriftstellerei zu konzentrieren.

Er saugte nun beständig Eindrücke in sich auf und ließ sie in atemberaubender Geschwindigkeit in seine Prosa einfließen. Das Jahr hatte mit einem Paukenschlag begonnen, denn am Silvesterabend hatte Miller während einer Taxifahrt einen Unfall. Das andere Auto überschlug sich, doch Miller blieb unverletzt.[33] Ganz als streife er eine alte Haut ab, betrachtete er nun einige seiner früheren künstlerischen Vorbilder genauer und verwarf viele von ihnen: Thomas Mann, weil er sich in *Tod in Venedig* zu deutsch und zu romantisch gebärdete (Miller wagte es nicht, den *Zauberberg* noch einmal zu lesen, denn er hatte Angst, auch dieses Buch könnte seinen Reiz für ihn verloren haben), und James Joyce, den er nun als «kaputtes Erbrochenes, kostbare Kloake, mittelalterlichen Eintopf»[34] einschätzte. Seine neuen Helden waren Proust und Spengler, besonders der letztere, dessen pessimistische Geschichtsauffassung eine gewisse Ordnung in die bösen Ahnungen von Korruption und Verfall brachte, unter denen Miller seit seiner Ankunft in Frankreich litt. Er stilisierte auch D. H. Lawrence zu einer Passion; ein Jahr später schrieb er Emil Schnellock, er habe sich in der Welt des D. H. Lawrence verloren – und dabei sich selbst gefunden. Sein Lieblingsroman war *Aaron's Rod*, und trotz der freizügig dargestellten Sexualität in *Lady Chatterley* hatte er manches an dem Werk auszusetzen; er hielt den Roman für zu konstruiert und mit Ideen überfrachtet.

Miller hatte dieselben Probleme mit seinem eigenen Manuskript *Crazy Cock*, das ihn im Winter 1931 nur noch mit Widerwillen erfüllte. Es war zu stark aufgebläht, und seine ausführlichen Notizen dazu erzeugten in ihm ein Gefühl der Beengtheit und Verkrampfung. «Ich werde in dem Pariser Buch zerbersten», schrieb er an Schnellock und erklärte seine Ungeduld, *Crazy Cock* endlich aus der Hand legen zu können. «Zum Teufel mit Form, Stil, Ausdruck und den ganzen ach so wichtigen Dingen, die die Kritiker betören. Diesmal möchte ich genauso schreiben, wie ich es will – spitz und schmerzhaft wie ein Messerstich.»[35] Doch einige unvollendete Arbeiten hinderten ihn daran, seine ganze Aufmerksamkeit auf das Buch zu konzentrieren, das *Wendekreis des Krebses* werden sollte. Er sammelte noch immer Material und ordnete literarische Gedanken, und obendrein mußte er sich von der Begegnung mit June erholen.

Miller konnte sich mit Osborns Almosen gerade über Wasser halten, und um sich ein wenig zusätzliches Geld zu verdienen, begann er, für den amerikanischen Maler John Nichols, der bald ein wichtiger Freund wurde, Modell zu stehen. Nichols kam aus Woodstock, New York, und sah genauso aus, wie man sich einen Künstler und Bohemien vorstellte: Er trug lange, rote Unterhosen unter seiner Jeans und war stolz auf seinen dichten, langen – ebenfalls roten – Bart. Miller ahmte Nichols nach und ließ sich auch einen Bart stehen, der sich zu seiner größten Überraschung gleichfalls als rot entpuppte.

In seinen Memoiren schrieb Osborn, zwischen Miller und Nichols habe es so etwas wie «ein Band der gegenseitigen Bewunderung» gegeben: «Sie hielten einander für Genies.»[36] Miller liebte die bildende Kunst, mehrere seiner amerikanischen Freunde waren Maler, der wichtigste unter ihnen Emil Schnellock. Miller selbst hatte zusammen mit seinem Freund Joe O'Regan etwa zehn Jahre zuvor zu malen begonnen, nachdem er einige Reproduktionen von Gemälden Turners im Schaufenster eines Kaufhauses gesehen hatte[37], später aber feststellen müssen, daß er keine Begabung fürs Zeichnen und jegliche Art von realistischer Darstellung hatte, dafür jedoch ein Auge für Farbe und Komposition.[38] Und wichtiger noch: Er hatte ungeheuren Spaß am Malen und glaubte, daß es seinen ohnehin schon stark ausgeprägten Sinn fürs Visuelle anregte, was wiederum sein Schreiben bereicherte.

Zusammen mit Nichols besuchte er den Cirque Médrano, wo sie, wie er Schnellock schrieb, «einen schönen Seurat-Abend»[39] verbrachten. Im Frühling waren Millers Tage ausgefüllt und reich an Erlebnissen. Durch Nichols lernte er neue Freunde kennen, unter ihnen den Maler Frank Mechau und seine Frau Paula sowie Joe Schrank, einen Schriftsteller, der einen gewissen Erfolg mit dem Schreiben von Broadwaystücken verbuchen konnte. Schranks Frau Bertha faszinierte Henry einen oder zwei Monate völlig, denn ihre dunkle Schönheit erinnerte ihn an June, aber sie war etwas üppiger und weicher. Miller flirtete das ganze Frühjahr und den ganzen Sommer 1931 mit ihr.*

Im März ging die Zeit bei Osborn zu Ende. Miller mußte sich eine neue Bleibe suchen, und er zog bei Fred Kann ein, der in der Nähe des Friedhofs Montparnasse wohnte. Schon bald steckte er wieder in ernsthaften Geldnöten. Zwar wurde ihm eine Tätigkeit als Tellerwäscher in einem amerikanischen Restaurant am Boulevard Montparnasse angeboten, wo er zum Ausgleich freie Mahlzeiten bekommen hätte, aber da er keine Arbeitserlaubnis hatte, konnte er den Job nicht annehmen. Und die Englischschüler waren dünn gesät.[40] Miller litt wieder einmal unter Hämorrhoiden – er hatte sein ganzes Leben lang damit zu kämpfen –, und ihm knurrte

* Die Schranks tragen in *Wendekreis des Krebses* die Namen Sylvester und Tania (Anm. d. Red.).

ständig der Magen. Aber Paris, so schrieb er seinem Freund Ned Calmer, war sogar noch schöner, wenn man Hunger hatte – «wie wenn ein Skelett einen im Augenblick des Orgasmus packt»[41].

Obwohl Millers Briefe nach Amerika oft heiter klangen und er sie mit «Gruß und Kuß» unterzeichnete, hatte er doch im Winter und Frühjahr 1930/31 wieder einmal mit finanziellen Problemen zu kämpfen. Als Kann ihn nicht mehr länger bei sich wohnen ließ, kehrte er zu Perlès ins Hôtel Central zurück. Es kam ein wenig Geld ins Haus, als Elliot Paul zwei Artikel für die Sonntagsausgabe der *Tribune* annahm. Der eine befaßte sich mit dem Cirque Médrano, der andere mit einem Sechstagerennen. Miller und Perlès arbeiteten zusammen an einer Reihe von Reiseartikeln und formulierten dabei häufig lediglich Geschichten aus früheren Nummern um. Selbst wenn es unehrlich war, schrieb Miller später, so war es immer noch besser als zu schnorren.[42]

Er schien ziellos dahinzutreiben. Doch an einem Märzabend im Jahr 1931 lernte er in Montparnasse Walter Lowenfels kennen, einen amerikanischen Dichter von gewissem Ansehen. Von Lowenfels waren bis zu diesem Zeitpunkt zwei Gedichtbände erschienen. Mit seinem jüngsten Werk – einer Reihe von «Elegien», die er unter dem Titel *Some Deaths* zu veröffentlichen beabsichtigte – war er in völlig neue Regionen des Schreibens vorgedrungen. Er erklärte Miller sein «Todesthema», das er zusammen mit seinem Freund Michael Fraenkel entwickelt hatte: Wenn die Welt sich in einem Zustand der Auflösung befand, bestand der einzige Ausweg darin, sich des Todes bewußt zu werden, den Tod zu *leben*. Die «Todesschule» wählte sich Kierkegaard zum Motto: «Was ist der Geist? Geist bedeutet, so zu leben, als wäre man tot.»[43]

Lowenfels, der von der Schilderung der Ziele, die Miller mit seinem «Pariser Buch» verfolgte, beeindruckt war, faßte die für Miller so typische Reaktion als Begeisterung auf und berichtete Fraenkel, er habe möglicherweise einen Schüler gefunden: «Eigentlich nicht so richtig lebendig, aber gewiß auch nicht tot. Lebendig auf eine verwirrte, altmodische Weise. Ein interessanter Kerl.»[44] Daraufhin beorderte Fraenkel Miller in seine Wohnung in der Rue Villa Seurat im 14. Arrondissement.

Miller kam im April zu Fraenkel und blieb vier Monate. Er war fasziniert von dem kleinen, nur wenig einnehmenden Mann, der gewöhnlich einen speckigen braunen Morgenmantel trug und eine unverkennbare Ähnlichkeit mit Trotzki hatte. Fraenkel kam aus Litauen, war Jude und hatte in Amerika mit dem Vertrieb von Büchern ein kleines Vermögen angehäuft, bevor der Gedanke an den Tod von ihm Besitz ergriff. Mit dem festen Entschluß zu schreiben war er nach Paris gekommen, wählte sich den Tod als Thema und veröffentlichte *Werther's Younger Brother*, eine Betrachtung über den Tod bei Goethe, und zwar in seinem eigenen Verlag, der Carrefour Press, wo auch Lowenfels' *Apollinaire: An Elegy* erschienen war.

Genau wie Lowenfels, der als Makler arbeitete und dessen Familie sehr wohlhabend war, verfügte auch Fraenkel über ein beträchtliches Einkommen, und schon allein diese Tatsache hätte Miller für seine Ideen empfänglich gestimmt. Aber darüber hinaus fühlte er sich in Fraenkels Wohnung in der Rue Villa Seurat Nr. 18 sehr wohl. Die Rue Villa Seurat war eine Sackgasse, die von der etwas heruntergekommenen Rue de la Tombe-Issoire abging, und sah mit ihren buntgestrichenen Stuckhäusern recht bürgerlich aus.[45] Miller berichtete stolz, daß diese Straße Künstler wie Foujita, André Derain, Jean Lurcat und Marcel Gromaire beherbergte; Dalí bewohnte ein Haus an der Ecke. Als Fraenkel Miller einen Teil seines Wohnzimmers als Bleibe anbot, nahm er gerne an und war auch bereit, Fraenkels Schüler zu spielen, wenn das der Preis dafür sein sollte.

Millers Verbindung mit Fraenkel war besonders in dieser Zeit, den Anfängen von *Wendekreis des Krebses*, ausgesprochen wichtig. Fraenkel warf nur einen einzigen Blick auf *Crazy Cock* und empfahl Miller dann, das Manuskript zu zerreißen. Schreibe, wie du sprichst, ermutigte er ihn; schreibe, wie du lebst. Später behauptete er, er habe seinen neuen Mitbewohner sofort als anarchischen, höchst widersprüchlichen Menschen erkannt, dessen einzige Chance darin bestand, sich an die Schreibmaschine zu setzen und alles aus sich herausfließen zu lassen. «Die erste Pflicht eines jeden Schriftstellers», schrieb er, «besteht gegenüber sich selbst. Er muß sich selbst befreien, seine Vergangenheit und seinen Tod abschütteln, zum

Leben erwachen. Persönliche Aufzeichnungen. Nur dafür ist Zeit. Alles andere ist Literatur – mit einem schalen Beigeschmack!»[46]

Fraenkels Ansicht über die Literatur findet sich auf den ersten Seiten von *Wendekreis des Krebses* wieder:

> Und dies hier? Dies ist kein Buch. Dies ist Schmähung, Verleumdung, Diffamierung eines Charakters. Dies ist kein Buch im gewöhnlichen Sinn des Wortes. Nein, dies ist eine fortwährende Beleidigung, ein Maulvoll Spucke ins Gesicht der Kunst, ein Fußtritt für Gott, Menschheit, Schicksal, Zeit, Liebe, Schönheit... was man will.[47]

Miller war tatsächlich anarchisch, wenn es ums Schreiben ging: Er haßte Form, Handlung, literarische «Kunstgriffe». Früher aber hatte Miller die Literatur nicht aus Prinzip verabscheut, sondern weil er mit ihren Regeln nicht zurechtkam; jetzt lieferte Fraenkel ihm sozusagen noch das Prinzip. Fraenkel war der Ansicht, daß er Miller das Thema für *Wendekreis des Krebses* – den Tod – gab, doch was er tatsächlich beitrug, war eine Geisteshaltung.

Miller schrieb über Lowenfels und Fraenkel, sie hätten sich in einer Art höheren Mathematik unterhalten. Nie war etwas davon greifbar, alles war vergeistigt, abstrakte Idee. Fraenkel arbeitete gerade an einer Schrift, der er den Titel «The Weather Paper» gab, und Lowenfels an seinen Gedichten. Im Lauf der Zeit entwickelte sich Miller, wenn schon nicht zu einem Anhänger der «Todesschule», wie Lowenfels und Fraenkel gehofft hatten, so doch zumindest zu einem Gesprächspartner, der ihre Philosophie seinen eigenen Freunden in Briefen weitergab. Diese Philosophie war unendlich flexibel. So wie Miller sie lebte, ähnelte sie einem verschwommenen, aber intensiv empfundenen Nihilismus. Vor allen Dingen wirkte sie tiefschürfend, und Miller war schon immer von allem Profunden fasziniert gewesen. Er begann, sich selbst tiefschürfend zu geben – oft mit kläglichen Ergebnissen.

Die Tatsache, daß Fraenkel Jude war, hatte viel mit seiner Faszination für Miller zu tun. Aufgrund eines Briefs an Fraenkel läßt sich vermuten, daß sie oft Millers selbst beschriebenen «unverbesserlichen Antisemitismus» diskutierten, wenn auch, wie es scheint, nicht sonderlich kritisch. (In demselben Brief beklagte Miller sich darüber, daß der Jude für die Europäer «ein schrecklicher und schädlicher» Einfluß gewesen sei.[48]) Das, was Fraenkel sagte, erinnerte Miller an die Diskussionen, denen er während seiner «jüdischen Phase» in den Cafés an der Second Avenue in New York gelauscht hatte. Jetzt, in der Villa Seurat, wie die Bewohner die Adresse zu nennen pflegten, sah er die Juden als romantische und exotische Wesen. Als er einige Jahre später wieder in der Villa Seurat wohnte, machte er sich unbarmherzig über Fraenkel lustig; er und Perlès machten sich einen Spaß daraus, ihn zu bestehlen. Aber im Frühjahr und frühen Sommer des Jahres 1931 behandelte er Fraenkel noch mit Achtung, ja sogar mit einer Art von Verehrung.

Im Juli verkündete Fraenkel, er werde die Wohnung untervermieten, und so saß Miller wieder einmal auf der Straße. Zum Glück beschaffte Perlès ihm einen Job bei der *Chicago Tribune*, wo er die Börsennotierungen korrekturlas. Es gab erneut Probleme mit der Arbeitsgenehmigung, aber schließlich bekam Miller dann doch eine *carte d'identité*. (Er schrieb an Ned Calmer, es habe ihn innerlich in höchste Erregung versetzt, seinen Beruf mit «Schriftsteller» anzugeben – das verschaffte ihm das Gefühl, so etwas wie ein Krimineller zu sein.[49]) Miller wurde der Nachtschicht zugeteilt, und er arbeitete von sieben Uhr abends bis zwei Uhr morgens. Danach zog er sich zusammen mit Perlès – und Wambly Bald, wenn dieser Gerüchte für seine Kolumne suchte – ins Gillotte's zurück, ein billiges, hauptsächlich von Journalisten besuchtes Lokal gleich gegenüber dem Zeitungsgebäude in der Rue Lamartine.[50] Bei der *Tribune* lernte Miller Louis Atlas kennen, einen weiteren Amerikaner, der ihn oft in seinem Hotelzimmer in der Rue Monsieur-le-Prince aufnahm und ihn mit Geschichten über Josephine Baker und Oskar Kokoschka unterhielt.[51] Während der nächsten ein oder zwei Jahre ließ Atlas Miller verschiedene Arbeiten zukommen, darunter Artikel, die unter Atlas' Namen in einem jüdischen Blatt in New York erschienen.

Miller zählte nun in Montparnasse allmählich zum Kreis der fast schon Berühmten. Im Frühsommer 1931 erfuhr er, daß Samuel Putnam «Mademoiselle Claude» in der Herbstausgabe der *New Review* veröffentlichen würde. In jenem Sommer überredeten Miller und Perlès Putnam, ihnen die Redaktion und Produktion der *New Review* zu übertragen, während Putnam selbst sich in Amerika aufhielt. Sie sahen dies als große Chance zur Meinungsäußerung und hofften, damit die Aufmerksamkeit einer breiteren Öffentlichkeit auf sich zu ziehen. In der *Tribune* erschien vorab eine Reihe von Hinweisen auf jene Ausgabe der *New Review*, die neben Millers «Mademoiselle Claude» auch zwei Geschichten von Perlès enthalten sollte sowie ein Werk, das sie als Manifest «der neuesten und umwälzendsten [künstlerischen] Bewegung» bezeichneten.[52]

Als erstes nahmen die beiden einen Artikel von Robert McAlmon aus der Ausgabe heraus. McAlmon war in den zwanziger Jahren der Liebling von Paris gewesen und repräsentierte all das, was Miller verabscheute. Den Artikel zu streichen, so schrieb er einem Freund, sei ein «wunderbares sadistisches Vergnügen» gewesen. Dann dachten er und Perlès sich einen fünfunddreißigseitigen Artikel mit der Überschrift «The New Instinctivism» aus, den sie selbst folgendermaßen charakterisierten: «Ein Maul voll Spucke in den Spucknapf der Nachkriegsüberheblichkeit, gesunde Scheiße in der Wiege totgeborener Gottheiten.»[53] Miller rechnete fast damit, daß dieser Artikel zu ihrer Ausweisung aus Frankreich führen würde.

«The New Instinctivism» ist so etwas wie ein Antimanifest und vielleicht ganz bewußt albern gehalten. Das Ziel der Bewegung bestand nach Ansicht ihrer einzigen beiden Anhänger darin, *für* oder *gegen* etwas zu sein – und zwar ganz instinktiv. Ihre Philosophie war ein kunterbuntes Durcheinander, und indem sie ihr Traktat als Angriff auf die «Nachkriegsüberheblichkeit» bezeichneten, verrieten sie das Eigeninteresse ihres Unternehmens. Der Abscheu, den Miller und Perlès für Schriftsteller wie McAlmon empfanden, war echt, doch ihre Sehnsucht nach ähnlich positiver Aufnahme ihrer eigenen Werke hinderte sie oft daran, eine in sich schlüssige künstlerische Position zu entwickeln. Miller hatte ein so starkes Bedürfnis, eine neue «Schule» ins Leben zu rufen, daß er weniger Zeit damit verbrachte, seinen ästhetischen Standpunkt zu durchdenken, als für ihn zu werben.

«The New Instinctivism» war nicht nur ein künstlerisches Statement, sondern auch ein Mischmasch aus kurzen Stücken, darunter ein (französischer) Brief an Jean Cocteau, die Beschreibung, wie Mademoiselle Claude sich auf dem Bidet abtrocknet, und ein Gedicht mit dem Titel «Hemmorroides» [sic!]. Das Ganze endete mit einem Abschnitt, der die Überschrift trug: «Praising the Shit Out of France»[54].

Die Herbstnummer der *New Review* erschien schließlich ohne «The New Instinctivism», denn Miller und Perlès hatten an Putnam geschrieben und ihn über ihre Absichten informiert. In seinem Antwortbrief drückte Putnam seine Vorbehalte gegenüber der «Verantwortung» aus, die er vielleicht «vor dem Gesetz» übernehmen müsse und teilte den beiden mit, es tue ihm leid um die Geschichte von McAlmon, aber wahrscheinlich könne sie auch noch in einer späteren Ausgabe erscheinen. Er gratulierte Miller zu «Mademoiselle Claude» und schrieb, er hoffe, eine Möglichkeit zu finden, wie er Perlès und Miller für ihre Bemühungen entschädigen könne.[55] Aus «The New Instinctivism» war nichts geworden. Doch trotzdem war Miller über die Aufmerksamkeit befriedigt, die «Mademoiselle Claude» erregte. Wambly Bald besprach die Geschichte in der Septemberausgabe der *Tribune*[56], und Peter Neagoe fragte Miller, ob er sie in seine Anthologie *Americans Abroad* für das Jahr 1932 aufnehmen dürfe. Dort würde sie sich in guter Gesellschaft befinden – für den Band waren bereits Geschichten von Hemingway, Gertrude Stein, John Dos Passos und Ezra Pound vorgesehen.[57]

Putnam nahm einen Essay von Miller über Luis Buñuels surrealistischen Film *L'âge d'or* an – das Werk hatte genau wie Buñuels früherer Film *Un chien andalou*, den er zusammen mit Salvador Dalí gedreht hatte, tiefen Eindruck auf Miller gemacht –, und Miller fühlte sich endlich als ernsthafter Schriftsteller akzeptiert. In Amerika hatte er es lediglich zum – nur selten beschäftigten – Lohnschreiber gebracht; in Frankreich hingegen wurde er sofort so eingeschätzt, wie er sich selbst sah – als Angehöriger der Avantgarde nämlich. Nun machte er sich voller Begeisterung ans Werk und stürzte sich auf den Surrealismus in seiner extremsten Form. Er teilte Schnellock mit, er wolle sein nächstes Buch Buñuel widmen, und fügte etwas kryptisch hinzu: «Der orphische Mythos erwacht zu neuem Leben.»[58] Zu Ned Calmer, der Miller den Entwurf eines

Romans gezeigt hatte, sagte er: «Scheiß auf die Jungs. Nicht bloß auf Hergesheimer und Dos Passos, sondern auch auf Sinclair Lewis und Dreiser.» Seiner Ansicht nach lief Calmer Gefahr, ein Musterknabe zu werden, und deshalb riet er ihm, «sich den Mund mal wieder dreckig zu machen». Miller selbst hingegen hatte «den Heiligen Geist in den Eingeweiden»[59]. Wie ein frisch Bekehrter, der fast zwanzig Jahre lang um diese Bekehrung gerungen hatte, beschrieb er voller Eifer die Mysterien des Schöpferischen. Er hatte das Heil in seiner Berufung gefunden.

Finanziell hatte sich für ihn nicht viel geändert; die meiste Zeit schlief er bei Perlès, Osborn oder Kann, denn Lowenfels und Calmer hatten Frau und Kind, und Fraenkel war verschwunden. Um das Nahrungsproblem zu lösen, heckte Miller einen neuen Plan aus: Er schrieb all seinen Freunden und fragte, ob sie bereit seien, ihn einmal pro Woche zum Essen einzuladen – ein «einfaches Mahl», wie er sich Calmer gegenüber ausdrückte –, und schlug jedem von ihnen einen bestimmten Tag vor. Dafür, so argumentierte er, würden sie in den Genuß der Unterhaltung mit ihm kommen, ganz zu schweigen davon, daß sie auch noch die gute Sache der Kunst förderten. Wie er Richard Osborn stolz mitteilte, gelang es ihm so, sechs Freunde oder Freundespaare für seine Idee zu gewinnen: Frank und Paula Mechau, die Schranks, die Lowenfels, Fred Kann, Zadkine und seine Frau sowie die Calmers.[60]

Die meisten seiner Freunde hatten ein Einsehen mit ihm und seinem täglichen Kampf ums Dasein. Oft sprach er von June, die keiner außer ihm selbst sonderlich gut leiden konnte. Während ihres kurzen Parisaufenthaltes im Herbst 1930 hatte sie Osborn vor den Kopf gestoßen, und die Lowenfels hatten sich keinerlei Reim auf das machen können, was sie erzählte. In ihren Briefen an Henry behauptete sie nur, eifrig an ihrer Bühnenkarriere zu basteln. Außerdem betätigte sie sich als Millers New Yorker Agentin und schickte ihm im Juli ein Telegramm, in dem sie ihm erklärte, die Verleger seien so versessen auf *Crazy Cock*, daß sie dafür sicher einen Vorschuß von fünfhundert Dollar aushandeln könne. Miller kam das alles sehr merkwürdig vor, denn June hatte ihm zu einem früheren Zeitpunkt bereits mitgeteilt, das Buch sei von Jonathan Cape angenommen worden.[61] In demselben Telegramm schrieb sie, sie müsse spätestens im August zu ihm kommen, was ihn vor weitere Rätsel stellte.

Der Sommer verging ohne ein Lebenszeichen von ihr, aber im Frühherbst begann sie wieder, Telegramme zu schicken, und im Oktober traf sie in Paris ein. Aber das Gleichgewicht innerhalb ihrer Ehe hatte sich verlagert: June hatte abgenommen, sie schien verzweifelter denn je, und ihr Bezug zur Realität wurde immer schwächer. Sie mußte feststellen, daß auch Miller sich verändert hatte, und konnte sich nicht so recht mit dem neuen «Pariser Buch» anfreunden – *Crazy Cock*, der Roman, der sie zur Muse hochstilisierte, gefiel ihr besser. «Mademoiselle Claude» empfand sie als peinlich, und sie glaubte darin die Andeutung zu entdecken, sie könne ihren Mann nicht so an sich fesseln, daß er ihr treu blieb. Außerdem wurde ihr allmählich die Existenz einer bedrohlichen Rivalin bewußt: Miller hatte inzwischen Anaïs Nin kennengelernt und sich in einem sehr viel feinmaschigeren und zarteren Netz gefangen, als June es jemals würde spinnen können.

8. KAPITEL

«Die phallische Bedeutung der Dinge»

1931–1933

Während seiner ersten beiden Jahre in Paris hatte Miller in sexueller Hinsicht ein relativ asketisches Leben geführt. Wie seine lebenslange Bewunderung für Cora Seward beweist, erlag er immer wieder Schwärmereien und konnte sich diesem Hang auch in Paris nicht entziehen. Bertha Schrank, in die er sich verliebt zu haben glaubte, reiste im Herbst 1931 zusammen mit ihrem Mann nach Rußland, und obwohl sie Miller durchaus ermutigt hatte, war sein Interesse an ihr mit der Zeit doch merklich schwächer geworden.[1] Seinen Briefen nach zu urteilen, schien er damals eine heftige Leidenschaft für Mademoiselle Claude zu entwickeln, die Protagonistin seiner Geschichte. Wie so viele Amerikaner in Paris verlieh auch er den Prostituierten einen romantischen Nimbus und betrachtete sie im Gegensatz zu ihren amerikanischen Kolleginnen als höchst feminin und auf charmante Weise kokett. Doch seine Begegnungen mit ihnen waren weit weniger häufig, als seine Schriften vermuten lassen, denn er hatte panische Angst vor Geschlechtskrankheiten. 1933 schrieb er, er sei in solchen Dingen äußerst vorsichtig, denn für ihn sei es das Schrecklichste überhaupt, unrein zu sein.

Da sich Miller das Vergnügen mit Prostituierten also fast völlig versagte, hatte er ständig gegen seine Lust anzukämpfen, die durch die Berichte seiner weniger wählerischen Freunde noch angestachelt wurde. Besonders Wambly Bald sprach über nichts anderes als Sex, und seine Freunde behaupteten scherzhaft, er sei «mösensüchtig». Osborn und Perlès trafen sich regelmäßig mit französischen Frauen, die keineswegs alle Prostituierte waren. Wie schon in New York, spielte Miller auch in Paris gerne den Voyeur und war immer auf der Suche nach der Möglichkeit, das Hotelzimmer mit einem anderen Mann und seiner Geliebten zu teilen, wobei ihm Prostituierte am liebsten waren, denn mit ihnen mußte er sich auf keine emotionale Bindung einlassen. Doch meist blieb es bei dem Wunsch nach einem solchen Arrangement.

Früher war Miller zu ausgesprochener Gefühllosigkeit Frauen gegenüber fähig gewesen, auch wenn er emotional sehr darunter litt, doch im Oktober 1931 schienen sich Veränderungen anzubahnen. Junes zahlreiche Seitensprünge nagten an ihm, und sein eigener Kummer laugte ihn aus. In seinem «Pariser Buch» meldete sich eine völlig neue, mächtige Stimme zu Wort, und Miller machte sich eine – nicht unbedingt neue – Philosophie zu eigen, die sich zu gleichen Teilen auf Negation und Affirmation gründete. Sein verändertes Denken bewertete sämtliche Konventionen und Traditionen als falsch und gefährlich – in Fraenkels Worten als «tot». Nur das Unmittelbare, das Rohe, das Wesentliche blieb. Nun galt es, die Zerstörung des Alten und die Auferstehung des Neuen zu feiern. Miller war Ende 1931, als er intensiv an seinem «Pariser Buch» arbeitete, völlig von diesen Gedanken beherrscht. Er erprobte sie immer wieder in Briefen und Gesprächen, die er in Cafés mit wohlwollenden Zuhörern wie Perlès oder Osborn führte.

Seiner Ansicht nach waren die gesellschaftlichen Konventionen zwischen den Geschlechtern – zum Beispiel das Verhalten während des Liebeswerbens oder der Ehe – hohl und sinnentleert, und da Frauen jene Konventionen für so wichtig hielten, waren sie als Menschen wertlos. Miller schrieb an Osborn, Frauen seien «unfähig zur Freundschaft – und zur Loyalität, Dankbarkeit, Ehrfurcht oder zum Schweigen. Im Grunde genommen sind sie Engel, die Gift vom Himmel herabpissen»[2]. Gleichzeitig hielt er jedoch den Sex, der all jenen bedeutungslosen gesellschaftlichen Konventionen zugrunde liegt, für die eigentliche Realität. Er entwickelte diesen Gedanken weiter und verkündete Osborn gegenüber: «Dort, wo ich mit Frauen verkehre, nämlich auf der harten, schnellen Ebene des Sex, gehöre ich ganz ihnen, mit Herz, Bauch und Schwanz.»

Miller erkannte jedoch nicht, daß die traditionellen Geschlechterrollen eine genauso heimtückische Form der gesellschaftlichen Konvention darstellen wie die Prüderie. Wie seine Vorbilder Whitman und D. H. Lawrence spielte er mit dem Gedanken des Androgynen, empfand es aber letztlich mit all seinen Möglichkeiten als zu bedrohlich. Statt dessen betrachtete er sämtliche reizvollen «femininen» Eigenschaften als eigentlich männlich und teilte die Welt in leicht zu handhabende Gegensatzpaare auf. In demselben Brief an

Osborn ermahnte er seinen Freund, zu Frauen nicht zärtlich zu sein. Es seien die Männer, schrieb er, die in ihrer ganzen Härte die «Flamme der Zärtlichkeit» am Leben erhielten. Die Zärtlichkeit sei das Refugium des Mannes – das hatte Miller von D. H. Lawrence gelernt. Laut Miller liegt sie «in der Potenz, der Männlichkeit, dem steifen Penis, der phallischen Bedeutung der Dinge».

Das «Pariser Buch», das Miller nun *Wendekreis des Krebses* nannte, erwies sich als Fingerübung über eben jene «phallische Bedeutung der Dinge». Er schloß darin all seine Pariser Freunde (und Feinde) ein und machte sie sich als Vertreter seiner neuen Philosophie zunutze. Perlès zum Beispiel ist Carl, der sich von einer «reichen Möse» aushalten läßt und zusammen mit dem Erzähler Prostituierte besucht. Osborn wird zu Fillmore, der nur knapp den Fängen einer Französin entgeht, die behauptet, er habe sie geschwängert. Wambly Bald schließlich trägt den Namen Van Norden und beklagt sich darüber, daß er sich immer wieder in seine «Mösen» verliebt, was die Sache jedesmal schrecklich kompliziert macht. Und Miller rächt sich an Bertha Schrank, die er in dem Buch Tania nennt: Der Erzähler droht, in ihre Klitoris zu beißen und sie in Form von Zwei-Francs-Stücken wieder auszuspucken. *Wendekreis des Krebses* entpuppte sich als ein einziger Lobgesang auf das männliche Selbstverständnis und die männliche Sexualität. Miller war – wie er es sah – durch Junes Untreue und besonders durch ihre Liebe zu einer anderen Frau «entmannt» worden, und nun wollte er erreichen, daß niemand mehr je wieder an seiner Männlichkeit zweifeln konnte.

Stell dir vor, daß sie Mona Païva heißt, schrieb Miller im April 1932 an Schnellock und wählte dabei den Namen einer bekannten europäischen Tänzerin für seine neue Geliebte, «... daß ihr Mann in Nordafrika ist und die schöne Uniform der Armee unter dem Halbmond trägt ... daß sie Türkin ist. Sie kommt aus Istanbul und hat noch vor wenigen Jahren den Schleier getragen. Ich möchte dir die Heiligkeit vermitteln, die sie mit ihrem Geschlecht darbringt.»[3] Diese Beschreibung galt Anaïs Nin, der Frau, die Miller im Herbst 1931 kennenlernte. Was er Schnellock tatsächlich vermitteln wollte, war ihre Exotik, das, was er als ihre «orientalische» Rätselhaftigkeit bezeichnete. Anaïs Nin gelang es mit ihren Reizen, June zu verdrängen; außerdem war sie selbst Künstlerin und sprach daher die gleiche Sprache wie Miller. Ihr vergleichsweiser Wohlstand spielte sicherlich ebenfalls eine gewisse Rolle: Als Miller sie im Alter von vierzig Jahren traf, eröffnete sich ihm endlich ein Weg aus der lähmenden Armut, in der er sein ganzes bisheriges Leben gefristet hatte.

Miller lernte Anaïs Nin über Richard Osborn kennen, der in der National City Bank für ihren Mann Hugh Guiler arbeitete, einen Amerikaner schottischer Abstammung. Osborn hatte im Zusammenhang mit der Veröffentlichung von Anaïs Nins erstem Buch, einer Studie über D. H. Lawrence, gewisse juristische Fragen geklärt. Er erzählte Guiler von seinem Schriftstellerfreund, und vielleicht betrachtete Guiler daraufhin Miller als eine geeignete Person, für die seine Frau sich einsetzen konnte, denn sie fühlte sich manchmal in der Rolle der Bankiersfrau nicht sehr glücklich. So einigte man sich darauf, daß Miller zu Besuch nach Louveciennes kommen würde, einem kleinen Ort nicht weit von Paris. Die Guilers hatten dort auf dem ehemaligen Besitz von Madame du Barry, der Geliebten Ludwigs XV., eine Villa gemietet.

Das Haus in Louveciennes lag an der Rue Monbuisson Nr. 2 hinter einem grünen Tor versteckt und war offenbar so etwas wie ein verzaubertes Häuschen voll leuchtender Farben und Kuriositäten aus fernen Ländern. Eine arabische Lampe mit Bronzefiligranarbeiten erhellte den Eingang mit rosarotem Licht. Die Räume im Inneren waren in zarten Apricot- und Pfirsichtönen gehalten, und die Wände waren mit glänzend schwarzen Regalen bedeckt, in denen nicht nur Bücher über William Blake und Astrologie standen, sondern auch prächtige Kunstbände. In der Bibliothek hing über dem Kamin eine Darstellung des Sternzeichensystems, und das Eßzimmer, das immer ein wenig feucht war, wurde gewöhnlich durch ein duftendes Feuer aus Apfel- und Wurzelholz erwärmt. Die Villa wirkte durch und durch europäisch, betörend und feudal; Miller hatte noch nie etwas Vergleichbares gesehen.[4]

Er hatte nicht damit gerechnet, daß seine Gastgeberin schön sein würde – und im herkömmlichen Sinn war sie das auch nicht. Sie war klein und zierlich, und Miller mochte eher üppige Frauen. Ihre

Gesichtszüge – riesige, dunkle Mandelaugen, eine lange, schmale Nase und ein roter Kußmund – waren ein wenig zu groß und zu unregelmäßig, doch ihr rabenschwarzes Haar und ihre extravagante Art, sich anzuziehen – sie liebte Kleider aus teuren Stoffen in üppigen Farben, die sie selbst als «Kostüme» bezeichnete – machten aus ihr eine eindrucksvolle Erscheinung.

Ihre Herkunft war ebenso exotisch wie ihre Kleidung und ihr Zuhause, wenn auch weniger märchenhaft. Sie war 1903 im Pariser Vorort Neuilly als Tochter des spanischen Musikers Joaquin Nin und der Sängerin Rose Culmell zur Welt gekommen. In ihrer Kindheit hatte sie ihren geliebten Vater oft auf Konzertreisen begleitet, aber ihre Eltern trennten sich, als sie neun war, und ihre Mutter nahm sie und ihre beiden Brüder mit nach New York, wo sie sie in der ganz und gar uneuropäischen Gegend um Richmond Hill in Queens aufzog. Genau wie Miller war auch Anaïs Nin Autodidaktin, hatte der High-School bereits nach wenigen Tagen den Rücken gekehrt und machte sich angeblich danach daran, alle Bücher in der theologischen Abteilung der New York Public Library in alphabetischer Reihenfolge zu lesen. Sie war ein scheues, introvertiertes Kind, das all seine Gedanken einem höchst persönlichen und umfangreichen Tagebuch anvertraute, welches Anaïs im Alter von elf Jahren als Dialog mit ihrem Vater begann. Mit zwanzig heiratete sie Guiler, einen kunstsinnigen Geschäftsmann, und als dieser 1924 in die Pariser Niederlassung der National City Bank versetzt wurde, zogen die beiden nach Frankreich. Als sie und Miller sich kennenlernten, widmete Anaïs sich noch immer ihren Tagebüchern, versuchte sich jedoch auch bereits an Veröffentlichungen. Ihr erstes Buch mit dem Titel *D. H. Lawrence: An Unprofessional Study* war soeben von Edward Titus angenommen worden, einem Verleger, dessen englischsprachige Black Manikin Press ihren Sitz in Paris hatte.

Die Guilers waren in vieler Hinsicht typisch für die Exilgemeinde der dreißiger Jahre, unterschieden sich jedoch in einem wesentlichen Punkt: Sie waren, obgleich nicht wohlhabend, doch finanziell abgesichert. Als Wochenendbohemiens waren sie geradezu prädestiniert, zu Gönnern von Künstlern zu werden. Millers Diktat der Spontaneität und seine Abneigung gegen jeglichen Formalismus sprachen den laienhaften künstlerischen Geschmack der Guilers an. Und Anaïs sehnte sich genauso stark danach, eine «Schule» zu gründen, wie Miller sich danach sehnte, einer anzugehören.

Miller trug bei ihrem ersten Zusammentreffen sein sanftestes Gehabe zur Schau und zollte jener verblüffenden Frau, die ihr Buch über D. H. Lawrence in drei Wochen verfaßt hatte, höchsten Respekt. Ihre Unterhaltung war aufgrund der Anwesenheit von Osborn und Guiler ein wenig gezwungen, aber die beiden Schriftsteller waren sich auf Anhieb sympathisch. Anaïs zeigte ihm Haus und Anwesen und machte ihn auf einen Raum über der Garage aufmerksam, den man vielleicht instandsetzen würde, so daß Henry dort wohnen und arbeiten konnte. Bevor Miller ging, versprachen sie einander, sich ihre Arbeiten zu zeigen.[5]

Doch dann tauchte June auf. Millers dramatische, unberechenbare Frau hatte während ihrer früheren Besuche beträchtlichen Eindruck bei Millers Freunden hinterlassen, und ihre Rückkehr wurde dem Anlaß entsprechend in Wambly Balds Kolumne angekündigt. Darin hieß es: «Die Neuigkeit sollte all jene interessieren, die June und ihr Temperament kennen.»[6] Sie zog mit Glanz und Gloria ein und erklärte Bald, sie habe einen Roman mit dem Titel *Happier Days* vollendet und wolle ihren Künstlergatten wieder für sich gewinnen, den sie auf der Schwelle zum Ruhm wähnte. Henry sah auf den ersten Blick, wie sehr sie heruntergekommen war: Ihre Haut war aschfahl und ihre Gedanken wirrer denn je. Das Werk mit dem treffenden Titel *Happier Days* existierte natürlich überhaupt nicht, und nach und nach fand er heraus, daß die Verleger und Vorschüsse, von denen sie ihm geschrieben hatte, nur in ihrer Phantasie existierten – bezüglich seiner Werke hatte es nur einige äußerst vage Versprechungen gegeben.

June hatte ein wenig Geld, so daß sie ins Hôtel Princesse in der Rue Princesse ziehen konnten («eine Tuntenadresse»[7], murrte Miller). Miller hörte fast sofort mit der Arbeit an seinem «Pariser Buch» auf, wie er Anaïs mitteilte, und verlor außerdem seinen Job bei der *Tribune*.[8] June schöpfte durch die Beschreibungen seiner neuen Freundin Verdacht; diese schien den Markt des hohen Melodrams erobert zu haben, auf dem June bisher das Monopol gehabt hatte. Henry schilderte ihr Anaïs als mögliche Mäzenin, doch das trug nur wenig zu ihrer Beruhigung bei, weil sie nur zu gut wußte, welche Verpflichtungen eine solche Förderung letztlich mit sich brachte.

Henry bemühte sich sehr um Anaïs. Er zeigte ihr *Wendekreis des Krebses* noch nicht, denn er fürchtete, das Buch würde sie in seiner gegenwärtigen Form «nur gegen mich einnehmen»[9]. Statt dessen hatte er Osborn gebeten, *Wendekreis des Krebses* noch einmal zu lesen und ein paar Passagen auszuwählen, die er ihr zeigen solle, denn er machte sich Sorgen wegen der «derben Sprache» und wollte sie damit nicht verletzen.

Es ist nicht ganz klar, ob Anaïs Henry bat, June bei seinem nächsten Besuch in Louveciennes mitzunehmen, oder ob June auch ohne Einladung einfach darauf bestand, mitzukommen. Wie auch immer – es sollte eine Begegnung von großer Tragweite werden. Anaïs hatte es sich in den Kopf gesetzt, Henry für sich zu gewinnen, und sie wollte sich ihre Rivalin ansehen; Junes Motive waren wohl ganz ähnlicher Natur. Sie verkleidete sich als Künstlerin, trug ein Samtkleid mit zerrissenen Ellbogen, ein schwarzes Cape und einen schmutzigen Schlapphut, und Henry schärfte ihr vorher ein, sie solle bei den Guilers auf ihre Ausdrucksweise achten.

Doch Anaïs war fasziniert von June und schrieb an jenem Abend in ihr Tagebuch: «Als sie aus der Dunkelheit meines Gartens auf mich ins Licht der Haustür zukam, sah ich zum erstenmal die schönste Frau der Welt.»[10] Im Lauf des Abends wurde Anaïs klar, daß Junes Schönheit Tragik und Chaos anzog und daß June selbst eine hervorragende Schauspielerin war. Anaïs verliebte sich augenblicklich in June, und dieses Gefühl überraschte sie in seiner Gewißheit und Intensität. June scheint die Situation instinktiv erfaßt zu haben und war von der neuen Frau in Henrys Leben wohl auch fasziniert. Anaïs, die bereits alles über Jean Kronski gehört hatte, sah vielleicht ihre einzige Chance, Henry zu gewinnen, in einem Dreiecksverhältnis, das sie aber nach ihrem eigenen Willen wieder zerstören konnte.

Henry hatte kein solches Arrangement im Sinn, doch es freute ihn, daß Anaïs Junes Einmaligkeit erkannte. Wie sich später herausstellte, band Anaïs' Liebe zu June sie nur noch enger an Henry, weil die beiden nun endlos über June diskutieren konnten. Keine der beiden Frauen gab sich jedoch ihren Gefühlen hin, statt dessen redeten sie nur ständig darüber, und Anaïs vertraute sich wieder einmal ihrem Tagebuch an. Henry schickte die widerstrebende June Mitte November nach Amerika zurück und erklärte ihr, diesmal sei er derjenige, der gewisse «Pläne» habe. [11]

Henry und Anaïs verkehrten mehrere Monate lang auf einer rein platonischen Ebene miteinander und beschäftigten sich gemeinsam mit Ideen und Manuskripten. Anaïs erkannte die gewaltigen Möglichkeiten, die in *Wendekreis des Krebses* steckten, und bewunderte das Buch gerade wegen seiner Brutalität und Kraft. Sie schrieb in ihr Tagebuch, sie könnte ein eigenes Buch über Millers Genialität verfassen: «Beinahe jedes Wort, das er äußert, wirkt wie eine elektrische Ladung: über Buñuels *Age d'Or*, über Salavin, über Waldo Frank, über Proust, über den Film *Der blaue Engel*, über Menschen, über Animalismus, über Paris, über französische Prostituierte, über amerikanische Frauen, über Amerika. Er ist sogar Joyce ein Stück voraus. Er hält nichts von Form. Er schreibt, wie wir denken, auf verschiedenen Ebenen gleichzeitig, scheinbar zusammenhanglos, scheinbar chaotisch.» [12]

Noch immer bemühte sich Anaïs um Henry, aber der ließ sich nicht leicht gewinnen. Das lag zum einen an June und zum anderen daran, daß die Situation seiner Ansicht nach großes Einfühlungsvermögen und Takt erforderte. Miller hatte den Eindruck, Anaïs gehöre einer weit höheren Gesellschaftsschicht an als er selbst, und er war bürgerlich genug, um sich von jenem Klassenunterschied abschrecken zu lassen. Außerdem hatte er Angst vor Hugh – oder Hugo, wie er allgemein genannt wurde –, dessen Wohlwollen er sich nicht verscherzen wollte. Später, als das Verhältnis zwischen Henry und Anaïs am intensivsten war, machte er sich sehr viel größere Sorgen darüber, von Hugo erwischt zu werden, als sie. Und dann war da natürlich noch die Geschichte mit dem Geld. Anaïs begann schon sehr früh, Henry kleine Geschenke zu machen – zum Beispiel Zugfahrkarten oder einen Band von Proust [13] –, und sie deutete an, daß sie vielleicht die Druckkosten für *Wendekreis des Krebses* übernehmen würde, wenn sich kein Verleger fände. Bald steckte sie ihm auch kleinere Summen zu, Umschläge mit einem Hundert-Francs-Schein oder einem Scheck. Miller wurde durch diese Gesten so sehr bestärkt, daß er Schnellock nach Europa einlud und ihm versicherte, Anaïs würde auch ihn finanziell unterstützen.[14]

Durch die Geschenke von Anaïs, die eine oder andere Englischstunde und die Mahlzeiten, die er nach dem bereits beschriebenen Plan geregelt hatte, konnte sich Miller nun ganz gut über Wasser halten. Wambly Bald stellte ihn Mitte Oktober sogar in seiner Kolumne vor, die Miller voller Stolz seinen Freunden daheim schickte und in der er als unbekümmerter Schmarotzer beschrieben wurde, den an seinem «Pennerdasein» nur störe, daß er sich nicht die Zähne putzen könne.[15] Obgleich Miller nach wie vor arm war, lagen nun doch die Tage auf der Straße hinter ihm. Die meiste Zeit wohnte er bei Perlès oder Kann, oder sogar noch häufiger in dem Gästezimmer über der Garage von Louveciennes.

Im Dezember kamen dann wieder die üblichen Telegramme von June. Sie war nur einen Monat weggewesen, aber die Briefe von Anaïs und Henry beunruhigten sie, und Mitte Dezember tauchte sie ohne ersichtlichen Grund auf, um von neuem den Reiz ihrer Persönlichkeit spielen zu lassen. Ihr Äußeres hatte sich wieder verändert, wie Bald in einem weiteren Artikel bemerkte, den er diesmal ausschließlich June widmete. Sie hatte sich die Haare rötlichblond gefärbt und trug nun einen einzelnen Katzenaugen-Ohrring, dunkelblauen Mascara und Lippenstift in so auffälligen Farben wie grün oder schwarz. Laut Bald war ihr Gesicht wie «die Maske des Todes», und «ihre grausige Schönheit zog die Blicke aller auf sich»[16].

Anaïs, der June mehr denn je gefiel, lud das Paar nach Louveciennes ein und war auf hochdramatische Ausbrüche gefaßt. Als Hugo eine Szene zwischen Henry und June verhinderte, rügte Anaïs ihn, weil er einen «lebensvollen Augenblick»[17] verschenkt habe. Anaïs wurde in Junes Gegenwart von ihren Gefühlen überwältigt, obwohl sie ganz nüchtern feststellte, daß June nie die Wahrheit sagen konnte und möglicherweise sogar verrückt war. Bei einem anderen Besuch fragte sie June geradeheraus, ob sie lesbisch sei. June gab eine ausweichende Antwort, ließ Anaïs aber spüren, daß sie sich von ihr sexuell angezogen fühle. Nun folgte eine Phase des kindlichen Werbens zwischen den beiden Frauen: Sie tauschten

Kleider und Schmuck, sprachen über ihre jeweiligen Ehemänner und überschütteten sich gegenseitig mit Komplimenten. June erklärte Anaïs, daß sie Henry ihre Beziehung so ehrlich und natürlich wie möglich zu schildern versuche, denn dies sei der beste Weg, sein Mißtrauen zu zerstreuen. June erklärte Henry, durchaus der Wahrheit entsprechend: «Anaïs fand ihr Leben einfach langweilig; deswegen befreundete sie sich mit uns.» [18]

Zu den wenigen Dingen, die Miller in seinen autobiographischen Schriften nicht thematisierte, gehörte seine eigene Reaktion auf den Flirt zwischen seiner Frau und seiner Mäzenin. Höchstwahrscheinlich war er darüber bestürzt und frustriert, denn nach zwei recht fruchtbaren Jahren, die er allein in Paris verbracht hatte, mußte er sich einmal mehr mit einer Statistenrolle in einer von Junes ausgeklügelten Intrigen zufriedengeben. Seine brieflichen Verweise auf June wurden immer verbitterter und verächtlicher: Sie wird zu der «jüdischen Möse», der er es in seinen Werken heimzahlen will. Doch in der Realität unternahm er nichts gegen die Beziehung von Anaïs und June. Später schrieb er Schnellock sogar, daß diese «Affäre» zu den großartigsten Ereignissen in Junes Leben gehöre und daß er diese Beziehung erst ermöglicht habe. [19] Miller war besonders verwirrt, weil er keinerlei greifbaren Beweis für eine tatsächliche sexuelle Beziehung hatte, die über einen reinen Flirt hinausging. Anaïs ihrerseits deutete später oft an, sie sei bereit gewesen, weiter zu gehen als June. [20]

Darüber hinaus belasteten nach wie vor die alten Probleme die Ehe der Millers. Obwohl Henry June ständig bedrängte, ihm etwas über die Herkunft ihrer finanziellen Mittel zu sagen, äußerte sie sich genauso vage wie immer. June beschuldigte Henry ihrerseits der Untreue und führte als Beweis Bertha Schrank und die Prostituierten an, über die er in seinen Manuskripten geschrieben hatte. Diese Kreuzverhöre eskalierten schließlich am Weihnachtstag in einer gewalttätigen Auseinandersetzung, und June begann, von ihrer Rückkehr nach Amerika zu sprechen. [21]

Ende Januar 1932 reiste June schließlich ab. In dem Durcheinander, das sie zurückließ, fand Henry einen einzelnen Strumpf, den er zum Schuhputzen mit sich herumtrug. Er konnte kaum glauben, daß dieser Strumpf je ihr Bein berührt oder daß sie selbst überhaupt existiert hatte, und er schrieb Anaïs, er wage nicht, an June zu denken, weil er sonst Angst habe, aus dem Fenster zu springen: «Ein harter Aufschlag und alles ist vorüber.»[22]

Anaïs Nin war vielleicht ungewollt mit an Junes Abreise schuld, denn mit Guilers Hilfe hatte sie Miller einen Vorstellungstermin bei Dr. Krans vom französisch-amerikanischen Austauschprogramm verschafft, der Amerikaner als Englischlehrer einstellte. Miller fand Krans sofort unsympathisch, weil er ihn für einen typischen amerikanischen Heuchler hielt, aber er ging ihm trotzdem um den Bart, weil er spürte, daß Krans Schmeicheleien nicht abgeneigt war.[23] Krans bot Miller eine Stelle als Englischlehrer am Lycée Carnot in Dijon an, und es wurde vereinbart, daß er zehn Stunden in der Woche unterrichten, zwei Tage frei haben und abgesehen von einem kleinen Gehalt Kost und Logis bekommen würde.[24] Er borgte sich von Walter Lowenfels hundert Francs für die Fahrt nach Dijon und hatte das Gefühl, seine Freunde seien über seine Abreise erleichtert.[25]

Miller wußte bei seiner Ankunft sofort, daß Dijon ein «verhängnisvoller Fehler»[26] war und beschrieb in *Wendekreis des Krebses* seinen kurzen Aufenthalt in der Stadt als düstere, aber oft auch komische Episode. Es war kalt und trübe dort, und das Essen war praktisch ungenießbar. Er suchte die ganze Stadt nach einer Schreibmaschine mit englischer Tastatur ab, konnte aber keine auftreiben. Das Lycée selbst erinnerte ihn an all das, was er am Bildungswesen haßte: Einer der Lehrer sagte ihm, er solle den Jungen ruhig Lesestoff geben, den sie noch nicht verstünden, damit sie folgsam blieben – was Miller idiotisch fand.[27] Von der ganzen Belegschaft erschien ihm der Nachtwächter am sympathischsten.

Genau wie in Paris ging Miller auch hier sehr spät ins Bett, stand erst gegen Mittag auf und machte lange Spaziergänge durch die verschneite Stadt, die wie ausgestorben dalag.[28] Er schrieb Anaïs Nin fast täglich, und oft ging es dabei um June. Bisher hatte er immer versucht, June und ihre Beweggründe zu verstehen, aber nun richtete er seine Aufmerksamkeit auf sich selbst und seine eigene Rolle in der Beziehung. Am 7. Februar 1932 schilderte er

Anaïs, wie er sich in einem Café zu einer Frau hingezogen gefühlt hatte – einer Frau, die seine Begleiter als Nutte bezeichneten:

> Ich spannte mich bewußt auf die Folter, indem ich beobachtete, wie ungezwungen die anderen sie behandelten. Ich überließ mich der Vorstellung, wie gleichgültig sie sich dem ersten besten Bewerber hingeben würde. Und ich, ja, ich wäre bereit gewesen, vor ihr auf die Knie zu sinken. [...] Erst eine Woche hier und voilà, une femme! Immer auf der Suche nach etwas, das ich anbeten kann. Immer die wählend, die ohne Mühe zu haben sind. Was für ein Schauspiel![29]

Plötzlich wurde Miller durch Junes Abreise und seine eigene Isolation in Dijon klar, wieviel Material er zu ordnen und welch riesige Aufgabe er sich selbst gestellt hatte, als er beschloß, über seine Ehe zu schreiben. Emotional fühlte er sich ihr alles andere als gewachsen. Er schrieb Anaïs Nin, er lese Proust und erlebe «eine Form des ekstatischen Leidens». In Albertine sah er ein Spiegelbild Junes, obgleich sie im Vergleich zu Prousts rätselhafter und schwer zu fassender Figur noch «komplizierter..., orchestrierter»[30] wirkte. Er maß sich mit Proust: «Ich stehe dort, wo Proust stand, nur mit mehr Komplikationen, mehr Tatsachen, mehr Geheimnissen, mehr Schrecken, mehr von allem, außer Genie.»[31] Er fragte Anaïs Nin, ob die Gerüchte von Prousts Homosexualität der Wahrheit entsprachen, und gab zu, einmal ins Trois Colonnes in der Rue de Lappe gegangen zu sein, um nach Albertine zu suchen.

Millers Verwirrung über die Geschlechteridentität und seine eigene Männlichkeit meldete sich wieder zu Wort, und diesmal war sie aufs engste mit neuen Zweifeln an seinen schriftstellerischen Fähigkeiten verbunden. Inmitten all dieser inneren Kämpfe erschien nun Anfang 1932 Anaïs Nins Buch über D.H. Lawrence. Miller war zutiefst beeindruckt von dem Werk, das er in der Fahne gelesen hatte, und unterstützte weiter die fiktionalen Bemühungen seiner Freundin. Als Waverley Roots begeisterte Besprechung des Buches in der *Tribune* erschien, war er jedoch entsetzt über Roots Vermutung, in Anaïs Nin müsse etwas Männliches stecken.[32] Er klebte die Besprechung in sein Notizbuch und schrieb dazu, «das

Schwein» Root müsse mit einem anderen Amerikaner zusammengearbeitet haben, der das Arrangement in der Henry Street gekannt habe. Alle Äußerungen zur geschlechtlichen Identität – insbesondere wenn sie sich auf Schriftsteller bezogen – weckten in Miller jedesmal wieder die Erinnerung an das Dreiecksverhältnis in der Henry Street, wo er sich nicht nur unfähig zum Schreiben, sondern auch «entmannt» gefühlt hatte. In einem Brief an Anaïs Nin wehrte er sich gegen Roots Behauptungen und schrieb: «Nein, Anaïs ist ganz Frau, und sie hat keine Flügel, Gott sei Dank.» Doch er verglich Anaïs weiterhin mit June, deren Identität als Frau seiner Ansicht nach noch fragwürdiger war.

Miller schüttete Anaïs Nin, die damals gerade in der Schweiz Urlaub machte, in langen Briefen sein Herz aus. Sie diskutierten darin über *Moloch*, das man ihrer Meinung nach durchaus noch retten konnte, und tauschten ihre Notizen zu ihren jeweiligen Romanen über June aus; Anaïs Nin schrieb gerade eine Geschichte mit dem Titel «Alraune», die später in *Winter of Artifice* aufgenommen wurde. Miller verfiel in einen wahren Schreibrausch und verfaßte mitunter zwei Briefe am Tag; Anaïs tat es ihm gleich. Er ließ bisweilen Warnungen bezüglich ihrer Ehe anklingen, doch Anaïs fragte sich, warum er so viel Rücksicht auf Guiler nahm.

Am 21. Februar erhielt Miller ein Telegramm von Perlès, der ihm mitteilte, daß er bei der *Tribune* für tausendzweihundert Francs im Monat eine feste Anstellung als Korrektor in der Sparte Wirtschaft und Finanzen bekommen könne. Miller seinerseits schickte Anaïs Nin ein Telegramm, in dem er sie um das Geld für eine Rückfahrkarte und die Begleichung verschiedener Schulden bat, und sobald dieses Geld eintraf, brach er nach Paris auf. Er zog zu Perlès ins Hôtel Central, ließ die für die Arbeitsgenehmigung erforderlichen Impfungen über sich ergehen und begann in der Märzwoche mit der Arbeit bei der *Tribune*.

Inzwischen waren Anaïs Nin und er Geliebte. Sie schrieb in ihrem Tagebuch, sie habe nicht gewußt, wie glücklich sie darüber sei, Miller wieder bei sich zu haben, bis sie ihn Ende Februar in einem Restaurant in Montparnasse getroffen habe.[33] In den ersten Märztagen schickte er ihr eine wahre Flut von Liebesbriefen, in denen er sich fortwährend für die Unverschämtheiten der vorhergehenden entschuldigte. Sie trafen sich im Rotonde und im Viking. Miller blieb oft noch sitzen, nachdem Anaïs gegangen war, trank aus ihrem Glas und schrieb ihr weitere Briefe. Anaïs legte es darauf an, in seiner Gegenwart immer besonders exotisch und extravagant zu wirken, fragte ihn, ob ihm ihre Tinte gefalle, die aus «destilliertem andalusischen Blut» [34] sei, und schickte ihm einige kryptische Zeilen in lilafarbener Tinte. Etwa zu dieser Zeit schliefen sie zum erstenmal miteinander, und zwar wahrscheinlich in einem Hotelzimmer oder in dem Atelier von Natascha Trubezkaja, einer Freundin von Anaïs Nin, die ihr gelegentlich ihre Wohnung zur Verfügung stellte.

Mehrere Wochen lang sprachen sie über kaum etwas anderes als ihr wunderbares Zusammentreffen. «...hier ist die erste Frau, bei der ich vollkommen aufrichtig sein kann» [35], schwärmte Miller, und Anaïs Nin schrieb: «Mein ganzes Sein schrie nach Henry.» [36] Miller fragte Schnellock in einem Brief: «Kannst du dir nicht vorstellen, was es für mich bedeutet, eine Frau zu lieben, die mir in jeder Beziehung ebenbürtig ist, mich nährt und unterstützt? Sollten wir uns jemals miteinander verbinden, stürzt ein Komet auf die Welt herein.» [37] Wie so viele spätere Bekannte und Freunde, war auch Anaïs Nin fasziniert von dem Gegensatz zwischen Millers derber Sprache in seinen Werken und seiner persönlichen Sanftmut und seinem Hang zur Romantik.

Aus Millers Briefen geht klar hervor, daß ihr sexuelles Verhältnis in jenen frühen Wochen äußerst leidenschaftlich war. Anaïs Nin behauptete in ihrem Tagebuch, er habe ihre Sexualität erst geweckt, obwohl er – abgesehen von ihrem Mann – keineswegs ihr erster Liebhaber war. Falls Miller irgendeine Ähnlichkeit zwischen Anaïs und June sah – beide beherrschten die Kunst der Lüge, auch wenn Anaïs sich wahrscheinlich eher als «sphinxenhaft» bezeichnet hätte –, ließ er sich nicht darüber aus. Ob die beiden ernsthaft ans Heiraten dachten, ist nicht klar. Das Thema kam wohl 1932 öfter zur Sprache, aber Henry war noch immer an June gebunden, und Anaïs hing emotional wie auch finanziell in hohem Maß von Guiler ab.

Doch zum erstenmal in seinem Leben war Miller in einer Beziehung mit einer Frau glücklich, und er stürzte sich wieder aufs

Schreiben. «Anaïs, Sie haben den Saft zum Fließen gebracht»[38], schrieb Henry Anfang März an Anaïs. Auch wenn er eine ganze Nacht lang korrekturgelesen hatte, verfaßte er noch mindestens zehn Seiten des Werkes, das später den Titel *Wendekreis des Krebses* tragen sollte. Anaïs Nin hatte inzwischen mit dem Manuskript zu *Haus des Inzests* begonnen, das frei nach ihren Erlebnissen mit Henry und June gestaltet war. Obwohl Anaïs Millers Werk bewunderte, zog sie doch in ihren eigenen Schriften die Abstraktion den greifbaren Fakten vor und bewahrte selbst in den leidenschaftlichsten Passagen kühle Distanz.

Miller war höchst beeindruckt vom poetischen Klang ihrer Sprache und der Innenschau, auf die sie so viel Wert legte. Genauso faszinierend fand er ihr neu erwachtes Interesse für die Psychoanalyse. Im April begann sie eine Analyse bei Dr. René Allendy und diskutierte mit Miller die Erkenntnisse, die sie während jener Sitzungen gewann. Henry las daraufhin Freud und Jung und unterhielt sich darüber mit seinem alten Freund Michael Fraenkel, der nach Paris zurückgekommen war. Er fing an, seine Träume aufzuzeichnen, und sprach mit Anaïs über seine Kindheit. Ihm wurde schon bald klar, daß das Unbewußte eine reiche Quelle der schöpferischen Inspiration war, denn Träume ließen sich in surreale Effekte umsetzen, die die dahinterliegende Wahrheit deutlicher herausarbeiteten. Miller nahm nur weniges davon in *Wendekreis des Krebses* auf, denn der größte Teil des Werkes war in realistischem Stil gehalten, aber diese neuen Erkenntnisse beeinflußten einen Großteil seiner späteren Schriften.

Anaïs Nins Förderung ermöglichte es Miller, zusammen mit Perlès in eine Wohnung in der Avenue Anatole France in Clichy zu ziehen, dem Arbeiterviertel der Stadt. Später sagte er, die Gegend sei in ihrer nüchternen Modernität der oberen Park Avenue in New York ähnlich gewesen.[39] Der Mittelpunkt der Wohnung war die Küche, in der die beiden Männer kochten und ihre Mahlzeiten einnahmen. Obwohl Miller selbst seine Zeit in Clichy gewöhnlich anders darstellte, war sein Leben dort ziemlich bürgerlich. Er schrieb Anaïs, er freue sich auf seinen letzten Tag bei der *Tribune* – man hatte ihm Ende März mitgeteilt, daß sein Vertrag am 15. April auslaufen würde –, denn dann könne er sich «gewissenhaft dem

Saubermachen» widmen und zu Hause bleiben «wie eine Geliebte, die sich aushalten läßt»[40].

In Clichy begann er, seinen Tagesablauf nach einem bestimmten Muster zu ordnen, das er den Rest seines Lebens beibehielt. Er stand spät auf, saß aber normalerweise um elf an der Schreibmaschine. Am Morgen widmete er sich seiner Korrespondenz und seinen Notizen und verließ gegen eins seinen Schreibtisch, um in einem Café zu Mittag zu essen, manchmal zusammen mit einem Freund. Wenn er allein war, bat er unter Umständen den Kellner um Papier und schrieb einen weiteren Brief. Er kehrte gegen zwei nach Hause zurück, zog den Pyjama an, legte sich ins Bett und schlief ein oder zwei Stunden. Dann setzte er sich wieder an die Schreibmaschine und hackte nun mit neuer Energie auf sie ein. Nach einem späten Abendessen kehrte er noch einmal an die Schreibmaschine zurück und hatte oft nachts seine besten Einfälle. Natürlich traf er Anaïs und seine Freunde ziemlich häufig, aber sie unterhielten sich dann meist über die Arbeit. Miller verteilte nicht nur Manuskriptblätter, sondern auch ganze Bündel von Notizen an seine Freunde, denn in jenen Jahren fühlte er sich noch unsicher und suchte nach gangbaren Wegen; nach der Veröffentlichung von *Wendekreis des Krebses* sollte sich das jedoch ändern.

«Große Fruchtbarkeit, große Freude», bemerkte Miller später über seine Zeit in Clichy. Er und Perlès schrieben beide: Perlès schaffte täglich zwei Seiten des Romans, der unter dem Titel *Sentiments limitrophes* erschien, und Miller konzentrierte sich auf *Wendekreis des Krebses*, in das er alle möglichen Manuskripte, Besprechungen, Listen und Notizen einfließen ließ. Schnellock gegenüber verglich er das Buch mit einer «schönen großen Reisetasche..., aus festem Leder, die sich ausdehnt oder in sich zusammenfällt, in die man kunterbunt Dinge werfen kann, egal, ob sie gestärkt oder gebügelt, schmutzig oder nicht schmutzig sind»[41].

Das Manuskript von *Wendekreis des Krebses* wurde mehrmals umgestaltet. Nach einem Gespräch mit Fraenkel zum Beispiel beschloß Miller, seinen Charakteren ihre wirklichen Namen zu geben. Er nahm diese Entscheidung später nur widerwillig zurück.[42] In einem Entwurf aus jener Zeit taucht auch ein langer Tagebuchauszug auf, in dem es hauptsächlich um Millers Schwierigkeiten mit der Fertigstellung des Werkes geht. Mit der für ihn so charakteristischen Hybris schrieb er, er würde keine einzige Zeile verändern.

Das alles verzögerte die Vollendung des Buches. Miller hatte irgendwie Angst davor, es abzuschließen, und zwar merkwürdigerweise nicht, weil er sich vor der Veröffentlichung fürchtete, sondern weil er sich sorgte, *Wendekreis des Krebses* würde nicht Furore machen, würde höchstens als *risqué* – oder noch schlimmer – als unterhaltsam aufgenommen.[43] Er schrieb Anaïs, er wolle in Europa und Amerika Haß erzeugen, er wolle das Buch «so revolutionär, so vulkanisch» gestalten, daß die Welt nach seinem Erscheinen nicht mehr so wie früher wäre. Er spielte mit dem Titel und dachte daran, ihn in Whitmanscher Manier zu «I Sing the Equator» (Ich singe den Äquator) umzuformulieren, doch *Wendekreis des Krebses* drückte als geographische und astrologische Anspielung seine Vorstellung von einer kranken Welt aus. Das Sternzeichen wird durch einen Krebs symbolisiert, der sich in alle Richtungen bewegen kann – in Millers Universum eine ganz wesentliche Fähigkeit. Das gegenüberliegende Zeichen des Tierkreises ist der Steinbock: Der zweite Band, so schrieb er Anaïs Nin, würde den Titel *Wendekreis des Steinbocks* tragen. Und den letzten Band, sagte er, würde er vielleicht nur «Gott» nennen.[44]

Wendekreis des Krebses entpuppte sich in der Manuskriptform als Aufzeichnung von Millers erstem Jahr in Paris, das er hauptsächlich auf der Straße verbracht hatte. Das Buch beginnt mit Millers kurzem Aufenthalt in der Villa Seurat, zusammen mit Fraenkel. Der Tonfall des ganzen Werkes ist bereits in den ersten Sätzen zu spüren: «Ich wohne in der Villa Borghese. Hier ist nirgendwo eine Spur von Schmutz; kein Stuhl, der nicht an seinem Platz steht. Wir sind hier ganz allein und wie Tote.» Einige Zeilen später heißt es: «Ich habe kein Geld, keine Zuflucht, keine Hoffnungen. Ich bin der glücklichste Mensch der Welt.»[45] Weiter berichtete Miller über seine Abenteuer mit dem Hindu Mazumdar (den er «Nanantatee» nennt), über den Winter in Osborns Wohnung, seine Leidenschaft für Bertha Schrank und seine Bemühungen zu schreiben. Seinen Aufenthalt als Lehrer in Dijon nahm er genauso darin auf wie die Erfahrungen seiner Freunde mit Prostituierten. Vieles davon fiktionalisierte er. Das Buch endet mit der berühmt-berüchtigten Episode, in der Fillmore, der Freund des Erzählers, versucht, einem französischen Mädchen aus dem Weg zu gehen, das er geschwängert hat. Fillmore gibt dem Erzähler – also Miller – eine große Geldsumme für das Mädchen und verschwindet, worauf der Erzähler das Geld selbst behält. Die Beschreibung beruht auf einem tatsächlichen Erlebnis Osborns, wobei sich allerdings herausstellte, daß die fragliche junge Frau nur vorgab, schwanger zu sein. In *Wendekreis des Krebses* wird die Episode auf bewußt grobe und brutale Weise geschildert, und dieser Tonfall ist typisch für das ganze Buch, aus dem Miller jegliches Gefühl verbannen wollte. Genauso, wie er geglaubt hatte, er müsse die tatsächlichen Namen der Protagonisten verwenden, hielt er es auch für nötig, sexuell recht anschauliche Schimpfwörter zu benutzen. Das Buch wird vom Symbol des Krebses beherrscht, das sowohl für die Krankheit gleichen Namens als auch für die Syphilis steht. Der Erzähler empfindet beides in seiner verfallenden Welt als unausweichlich und alles durchdringend: «Es ist an den Himmel geschrieben, es flammt und tanzt wie ein böses Vorzeichen. Es hat sich in unsere Seelen eingefressen, und wir sind nichts als ein totes Ding wie der Mond.»[46] In diesem Stadium klangen gewisse Passagen des Manuskripts schon lyrisch, doch es war insgesamt noch zu umständlich und schwülstig. Deshalb verbrachte Miller die nächsten beiden Jahre damit, es zu überarbeiten, Episoden hinzuzufügen oder zu streichen, immer darauf bedacht, den richtigen – das heißt schroffsten – Tonfall zu treffen.

Doch obwohl in *Wendekreis des Krebses* die Welt im Sterben liegt und die Stimmung insgesamt düster ist, bedeutet das nicht, daß das Buch voller Verzweiflung steckt. Ganz im Gegenteil – der Erzähler verleiht dem Leben sozusagen von unten Vitalität und Fülle. Aus dieser Perspektive gelingt es ihm, sich über die Welt zu freuen und darin sogar Frieden zu finden. Das Werk schließt mit einer Szene, in der der Erzähler die Seine betrachtet: «Sie ist immer da, still und unaufdringlich wie eine große, durch den menschlichen Körper laufende Ader.» Er sieht sich selbst als Teil der Landschaft, die Seine durchfließt ihn. «Die Hügel umgürten ihn [den Fluß] sanft, sein Lauf ist festgelegt.»[47]

Im Mai 1932 deutete Anaïs Nin an, Fraenkel würde das Werk möglicherweise in seiner Carrefour Press herausbringen, und sie sei bereit, die Finanzierung zu übernehmen. Doch Fraenkel gefiel die letzte Fassung des Manuskripts nicht, in dem Miller viele Kürzungen vorgenommen hatte, die sich auf Materialien zu dem «Todesthema» bezogen, das Fraenkel besonders am Herzen lag. Als Anaïs im Juni und Juli mit ihrem Mann in Tirol war, schickte Miller eine Kopie an George Buzby, einen Freund in Amerika, der über gute Beziehungen verfügte und die Zeitschrift *USA* herausbrachte, sowie eine weitere an Samuel Putnam. Weder Buzby noch Putnam bissen an, aber Dr. Krans, der Miller die Stelle in Dijon verschafft hatte, stellte ihn William Aspenwall Bradley vor, einem amerikanischen Literaturagenten. Bradley hatte zusammen mit seiner französischen Frau Jenny in ihrer Wohnung in Ile-St.-Louis einen Salon eingerichtet und fand *Wendekreis des Krebses* «großartig». *Crazy Cock* hingegen überging er stillschweigend.[48]

Miller hätte sich nun eigentlich in Hochstimmung befinden müssen, doch nachdem er den gesamten Entwurf des Werkes fertiggestellt hatte, fühlte er sich zwar gereinigt, aber auch angewidert. Er teilte Schnellock mit, er komme sich vor wie nach einer Operation, und einem anderen Freund schrieb er: «Wenn man ein solches Buch geschrieben hat, fühlt man sich verlaust und möchte sich die ganze Zeit kratzen. Man will keine Krebse, Läuse oder Schamhaare mehr sehen.»[49] Im Hochsommer rasierte er sich den Kopf völlig kahl und erklärte Anaïs Nin, er habe das getan, um sich zu demütigen und zu erniedrigen und um noch unauffälliger herumzuschleichen. Dieses Thema sollte sein ganzes Leben lang wiederkehren: Er hoffte – und fürchtete gleichzeitig –, daß er für das, was er tat, gehaßt und vielleicht sogar bestraft würde. In seinen Briefen an New Yorker Freunde zog er besonders stark über die Meinung der Amerikaner her – Amerikas Reaktion auf sein Buch wurde für Miller zu einer wahren Obsession.

Doch Amerika nahm im Jahr 1932 kaum von Henry Miller Notiz. Der einzige Verlag, der unter Umständen bereit war, *Wendekreis des Krebses* anzunehmen, war Jack Kahanes Obelisk Press, eher für den Verkauf von englischsprachigen Büchern bekannt, die weder in Großbritannien noch in den Vereinigten Staaten veröffentlicht werden konnten, als für amerikanische Bestseller. Kahane, der seinem Dandytum höchst charmant und völlig schamlos frönte, war ein englischer Jude, der sein Vermögen in England verloren hatte, nach Frankreich gezogen war und dort eine Französin geheiratet hatte.[50] 1931 gründete er die Obelisk Press, um unter dem Pseudonym Basil Carr seinen eigenen Roman *Daffodil* veröffentlichen zu können. Schnell spezialisierte er sich auf Bücher, die in England oder Amerika unter das Pornographiegesetz fielen. Gewöhnlich kaufte er die Rechte für solche Werke auf und versah die bereits gedruckten Exemplare mit einer neuen Titelseite und dem Umschlag der Obelisk Press. In den dreißiger Jahren verstießen englischsprachige Autoren literarisch recht häufig gegen sexuelle Konventionen, so daß Kahane eine eindrucksvolle Liste von Publikationen vorzuweisen hatte: Radclyffe Halls *Quell der Einsamkeit*, James Joyces *Pomes Penyeach* und Frank Harris' *My Life and Loves* sowie ein buntes Potpourri anderer Titel wie *Suzy Falls Off* oder *Boy*.

In seiner Autobiographie *Memoirs of a Booklegger* erinnert sich Kahane, wie er sich bei Millers Buch sofort sicher war, ein Meisterwerk gefunden zu haben. Er hatte das umfangreiche Manuskript übers Wochenende auf seinen Landsitz Le Fond des Fôrets mitgenommen und machte es sich im Schatten einer Rotbuche bequem, um es zu lesen. In seinen Erinnerungen beschrieb er seinen ersten Eindruck:

> Ich hatte gerade das schrecklichste, das schmutzigste, das großartigste Manuskript gelesen, das mir je in die Hände gefallen war. Nichts, was ich bis dahin bekommen hatte, konnte sich mit seinem prachtvollen Stil, seiner unergründlich tiefen Verzweiflung, dem Reiz seiner Porträts oder der Ausgelassenheit seines Humors messen.[51]

Als er zum Haus zurückging, fühlte er sich wie ein Forscher, der endlich zum Entdecker geworden war, zum Entdecker eines Genies.

Miller erklärte Anaïs Nin, er würde sich so kühl und distanziert wie möglich verhalten, denn er wolle Kahane nicht das Gefühl vermitteln, dieser tue ihm mit der Veröffentlichung einen Gefallen.[52] Die Jahre der Namenlosigkeit waren nun vorbei, und Miller steckte voller Selbstvertrauen. Seinem Freund Osborn schrieb er, er stehe an der Schwelle zum Glück und habe nun endlich die «großartige Möglichkeit, den gerechten Lohn einzustreichen». Er machte sich zwar auf Kritik gefaßt, doch er rechnete auch mit Ruhm und Reichtum. «Sie werden mir den Mund nicht stopfen können!» schrieb er an Osborn, und *Wendekreis des Steinbocks* werde «ihnen» einen «noch größeren Schock versetzen»[53].

Kahane jedoch hatte Probleme mit seinem Setzer und damaligen Partner, der allgemein nur unter dem Namen Servant bekannt war und Millers Buch für nicht anrüchig genug hielt. Seiner Meinung nach war der Verfasser lediglich ein verkommenes Subjekt vom Montparnasse, das Kahane später sicher ständig wegen der kargen Tantiemen in den Ohren liegen würde. Die Obelisk Press zielte hauptsächlich auf englischsprachige Touristen ab, die in Paris «schmutzige Bücher» kaufen wollten, und da es in den dreißiger Jahren noch sehr wenige Touristen gab, waren die jeweiligen Auflagen nicht sehr hoch. Außerdem, so fuhr Servant fort, würde das Buch hohe Herstellungskosten verschlingen, und der Titel würde die Leser vielleicht auf die Idee bringen, es handle sich um eine medizinische Abhandlung.[54]

Schließlich setzte sich Kahane gegen Servants Vorbehalte durch. Als er bei seinem Freund Michael Bugalowski vom Verlag Hachette Rat einholte, teilte ihm dieser nach beendeter Lektüre mit, er würde das Buch selbst herausbringen, wenn er ein wenig mutiger wäre, und bestätigte Kahanes Urteil: Das Buch sei «großartig, überwältigend», und *Lady Chatterley* und *Ulysses* seien «kalter Kaffee dagegen»[55]. Er riet Kahane, es vorerst nur in geringer Auflage herauszubringen und mit dem Vermerk «Privatdruck» zu versehen. Das Zeichen der Obelisk Press sollte in winzigen Buchstaben auf der Buchrückseite erscheinen, wo normalerweise die Setzerei angegeben wurde.

Miller schrieb Osborn, Bradley und Kahane befürchteten Schwierigkeiten. Kahane lag die Sache so sehr im Magen, daß er Miller bat, ein fünfzig- oder sechzigseitiges Essay über D. H. Lawrence oder James Joyce zu schreiben, ähnlich jener Studie von

Anaïs Nin. Dies sollte dann zuerst veröffentlicht werden, so daß Miller bereits als ernst zu nehmender Künstler etabliert wäre und nicht nur als Verfasser schmutziger Bücher dastehe.

Miller sträubte sich gegen diesen Gedanken, denn seiner Ansicht nach sprach *Wendekreis des Krebses* für sich. Doch seine Eitelkeit brachte ihn schließlich dazu, seine Meinung zu ändern, und so begann er, über Lawrence und Joyce zu schreiben. Seine Abhandlung, die er als «Broschüre» bezeichnete, schloß jedoch von Anfang an andere Autoren und Philosophen ein. Er teilte Anaïs Nin mit, er sei entschlossen, sich von «all den Einflüssen, Göttern, Büchern, großen Namen und so weiter» zu befreien, die ihn bis dahin «gefesselt haben»[56], und dabei ein kritisches Werk hervorzubringen, mit dem er sich als wichtiger Denker etablieren würde.

Bei ihrem nächsten Treffen deutete Kahane an, daß die Broschüre nun vielleicht doch nicht nötig sein würde, aber Miller überzeugte ihn vom Gegenteil. Er war mittlerweile von dem Essay genauso begeistert wie von der Veröffentlichung des eigentlichen Buches, die Kahane für Februar 1933 versprach.[57] Anfang Oktober entwarf Kahane einen Vertrag, den Bradley als akzeptabel betrachtete. Miller selbst war ein wenig verwirrt über die Bedingungen, die vorsahen, daß er keinen Vorschuß, dafür aber zehn Prozent Tantiemen auf *Wendekreis des Krebses* sowie höhere Anteile an den Erlösen für sein zweites und drittes Buch erhalten würde, für die Kahane das Vorkaufsrecht erwarb.[58]

Miller hielt Kahanes Bedingungen für «lausig» und schmiedete sofort Pläne für eine Ausgabe, die als Raubdruck in Amerika herauskommen sollte, weil das Buch dort mit Sicherheit nicht offiziell erscheinen durfte. Er diskutierte sein Vorhaben mit Schnellock und Osborn und meinte, diesen Raubdruck solle ein Freund übernehmen und nicht «irgend so ein mieser Jude»[59]; er hielt die amerikanischen Verleger insgeheim allesamt für «Judenpack»[60]. Joe O'Regan könnte ihm behilflich sein, vielleicht auch George Buzby. Wenn ein Freund den Raubdruck übernehme, so argumentierte Miller, seien seine Chancen, etwas von den Gewinnen zu sehen, besser.

Noch wichtiger war es ihm jedoch, in Amerika überhaupt ein Publikum zu finden. Deshalb holte er *Crazy Cock* wieder aus der

Schublade und sandte das Manuskript an Pat Covici von Covici-Friede in New York, denn Samuel Putnam hatte Miller gesagt, «Mademoiselle Claude» habe diesem gefallen. Jahre später behauptete Putnam, Covici sei mit dieser Meinung in Amerika ziemlich allein dagestanden; andere Verleger hätten den Text als «Puffgeschichte» und «reine Pornographie» abgetan.[61] Zu Millers Bestürzung wurde *Crazy Cock* wieder abgelehnt, doch er setzte seine Bemühungen fort, in den Vereinigten Staaten veröffentlicht zu werden, und schickte der New Yorker Agentin Madeleine Boyd sowie George Buzby seine Manuskripte. In einem Brief an Osborn schlug Miller einen gewagten Ton an:

> Die Amerikaner werden mich für den letzten Abschaum halten, wenn sie *Wendekreis des Krebses* sehen. Wie werde ich mich freuen, wenn sie anfangen zu spucken und zu geifern. Ich hoffe, sie lernen daraus etwas über Tod und Sinnlosigkeit, Hoffnung usw. Ich werde ihnen verdammt noch mal den Boden unter den Füßen wegziehen.[62]

Wendekreis des Krebses stellte in Millers Augen einen Angriff dar gegen die Kunst, aber auch gegen sein Heimatland und alles, wofür es seiner Meinung nach stand. Amerika, so behauptete er, sei verweichlicht, steril, für den Künstler die Hölle. «Mein verdammtes Heimatland soll der Teufel holen», schrieb Miller an seinen Freund Hilaire Hiler. «Der Teufel soll Amerika holen! Das Land ist eine Irre ohne Mumm in den Knochen.»[63]

«Diesmal lassen mich Junes Verrücktheiten kalt – mir ist völlig egal, was sie tut... Ich weiß, wo meine wahren Interessen liegen, und handle danach», schrieb Miller lakonisch im Oktober 1932. June traf Anfang Oktober nach den üblichen Telegrammen ein und war wild entschlossen, Henry im Moment seines größten Triumphs Gesellschaft zu leisten – und zu sehen, wie sich die Geschichte mit Anaïs entwickelte. Perlès meinte, Anaïs selbst habe die Reise als Geschenk für Henry arrangiert.

Merkwürdigerweise reservierte June im Hôtel Princesse ein Zimmer für zehn Tage, bevor sie Henry ihre Ankunft mitteilte. Das

Manuskript, um das er sie gebeten hatte, eine alte Fassung von *Crazy Cock*, hatte sie nicht dabei.[64] Henry ahnte fast sofort kommendes Unheil und schrieb Schnellock, «der Krieg» habe begonnen, er erwarte «kein Mitleid und keine Fairneß»[65]. Er hatte schreckliche Angst, daß June herausfinden würde, wie weit sein Verhältnis zu Anaïs inzwischen gediehen war, und befürchtete, sie könnte durch Anaïs' Betrug genauso verletzt sein wie durch den seinen.

In Wahrheit war die Situation noch um einiges komplizierter, als Miller Schnellock mitteilte. Anaïs hatte Henry aus der Fassung gebracht, als sie ihm am Telefon sagte, sie freue sich für ihn über Junes Ankunft. Henry hielt es für das Beste, großmütig zu sein, und schrieb deshalb Anaïs, er lasse ihr mit June völlig freie Hand und sei nicht eifersüchtig.[66] Anaïs vertraute ihrem Tagebuch an, daß sie und June in Clichy tatsächlich eine Nacht miteinander verbrachten. Perlès und Miller schliefen im Zimmer nebenan, doch außer ein paar Küssen passierte zwischen den beiden Frauen offenbar nichts.[67] June wollte Henrys Eifersucht durch einen Liebesbrief von Anaïs anstacheln, doch er ließ sich davon nicht beeindrucken, weil er wußte, daß Anaïs manchmal auch dann ihre Leidenschaft verkündete, wenn sie mit der betreffenden Person keine sexuelle Beziehung einging.

June, so fand Henry, verhielt sich bei diesem Besuch bedrohlich zurückhaltend. Er behandelte sie wie ein kleines Kind, lobte sie, so oft es ging, und kritisierte sie nie. Mit dem Ergebnis seines Verhaltens war er sehr zufrieden. Er schrieb Anaïs, June bemühe sich «heldenhaft», ihm zu gefallen, und er sei gerührt. Sie wirke auch gesünder und ruhiger.[68] Doch seine Gedanken waren bei Anaïs, und June spürte, daß der Kampf verloren war – sie wurde gemein.

Millers Biographen – und im übrigen auch Anaïs Nin – behaupten, die Ehe sei unwiderruflich zu Ende gewesen, als June das Manuskript von *Wendekreis des Krebses* las und darüber, wie Miller sie dort porträtierte, völlig die Fassung verlor. Doch nicht einmal in der Manuskriptform belegt das Buch diese Deutung. June tritt darin als «Mona» auf, die Frau des Erzählers, die im Verlauf der Handlung einmal nach Paris fährt. Obwohl der Erzähler ein Ausbund an Untreue ist, liebt er letztlich nur seine Frau, die als verklärtes

Ideal des Weiblichen dargestellt wird. June mag vielleicht über den allgemeinen Tonfall des Buches verärgert gewesen sein, aber an ihrem eigenen Porträt konnte sie eigentlich nichts auszusetzen gehabt haben.

Doch das Manuskript enthüllte einen dramatischen Wandel ihres Mannes. Den Erzähler hatte das Leben hart gemacht, er hatte nur noch wenig Ähnlichkeit mit dem verletzlichen und leichtgläubigen Henry, den June «an ihrer Seite» – so ihre Worte – behalten wollte. Nun hatte er sie für immer verlassen. Und überdies war er – ohne ihre Hilfe – zum Künstler geworden. Seine neue Selbstsicherheit verwirrte sie völlig, so daß ihre schauspielerischen Fähigkeiten sie tatsächlich einmal im Stich ließen. Sie war nicht flexibel genug, um sich auf die veränderte Situation einzustellen. Nach einem heftigen Streit zog sie aus dem Hotel aus und quartierte sich bei Freunden am Montparnasse ein.[69] Doch nicht einmal dadurch weckte sie Henrys Eifersucht, denn er wußte, daß diese Freunde homosexuell waren.

Aber June ließ sich nicht so leicht abwimmeln. Beim Lebensmittelhändler erfuhr Miller, daß sie dort zusammen mit einem jungen Mann auf Millers Rechnung eingekauft hatte. Eines Abends tauchte sie in der Wohnung in Clichy zum Abendessen auf, das Miller bereitwillig servierte. Nach dem Essen wurde sie hysterisch und behauptete, sie leide unter Durchfall, seit sie Miller verlassen habe, und Perlès, Miller und Anaïs Nin hätten ihr Gift ins Essen gemischt.[70]

Anaïs und Perlès waren bestürzt über die Wirkung, die Junes Anwesenheit auf Miller hatte – wie immer, wenn June da war, hörte er fast völlig mit dem Schreiben auf –, und sie arrangierten für ihn über die Weihnachtstage einen Londonaufenthalt, den Anaïs finanzierte. Sie kamen auf London, weil June, die wußte, daß Miller diese Stadt haßte, ihn dort nie vermuten würde. Am Vorabend seiner Abreise tauchte June in der Wohnung in Clichy auf und sah die gepackten Koffer und dazu ein paar Reiseprospekte auf dem Küchentisch. Es folgte eine schreckliche Szene, in deren Verlauf June, die sich einen Rausch angetrunken hatte, Henry Vorwürfe und Anschuldigungen an den Kopf warf und drohte, Guiler von Anaïs Nins Verhältnis mit Miller zu erzählen. «Ich mußte mir die wüstesten Beschimpfungen anhören, die eine geliebte Frau nur in den Mund nehmen kann», schrieb er an Schnellock. «Schmutz. Schmutz. Ein geschmackloser jüdischer Veitstanz. Geschmackloses Schmierentheater.»[71] Schließlich legte er völlig entnervt Geld auf den Tisch und sagte ihr, sie solle alles nehmen, erbot sich sogar, sich am nächsten Tag den Gegenwert der Fahrkarte auszahlen zu lassen. Fast sofort wurde June von Reue übermannt und wollte ihm die Hälfte des Geldes zurückgeben. Sie verließ die Wohnung unter Tränen und vergaß dabei das Geld, so daß Miller ihr nachlaufen mußte. Sie verabschiedeten sich auf der Treppe, und June lächelte ihn «merkwürdig traurig» an, als wolle sie ihm zeigen, daß sie auf das Geld verzichtet hätte und wieder zu ihm zurückgekehrt wäre, wenn er sie nur ein wenig dazu ermutigt hätte. Miller sah sie lange an und ging dann wieder hinein. Er setzte sich an den Küchentisch und schluchzte wie ein Kind. Er ahnte, daß es ihr letzter Abschied war.

June verließ Paris Ende Dezember, und Perlès brachte sie zum Zug. Miller schrieb Schnellock, der letzte Eintrag in seinem Notizbuch sei ein Stück Toilettenpapier, auf das June gekritzelt hatte: «Bitte reiche sofort die Scheidung ein.»[72] Am Tag ihrer Abreise machte Miller eine Kneipentour und landete schließlich in einer Bar in der Rue Pigalle. Dort unterhielt er sich mit einer Engländerin mit schlechten Zähnen und hörte einem Mann zu, der zur Harfe «Valparaiso» sang, ein Lied, das durch die französische Sängerin Yvonne George bekanntgeworden war. Der Refrain lautete «goodbye, Mexico», und da June sich wahrscheinlich nach mexikanischem Recht von ihm scheiden lassen würde, mußte er bei diesen Worten weinen. Wenn er später über seine Scheidung sprach, zitierte er immer diesen Refrain.[73]

Miller glaubte nun, sich endlich von June befreit zu haben und sie so zu sehen, wie sie wirklich war. Seinen Briefen nach zu urteilen dachte er offenbar tatsächlich nur noch selten an sie, und wenn er ihr überhaupt noch ein Gefühl entgegenbrachte, dann war es Mitleid. Als er jedoch fünf Monate später einen Brief von Osborn erhielt, in dem dieser ihm schrieb, er habe June zusammen mit einem jungen Mann in einem Café im Village gesehen, verfaßte Miller in betrunkenem Zustand sofort einen fast zwanzigseitigen Brief an Schnellock. Darin schwankte er zwischen hysterischer

Leidenschaft und tiefstem Haß; er machte June schlecht, jammerte aber gleichzeitig über seinen Verlust und schrieb, er könne es nicht ertragen, wenn June ihn hasse. Er bat Schnellock, June mitzuteilen, daß er sie noch immer liebe, sie aber nicht begehre, und erklärte, er liebe June, weil sie Jüdin sei. Gleichzeitig bezeichnete er sie jedoch immer wieder als «diese kleine Judenschlampe». Sie war nun zu «June Smith-Smerth-Mansfield-Miller-Möse-Eier-Hure» geworden, und Miller gab endlich zu, daß er von ihrer Untreue wußte.[74]

Am nächsten Morgen fügte er ein Postskriptum hinzu und bat Schnellock, den Brief nur zu seiner eigenen Belustigung zu lesen. Falls Emil June sehe, solle er ihr sagen, sie möge sich zum Teufel scheren. Gleichzeitig bat er jedoch Emil, ihm mitzuteilen, welche Farbe ihre Kleider hätten, und ob sie ihre Augen grün oder blau schminke – «weil ich mich einen Dreck um sie schere»[75]. Einige Wochen nach seinem Gefühlsausbruch schrieb Henry, June lähme ihn, und er hoffe, sie erinnere sich noch von Zeit zu Zeit an all das, was er ihr gegeben habe, was er nie einer anderen Frau werde geben können. Er hätte alle nur erdenklichen Verbrechen für sie begangen: «Verrat, Brandstiftung, Diebstahl, Mord. Alles – nur, um sie zu halten.»

In vielerlei Hinsicht war es June gewesen, die ihm das Schreiben erst ermöglicht hatte, denn Miller glaubte, daß Leiden den Geist stähle. Außerdem versorgte sie ihn sein ganzes Leben lang mit «Material»: Er widmete ihr *Wendekreis des Steinbocks*, und sein Leben mit June und Jean wurde zum Thema seines Romanzyklus *The Rosy Crucifixion (Sexus, Plexus, Nexus)*. Allmählich nahm der Gedanke Gestalt an, sich durch Bücher an ihr zu rächen. In *Wendekreis des Krebses* hatte er noch wenig Verletzendes über sie geschrieben, doch nun kehrte er zu den Ereignissen von *Crazy Cock* zurück und stellte June in ihrer ganzen verräterischen Verrücktheit dar. Im Juli 1934, als er sich ernsthaft an die Arbeit zu *Wendekreis des Steinbocks* machte, schrieb er Osborn, dieser Roman solle ein Proustsches Epos werden, in dem er June seine Jahre des Versagens in Amerika heimzahle. Das Werk würde, so kündigte er an, «ein Grab für June, das die nächsten Jahrhunderte überdauert. Das hat man davon, wenn man einen anderen kränkt und verletzt. Die jüdische Schlampe wird vor Wut beben!»[76]

9. KAPITEL

Tropische Stürme

1933–1935

Der Essay – oder die «Broschüre» – über D. H. Lawrence, den Miller Kahane versprochen hatte, wurde ihm fast zum Verhängnis. «Ich stecke ein weites Feld ab», schrieb er Osborn im Februar 1933. «Dadurch werde ich mir als Denker einen Namen machen.»[1] Das Feld war in der Tat ziemlich weit. In einem Brief teilte Miller Anaïs Nin mit, das Werk würde vier Teile und eine Einleitung umfassen; im nächsten Schreiben sprach er bereits von zehn großen Abschnitten. «Große makrokosmische Zusammenhänge!»[2] verkündete er.

Miller nahm die unterschiedlichsten Dinge in seine «Broschüre» auf: Seine Überlegungen zu Lawrence führten ihn von Proust über Spengler und Joyce zum Film, zur Psychoanalyse, zur Freikörperkultur, zu Träumen, zu Duhamel, Rabelais, Keyserling und Elie Faure. So verwandte Miller beispielsweise mehr als zwanzig Seiten auf Einträge aus der Encyclopaedia Britannica zu den Themen Rätselhaftes, Mystizismus und Pest. Er zitierte ausführlich und schrieb seitenweise aus anderen Werken ab, bis Anaïs Nin ihn rügte und ihm sagte, er solle doch etwas Eigenes zu Papier bringen oder zumindest die Passagen in seine eigenen Worte umformulieren. Im selben Brief warnte sie ihn eindringlich davor, sein Projekt irgendeinem Außenstehenden wie Bradley oder Kahane zu zeigen.[3] Zweifelsohne ahnte sie, daß das ganze Unternehmen unter einem schlechten Stern stand.

Doch Miller schlug alle Bedenken in den Wind und arbeitete 1933 und 1934 unermüdlich an der «Broschüre». Anfang 1933 verkündete er hochtrabende Pläne: Das Werk sollte nun drei Bände umfassen: einen über Proust, einen über Joyce und einen über Lawrence. Ein viertes Buch sollte «nur Ideen, keine Namen» behandeln. Vermutlich sollte es sich dabei eher um philosophische Überlegungen als um Literaturkritik handeln.[4]

Der Begriff Literaturkritik wäre auch für die noch erhaltenen

Fragmente der «Broschüre» – besonders eine Sammlung, die 1980 unter dem Titel *The World of D.H. Lawrence: A Passionate Appreciation* (*Die Welt des D.H. Lawrence. Eine Huldigung*, 1983) erschien – oder irgendeine seiner sonstigen Abhandlungen über verschiedene Schriftsteller alles andere als zutreffend, denn Miller durchstreifte Lawrences Werk mit weit höherem Interesse an seiner Person als an seinen Schriften. Eine ausgesprochen große Faszination übte dabei Ursula Brangwens lesbische Erfahrung in *Der Regenbogen* auf ihn aus, weil Miller darin in gewissem Maße Lawrences Einstellung zur Homosexualität zu entdecken glaubte. Millers Interesse war jedoch nicht vorrangig biographischer Natur – er wollte vielmehr der Kreativität nachspüren und seine eigene Reaktion auf das Werk des Künstlers erforschen. Denn nun, da *Wendekreis des Krebses* vollendet war, sah er sich als Autor mit eigener Persönlichkeit und künstlerischer Vision. Statt sich mit anderen Schriftstellern auseinanderzusetzen, verglich er sich lieber mit ihnen. Über Joyce sagte er zum Beispiel: «Ich schäme mich nicht zuzugeben, daß ich zu ungebildet bin, um Joyces Werk würdigen zu können ... Je großartiger er wird, desto größer ist mein Bedürfnis, ihm aus dem Weg zu gehen.»[5] Außerdem ließ er sich oft über sein eigenes Werk aus und verglich sich mit Voltaire, einem weiteren Vertreter beißender Gesellschaftskritik: «Wenn ich heute ein Voltaire sein will, muß ich andere Mittel und andere Waffen einsetzen. Und ich bin letztlich um etliches zerstörerischer als Voltaire, weil ich die Welt der Gedanken verlassen habe, weil ich unter die Gürtellinie ziele.»[6]

Er schrieb Osborn, er selbst sei *gegen* das Denken, doch in der «Broschüre» sei er dazu «gezwungen»[7], und er habe jene «Welt der Gedanken» keineswegs verlassen. Anaïs Nin machte sich ob des Kurses, den Miller mit dieser Schrift nun einschlug, immer größere Sorgen. Im Juli 1933 sagte sie ihm, sie glaube, er fühle sich unglücklich als Philosoph, und sie wünsche sich, er würde wieder zu den fiktionalen Genres zurückkehren und seine Gefühle und seine Lebenstrunkenheit beschreiben. «Du hast nicht *eine* Philosophie. Du hast Gefühle», schrieb sie. «Ich würde sagen, laß den Intellektuellen in Dir in Ruhe, den Weisen, den Philosophen.»[8]

Anaïs Nin fühlte sich zu diesem Ratschlag veranlaßt, nachdem sie mehrere Seiten von Millers Buch mit dem vorläufigen Titel «Self-Portrait» gelesen hatte, das in der endgültigen Form *Schwarzer Frühling* heißen sollte. Miller hatte die ersten Versuche zu *Wendekreis des Steinbocks* beiseite gelegt, weil das Buch von June handeln sollte und er noch nicht in der Lage war, sich mit jenen Erfahrungen auseinanderzusetzen. Statt dessen schrieb er kleine Vignetten, manche davon autobiographischer, andere deskriptiver Natur. Die erste, die er 1933 verfaßte, versah er mit der Überschrift «Third or Fourth Day of Spring» (Der dritte oder vierte Frühlingstag). Sie war eine Betrachtung über Millers Platz in der Welt («Entweder ist die Welt zu schlaff oder ich bin nicht hart genug.»[9]), seine Einstellung zur Religion («unser dreieiniger Gott, *Penis* und *Hoden*»[10]) und Rabelais («Für alle deine Leiden – Lachen!»[11]). In dem Werk herrscht Jubelstimmung vor, obwohl der Erzähler die Welt als tot oder sterbend betrachtet, ähnlich wie in *Wendekreis des Krebses*.

Auf «Der dritte oder vierte Frühlingstag» folgten stärker autobiographische Schriften wie «The Tailor Shop» (Der Schneiderladen), eine lyrische Rückbesinnung auf seinen Vater und seine Vorfahren im allgemeinen. «Jabberwhorl Cronstadt» (Jabberwhorl Cronstadt), ein Porträt seines Freundes Lowenfels, dem er nach einem Pariser Hotel den Spitznamen Cronstadt gab, ist eine surrealistische Spielerei und zeigt den wachsenden Einfluß dieser Kunstrichtung auf Millers Werk. An Schnellock schrieb er, jene Seiten enthielten «Halluzinationen – wieder einmal Straßen – und irrwitzige Ideen – ein Durcheinander der verschiedensten Dinge, die verzerrte, verdrehte Sicht, das Universum, das ein bißchen zur Seite gekippt und mit Getöse umgefallen ist»[12]. Anaïs Nin und Miller hatten eine surrealistische Nummer von Edward Titus' *This Quarter* verschlungen, die Beiträge von René Crevel und Paul Eluard enthielt, Anhängern von André Breton.[13] Er war sehr enttäuscht, als Titus eine surrealistische Schrift von Perlès und ihm selbst – wahrscheinlich einen Teil von «The New Instinctivism» – nicht annahm, und verdächtigte Titus, allen Schriftstellern, die in der Konkurrenzzeitschrift *New Review* veröffentlichten, feindlich gesonnen zu sein.[14]

Zu den anderen «Laborexperimenten», wie er sie nannte, gehörten ein Manuskript über den Film, das Traumbuch, das er noch immer führte, und eine Drehbuchfassung von Anaïs Nins *Haus des*

Inzests, der er den Titel «Palace of Entrails» (Palast der Eingeweide) gab. Er hängte rund um seinen Schreibtisch ausgeklügelte Pläne an die Wand, übertrug seine umfangreichen Notizen auf große Bogen weißen Papiers und verband sie zu komplizierten Diagrammen. Doch bald schon stellte er fest, daß er eigentlich keine Bücher schrieb, sondern Hefte voller Notizen. Er schickte Anaïs Nin ein solches Heft mit Notizen über Lawrence und meinte dazu: «Mein Kopf zerspringt. Noch nie in meinem Leben so viele Verbindungen, Synopsen, Synkopen, Elisionen und Synthesen produziert.» [15]

Im April 1933 gewährte Miller Kahane widerwillig eine sechsmonatige Verschiebung des Veröffentlichungstermins von *Wendekreis des Krebses*. Nach Ablauf des halben Jahres, also im Oktober, bat Kahane um weitere sechs Monate. Miller spielte mit dem Gedanken, das Manuskript ganz zurückzuziehen, denn allmählich hatte er genug von Kahane und von seinem Agenten Bradley, aber er ließ sich dann doch noch einmal beschwichtigen. Kahanes Sohn Maurice Girodias schrieb in seinen Lebenserinnerungen, Anaïs Nin und Miller hätten damals versucht, Kahane zum Handeln zu zwingen und zur Publikation zu überreden. [16]

Anaïs Nin suchte noch immer nach einem Weg, wie sie persönlich für die Herstellungskosten von *Wendekreis des Krebses* bürgen konnte. Guiler hatte sich schon bereit erklärt, als eine Art Manager zu fungieren und Kahane das Geld vorzuschießen, doch dann zog er sein Versprechen in letzter Minute zurück – was niemanden sonderlich überraschte – und sagte, er würde Miller, seinem «ärgsten Feind» [17], keinen roten Heller geben. Guiler übersah die außerehelichen Aktivitäten seiner Frau so gut es ging, doch was die Finanzierung eines Buches anbelangte, das der Liebhaber seiner Frau geschrieben hatte, gab es wohl auch für ihn Grenzen.

Während die Veröffentlichung von *Wendekreis des Krebses* 1933 nach wie vor nicht gesichert war, fand Anaïs Nin allmählich Anerkennung für ihre Schriften. Sowohl Bradley als auch Kahane zeigten sich an der Veröffentlichung ihrer Tagebücher interessiert, obwohl Kahane sie kürzen wollte. Das handelte ihm einen bissigen Brief von Miller ein, der die Tagebücher für eine der größten literarischen Leistungen seiner Zeit hielt. [18] Anaïs vollendete *Haus des Inzests* und eine Reihe von Skizzen über Henry und June, die sie als ihre «Seiten über Alraune» bezeichnete und die später in die Sammlung *Winter of Artifice* eingingen. Außerdem machte sie sich sofort daran, eine eigene Fassung für ihren Vater und ihren Mann auszuarbeiten, in der sie sämtliche kompromittierenden Stellen über Henry und June strich. [19]

Miller verstand sich als Anaïs Nins literarischer Mentor und las ihr bisweilen die Leviten. So schrieb er ihr im Oktober 1933 einen langen Brief, in dem er ihr Werk kritisierte. Er ging darin besonders auf ihre Neigung ein, an Szenen ohne richtiges Ende mangelhaft durchdachte Synthesen anzufügen und zu häufig «etwas lächerliche Hyperbeln» zu verwenden wie «Ich war in meinem innersten Schoß erregt» oder «Ich bin licht!» [20]. Er ermahnte sie, sich gegen Kritik abzuhärten.

Anaïs Nin nahm den Brief nicht allzu gnädig auf und schrieb zurück, er, Miller, sei «falsch» [21]. Das bedeutete letztlich nichts anderes, als daß sie jegliche Kritik an ihrem Werk mit mangelnder Loyalität und einem Verrat an ihr als Person gleichsetzte. Anaïs Nin konnte recht herrisch sein, und in der Beziehung mit Henry saß sie finanziell gesehen am längeren Hebel; also gab Miller klein bei.

Solange Miller seine Grenzen nicht überschritt, war in ihrer Beziehung alles in Ordnung. Die beiden verlebten während Guilers häufigen Geschäftsreisen idyllische Tage in Louveciennes, und Anaïs besuchte Henry oft in seiner Wohnung in Clichy, obwohl sie sich nicht sonderlich viel aus Perlès machte. Doch in ihrem Tagebuch beschrieb sie angenehme Abende in Henrys Küche, an denen sie ihm mit den Ellbogen auf der Wachstuchtischdecke beim Kochen zusah und seiner kräftigen Stimme lauschte. Sie fand seine Ungehobeltheit exotisch und amüsierte sich insgeheim, wenn er einen Fauxpas beging und die *pâté de foie gras* salzte oder in Louveciennes die Fingerschale fürs Dessert benutzte. [22]

Beide lernten in dieser Zeit eine Vielzahl anderer Künstler und Schriftsteller kennen. Anaïs Nin freundete sich mit dem Surrealisten Antonin Artaud an, der sich ebenfalls bei ihrem Psychoanalytiker René Allendy einer Analyse unterzog. Eine Zeitlang redete sie sich ein, in ihn verliebt zu sein, aber Artaud behauptete, er sei homosexuell und könne deshalb ihre Gefühle nicht erwidern. Währenddessen entdeckte Miller sein Interesse für die Malerei neu.

Anaïs Nin stellte ihn Hilaire Hiler vor, einem amerikanischen Maler, der gerade eine Ausbildung zum Psychoanalytiker machte. Miller begann, Malunterricht bei ihm zu nehmen; stolz berichtete er Anaïs Nin, Hiler halte seine Werke für «maskulin»[23].

Zu Millers neuen Freunden gehörte auch der ungarische Fotograf Brassaï, den er ein oder zwei Jahre zuvor schon flüchtig kennengelernt hatte. Brassaï stellte Miller seinem Landsmann Frank Dobo vor, einem Literaturagenten, der später zu einem wichtigen Freund wurde. Brassaï hatte zu den unterschiedlichsten Mitgliedern der Künstlergemeinde in Paris Kontakt und machte Miller mit dem französischen Schriftsteller Joseph Delteil, dem Dichter Louis Aragon und dem Schriftsteller und Redakteur Raymond Queneau bekannt. Miller hatte sich einen bescheidenen Ruf erworben als der Amerikaner, der ein so schockierendes Buch geschrieben hatte, daß nicht einmal Jack Kahane wagte, es zu veröffentlichen, und er förderte diesen Ruf noch, indem er sich selbst den «Gangsterautor» nannte.

Miller beschrieb Brassaï in seinem Manuskript von *Wendekreis des Krebses* als Fotografen, der den Erzähler bittet, sich für ein paar Nacktfotos zur Verfügung zu stellen. Brassaï bestritt, daß er das getan habe, aber anderen Gerüchten zufolge hatte sich Miller tatsächlich während seiner Anfangszeit in Paris mit homoerotischen Fotos etwas Geld verdient. Angeblich soll er auch in pornographischen Filmen mitgespielt haben, die in Belgien gedreht wurden, aber der einzige Hinweis in diese Richtung ist die Behauptung eines Redaktionskollegen bei der *Tribune*, Miller sei auf einer Ferienreise nach Belgien verschwunden und habe deshalb seine Stelle verloren. Höchstwahrscheinlich entbehrten diese Gerüchte jeder Grundlage. Miller selbst unternahm wenig, um sie zu zerstreuen, denn schließlich paßten sie in das Bild vom literarischen *clochard*, der für seine Kunst jedes Opfer bringt.[24]

Miller glaubte, durch die Analyse seiner Träume und durch die Beschäftigung mit seiner Kindheit in «Self-Portrait» zu bemerkenswerten Einsichten zu gelangen. Anaïs Nin und er verschlangen die Werke von Otto Rank, dem unkonventionellen Psychoanalytiker und Verfasser von *Das Trauma der Geburt* und *Der Künstler und andere Beiträge zur Psychoanalyse des dichterischen Schaffens*. Im

März 1933 lernte Miller Rank kennen und betrachtete sich nach einer einzigen Sitzung mit ihm als «geheilt». In einem überheblichen Brief an Anaïs Nin brüstete er sich, mit Rank völlig gleichberechtigt diskutiert und ihn mit der Kenntnis seiner Gedanken beeindruckt zu haben. [25]

Anaïs Nin und Miller war die Psychoanalyse als Steinbruch für neue Gedanken und Einblicke in ihre künstlerische Entwicklung wichtiger denn als reine Therapie. Am meisten beeindruckte Miller Ranks Untersuchung der Kreativität. Ranks Ansicht nach entsprang die Kunst der Unfähigkeit des frühen Menschen, eine Verbindung zwischen Geschlechtsverkehr und Geburt herzustellen; außerdem erschüttere das Phänomen Geburt seinen Glauben, daß die Seele den Tod des Körpers transzendieren könne. Deshalb wende sich der Mensch der Kunst zu, die nun im 20. Jahrhundert – laut Rank die «Ära der Sexualität» – immer erotischeren Charakter annehme. [26]

Jede Theorie, die von einer Verbindung zwischen Sex, Tod und Kunst ausging, mußte auf Miller natürlich reizvoll wirken, obgleich er Ranks Thesen nur zum Teil begriff und die Schlußfolgerung des Psychoanalytikers – daß der schöpferische Impuls letztlich nicht in den Dienst der Kunst gestellt, sondern zur «Herausbildung der Persönlichkeit» eingesetzt werden soll – einfach ignorierte. Millers Bekanntschaft mit Rank erhöhte seine schriftstellerische Produktion, die 1933 ohnehin schon unglaublich groß war. Rank übte außerdem starken Einfluß auf Anaïs Nin aus, die inzwischen mit ihrem eigenen Psychoanalytiker René Allendy unzufrieden geworden war. Sie hatte ihre ersten Sitzungen bei Rank im November und ließ sich im Mai 1934 selbst in der Kunst der Psychoanalyse unterweisen, um als Assistentin von Rank zu arbeiten.

Den Sommer 1933 verbrachten Anaïs Nin und Miller mit Reisen: Anaïs fuhr mit ihrem Mann durch Frankreich, und Miller besuchte zusammen mit Perlès zuerst Luxemburg und dann die französische Provinz, die er als lähmend empfand. Als er wieder nach Paris zurückkehrte – Anaïs Nin war noch immer unterwegs –, befand er sich in besonders zynischer Stimmung. Als Schnellock ihm ein Bündel mit Briefen von Henry an seine erste Frau Beatrice schickte, verurteilte er sie als langweilig, dumm und viel zu praktisch; er vernichtete sie, ohne mit der Wimper zu zucken. Für einen Mann, der alle nur erdenklichen Erinnerungsstücke als Material für seine Werke aufbewahrte, war das eine ziemlich ungewöhnliche Handlung.

Etwa zur selben Zeit schickte Osborn, der jetzt in Connecticut lebte und sich von einem psychischen Zusammenbruch erholte, Miller ein schriftliches Porträt, in dem er ihn als guten, aber gleichzeitig tückischen Menschen darstellte, als jemanden, dem nur sein eigenes Leben wichtig war und der sich nicht einmal um seine engsten Freunde scherte. Miller schrieb Anaïs Nin in forsch-fröhlichem Tonfall, er stimme Osborn zu, doch er finde es merkwürdig, ein solches Porträt ausgerechnet jetzt zu erhalten, da er gerade einen Plan aushecke, wie er den ohnehin schon labilen Osborn vollends zum Wahnsinn treiben könne. Dazu wolle er in seinen Briefen Osborn immer wieder seinen Verfolgungswahn und seine Halluzinationen vor Augen führen. Sein einziges Motiv, so schrieb Miller, sei «aus blanker Gleichgültigkeit geborene Rachsucht» [27].

Solche Eskapaden waren typisch für Anaïs Nin und Miller, die oft ziemlich kindisch sein konnten. Miller und Perlès hatten einen Hang zu unnötigen Gemeinheiten, die sie als Spaß abtaten – egal, ob es dabei darum ging, Fraenkel zu bestehlen oder einem Freund die Freundin auszuspannen. Auch Anaïs Nin war zu unverantwortlicher Grausamkeit fähig, obwohl sie sich sehr souverän gab und für Millers Späßchen nur Verachtung empfand. Sie konnte Mitmenschen völlig vor den Kopf stoßen, wie manche Bewunderer, unter ihnen der britische Dichter David Gascoyne, am eigenen Leib erfahren mußten. Verbittert schrieb Gascoyne in sein Tagebuch, Anaïs Nin habe sich am Vortag nur wegen ihrer Vorliebe für das Theatralische und Pittoreske störrisch wie ein Esel aufgeführt. Diese Vorliebe zeige sich in «dem maurischen Zierat, mit dem sie sich umgibt, dem ‹barbarischen› Schmuck, dem Weihrauch, dem Glasbaum und anderen exotischen Bühnenrequisiten, die sie braucht, um sich selbst davon zu überzeugen, daß sie ein überaus interessantes ‹Seelenleben› führt» [28]. Miller litt im Jahr 1933 mehr als einmal unter Anaïs Nins Launen und ihrer eisigen Herablassung, die das Ergebnis einer unbedachten Äußerung oder eines Angriffs auf ihre künstlerische Leistung sein konnten. Henry wie auch Anaïs waren nicht gerade zimperlich mit ihren Gemeinheiten, wie an Millers Bemerkung über Osborn deutlich zu sehen ist.

Im Juli lernte Miller einen glücklosen jüdischen Schneider kennen, den er Max nannte und der zur zentralen Figur in einer von Millers bewegendsten Geschichten wurde, die 1938 in der Sammlung *Max and the White Phagocytes* (Max und die weißen Phagocyten) herauskam. Die Erzählung beschreibt aufrichtig und höchst gekonnt die widersprüchlichen Gefühle, die Penner auslösen: zunächst einmal natürlich den Willen zu helfen, aber dann auch Frustration und vielleicht sogar Verachtung. In der Geschichte hilft Miller Max, der weder Geld noch Freunde hat; er schreibt an Max' Schwester in Amerika und leiht ihm Geld und Kleider. Er nimmt seinem Freund Boris (Michael Fraenkel) die Gefühllosigkeit und Herablassung übel, mit der dieser Max behandelt, und beschreibt seine eigene Reaktion: «Man findet sie [Menschen wie Max] so greulich, daß die Neugierde in einem erwacht. Wieder und wieder sucht man sie auf, um sie zu studieren, um ein Mitleid in sich wachzurufen, das in Wirklichkeit nicht vorhanden ist. Man tut allerhand für sie, nicht weil man Sympathie für sie empfindet, sondern weil einem ihr Leid unfaßbar ist.» [29]

Doch in einem Brief an Anaïs Nin von 1933 äußert sich Miller völlig anders. Dort behauptet er, er habe Max sofort ins Gesicht gesagt, er solle in die Seine springen. Noch vor fünf Jahren, so meinte er, hätte er Max vielleicht bei sich aufgenommen, aber nun sei das nicht mehr möglich. Anfang der dreißiger Jahre, als die Faschisten allmählich die Herrschaft über Europa an sich rissen, schien die Welt dem Untergang geweiht. «Millionen werden an die Wand gedrückt» [30], schrieb Miller und berief sich damit nicht nur auf Nietzsche, sondern auch auf seinen eigenen «eugenistischen» Erstlingsroman *Clipped Wings*.

Millers Reaktion auf Max weist darauf hin, daß er sich 1933 und 1934 mit der Politik zu befassen begann. Im Verlauf der nächsten Jahre, in denen der Krieg in immer bedrohlichere Nähe rückte, äußerte er sich auf die unterschiedlichste Weise über die politischen Vorgänge. Miller gilt im allgemeinen als apolitisch oder bestenfalls als philosophischer Anarchist. Doch diese Einschätzung trifft nicht zu. Das gedankliche System, das auf ihn den stärksten Reiz ausübte, war in der Tat der Anarchismus, aber wie die meisten Anarchisten erwartete er die Verwirklichung dieser Anarchie nicht für die unmittelbare Zukunft. Anfang der dreißiger Jahre war seine politische Einstellung apokalyptisch, quasi-mystisch und in hohem Maße von Spengler und Nietzsche beeinflußt. Obgleich er einerseits der pazifistischen Haltung seines Großvaters nacheiferte, verherrlichte er doch andererseits die Gewalt und sprach oft davon, daß starke Führer nötig seien, die sich nicht scheuten, diese Gewalt auch auszuüben. So ließ er zum Beispiel auf sein Briefpapier ein Zitat von Balzac drucken: «L'Europe ne croira plus qu'en celui qui la broiera sous ses pieds.» [Europa schenkt nur dem Glauben, der es unter seinem Stiefel zerquetscht.]

Eine merkwürdige, unveröffentlichte Schrift Millers, die ungefähr aus dieser Zeit stammt, trägt den Titel «The All-Intelligent Explosive Rocket» und wurde von John Lehmann, einem Mitarbeiter der britischen Zeitschrift *Night and Day*, abgelehnt. Der Artikel beginnt mit der «allgemeinen Wahrheit», daß Zerstörung nicht nur nützlich, sondern oft auch «ganz angenehm» ist. Das einzige Problem, so Miller, bestehe in ihrer Ziellosigkeit, und deshalb empfiehlt er einen «denkenden Sprengkörper», der nur das zerstört, worauf er gerichtet ist. Auf dieser Grundlage spielt er die Möglichkeiten der «All-Intelligent Blitherington Explosive Rocket» durch. Sie könnte dem Menschen beispielsweise helfen, den «dunklen Kontinent» schneller zu erschließen: «Hier könnte man die Rakete anweisen, die Frauen und Kinder der unterentwickelten Rassen auszulöschen, da diese Frauen und Kinder das Haupthindernis für den Fortschritt in der riesigen rückständigen Wildnis von Afrika sind.»[31] Die Sprache deutet darauf hin, daß Miller eine Satire im Sinn hatte, aber sein Humor ist – wie später noch so oft in seinen Essays –, ziemlich geschmacklos, und die politische Aussage bleibt konfus. Der Leser vermutet bei diesem Artikel einen Angriff gegen den Krieg oder gegen die angeborene Aggression des Menschen, aber der Tonfall spricht gegen diese Lesart, verweist eher auf einen Autor, der der Aggressivität des Menschen so zynisch gegenübersteht, daß er diese bizarre Ausgeburt seiner Phantasie eigentlich schon wieder billigt.

Millers politische Einstellung ist auch in seinem sogenannten «Hauptprogramm» (Major Program) zu spüren, das Teil eines ausgeklügelten «Arbeitsplanes» (Work Schedule) war, den er 1932 und 1933 aufstellte und der außerdem ein «Nebenprogramm» (Minor Program), ein «Tagesprogramm» (Daily Program) und ein «Malprogramm» (Painting Program) umfaßte. Nachdem er in *Schwarzer Frühling* bereits über «Straßen», «China», «den Patriotismus des Künstlers» und andere Themen geschrieben hatte, wollte er sich nun noch mit der «Gewalt» befassen. Der Ursprung des Gedankens, schrieb er, ging auf eine Äußerung von Brassaï zurück, der gesagt hatte, ein einzelner Mann könne eine ganze Stadt zerstören. «Das Individuum kontra das Kollektive», notierte er als eines seiner weiteren Lieblingsthemen, und dazu «eine neue Art von Mensch» und «zerstört Geschichte, Kultur und zyklische Entwicklung»[32]. Diese Notizen mögen skizzenhaft wirken, verweisen aber darauf, daß Miller eine apokalyptische Weltsicht entwarf, die von einer Weltrevolution unter einem visionären einzelnen ausging. Sie geben überdies bereits einen Vorgeschmack auf die Bewunderung, die Miller für die Energie – wenn auch nicht die Ideen – der immer mächtiger werdenden Faschistenführer in Europa hegte.

Aber die «Gewalt» war nur ein Punkt von Millers «Hauptprogramm». Bei der Arbeit an der «Broschüre» und an *Schwarzer Frühling* entwickelte er gewaltige Energien, und er machte sich Sorgen, daß er sich auf zu viele Dinge gleichzeitig stürzte. Zusammen mit seinen «Programmen» stellte er auch eine Liste von «Geboten» auf, in denen er sich hauptsächlich dazu ermahnte, seine Themen einzuengen, sich auf die unmittelbar zu erledigenden Dinge zu konzentrieren und all die anderen Bücher zu vergessen, die er später noch schreiben wollte. Er redete sich außerdem ins Gewissen, «nur mit Spaß an der Sache zu arbeiten» und «Leute zu treffen, auszugehen und zu trinken, wenn dir danach ist»[33]. Im Herbst 1933 schrieb er Hilaire Hiler, daß er neue Wandpläne entwerfen wolle – einen für die Figuren, einen für die zeitliche Abfolge und einen für die Orte.[34]

«Ich sehe die Dinge ganz, erlebe sie ganz, ficke sie ganz. Ein Heiliger, Emil. Ein Gerechter, ein Held – jedenfalls in meinen Augen»[35], schrieb Miller im Dezember 1933 an Schnellock. Doch er war sich auch der Unausweichlichkeit seines eigenen Todes bewußt. Eines Nachts träumte er von seinem Grab und setzte nach dem Aufwachen sofort ein fünfseitiges Testament auf. Er teilte Anaïs Nin mit, er glaube sich zu erinnern, daß er Abe Elkus einen Letzten Willen habe entwerfen lassen, in dem er June alles vermachte. Jetzt beschloß er, alles Anaïs zu hinterlassen, und fügte eine Liste über Schulden von insgesamt etwa dreitausenddreihundert Dollar bei. Er bat Anaïs Nin, sich darum zu kümmern, daß seine Eltern, June und seine Tochter Barbara versorgt sein würden und schrieb, Perlès solle seine Biographie verfassen.[36] Dieser Brief ist das merkwürdige Dokument eines Mannes an der Schwelle zum Ruhm. Darin ist Millers Sorge über die halsbrecherische Geschwindigkeit seiner literarischen Produktion genauso zu spüren wie sein unumstößlicher Glaube an den eigenen Erfolg und an den Wert selbst noch der kürzesten Briefe. Er versicherte seinen Freunden immer wieder, daß er ihnen durch das gedruckte Wort zur Unsterblichkeit verhelfen würde. Im Alter von zweiundvierzig Jahren schrieb er an Schnellock: «Wenn in Zukunft noch irgend jemand im Zusammenhang mit mir den Satz: ‹Das Schreiben ist ja offenbar nicht seine Stärke› sagt – tja, dem werd' ich's zeigen!»[37]

1934, also fast zwei Jahre, nachdem Miller die Arbeit an *Wendekreis des Krebses* abgeschlossen hatte, wollte er das Buch endlich gedruckt sehen, aber Kahane vertröstete ihn immer wieder und berief sich dabei auf die prekäre Wirtschaftslage. Daher fuhr Anaïs Nin im April nach London, um in der britischen Literaturszene Interesse für das Werk zu wecken. In der Zwischenzeit überarbeitete Miller das Manuskript, strich ganze Passagen und verlieh der Sprache den letzten Schliff. Er fand das Buch nicht so gut wie *Schwarzer Frühling*, und Anaïs Nin stimmte ihm zu, aber er hatte das Gefühl, es müsse veröffentlicht werden.[38]

Im Februar zog Miller aus der Wohnung in Clichy aus. Anaïs Nin hatte nach dem Beginn ihrer Psychoanalyse bei Otto Rank im November 1933 ihr Quartier in einer Pension in der Rue des Marroniers in Passy aufgeschlagen, um nicht so weit zu seiner Praxis zu haben, und brachte Miller in einem benachbarten Zimmer unter.[39] Passy lag nur «einen Katzensprung von der Seine»[40] entfernt und bedeutete für Miller einen gesellschaftlichen Aufstieg. Abends saß er oft noch bei einem Bier in einem Café an der Pont Mirabeau, auf der anderen Seite des Flusses, lauschte der Jazzmusik im Radio und betrachtete das Spiegelbild des Eiffelturms in der Seine. Er arbeitete zwar immer noch an *Schwarzer Frühling*, aber er drohte, die «Broschüre» ganz aufzugeben, um «das Buch des Jahrhunderts»[41] zu schreiben, wie er sich Anaïs Nin gegenüber ausdrückte. Außerdem hatte er die Arbeit an dem Manuskript zu *Wendekreis des Steinbocks* wieder aufgenommen, kam damit aber nur langsam voran.

Im April schrieb Miller an Anaïs Nin, er habe das Manuskript zu *Wendekreis des Krebses* noch einmal überarbeitet, und es gefalle ihm nun besser. Seiner Meinung nach wirke es, als sei es in fünfundzwanzig verschiedenen Wohnungen entstanden – was ja auch mehr oder weniger der Fall war.[42] Als Anaïs Nin ohne irgendwelche Angebote aus London zurückkehrte, begann Miller zu verzweifeln. Kahane behauptete, kurz vor dem Bankrott zu stehen, und mit Bradley hatte Miller zwischenzeitlich gebrochen. Er hatte ihn als alten Mann beschimpft, dem es ein sadistisches Vergnügen bereite, das Werk der Jüngeren schlechtzumachen.[43] Im Juni erklärte Kahane sich schließlich bereit, das Buch zu veröffentlichen, falls Anaïs Nin die Kosten für den Druck übernehme, und sie sagte ihm einen Vorschuß von fünftausend Francs zu.[44]

Im Juli lasen Miller und Anaïs Nin bereits die Fahnen. Kahane war der Ansicht, das Werk benötige ein Vorwort, weil sich die Gemüter gewiß daran erhitzen würden, und erbot sich, selbst ein paar Seiten zu verfassen, doch Miller lehnte ab. Statt dessen schrieb er die Einführung und setzte Anaïs Nins Namen darunter; höchstwahrscheinlich hatte sie ohnehin daran mitgewirkt.[45] Eine solche Gelegenheit bot sich nicht oft: Er konnte das Buch «erklären», es loben und seine Bedeutung hervorheben – und das alles unter fremdem Namen. Kahane nahm die Schrift an und setzte die Veröffentlichung für September fest.

Eigentlich hätte Miller nun glücklich sein müssen, aber zwischen ihm und Anaïs Nin war es zu Unstimmigkeiten gekommen. Er hatte die Rue des Marroniers verlassen und war in eine Wohnung in der Avenue de Versailles gezogen, die Anaïs' Bruder und Mutter gehörte.[46] Miller argwöhnte – nicht völlig ohne Grund –, daß sich zwischen Rank und seiner Patientin eine Affäre anbahnte, und außerdem verkündete Anaïs Nin irgendwann im Frühjahr, sie sei schwanger. Es ist nicht bekannt, ob Miller und sie sich über dieses Thema auseinandersetzten; Anaïs Nin jedenfalls spricht es in ihrem Tagebuch erst an, als sie im August eine Fehlgeburt hatte. Es ist nicht klar, wer der Vater des toten Mädchens war: Guiler, Miller und Rank kamen ebenso in Frage wie Anaïs Nins Vetter Eduardo Sanchez oder sogar, wie manche munkelten, ihr eigener Vater, der im vergangenen Jahr wieder aufgetaucht war und seine Tochter mit aller nur erdenklichen Zuneigung umworben hatte.

Ganz zufällig trat damals auch Millers Tochter Barbara wieder in sein Leben, die inzwischen fünfzehn Jahre alt war. Richard Osborn teilte Miller mit, er habe sie in Brooklyn gesehen, und sie sei hübsch. Diese Nachricht traf Miller wie ein Blitzschlag, und er schrieb Osborn, daß er sie gerne sehen und sie während einer Reise nach New York, die er zusammen mit Anaïs Nin plante, vielleicht besuchen würde.[47] Eine Woche später jedoch verkündete er, er werde nun doch nicht fahren, weil er – aus unerklärlichen Gründen – den Tod seines Vaters fürchte und Barbara nicht treffen wolle. *«Aus einer Entfernung von dreitausend Meilen kann ich hart sein»*, schrieb er und unterstrich diese Worte.[48] Seine Angst vor Beatrice, die wohl weniger darin gründete, daß er sie finanziell nie unterstützt hatte, als darin, daß sie sich möglicherweise als Richterin über ihn aufspielen würde, scheint stärker gewesen zu sein als jeglicher Überrest väterlicher Gefühle, die er vielleicht noch empfand.

Die Veröffentlichung von *Wendekreis des Krebses* im September 1934 fiel mit Millers neuerlichem Umzug in die Rue Villa Seurat zusammen, wo er 1931 mit Fraenkel gewohnt hatte. Walter Lowenfels bot ihm eine Wohnung zu siebenhundert Francs im Monat an, und Miller war entzückt, als er die Adresse hörte. Die Miete war nicht eben niedrig, aber dafür war das Studio mit vielen Annehmlichkeiten des modernen Lebens ausgestattet, die die meisten Pariser Wohnungen noch nicht hatten: Dampfheizung, eigenes Bad und ein Fenster, das über zwei Stockwerke ging und die Räume hell und freundlich machte. Obwohl Miller an Schnellock schrieb, er fürchte die Geister der Vergangenheit, unterzeichnete er doch den Mietvertrag und zog genau an dem Tag ein, an dem *Wendekreis des Krebses* erschien.[49]

Kahane nannte Miller in seinen Memoiren «den besten Helfer, den sich ein Verleger zur denken kann»[50]. Miller hatte ein Naturtalent für Publicity, initiierte selbst einen umfassenden Werbefeldzug für *Wendekreis des Krebses* und schickte allen, die er kannte, ein Exemplar des Buches. Die äußere Aufmachung, die Maurice, der vierzehnjährige Sohn von Kahane, entworfen hatte, gefiel ihm nicht sonderlich: Der Umschlag war in scheußlichen Grün-, Schwarz- und Grautönen gehalten und stellte einen Krebs dar, der einen Frauenkörper in den Zangen hielt. Jeder einzelne Band war mit einem Papierstreifen verschlossen, auf dem stand: *«Ce volume ne doit pas être exposé en vitrine»* (Dieses Buch darf nicht im Schaufenster ausgestellt werden). Und anfangs wagten tatsächlich nur wenige Buchhändler, offen für *Wendekreis des Krebses* zu werben. Außerdem war der Preis ziemlich hoch: fünfzig Francs, etwa sieben Dollar fünfzig. Deshalb lief der Verkauf ausgesprochen langsam an. Miller hatte einige Exemplare zum reduzierten Autorenpreis gekauft und gab sie an Eve Adams weiter, die in Paris als sichere Quelle für avantgardistische Bücher bekannt war. Ihr gelang es, in den Cafés von Montparnasse mehrere davon zu verkaufen, so daß Miller auf diesem Weg noch einen kleinen Gewinn einstreichen konnte.[51]

Einige Bände gelangten tatsächlich nach England und Amerika, und das Buch wurde dort umgehend verboten. Doch in Frankreich geschah – ganz entgegen Millers Erwartungen – nichts. Miller hatte Aldous Huxley, Ezra Pound, T. S. Eliot und anderen bedeutenden Literaten Ausgaben von *Wendekreis des Krebses* geschickt. Das Echo war ermutigend. Blaise Cendrars, der einarmige französische Schriftsteller und Abenteurer, den Miller so sehr bewunderte, schrieb für die Zeitschrift *Orbes* eine überschwengliche Besprechung mit dem Titel «Un écrivain américain nous est né» (Ein amerikanischer Schriftsteller ist uns geboren). Überdies kam er eigens in die Villa Seurat, um Miller kennenzulernen, der in Gegenwart seines Vorbildes kaum einen zusammenhängenden Satz herausbrachte. Ezra Pound schrieb ihm eine kryptische Notiz, in der er ihm riet, in *Esquire* zu veröffentlichen und sich über folgendes

Gedanken zu machen: «Was IST Geld? wer macht es / wie wird es zu dem was es ist?» [52] Doch er kündigte auch an, eine Besprechung zu verfassen und das Buch an seinen Freund James Laughlin, einen wohlhabenden Harvard-Studenten mit literarischen Interessen, weiterzugeben. Er notierte dazu: «Hier haben wir ein schmutziges Buch, das das Lesen lohnt.» [53] Huxley, Dos Passos, Eliot und der britische Kritiker Herbert Read reagierten positiv, obgleich Eliot gewisse Vorbehalte dagegen hatte, daß Miller sein schmeichelhaftes Schreiben für die Werbung nutzen wollte. [54] Miller bekam sogar einen Brief von Louis-Ferdinand Céline, einem Schriftsteller, dessen Werk er in Manuskriptform gelesen hatte. Céline machte einen «vorsichtigen Vorschlag»: «Lernen Sie, auch einmal unrecht zu haben – die Welt steckt voll von Leuten, die recht haben. Deshalb ist sie so EKELERREGEND.» [55]

Aber Miller war über die mangelnde Reaktion aus Amerika enttäuscht. Bekannte dort teilten ihm mit, daß die amerikanische Zensurbehörde seine Päckchen abfing. Und den alten Freunden, die sie tatsächlich erreichten – Fraenkel war auf den Trick verfallen, die Bücher zu zerschneiden und in Einzelteilen zu verschicken –, gefiel der Roman nicht, beklagte Miller sich in einem Brief an Hilaire Hiler. [56] Die Reaktionen der Leser, die den Band wirklich erhielten, ließen sich, so stellte er schon bald fest, in zwei Kategorien einteilen: in höchste Begeisterung und in tiefste Verachtung. Er war jedoch über *jede* Stellungnahme dankbar. Schnellock schrieb er, er würde gerne wissen, wie «ein Weibsbild darauf reagiert, wenn [er] über Mösen schreibt» [57]. Bei seiner Familie war er sich da nicht so sicher: Er schrieb Hilers Vater, er habe Heinrich Miller mitgeteilt, daß das Buch erschienen sei, er würde ihm aber kein Exemplar schicken. Er sagte, es würde seinem Vater das Herz brechen: «So sehr ich ihn auch mag – und ich kann ihn wirklich gut leiden –, hat er mich doch nie verstanden. Das wird er auch nie. Ich habe überhaupt nichts mit meinen Leuten gemein – das habe ich noch nie gehabt.» [58]

Trotz alledem ermutigte der Achtungserfolg, den das Buch bei literarischen Größen wie Eliot und Pound erzielt hatte, Miller dazu, bei Kahane auf die Veröffentlichung von *Schwarzer Frühling* zu drängen, das er inzwischen fast vollendet hatte. Kahane versuchte, ihm klarzumachen, daß es nicht klug sei, die beiden Bücher fast

1 Nach der Geburt ihres Sohnes Henry im Jahr 1891 zogen die Millers von Manhattan in den Williamsburger Teil von Brooklyn. Henry im Alter von dreieinhalb Jahren, mit der Kleidung, die er zur Brooklyner Sonntagsschulparade trug.

2 Heinrich und Louise Miller zusammen mit Henry und seiner Schwester Lauretta, die 1895 zur Welt kam. «Meine Leute waren alle nordischer Abkunft, mit anderen Worten: *Idioten*», schrieb Miller später in *Wendekreis des Steinbocks*.

4 Die neue Welle jüdischer und italienischer Einwanderer vertrieb die Millers 1901 aus Williamsburg tiefer nach Brooklyn hinein, in die Decatur Street Nr. 1063 in Bushwick. Henry fand die Beschaulichkeit der Mittelschicht in der «Straße der frühen Leiden» widerlich und bestand darauf, weiter die High-School in seiner alten Wohngegend zu besuchen.

3 Heinrich Miller, der Sohn eines deutschen Schneiders, ließ sich an der unteren Fifth Avenue in Manhattan als «Herrenschneider» nieder. Heinrich, der das Leben eher auf die leichte Schulter nahm, verbrachte viele Stunden in den Bars der Hotels am Broadway, so daß er mit seinem Geschäft nie sonderlich großen Erfolg hatte.

5 Die Xerxes-Gesellschaft, ein Klub von jungen Männern, dem Henry von seiner späten Teenagerzeit bis Anfang Zwanzig angehörte. Das Motto lautete «Fratres semper», und das Geheimzeichen war ein Händedruck, bei dem man sich gegenseitig mit dem Zeigefinger die Handfläche kitzelte. Henry (zweite Reihe, ganz rechts) stellte die Rituale und Ideale der Gruppe nie ernsthaft in Frage.

6 Henry, der «intellektuelle Sohn des Schneiders», um 1909. Um diese Zeit begann er eine Affäre mit Pauline Chouteau, die fast doppelt so alt war wie er selbst und die er «die Witwe» nannte. Aus Verzweiflung über das unkonventionelle Verhalten ihres Sohnes hatte Louise Miller Henry dazu gedrängt, wie sein Vater Schneider zu werden.

7 Im Jahr 1917 heiratete Henry seine Klavierlehrerin Beatrice Sylvas Wickens, um nicht zum Militär einberufen zu werden. Sie zogen in ein Backsteinhaus in der Sixth Avenue Nr. 244 in Brooklyn, wo 1919 ihre Tochter Barbara zur Welt kam.

8 Obwohl Henry sein Kind abgöttisch liebte, fühlte er sich doch durch seine bedrükkend konventionelle Ehe in seiner Freiheit eingeschränkt. Er verbrachte die meiste Zeit in seinem Büro bei der Western Union (die «Kosmodämonische Telegrafen-Gesellschaft» aus *Wendekreis des Steinbocks*), wo er als Personalchef arbeitete. Oft machte er auch zusammen mit seinen Kollegen von der Western Union oder anderen Frauen die Stadt unsicher.

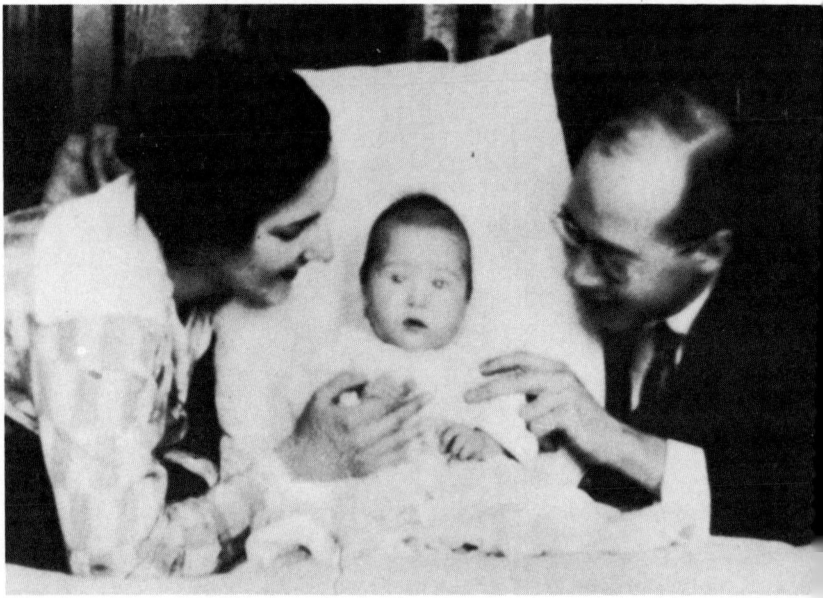

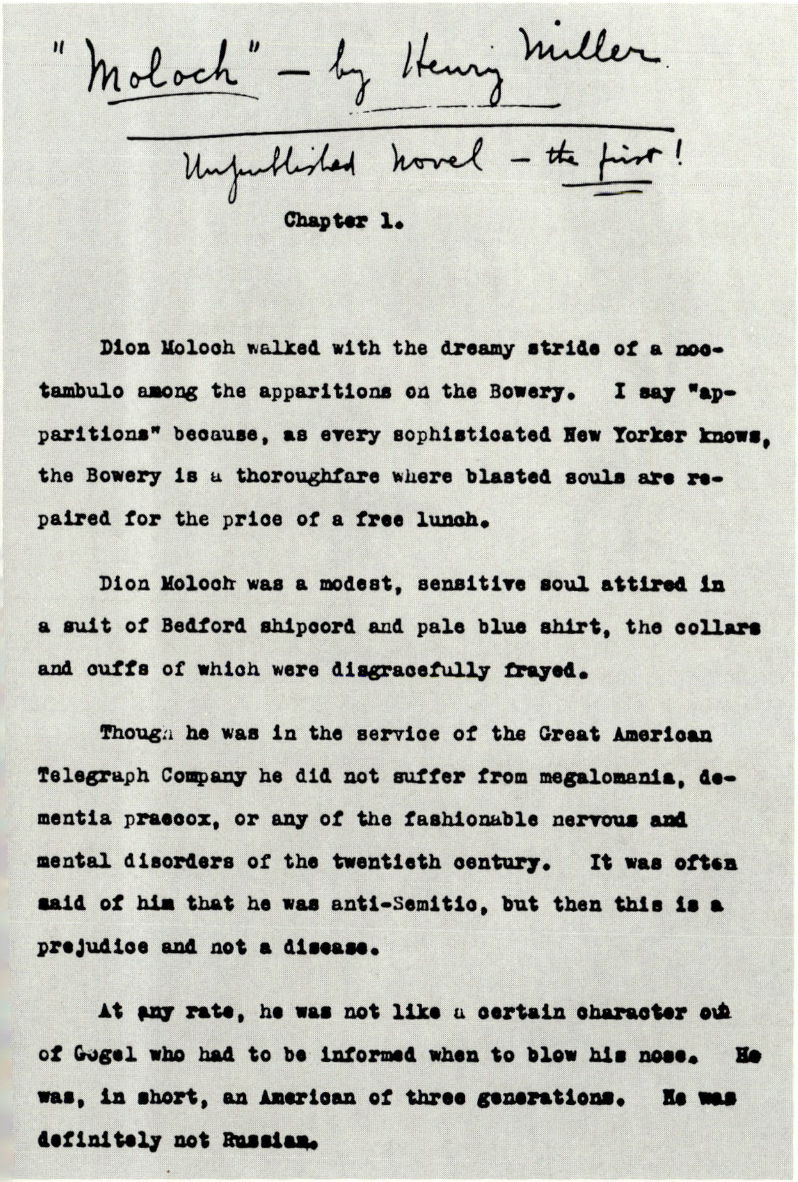

"Moloch" – by Henry Miller

Unpublished novel – the first!

Chapter 1.

Dion Moloch walked with the dreamy stride of a noctambulo among the apparitions on the Bowery. I say "apparitions" because, as every sophisticated New Yorker knows, the Bowery is a thoroughfare where blasted souls are repaired for the price of a free lunch.

Dion Moloch was a modest, sensitive soul attired in a suit of Bedford shipcord and pale blue shirt, the collars and cuffs of which were disgracefully frayed.

Though he was in the service of the Great American Telegraph Company he did not suffer from megalomania, dementia praecox, or any of the fashionable nervous and mental disorders of the twentieth century. It was often said of him that he was anti-Semitic, but then this is a prejudice and not a disease.

At any rate, he was not like a certain character out of Gogel who had to be informed when to blow his nose. He was, in short, an American of three generations. He was definitely not Russian.

9 Henry unternahm seine ersten ernsthaften Schreibversuche in der Küche der Wohnung in der Sixth Avenue. Dort entstand ein Porträt der Angestellten bei der Western Union, dem er den Titel *Clipped Wings* gab und das er als mißglückt betrachtete. Sein nächstes Werk, der autobiographische Roman *Moloch*, enthält schockierende fiktionalisierte Beschreibungen seiner gescheiterten Ehe und seines damals ziemlich ausgeprägten Antisemitismus.

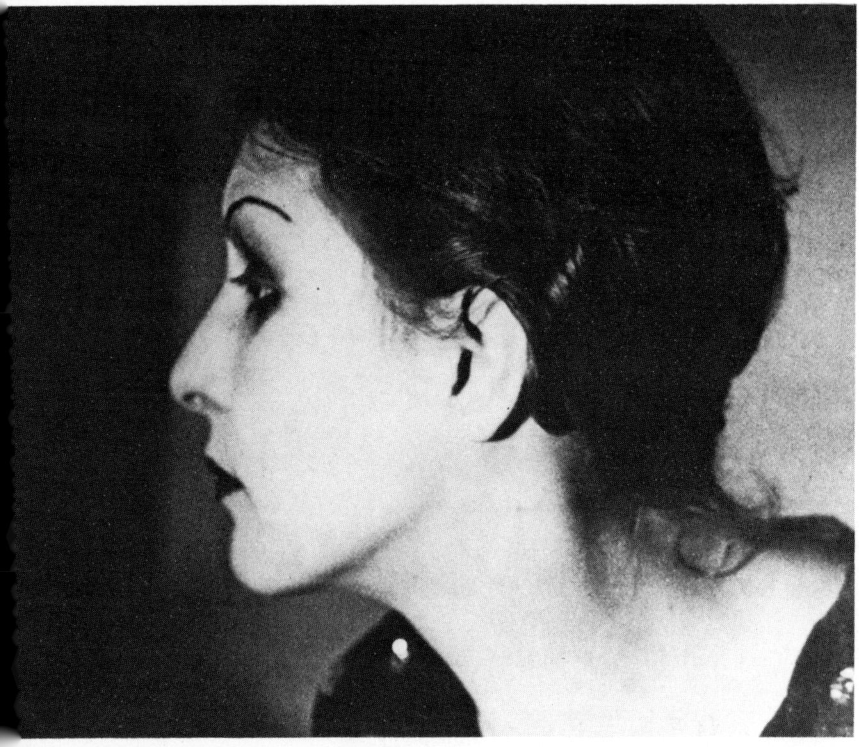

11 Im Sommer 1923 lernte Henry die einundzwanzigjährige June Mansfield Smith kennen, die damals als Tänzerin am Times Square arbeitete. Sie hatte nicht nur Ambitionen als Schauspielerin, sondern auch einen ausgeprägten Hang zum Dramatischen. Henry verliebte sich Hals über Kopf in sie, ließ sich im Winter von Beatrice scheiden und heiratete June im Frühjahr 1924. June überredete Henry, seine Arbeit bei der Western Union aufzugeben und sich ganz dem Schreiben zu widmen, was zur Folge hatte, daß sie in ständig wechselnden Wohnungen in Brooklyn am Existenzminimum dahinvegetierten. Henry war nicht mehr in der Lage, seine Unterhaltszahlungen für Beatrice und Barbara zu leisten, und entfremdete sich von ihnen. Er sah seine Tochter erst über zwanzig Jahre später wieder.

◁ 10 June ist die «sie», der *Wendekreis des Steinbocks* gewidmet ist. Sie ist auch die «Mona» aus *Wendekreis des Krebses* sowie die «Mara» aus *Wendekreis des Steinbocks* und der autobiographischen Trilogie *Sexus, Plexus, Nexus*. June ließ sich finanziell von einer ganzen Reihe von «Verehrern» unterstützen, ohne sich offen zu prostituieren, und Henry konnte sich nicht aus diesem Netz aus Lüge und Betrug befreien. Als June ihre lesbische Geliebte in den Haushalt aufnahm, trieb sie ihn damit an den Rand des Wahnsinns. Dieses Schlüsselerlebnis regte ihn zu einer literarischen Verarbeitung an.

12 Nach einer Europareise, die Henry 1929 zusammen mit June unternommen hatte, beschloß Miller, allein nach Paris zurückzukehren und dort zu schreiben. Als er im Winter 1930 in der Stadt ankam, hatte er keinen Pfennig Geld in der Tasche und mußte sich mit allerlei Einfällen und der Unterstützung zahlreicher Exilamerikaner durchschlagen, die er auf den *terrasses* des Dôme und der Coupole kennenlernte. Einer von ihnen war der amerikanische Maler Abraham Rattner.

13 Henry Miller, karikiert vom ungarischen Fotografen Brassaï. Die Zeichnung erschien 1931 zusammen mit einer Geschichte über Miller in Wambly Balds Kolumne «La Vie de Bohême» in der Pariser Ausgabe des *Herald Tribune*. Miller porträtierte Bald in *Wendekreis des Krebses* als «mösensüchtigen» Van Norden.

14 Millers Geschick wandte sich zum Guten, als er Anaïs Nin kennenlernte, die ebenfalls im Pariser Exil lebte. Miller hatte größte Achtung vor ihrem mehrbändigen Tagebuch und ihrer Studie über D. H. Lawrence. Die beiden verliebten sich ineinander, und Anaïs ließ Henry mehrere Jahre lang finanzielle Unterstützung zukommen. Anaïs lebte zusammen mit ihrem Ehemann Hugo Guiler, einem Bankier, in einem verwunschenen Häuschen im Pariser Vorort Louveciennes.

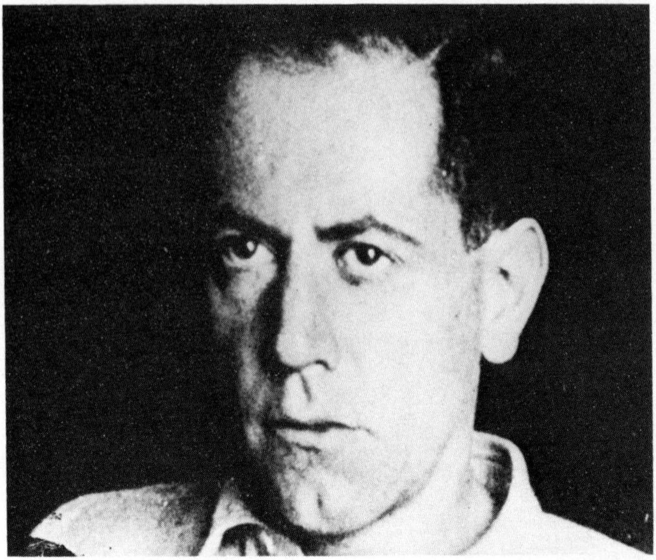

15 Der Österreicher Alfred Perlès, der Henry bei der Pariser *Herald Tribune* zu Arbeit verhalf. Miller las dort Börsennotierungen korrektur. Perlès ließ Miller außerdem oft in seinem Hotelzimmer übernachten. Während einer Zeit, in der es den beiden finanziell verhältnismäßig gutging, teilten sie sich eine Wohnung in dem Arbeiterviertel Clichy, wo Miller an *Wendekreis des Krebses*, dem Buch über seine frühen Jahre in Paris, arbeitete. Miller und «Alf» oder «Joey», wie Miller Perlès nannte, waren in den dreißiger Jahren unzertrennlich und blieben ihr ganzes Leben miteinander befreundet.

16 Anaïs erlag Junes Reizen während einem von Junes Parisaufenthalten. Diese Aufenthalte wurden immer seltener, je enger die Beziehung zwischen Henry und Anaïs wurde. Henry auf den Stufen des Hauses in Louveciennes. ▷

17 1936 kam ein noch recht jungenhaft anmutender Lawrence Durrell in der Villa Seurat an. Er bewunderte Millers Werk zutiefst und hatte *Die Schwarze Chronik* unterm Arm, die Durrell in seiner ganzen Anstößigkeit *Wendekreis des Krebses* nachempfunden hatte. Miller, Perlès, Durrell und Anaïs Nin arbeiteten zusammen und begründeten eine eigene literarische Richtung. Unter ihren Projekten befand sich *The Booster*, das Magazin des American Country Club in Paris, das die Gruppe aus der Villa Seurat für ihre eigenen künstlerischen – und oft auch albernen – Zwecke mißbrauchte. Außerdem plante die Gruppe mehrere Buchreihen und Pamphlete.

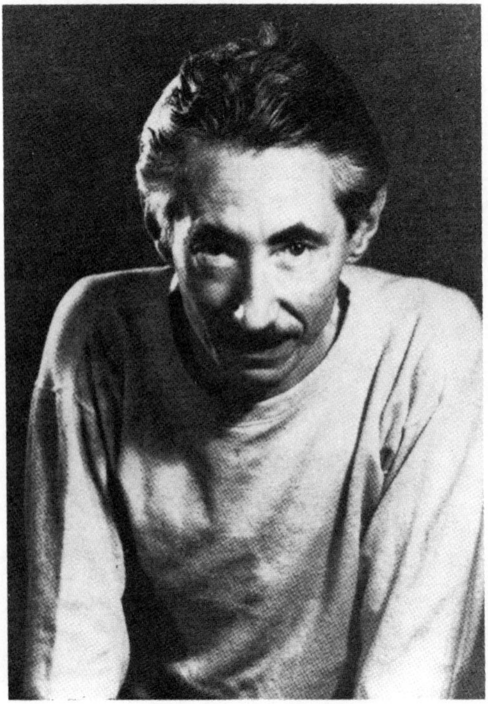

18 Michael Fraenkel, der Dichter und Geschäftsmann, dessen «Todesphilosophie» Millers Denken während seiner frühen Jahre in Paris stark beeinflußte. Fraenkel wohnte in der Rue Villa Seurat Nr. 18, wo auch Miller 1934 einzog. Die Villa Borghese, wie Miller das Haus in *Wendekreis des Krebses* nannte, diente Künstlern und Schriftstellern, die am Hungertuch nagten, als Zuflucht. Für Miller war sie ein geistiger Ruhepol.

19 Jack Kahane, dem die Obelisk Press gehörte, war gebürtiger Brite. Der Verlag brachte die Traveller's Companion Serie und oft recht schmutzige Bücher in englischer Sprache heraus, die nur in Frankreich veröffentlicht werden konnten. Mit *Wendekreis des Krebses*, das Miller ihm 1933 vorlegte, glaubte Kahane ein geniales Werk entdeckt zu haben. Kahane ist hier zusammen mit seiner französischen Frau Marcelle und ihrem Sohn Maurice abgebildet, der in den vierziger Jahren unter dem Namen Maurice Girodias Millers Verleger wurde.

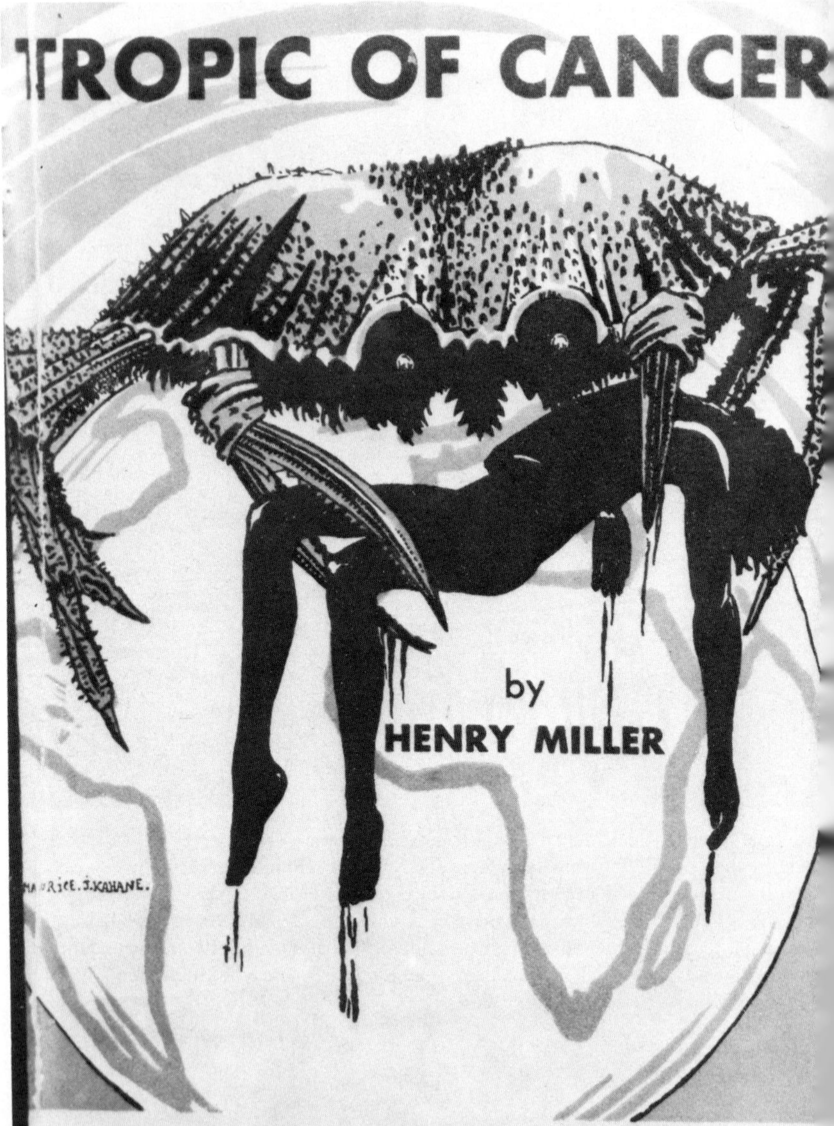

20 und 21 Als *Wendekreis des Krebses* 1934 und *Wendekreis des Steinbocks* 1938 erschienen, war auf einem Papierstreifen zu beiden Ausgaben vermerkt, sie dürften nicht in Großbritannien oder in die Vereinigten Staaten eingeführt werden. Aber trotzdem wurden Tausende von Exemplaren aus Frankreich herausgeschmuggelt,

bis das Veröffentlichungsverbot in den USA 1961 aufgehoben wurde. Den Umschlag zu *Wendekreis des Krebses* entwarf Jack Kahanes damals vierzehnjähriger Sohn Maurice.

22 Salvador und Gala Dalí, Miller und ein New Yorker Buchhändler, Barnet Ruder, auf dem Anwesen von Caresse Crosby in Bowling Green, Virginia, im Sommer 1940.

23 Nach einer Reise durch Amerika, die Miller in den Jahren 1940 und 1941 unternahm, um Material für *Der klimatisierte Alptraum* zu sammeln, ein Buch über sein Heimatland, lebte Miller zwei Jahre lang in einer Atelierwohnung in Beverly Glen, einem Teil von Los Angeles. Da er sich a Künstler finanziell nicht über Wasser halten konnte, verfaßte er seinen bekannten «Offenen Brief» an die *New Republic* und beschrie darin das, was er später als «The Plight of the Creative Artist in th United States of America» bezeic nete. Noch jahrelang war Miller gezwungen, «Bettelbriefe» zu schreiben, in denen er um abgeleg Kleidung, Malutensilien und Esse bat und im Austausch seine Aqua rellbilder und Bücher anbot.

24 Im Frühjahr 1944 zog Miller nach Big Sur und führte dort in diesem fast völlig menschenleeren Küstenstreifen im nördlichen Kalifornien die nächsten sechzehn Jahre ein spartanisches Leben. Er hatte schon lange davon geträumt, in ein fernöstliches Kloster zu gehen; statt dessen entwickelte er sich in Big Sur zu so etwas wie einem Mystiker und Guru und empfing dort Bewunderer und Wahrheitssuchende aus aller Welt.

25 Auf einer Reise an die Ostküste Ende 1944 lernte Miller Janina Martha Lepska, die alle nur Lepska nannten, kennen und heiratete sie. 1945 wurde ihre Tochter Valentine und 1948 ihr Sohn Tony geboren. Miller setzte die Arbeit an seiner Trilogie *Sexus, Plexus, Nexus* fort und schrieb außerdem mehrere Sammlungen für seinen neuen amerikanischen Verleger James Laughlin von New Directions. ▽

26 und 27 Lepska war Tony und Val eine strenge Mutter, während Henry sich auf seine eigene puritanische Erziehung besann und die Kinder lieber gewähren ließ.
Henry und Lepska trennten sich 1951; Henry versuchte, die Kinder allein aufzuziehen, kam aber dann später mit Lepska überein, sie doch gemeinsam zu betreuen.

28 Henry lernte seine vierte Frau Eve McClure im März 1952 kennen. Darauf folgte eine Zeit des Reisens und der Kreativität. Mit Eve zusammenzuleben, schrieb Miller an Durrell, sei «wie auf Samt zu leben».

29 1961 brachte Barney Rosset von Grove Press die bisher verbotenen Bücher von Miller heraus und handelte sich damit einen Aufschrei der Öffentlichkeit, die Aufmerksamkeit der Kritiker und eine Flut von Gerichtsverfahren ein. Der daraus resultierende Ruhm veränderte Millers Leben.

31 1963 zog Miller nach Pacific Palisades, einem vornehmen Vorort von Los Angeles. Er lud Filmsternchen, Bewunderer, Steuerberater und Rechtsanwälte gleichermaßen zu sich ein und verwandelte das Innere seiner Villa in eine Künstlerbehausung. Miller bemalte und beschrieb die Wände und spornte seine Besucher an, es ihm gleichzutun. Nach der Veröffentlichung seiner verbotenen Bücher und der Vollendung der Trilogie *Sexus, Plexus, Nexus* hatte Miller zwar das Gefühl, seine schöpferische Mission erfüllt zu haben, schrieb aber trotzdem weiter. Der ungewohnte Ruhm verwirrte ihn, und so wurden die sechziger Jahre zu einem rastlosen Jahrzehnt. ▷

30 Miller behauptete, daß Asiatinnen die besten Ehefrauen abgeben, und heiratete deshalb im September 1967 Hoki Tokuda, eine japanische Popsängerin. Hoki stand seiner Leidenschaft eher distanziert gegenüber, was Miller zu seiner langen Betrachtung über das Unmögliche der Liebe mit dem Titel *Insomnia oder Die schönen Torheiten des Alters* inspirierte. Nach vielen leidvollen Auseinandersetzungen wurde die Ehe 1974 aufgelöst.

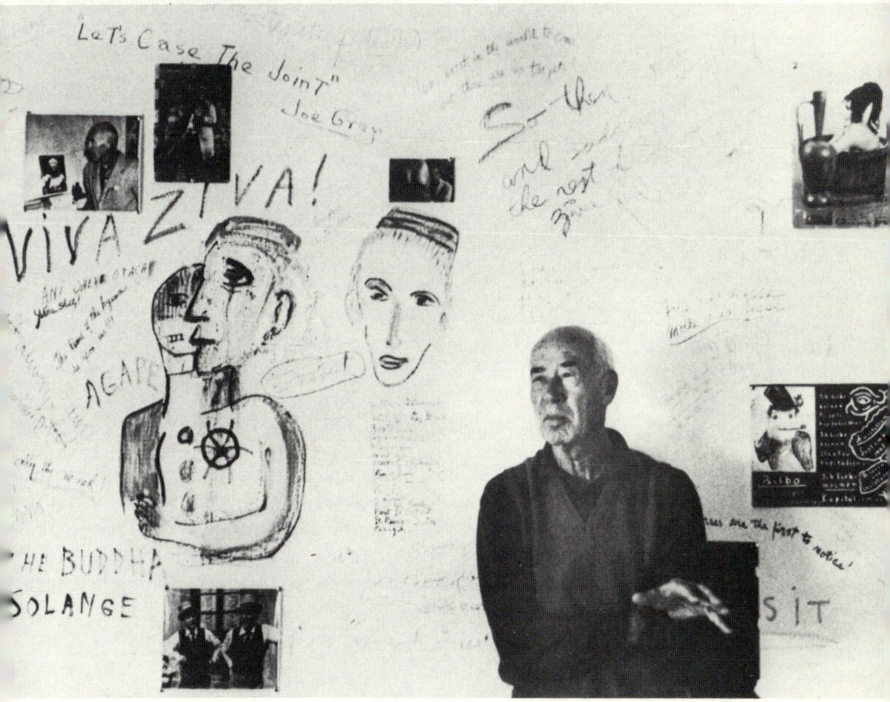

32 Mit vierundachtzig Jahren verliebte Miller sich zum letztenmal, und zwar in die Südstaatenschönheit Brenda Venus. Da er immer gebrechlicher wurde, war er in seinen letzten Lebensjahren völlig von Pflegern und Bewunderern abhängig und schlurfte in seiner Villa in Pacific Palisades nur noch in seinem alten, blauen Bademantel herum. Trotzdem schickte er Brenda bis zu seinem Tod im Jahr 1980 eine Flut leidenschaftlicher Liebesbriefe.

gleichzeitig herauszubringen, versprach jedoch, das zweite Werk im Frühjahr zu drucken.[59] Miller schickte zwei Ausschnitte daraus an Frank Dobo, der sich gerade in England aufhielt, aber Dobo teilte ihm mit, sie könnten dort nie publiziert werden. Miller ließ auch Ezra Pound und Kay Boyle Durchschläge des Manuskripts zukommen. Pound reagierte überhaupt nicht, und Miller hatte das Gefühl, von Kay Boyle, die eine Geschichte von ihm in ihre Anthologie für das Jahr 1934 aufgenommen hatte, ein wenig gönnerhaft behandelt zu werden. Er machte sich Sorgen, sie könne ihn vielleicht für «so einen kleinen Scheißer» halten, «der im Dôme herumhängt»[60].

«Mein ganzes Leben erhellt sich jetzt», schrieb Miller im Oktober an Schnellock. «Irgendwie entlaubt sich alles, und jetzt kann ich mich endlich an die winzigsten Einzelheiten erinnern – wo sie mich am wesentlichsten beeinflußt haben.»[61] Frustriert über die Gleichgültigkeit, mit der *Wendekreis des Krebses* aufgenommen worden war, kehrte Miller nun wieder zu dem Manuskript von *Wendekreis des Steinbocks* zurück, seinem Buch über June. Die Nachricht, daß sie sich in seiner Abwesenheit mit Bill Dewars Hilfe in Mexico City von ihm hatte scheiden lassen, spornte ihn an, über sie zu schreiben. Anaïs hatte vor, zusammen mit Hugo nach Amerika zu fahren, angeblich, um dort Verwandte zu besuchen, und Miller hoffte, daß sie ihn nachkommen lassen würde. Er wollte unbedingt all die Orte wiedersehen, wo er sich früher immer herumgetrieben hatte, um so seinem Gedächtnis für das Buch über June auf die Sprünge zu helfen. In diesem Werk, so teilte er Schnellock mit, werde er sie als «krankhafte Lügnerin» entlarven und sich selbst als «kreativen Lügner» darstellen. Er fügte hinzu, er betrachte sich als den «aufrichtigsten Lügner», den es je gegeben habe. Und er wolle sich so Junes Art des Lügens aus seinem Körper herausschreiben.

Ganz unerwartet fand er sich jedoch Ende 1934 wieder in ein Netz aus Lügen verstrickt, und diesmal war es Anaïs Nin, die log. Als Miller durch Zufall einen Brief erhielt, der eigentlich an Hugo gerichtet war, erfuhr er, daß Anaïs' Reise nach Amerika nicht dem Besuch von Verwandten galt, daß Guiler Anaïs überhaupt nicht nach Amerika begleitet hatte; sie war vielmehr zusammen mit Rank in die Staaten gefahren, der versprochen hatte, ihr im «Psychological Center» Arbeit zu verschaffen. Und es war auch Rank gewesen, nicht Guiler, der Anaïs das Geld für den Druck von *Wendekreis des Krebses* gegeben hatte. *Lügen!* Wieder einmal, so schrieb er an Anaïs Nin, habe ihn dieses Wort in jene «alte Tretmühle»[62] aus düsterster Eifersucht und Desillusionierung zurückgeworfen. Ihre Verwendung des Wortes «wir», wenn sie über das Hotel berichtete, in dem sie abgestiegen waren, konnte gut und gerne eine jener «wahren Lügen»[63] sein, die sie früher immer Guiler aufgetischt hatte, doch nun war Miller derjenige, den es hinters Licht zu führen galt, und er litt Qualen, wenn er las, wie begeistert Anaïs Nin New York in sich aufsog. Sie lernte Schnellock kennen und suchte zusammen mit ihm ein paar der alten Orte auf, wo Miller immer gewesen war. Danach schrieb sie Miller, der Anblick der Wohnung in der Henry Street, in der er mit June und Jean gelebt hatte, habe sie gerührt. Doch ihre Beschreibung paßte nicht auf die Henry Street in Brooklyn, sondern auf die im südlichen Teil von Manhattan, und Miller war bestürzt über ihren so augenscheinlichen Mangel an Interesse für sein New Yorker Leben.

Miller schickte Anaïs Nin eine wahre Flut von Briefen und Telegrammen, manche davon voll beißendem Sarkasmus, andere in zutiefst demütigem Tonfall. Während der Trennung gelangte er zu der Überzeugung, daß sie die Fassade von Anaïs Nins Ehe fallenlassen und offen zusammenleben müßten, vielleicht sogar heiraten. Er verlangte eine Antwort auf diesen Vorschlag, aber er bekam keine. Als er drohte, das nächste Schiff nach Amerika zu nehmen, besänftigte Anaïs Nin ihn und schrieb, er könne herüberkommen, aber erst im März. Diese Verzögerung erschien Miller völlig sinnlos. Deshalb entschloß er sich zum Handeln und schickte Anaïs ein Telegramm, in dem er ankündigte, er werde am 10. Januar an Bord der *Champlain* eintreffen. Kurz vor seiner Abreise erhielt er einen Brief, in dem sie ihm mitteilte, daß Guiler ebenfalls unterwegs sei und daß sie mit ihm in Forest Hills wohnen werde; Miller könne in ihr Zimmer im Barbizon ziehen, und sie verspreche ihm drei gemeinsame Wochen im Februar, wenn Guiler auf Reisen gehen werde. Enttäuscht mußte Miller feststellen, daß seine Pläne für ein kühnes neues Leben zusammen mit Anaïs genauso kurzlebig waren wie ihre Launen.

An Bord der *Champlain* las Miller im Januar 1935 *Mein Kampf* und schrieb Fraenkel später im selben Jahr: «In dem Buch stecken einige profunde Wahrheiten!»[64] Wie immer, wenn Miller gerade von einer Lektüre tief beeindruckt war, beeinflußte sie in den folgenden Monaten sein Denken. Er betrachtete New York City mittlerweile als Symbol für all das, was mit Amerika seiner Meinung nach nicht stimmte: «New York ist böse, ordinär, derb, dumm, leer, geometrisch, jüdisch»[65], schrieb er kurz nach seiner Ankunft an Hilaire Hiler. In seiner Kindheit und seiner Zeit als junger Erwachsener hatte New York zweierlei für ihn bedeutet: zum einen die Heimat seines geliebten 14. Bezirks und jenen magischen Hintergrund für seine Begegnung mit June; zum anderen die Hölle in der elterlichen Wohnung in der Decatur Street und die verheerende *ménage à trois* mit June und Jean Kronski. Durch seinen Besuch im Jahr 1935 gewann das negative Bild die Oberhand. Von nun an war New York der Ort, an den Miller nur noch zurückkehrte, um die dunklen Seiten seines Charakters auszuleben – um Geld zu schnorren, Frauen aufzureißen, zwielichtige Geschäfte zu betreiben.

Das galt nicht nur für die Reise im Jahr 1935, sondern auch für einen späteren kurzen Besuch im Winter 1936. Über das Psychological Center – nicht über Rank, wie sie in ihrem Tagebuch behauptet – hatte Anaïs Nin einige Patienten aufgetrieben, die regelmäßig zu ihr ins Barbizon kamen. Als Henry im Januar 1935 in New York eintraf, gab sie einige davon an ihn ab, und er spielte gerne die Rolle des qualifizierten Psychoanalytikers. Ende Februar schrieb er, er versorge vier «richtige» Patienten pro Tag. Seinem Freund Hilaire Hiler teilte er folgendes mit: «Nicht, daß ich mich auch nur einen Deut um [Ranks] Arbeit scheren würde, die ist mir völlig egal – aber ich bin lieber das fünfte Rad am Wagen, als mich richtig auf ein Geschäft einzulassen, von dem ich nichts verstehe und auch nichts verstehen will.»[66]

Anaïs Nin hatte zweimal eine Analyse gemacht, einmal bei Allendy und einmal bei Rank, aber es fällt schwer zu glauben, daß sie von Erfolg gekrönt waren – insbesondere in Anbetracht ihrer Behauptung, beide Männer hätten sich in sie verliebt. Nichtsdestotrotz hatte sie offenbar das Gefühl, daß einige ihrer inneren Konflikte behoben waren. Sie hatte in Paris eine siebenmonatige Ausbildung zur Psychoanalytikerin hinter sich gebracht, so daß sie nach den Maßstäben des Psychological Center möglicherweise die formalen Voraussetzungen für die Behandlung von Patienten mitbrachte. Miller jedoch – der sich nach einer einzigen Sitzung bei Rank als «geheilt» betrachtet hatte – hatte nicht einmal im Rahmen der eher laxen Gepflogenheiten in den dreißiger Jahren, als die freudschen Methoden noch nicht weit verbreitet waren, eine Qualifikation als Psychoanalytiker vorzuweisen. Aber er hatte nicht die geringsten Skrupel, sich als solcher auszugeben, und scheint die Situation auch als kein bißchen merkwürdig empfunden zu haben.

New York verstärkte Millers Abneigung gegen die Juden. Die Stadt war voll von Intellektuellen – *«die meisten davon Juden»*[67], bemerkte er Osborn gegenüber. Er hielt den New Yorker Juden für einen ganz eigenen Typus Mensch, und einmal schrieb er Joe O'Regan, er habe einen «Judenarsch aus New York» abgewiesen, der ihn in Paris aufgesucht habe.[68] In einem Brief an Hiler aus jener Zeit versuchte er, sein Vorurteil zu erklären, und behauptete, es sei «lediglich eine Pose, und noch dazu eine schlechte». Er glaubte an die Existenz von Vorurteilen; seiner Meinung nach gab es nichts Schlimmeres und Heuchlerisches als einen «aufgeschlossenen» oder «toleranten» Menschen. Natürlich, fuhr er fort, gebe es keinerlei rechtmäßigen Grund für den Antisemitismus; Angriffe wie der von Hilaire Belloc in *The Jews* (Die Juden) seien reine Rationalisierungen. Aber, so Miller, «die verfluchte Sache gibt's nun mal, und es wird sie immer weiter geben, und wie sollen wir sie je auslöschen?» Er betonte auch, sein eigener Antisemitismus habe keinerlei Einfluß auf «menschliche Beziehungen»: Er habe jüdische Freunde, habe eine jüdische Frau geheiratet und esse jüdisches Brot; vielleicht sei er selbst sogar Jude. Und angesichts von Hitlers drohender Machtergreifung beteuerte er, er werde zu den ersten gehören, die einen schriftlichen Angriff gegen die Gojim führen würden, sobald irgendein leidenschaftlicher Anhänger Hitlers *Wendekreis des Krebses* als antisemitische Propagandaschrift mißbraucht.[69]

Leider ist Hilers Antwortbrief verlorengegangen; seine Ansicht wäre besonders interessant gewesen, weil er offenbar selbst Jude war. Miller nahm seinen jüdischen Freunden gegenüber niemals ein

Blatt vor den Mund. So diskutierte er beispielsweise mit Fraenkel endlos über die «Judenfrage», der sich das gefallen ließ und vielen von Millers Feststellungen sogar zustimmte. Andererseits strich Miller die meisten antisemitischen Stellen aus seinen Werken, was darauf hinweist, daß er um ihre Anstößigkeit wußte. Es gibt jedoch zwei Ausnahmen, und beide stammen aus der Mitte der dreißiger Jahre: Die erste ist ein Band mit Briefen von und an Michael Fraenkel, den er 1935 unter dem Titel *Hamlet* begann; die zweite ein Pamphlet, das 1935 während seiner Reise nach New York entstand und 1936 als *Aller Retour New York (Reise nach New York)* herauskam.

Miller verfaßte *Reise nach New York* in Form eines Briefes an Perlès, der, wie Miller auf der Titelseite vermerkte, «bis jetzt den Rekord im Briefeschreiben innehatte»[70]. Es handelt sich dabei um eine lebhafte Darstellung der Kämpfe, die Miller mit seinem Heimatland ausfocht – vom unverbesserlichen Optimismus der meisten Amerikaner, wie er in dem beliebten Lied «I Believe in Miracles» zum Ausdruck kommt, bis zur Idiotie der amerikanischen Werbung; besonders die Empfehlungen von Bromo Seltzer, jeden Morgen zu «alkalisieren», sind ihm ein Dorn im Auge. Er greift nicht nur die Juden an, die sich seiner Meinung nach zu den Sozialwissenschaften hingezogen fühlen, sondern auch die bridgespielenden Gojim in den Vororten, die er als «dumm» bezeichnet. In der Mitte des Pamphlets befindet sich ein Brief an «Juliet», alias Muriel Cowley, seine alte Freundin aus der Zeit bei der Western Union. Darin nennt er ihren Mann Malcolm Cowley, den damaligen Feuilletonredakteur der *New Republic*, den Verleger eines «drittrangigen Schwindelblattes»[71] und verurteilt sie beide, weil sie *Wendekreis des Krebses* nicht zu würdigen wüßten. Die Prosa von *Reise nach New York* klingt oft barock; wenn er beispielsweise das Empire State Building beschreibt, hat es Ähnlichkeit mit der Bowery Savings Bank aus der Zeit der Mezzotintos, aber der Stil besitzt über weite Strecken die umgangssprachliche Kraft der besten Passagen aus *Wendekreis des Krebses*.

Wie Anaïs Nin in ihrem Tagebuch vermerkte, entstand während Millers Amerikaaufenthalt außerdem noch eine merkwürdige, wenig bekannte Geschichte mit dem Titel «Murder in the Suburbs»[72].

Darin wird die Unzufriedenheit eines Fließbandarbeiters in einer Automobilfabrik am Rand von Paris beschrieben. Pierre, der seinen Arbeitsplatz verloren hat – ein Arbeiteraufstand ist fehlgeschlagen und hat lediglich zur Schließung des Werks geführt –, heiratet die Witwe Berthe, weil sie sich um ihn kümmert, doch schon bald wird er eifersüchtig und beschimpft sie als «alte Sau». Pierre liest außer den Zeitungen, die er regelrecht verschlingt, nichts, und er träumt von der bevorstehenden Revolution, was ihn nur noch gewalttätiger macht. Als er eines Abends nach Hause kommt und Berthe dort mit einem Krug Bier antrifft, sagt er: «Heute hau' ich dir den Kopf ab.» Völlig besessen vom Klang dieses Satzes geht er in ein Café, schaut in den Spiegel und sieht, wie seine Seele seinen Körper verläßt. Als er wieder zur Besinnung kommt, ist er sich sicher, daß sein «Doppelgänger» seiner Frau den Kopf abgeschlagen hat, und zu Hause findet er dann tatsächlich seine enthauptete Frau, deren Kopf ein wenig vom restlichen Körper entfernt liegt. Er versucht erfolglos, ihr den Kopf wieder aufzusetzen, und wird wütend darüber, daß sie ihr Nachthemd trägt. «Das alte Miststück!» murmelt er und wirft eine Decke über ihre Leiche. Kurz vor dem Einschlafen greift er nach einem Kruzifix und läßt es fallen.

Die Geschichte ist ein einziges Durcheinander aus sich widersprechenden Themen und Bildern. So scheint Miller beispielsweise etwas über die Entfremdung der Arbeiter sagen zu wollen, doch die Argumentation ist in sich nicht schlüssig, und das Auftauchen des Kruzifixes am Ende ist als literarisches Mittel schwerfällig. Der Stil ist ganz und gar untypisch für Miller; die Erzählung wirkt wie der neuerliche Versuch einer Auftragsarbeit – vielleicht für den *Esquire*, wie Pound vorgeschlagen hat. Bemerkenswert sind jedoch der darin vorherrschende Zynismus und die Gewalt. Liest man «Murder in the Suburbs» als eine Art Ausschmückung zu *Wendekreis des Krebses*, so könnte man meinen, daß hinter der Frauenfeindlichkeit des Romans eine noch unausgelotete, gewalttätige Wut gegen Frauen steckt. Bezeichnenderweise wurde diese Geschichte erst 1946 veröffentlicht, und Miller verlor sie danach auch schnell aus den Augen. Als ein Männermagazin sie in den sechziger Jahren wieder abdrucken wollte, behauptete Miller, er könne sie nicht mehr finden.[73]

Wenn Miller nicht gerade schrieb oder Patienten empfing, warb er für seine Werke. Er berichtete Emil Conason, daß Joe Sadow von der Falstaff Press sich für *Wendekreis des Krebses* interessiere und daß sowohl Viking als auch Jonathan Cape sich *Schwarzer Frühling* ansehen wollten. Da das Gerücht ging, Simon & Schuster bringe Luxusausgaben erotischer Bücher heraus, glaubte Miller, er könne *Wendekreis des Krebses* vielleicht in dieser Reihe unterbringen[74], und schrieb an Conason, er schätze die allgemeine Offenheit für derbe Sachen momentan als sehr hoch ein.[75]

Miller gab zwar vor, die amerikanischen Schriftsteller zu verachten, erhoffte aber nichtsdestotrotz ihren Beifall. So war er zum Beispiel enttäuscht darüber, daß Sinclair Lewis seinen Roman als «ideologisch eintönig» bezeichnete, und fürchtete, Lewis' Urteil könnte repräsentativ sein.[76] Über Hiler, der jetzt in New York lebte, lernte Miller William Carlos Williams kennen, dessen Werk ihm aber nicht gefiel; gegenüber einem Freund argumentierte er wenig logisch, er habe Williams lange Zeit bewundert, ohne seine Bücher gelesen zu haben, und das sei genau der Grund, warum er ihn nun nicht möge.[77] Abgesehen von Williams traf Miller bei einer Zechtour Nathanael West und James T. Farrell. Er konnte ersteren ganz gut leiden, aber letzteren hielt er für «eine Laus, eine Gossenratte» – eine ziemlich heftige Reaktion in Anbetracht der Tatsache, daß auch Farrell ein Autodidakt war.[78] Miller glaubte, möglicherweise mit den «Ungebildeteren» besser zurechtzukommen, und schickte dem Humoristen S. J. Perelman ein Exemplar von *Wendekreis des Krebses*. Ihm war zu Ohren gekommen, Perelman besitze Verbindungen zu Hollywood, und er hoffte nun, den Roman vielleicht als Filmvorlage verkaufen zu können. Doch alle amerikanischen Künstler, so schrieb er Hiler, seien «kopflastig»[79]. Für Hemingway, der vorgab, zu den «Ungebildeteren» zu gehören, empfand er die größte Verachtung: «Mir gefällt diese Hartgesottenheit nicht – das ist schon wieder *unmenschlich*. [Die amerikanischen Künstler] wollen sich emotional nicht beeindrucken lassen, und das ist unsinnig.»[80] Der einzige Schriftsteller, den er als ernsthaften Konkurrenten fürchtete, war Thomas Wolfe, weil dieser wie Miller «autobiographische Fiktion» schrieb. Doch Miller tat auch ihn voller Selbstbewußtsein ab, nachdem er in New York *Von Zeit und*

Strom gelesen hatte. «Darüber bin ich hinaus und auch über alle Amerikaner, die hier in meiner Muttersprache schreiben. Ich habe die Welt des feinen Plüschs hinter mir zurückgelassen...» Miller stellte ganz richtig fest, daß er in keine der zeitgenössischen literarischen Strömungen paßte, und versuchte deshalb, seine eigene zu begründen.

In einem Eintrag vom März 1935 schrieb Anaïs Nin, Miller vertrage «keine Ablehnungen, kein Schweigen der konventionellen Verleger, keine Absagebriefe der Redaktionen, keine interesselosen Kommentare der Leute»[81]. Er fand in Amerika keine Ruhe, und diese Rastlosigkeit verstärkte sich noch dadurch, daß Anaïs keine Zeit für ihn fand. Guiler verfügte in New York über genauso gute Verbindungen zu den Künstlerkreisen wie in Paris, so daß Anaïs Nin durch ihn Zugang zur New Yorker Literaturszene erhielt. Sie verbannte Miller in die Roger-Williams-Apartments an der West Thirty-First Street, während sie selbst in Begleitung von Theodore Dreiser, Waldo Frank, Norman Bel Geddes sowie Rank und seinen Bekannten durch die Stadt zog. Miller dagegen mußte mit seinen alten Freunden Schnellock, O'Regan und Emil Conason vorliebnehmen. Es gibt keinerlei Hinweise auf einen Besuch Millers bei seinen Eltern, und wenn man von seinem Verhalten während späterer Aufenthalte ausgeht, liegt die Vermutung nahe, daß er seine Adresse vor ihnen geheimhalten wollte. Er suchte auch weder seine Tochter noch June auf.

«Wenn ich an New York denke, denke ich an ein riesiges Kind, das mit hochexplosiven Stoffen spielt»[82], schrieb Miller an Perlès. Er fürchtete, in dieser Stadt verrückt zu werden: Er war sich über den gegenwärtigen Stand seiner Beziehung zu Anaïs Nin unsicher, wurde nach wie vor von Geldsorgen geplagt und war verzweifelt über die träge Reaktion der Öffentlichkeit auf *Wendekreis des Krebses*. In Frankreich hatte er erwartet, sofort nach der Publizierung verhaftet zu werden, aber die Zensurbehörde hatte sich taub gestellt. Auf der Überfahrt nach Amerika war er sich sicher gewesen, daß er gleich bei der Ankunft festgenommen werden würde, und er war ein wenig enttäuscht, als das nicht geschah. In New York schließlich sehnte er sich wieder nach Paris zurück und wollte all seine Energie darauf verwenden, die Aufmerksamkeit der Öffentlichkeit zu erringen; falls ihm das mißlang, wollte er ein Werk schreiben, das die Leser einfach nicht ignorieren konnten. Als Anaïs und Hugo im Mai 1935 nach Paris zurückfuhren, weil Guilers Anwesenheit in der Bank unerläßlich war, folgte Miller ihnen einige Wochen später an Bord der *Veendam*.[83]

In einem Brief an Michael Fraenkel, den Miller während seiner zweiten Amerikareise schrieb, erinnerte er sich an die Worte, die seine Mutter einmal zu seiner verrückten Tante Emelia gesagt hatte: «Vergiß nicht, daß du Amerikanerin bist.» Diese Ermahnung, so Miller, habe ihn immer wütend gemacht und Partei für seine Tante ergreifen lassen. Tante Emelia sei natürlich in der Irrenanstalt gelandet, wo sie in aller Ruhe über Louise Millers Worte habe nachdenken können, doch von Tante Emelia habe er den Haß gegen Amerika geerbt. Er habe sein ganzes Land töten und zerstören wollen; wenn möglich, hätte er eine doppelläufige Flinte darauf abgefeuert.[84] Doch von nun an versuchte er zu *vergessen*, daß er Amerikaner war.

10. KAPITEL

Die Villa Seurat

1935–1938

Nach ihrer Rückkehr aus Amerika schrieb Anaïs in ihr Tagebuch: «Henry hat eine außerordentliche Aktivität um sich entfaltet. Er lebt in einem Wirbelsturm und zieht alles an sich.»[1] Miller saß in seiner Wohnung im zweiten Stock der Rue Villa Seurat Nr. 18 und beeindruckte alle mit seiner scheinbar nie versiegenden Energie. Seine emsige Tätigkeit regte das ganze Haus an; ein Beobachter verglich es mit einer Kulturfabrik im Stil der Walt-Disney-Studios.[2] Im Stockwerk unter Miller schrieb Michael Fraenkel an seinem Manuskript, dem er den Titel «Weather Paper» gab und in dem er seine Philosophie des Todes näher ausführte. Richard Thoma, ein amerikanischer Schriftsteller, der zusammen mit Ezra Pound und Putnam in der Redaktion der *New Review* gearbeitet hatte, hatte eine weitere Wohnung in dem Haus angemietet. Auf dem gleichen Stockwerk wie Fraenkel lebte Betty Ryan, eine amerikanische Künstlerin, die abstrakte Bilder malte und finanziell sehr viel besser gestellt war als ihre Nachbarn, und neben Miller wohnte der französische Fotograf Arnaut de Maigret.

Während der Zeit, die er in Amerika verbrachte, hatte Miller Perlès seine Wohnung zur Verfügung gestellt, doch auf Anaïs Nins Drängen hin setzte er ihn bei seiner Rückkehr vor die Tür. Perlès hatte seinen Arbeitsplatz verloren, als die Pariser Ausgabe der *Tribune* im Herbst 1934 eingestellt wurde, und hätte deshalb eine Unterkunft dringend nötig gehabt, aber Anaïs Nin hatte ihn nie besonders gut leiden können und wollte, daß Miller sich nun ernsthaft der Schriftstellerei widmete. Perlès zog daraufhin in eine Wohnung in der nahegelegenen Impasse du Rouet, die er selbst als «Rattenloch» bezeichnete und wo sein Nachbar der Maler Hans Reichel war.[3] Beide gingen schon bald eine enge Verbindung mit der Gruppe aus der Villa Seurat ein, der inzwischen die französischen Schriftsteller Raymond Queneau und Roger Pelorson, der britische Dichter David Gascoyne, der Künstler Michonze, der

Fotograf Brassaï, der amerikanische Maler Abe Rattner und ab 1937 auch Lawrence Durrell angehörten.

Miller schrieb dreißig Jahre später über das Leben in der Villa Seurat, der Tag habe dort manchmal schon um fünf Uhr morgens, dann aber auch wieder erst um zwei Uhr nachmittags begonnen, je nachdem, was sich in der vorhergehenden Nacht in astrologischer Sicht getan hatte.[4] Miller ging normalerweise vor dem Frühstück entlang der Rue de la Tombe-Issoir zu den entfernteren Boulevards spazieren, kehrte über die Rue de la Fontaine-à-Mulard zurück und versuchte dabei, sich die Dinge, die er bei seiner Wanderung gesehen hatte, einzuprägen. Er hatte immer Angst, die vielen Eindrücke könnten ihn überwältigen, bevor er sich an die Schreibmaschine setzte, und später schrieb er über diese Zeit, sein geistiger Pulsschlag habe sich in jenen Jahren beschleunigt.[5] Er und seine Freunde widmeten sich dem Leben, dem Schreiben und dem Malen mit der gleichen Intensität, und es ließ sich nicht mehr sagen, welches der drei Dinge am wichtigsten war. Die Bewohner der Villa Seurat glaubten, der schöpferische Impuls könne sich in jedem Medium äußern, und der einzige rettende Strohhalm in dieser bizarren Achterbahnfahrt, schrieb Miller, sei die Gewißheit, daß überall leere Weinflaschen herumlagen. Diese könne man dem Händler zurückbringen, und durch das Pfand sei das Frühstück gesichert.[6] Niemand machte sich besondere Gedanken über die politische Situation in Europa. Miller schrieb: «Für uns war es nicht so wichtig, auf welche Seite wir uns schlagen würden, sondern eher, woher wir den nächsten Kanten Brot bekamen.»

Obwohl Perlès nicht in der Villa Seurat wohnte, hielt er sich doch fast immer an jenem Ort «unseres glücklichen Lebens in Schande»[7] auf, wie Miller das Haus bezeichnete. Den größten – wenn auch nicht den einzigen – Spaß hatten sie daran, ihren «arg mißbrauchten Freund» Fraenkel zu quälen. Eines Abends, schrieb Miller an Schnellock, hätten sie das «höchste Vergnügen» miteinander gehabt, denn «wir – das heißt Fred und ich – brachten ihn dazu, daß er uns einen bläst. Wir haben ihn ausgenommen wie ein Huhn.» Danach verzog Fraenkel sich nach unten und zerbrach sich den Kopf über seine Geldsorgen. Ein andermal, als sie einer Freundin von Fraenkel beim Einzug halfen, trieb Perlès es vor Fraenkels Nase mit ihr – «er wußte nicht, ob er lachen oder weinen sollte», schrieb Miller amüsiert.[8] Dann fischten er und Miller sich ein paar Francs aus der Handtasche des Mädchens und ließen sich vollaufen. Bei anderer Gelegenheit lockte Miller Fraenkel in sein Studio und strich ihm um den Bart, während Perlès mit einem gestohlenen Schlüssel in Fraenkels Wohnung eindrang, seine Taschen durchsuchte und mehrere hundert Francs stahl. Fraenkel fiel das nicht einmal auf, bemerkte Miller voller Schadenfreude.

In demselben Brief beschrieb Miller, wie er Fraenkel kurz vor seiner Reise nach Amerika gequält hatte, indem er ihm diejenigen Teile aus der Geschichte über Max vorlas, in denen Boris vorkam, für den Fraenkel Pate gestanden hatte. In «Max und die weißen Phagocyten» ist Boris ein übertrieben intellektueller jüdischer Ästhet, der zu sehr mit seinem eigenen blutleeren Tod beschäftigt ist, um sich darüber Sorgen zu machen, daß Max ein Leben in der Gosse führen muß und nicht einmal seine grundlegendsten Bedürfnisse befriedigen kann. Miller schikanierte Fraenkel so sehr, daß dieser sich übergeben mußte. «Wir haben ihn abscheulich behandelt», schrieb Perlès. «Wir haben ihn ausgenutzt und hintergangen, wir haben ihn verletzt und uns über ihn lustig gemacht, und wir haben ihn verachtet und ihn das auch spüren lassen.»[9]

Doch obwohl Miller bei diesen sadistischen Spielchen mitmachte, mochte er Fraenkel und war hin und her gerissen zwischen seiner Verachtung für dessen Verletzlichkeit und seiner Bewunderung für ihn. Fraenkels eigenwilliges Genie reizte ihn. Er hatte überdies Millers Werk in hohem Maß beeinflußt, und dieser Einfluß machte sich noch lange nach dem Ende ihrer Verbindung bemerkbar. Miller hatte sogar Angst, Fraenkels Gedanken in jenen Passagen von *Wendekreis des Krebses*, die von Tod und Verfall handeln, «plagiiert» zu haben.[10] Fraenkel seinerseits behauptete, er habe die Inspiration zu dem inzwischen vollendeten Buch *Schwarzer Frühling* geliefert.[11] Auch Fraenkels Unterstützung bei ganz alltäglichen Problemen war nicht zu unterschätzen. Er hatte Miller 1931 nicht nur mehrere Monate lang bei sich aufgenommen, sondern ihm zusammen mit Lowenfels auch hundert Francs für die Reise nach New York gegeben. Miller hatte geglaubt, Lowenfels habe ihm den ganzen Betrag überlassen, und Fraenkel klärte ihn nie über den wahren Sachverhalt auf.[12] Der zerstreute Fraenkel, dem letztlich nur geistige Dinge wichtig waren, schien die Mißhandlungen Millers nicht zu bemerken oder sah vielleicht auch darüber hinweg, weil er von Millers Genie überzeugt war.

Vor diesem komplexen Hintergrund entwickelte sich eine der merkwürdigsten Symbiosen der modernen Literatur. Eines Herbstnachmittags saßen Fraenkel, Perlès und Miller im Café Zeyer, ihrem Lieblingslokal in der Nähe der Villa Seurat, und sprachen über Fraenkels Lieblingsthema, den Tod. Und plötzlich hatte einer von ihnen den Einfall, über diese Frage einen Briefwechsel zu beginnen. Fraenkel machte den Vorschlag, auf diese Art und Weise ein Werk mit mindestens tausend Seiten zu verfassen, doch Perlès bestand darauf, daß es aber auch «nicht mehr» sein dürften, denn er haßte dicke Bücher. Bei genauerem Überlegen kamen sie zu dem Schluß, daß der Tod als Sujet nicht greifbar genug sei. Perlès brachte den Titel «Die lustige Witwe» ins Gespräch, aber er wurde als zu eng gefaßt abgelehnt. Schließlich entschieden sie sich für *Hamlet*, ein Thema, das umfassend genug wäre und die Möglichkeit eröffnete, den Tod in allen nur erdenklichen Variationen zu diskutieren. Perlès, der ohnehin nie ganz von der Sache überzeugt gewesen war, kündigte sein Mitwirken an dem Projekt schon bald auf, aber Miller schrieb seinen ersten Brief am 2. November 1935, und bis zur Beendigung des Briefwechsels im Oktober 1938 formulierte er weitere einundzwanzig. Beide Korrespondenten befaßten sich mit einer Vielzahl ziemlich universeller Fragen: dem Niedergang der westlichen Welt, der Kunst und den Künstlern, der Schizophrenie und den Juden. Obwohl Miller in diesen Briefen manchmal schrullig und dann wieder langatmig und prätentiös ist, befinden sich darin doch manche seiner geglücktesten Passagen, zum Beispiel die Beschreibung seiner Reaktion auf sein Heimatland in den Jahren 1935 und 1936. Aber er wurde in seinem Teil des Briefwechsels auch immer ausfallender: Er quälte Fraenkel, weil er Jude war und hinter allem das Thema Tod witterte. Miller nannte ihr gemeinsames Werk später «eine unaufhörliche Auseinandersetzung»[13].

Nichtsdestoweniger hatte er durch die *Hamlet*-Briefe eine Möglichkeit, sich intellektuell zu beweisen. Millers restliche Schriften aus dem Jahr 1935 waren in völlig anderem Ton gehalten. Während der Sommermonate verfaßte er ein unbekümmertes Pamphlet mit dem Titel *What Are You Going to Do About Alf?*, das er mit der finanziellen Unterstützung von Eduardo Sanchez und Fraenkel veröffentlichte und von Servant drucken ließ, der schon *Wendekreis des Krebses* gesetzt hatte.[14] Die Schrift war in Form eines Bittbriefes abgefaßt – der Untertitel lautete «An Open Letter to All and Sundry» –, in dem er um Geld für Perlès – Alf – nachsuchte, damit dieser den Journalismus zugunsten der Literatur aufgeben könne. Der «Alf Letter», die erste Anklageschrift, die Miller gegen die Behandlung der Künstler durch die Gesellschaft formulierte, brachte nicht besonders viel Geld ein, Miller schrieb jedoch später stolz, zu den wenigen Spendern hätten auch André Gide und Aldous Huxley gehört. Die geringen Zuwendungen, die tatsächlich eintrafen, landeten jedenfalls in Millers Tasche.

Inzwischen hatte Miller Kahane dazu gebracht, *Schwarzer Frühling* anzunehmen, auch wenn das Buch erst im Juni 1936 erscheinen sollte. Kahane war beeindruckt von der surrealistischen Kraft des Werkes und der Leichtigkeit von Millers Stil, aber *Schwarzer Frühling* verwirrte die Kritiker, weil es sich nur schwer einordnen läßt. Der Band besteht aus einer Reihe von Skizzen, von denen viele, beispielsweise «The Fourteenth Ward» (Der vierzehnte Bezirk) oder «The Tailor Shop» (Der Schneiderladen) noch einmal die Erinnerung an Millers Zeit in Brooklyn wachrufen. In «Der vierzehnte Bezirk» heißt es, «... auf der Straße wurde ich geboren, und auf der Straße wuchs ich auf. [...] Wenn man auf der Straße geboren ist, so bedeutet das, daß man sein ganzes Leben herumwandert, daß man frei ist. [...] Auf der Straße lernt man, was die Menschen wirklich sind; unter anderen Umständen oder später erfindet man sie. Was nicht auf der offenen Straße ist, ist falsch, abgeleitet, das heißt Literatur.»[15] Miller entwarf hier seine Vergangenheit bewußt neu und ließ einfach seine bürgerliche Herkunft zugunsten der Zeit in Williamsburg und seinem Leben auf der Straße unter den Tisch fallen. In «Third or Fourth Day of Spring» (Der dritte oder vierte Frühlingstag) versuchte er, den tieferen Sinn seiner autobiographischen Schriften zu erläutern:

> Für mich ist das Buch der Mensch, und mein Buch ist der Mensch, der ich bin, der verstörte, nachlässige, unbesonnene, wollüstige, obszöne, lärmende, nachdenkliche, gewissenhafte, lügnerische, teuflisch aufrichtige Mensch, der ich bin. [...] Ich betrachte mich nicht als Buch, als Schallplatte, als Dokument, sondern als eine Geschichte unserer Zeit – *aller* Zeiten.[16]

«A Saturday Afternoon» (Ein Samstagnachmittag) führt den Leser durch die Pariser Pissoirs; «The Angel is My Watermark» (Der Engel ist mein Wasserzeichen) beschreibt Millers ungeschickte Malversuche. Manche Erzählungen, zum Beispiel «Burlesk» (Das Konzertcafé), eine Geschichte, in der Miller bereits vorhandenes Material aus seiner Brooklyner Zeit neu verwertete und eine Szene in einer Evangelistenkirche schilderte, werden ihrem Anspruch nicht gerecht. «Walking Up and Down in China» (Hin und Her in China) bezieht sich ein wenig geglückter auf seine amerikanische Herkunft. Die Überlegungen des Erzählers zur «amerikanischen Szenerie» führten ihn von «American Can» und «American Tel & Tel» zu einer wunderbaren Aufzählung von Dingen, die die Staaten in ihrer ganzen grotesken Vielfalt repräsentieren – von den Katzenjammer Kids, Oscar Hammerstein, den Rough Riders und Dorothy Dix bis zu den Ufern des Wabash und darüber hinaus.[17] Die Geschichten in *Schwarzer Frühling* behandeln völlig unterschiedliche Themen, haben aber eine schöpferische Kraft gemein, die der von *Wendekreis des Krebses* kaum nachsteht. Selbst die Erzählung «Jabberwhorl Cronstadt», in der Miller den Dadaismus bis zum Nonsens treibt, zeichnet sich durch den lyrischen Tonfall des Erzählers aus.

Miller nutzte Kahanes Begeisterung für *Schwarzer Frühling* aus und überredete ihn zur baldigen Gründung einer Reihe, die den Namen Siana Series – ein Anagramm von Anaïs – tragen sollte. Miller wollte die Bücher dafür auswählen, und Anaïs Nin erklärte sich bereit, die Druckkosten zu übernehmen. Miller wollte die Reihe mit einer überarbeiteten Version seines langen Briefes an Perlès eröffnen, der unter dem Titel *Reise nach New York* herauskommen sollte. Zu den Siana-Büchern sollte auch Richard Thomas *Tragedy in Blue* und Anaïs Nins *Haus des Inzests* gehören, und

Miller hoffte außerdem, Werke von Fraenkel und Perlès unterbringen zu können.[18]

Kahane stand Millers hochfliegenden Plänen höchstwahrscheinlich so aufgeschlossen gegenüber, weil *Wendekreis des Krebses* inzwischen einen bescheidenen Erfolg hatte verbuchen können. Es läßt sich heute nicht mehr sagen, wie hoch die erste Auflage war, doch jedenfalls kam die zweite im September 1935 heraus[19], und auf dem Schutzumschlag befanden sich nun Beurteilungen von Eliot, Pound, William Carlos Williams und Aldous Huxley. Im August bekam Miller einen Verehrerbrief von Lawrence Durrell, einem jungen britischen Schriftsteller, der auf Korfu lebte, und zwischen den beiden kam es zu einer lebhaften Korrespondenz. Doch noch immer war Miller mit den Verkaufsziffern von *Wendekreis des Krebses* unzufrieden und schrieb Durrell im November, er plane die Zusammenstellung einer Broschüre mit Besprechungen und Briefen von Bewunderern; dieser Broschüre wolle er ein Foto von sich selbst auf seinem Fahrrad sowie sein Horoskop beigeben.[20]

Außerdem machte sich Miller weiterhin über die Aufnahme seines Werkes in Amerika Sorgen. Im November schrieb er Frank Dobo ganz aufgeregt, Walter Lowenfels sei es gelungen, *Scribner's* für *Schwarzer Frühling* zu interessieren. – Natürlich wurde nie etwas daraus. James Laughlin, der Amerikaner, dem Pound *Wendekreis des Krebses* empfohlen hatte, fragte brieflich bei Miller an, ob er Auszüge aus *Reise nach New York* unter dem Titel «Glittering Pie» im Harvard *Advocate* abdrucken dürfe. Miller stimmte zu, doch schon bald sprach es sich herum, daß «dieser Autor schmutziger Bücher» einen Beitrag für die Zeitschrift verfaßt hatte, und die Ausgabe des Blattes wurde daraufhin unverzüglich von der Cambridger Polizei beschlagnahmt, die Herausgeber landeten im Gefängnis.[21] Miller wußte sich keinen Rat, wie er Exemplare von *Wendekreis des Krebses* nach Amerika schaffen könnte. Fraenkel zerlegte immer noch Bücher und schickte sie in Einzelteilen an Verbindungsleute in den Staaten, und Miller selbst sandte etliche Bände per «first-class mail», die normalerweise nicht überprüft wurde. Das Wichtigste, so schrieb Miller an Dobo, sei es, sie überhaupt irgendwie in die Staaten zu bekommen. «Gott (!) wird sich dann schon um den Rest kümmern.»[22]

Ende der dreißiger Jahre sah es nicht so aus, als würde *Wendekreis des Krebses* in Großbritannien oder den Vereinigten Staaten jemals offen verkauft werden können. Die Zensur erfolgte bereits bei der Post, seit der Comstock Act im Jahr 1873 die Verbreitung obszöner Schriften auf dem Postweg untersagt hatte. 1930 wurde eine Ergänzung des Tariff Act beschlossen, wodurch der Finanzminister das Recht erhielt, Bücher von «allgemein anerkanntem Wert» oder Klassiker von dieser Regelung auszuschließen, und 1933 führte eine Entscheidung des Gerichts dazu, daß James Joyces *Ulysses* als Buch von «anerkanntem Wert» nicht mehr unter das Einfuhrverbot fiel. Huntington Cairns, ein wohlhabender Anwalt aus Baltimore, war für die Beratung des Finanzministeriums in Zensurfragen zuständig. Miller hatte von Cairns' Bewunderung für sein Werk gehört und begann 1936 mit ihm, den er nur den «Zensor» nannte, einen Briefwechsel. Er glaubte, das Einfuhrverbot noch am ehesten mit Hilfe der Klausel über den «anerkannten Wert» umgehen zu können, doch er wußte auch, daß die Entscheidung in hohem Maße von der allgemeinen Stimmung abhing. Deshalb schrieb er Cairns immer wieder, um herauszufinden, ob in Amerika die Zeit für *Wendekreis des Krebses* schon reif sei.

Miller suchte ständig nach Wegen, wie er den amerikanischen Lesern sein Werk zugänglich machen konnte. Während seines New Yorker Aufenthalts im Jahr 1935 hatte er die drei Jahre ältere Frances Steloff kennengelernt, die Inhaberin des Gotham Book Mart in der West Forty-Seventh Street Nr. 51. Frances hatte das Geschäft 1920 eröffnet, interessierte sich vor allem für das Theater und richtete daher das Sortiment des Ladens in seinen Anfängen hauptsächlich danach aus. 1923 heiratete sie David Ross, einen Buchhändler aus New York, der unter anderem Erotika vertrieb. Das Angebot des Gotham Book Mart umfaßte schon bald auch die Bücher, die Ross am Herzen lagen, und erwarb sich den Ruf einer sicheren Quelle für avantgardistische Werke amerikanischer und ausländischer Schriftsteller.

Frances Steloff war von Anfang an eine der glühendsten Verehrerinnen von Miller – obwohl sie zugab, nie eines seiner Bücher ganz zu Ende gelesen zu haben. Sie wehrte sich nicht nur mit aller Kraft gegen die Zensur und unterstützte die künstlerische Innovation, sondern war auch eine gewitzte Geschäftsfrau, die sehr wohl wußte, daß verbotene Bücher sich gut verkauften. Ende der dreißiger Jahre war sie Millers wichtigster Kontakt in Amerika. Sie vermittelte ihn an weitere aufgeschlossene Buchhändler, machte Werbung für Vorbestellungen, damit er das Geld für die Veröffentlichung neuer Werke zusammenbekam, und informierte potentielle Käufer, wo sie seine Bücher erhalten konnten. Später trug sie wesentlich zur Verbreitung von Raubdrucken seiner Schriften bei.

Im Herbst 1935 begann zwischen Anaïs Nin und Miller ein langsamer Distanzierungsprozeß. Noch im Juli hatte sie sich selbst als die «junge Mutter» der Gruppe in der Villa Seurat bezeichnet und zufrieden bemerkt, daß die *femme de ménage* des Hauses sie «Mrs. Henry» nenne[23], doch schon im nächsten Monat vertraute sie ihrem Tagebuch an, sie gehöre nicht richtig zur Villa Seurat.[24] Sie hatte Perlès nie leiden können und fand Fraenkels Einfluß auf Miller «gänzlich unfruchtbar und zerstörerisch»[25]. Das Klima, das in der Villa Seurat herrschte, war natürlich frauenfeindlich; sogar Betty Ryan mußte sich den Männern unterordnen und war auf ihren eigenen Einladungen zum Abendessen immer die einzige anwesende Frau.[26] Trotzdem kam Anaïs Nin mindestens zweimal pro Woche vorbei, wenn Guiler bei Hans Reichel in der nahegelegenen Impasse du Rouet Unterricht im Malen nahm, und außerdem zahlte sie Miller immer noch die Miete. Seine eigenen Bücher brachten fast kein Geld ein, auch wenn er fünftausend Francs für das Vorwort zu einem religiösen Werk erhielt, ein Auftrag, den Perlès ihm verschafft hatte.[27]

Am Anfang ihrer Beziehung hatte Anaïs Nin Millers ungehobelte Manieren amüsant gefunden, doch jetzt beklagte sie sich darüber, obwohl er versuchte, sie nicht damit vor den Kopf zu stoßen. Anaïs Nin war zwar zufrieden mit seiner Arbeit an «Palace of Entrails», dem Drehbuch, das er zu ihrem Werk *Haus des Inzests* verfaßte, aber das, was sie 1935 und 1936 von *Wendekreis des Steinbocks* zu sehen bekam, gefiel ihr überhaupt nicht, denn sie hielt das Buch weit stärker noch als *Wendekreis des Krebses* für sexuell überfrachtet. Im April 1936 fuhr sie nach Marokko; wenige Monate später zog sie in ein Hausboot auf der Seine und freundete sich mit Gonzalo More an, einem peruanischen Musiker und Revolutionär.

Die Beziehung mit Miller war nun weit weniger leidenschaftlich als in den vorangegangenen drei Jahren und nahm in dem Maß, wie Miller sich einen Ruf als Schriftsteller erwarb, einen zunehmend geschäftsmäßigen Charakter an. Sie hatten beide schon immer auf ihren eigenen Vorteil geachtet, aber jetzt, da sich der romantische Teil ihrer Beziehung allmählich überlebt hatte, trat dieser Aspekt klar und deutlich in den Vordergrund.

Miller steckte voller Tatkraft. Parallel zu den *Hamlet*-Briefen führte er eine ebenso umfangreiche Korrespondenz mit Osborn, Schnellock, Durrell und Hiler – ganz zu schweigen von seinen Bittbriefen an die Literaten und potentiellen Mäzene. Außerdem hatte er vor, an einem Pamphlet mitzuwirken, das Fraenkel bei Carrefour herausbringen wollte. Die Schrift sollte Essays von Fraenkel, Lowenfels und ihm selbst enthalten[28], und dazu plante er noch zehn oder zwölf Geschichten über seine Freunde in der Villa Seurat, die den Titel *Some Pleasant Memories* oder *Astrological Effigies* tragen sollten.[29]

Doch nur wenige dieser Projekte wurden tatsächlich realisiert. Statt dessen schrieb Miller ein Vorwort zu Fraenkels *Bastard Death* und eine Hymne auf Anaïs Nin mit dem Titel «Un être étoilique» (Ein sternenhaftes Wesen), die zuerst im Londoner *Criterion* und dann im selben Jahr als eigene Schrift erschien. Er beendete seine Drehbuchfassung von Anaïs Nins *Haus des Inzests* und gab sie Kahane, der sie 1937 als *Scenario. A film with sound* herausbrachte. Überdies sammelte er eine ganze Anzahl von Artikeln, von denen viele schon früher veröffentlicht worden waren, für einen Band, den er *Max and the White Phagocytes* oder *Plasma and Magma* nennen wollte.[30] Darunter befanden sich vorerst der Essay über Anaïs Nin, die Geschichte «Max», ein Text über Hans Reichel mit der Überschrift «The Cosmological Eye» sowie sein früher Artikel über Buñuel. Er hatte die «Broschüre» vorübergehend beiseite gelegt und verkaufte nun Einzelteile davon an Zeitschriften. Im Juli 1936 teilte er Schnellock mit, daß Anaïs Nins *Haus des Inzests* erschienen sei und sein eigenes Werk *Schwarzer Frühling* in den nächsten Tagen herauskommen werde. Er schrieb, er arbeite an dem «Buch über June», aber er habe ein wenig die Richtung verloren und befürchte, er tue ihr unrecht.[31] Im August schickte er

Durrell einen Brief, in dem er von drei Bänden sprach und der Hoffnung Ausdruck gab, den ersten davon innerhalb eines Jahres fertigzustellen. Er wolle das «Buch über June» zu einem Monument machen, das die nächsten Jahrhunderte überdauern werde, ließ er Hiler wissen und meinte, es werde gewaltig werden «und verrückt. Das ist mein letzter Fick – ficke alles und jeden! Geht unter oder schwimmt, Jungs, das kommt aufs gleiche hinaus. Alle Verbindungen abbrechen, alle Bande lösen. Ich will zu dem Ungeheuer werden, das ich bin.» [32]

In jener Zeit schlug er tatsächlich über alle Stränge. Er und Perlès quälten nicht nur weiter Fraenkel, sondern standen auch in dem Ruf, ihren Freunden regelmäßig die Freundinnen auszuspannen. Maurice Girodias beschrieb Jahre später eine Party, die sein Vater 1937 zu Ehren von Miller gab: Als Ginotte, das Hausmädchen, die Tür öffnete, standen zwei glatzköpfige Männer davor, die fast gleich aussahen. Der größere von beiden – Miller – streckte die Hand aus und kniff Ginotte in die Brust, der kleinere reichte ihr seinen Schlapphut und tat dann das gleiche. [33] An einem anderen Abend, an dem Miller sich von den Kahanes verabschiedete, tätschelte er seiner Gastgeberin Marcelle Kahane das Hinterteil und sagte: «Tolles Essen, Marce.» Daraufhin setzte ihm der achtjährige Eric Kahane nach, wild entschlossen, ihn umzubringen. [34]

Natürlich war vieles davon reine Attitüde, genau das Verhalten, das man von einem Verfasser schmutziger Bücher erwartete, aber Miller und Perlès führten sich zu jeder passenden und unpassenden Gelegenheit flegelhaft auf, ohne auf die Gefühle ihrer Opfer oder der Anwesenden Rücksicht zu nehmen. Besonders ihre Verachtung für Frauen war allseits bekannt und gefürchtet. Eines Abends im Mai hatten sie den Schriftsteller Roger Pelorson und seine Frau zu sich in die Villa Seurat eingeladen; Pelorson und Miller waren gute Freunde geworden und sahen sich mindestens einmal die Woche. An jenem Abend hatten Miller und Perlès schon getrunken, bevor die Gäste eintrafen, was zur Folge hatte, daß Miller aufgeräumt und unterhaltsam, Perlès jedoch rüpelhaft und aggressiv war. Miller stichelte so lange an Perlès herum, bis dieser auf den Tisch kletterte, dort wie Hitler hin und her marschierte und Pelorsons Frau Beleidigungen an den Kopf warf. Obwohl Miller seinen Gästen am nächsten Morgen «voller Gewissensbisse» schrieb, gehörte die Hitlernummer von nun an fest zum Repertoire von Miller und Perlès.[35]

Millers schlechtes Benehmen mochte auch mit seiner angespannten finanziellen Lage zusammenhängen. Einem französischen Freund gegenüber beklagte er sich, daß die Anzahl der Besprechungen sich mit jedem Wort, das er schrieb, erhöhte, daß er selbst dabei jedoch immer ärmer werde: «Das umgekehrte Gesetz der Kompensation – für Genies!»[36] Das Geld, das Anaïs Nin ihm immer noch zusteckte, schien seine Ausgaben nie zu decken. Als Heinrich Miller Anfang 1937 seinem Sohn von einem weiteren finanziellen Engpaß berichtete, antwortete dieser auf für ihn ganz typische Weise. Als erstes beantwortete er den Brief, legte ein bißchen Geld bei und versprach seinem Vater für die Zukunft «den Mond», wie er Durrell später sagte. Dann versuchte er, aus der Situation Kapital zu schlagen. Er schrieb den Brief seines Vaters ab, schmückte ihn hier und da aus, um ihn noch mitleiderregender klingen zu lassen als das Original, und verfaßte daraufhin eine zweite fiktive Antwort, in der er seine eigene Armut in den düstersten Farben schilderte. Danach stellte er eine Liste von literarischen Größen auf, an die er sich mit diesen beiden Briefen wenden wollte, darunter Somerset Maugham, Rebecca West und T. S. Eliot. Doch schon war er sich wieder unschlüssig und schickte das ganze Paket erst einmal an Durrell, damit dieser den «strategischen Wert» seines Unternehmens beurteilen konnte. Offenbar hielt Durrell nicht viel davon, denn der Brief wurde nie abgesandt.[37]

Trotz seiner Späßchen und Bittbriefe verlor Miller auch die politische Situation nicht aus den Augen, und die Ansichten, die er vertrat, waren bisweilen bewußt aggressiv. In einem Brief an Durrell schrieb er: «Ich muß sagen, diese letzte Hitlerrede gefällt mir – sie macht mir ihn und seinen ‹ami› Mussolini richtig sympathisch.»[38] Aber seine instinktive Abneigung gegen die Deutschen erzeugte einen gewissen Argwohn gegen Hitler, dessen «billigen, hausbackenen Mystizismus»[39] er gegenüber einem anderen Freund schlechtmachte. Und Hitlers Angriffe gegen die Bolschewiken und die Juden aus dem Jahr 1936 waren selbst Miller zuviel; er schrieb Frank Dobo, auch ein «Judenhasser» wie er könne einen «solchen

Blödsinn nicht schlucken»[40]. An diesen halb ernsten und in sich widersprüchlichen Äußerungen wird Millers verblüffende politische Naivität deutlich. Er schien tatsächlich geglaubt zu haben, seine besondere Begabung erstrecke sich auch auf die Politik, so daß er ständig Vorhersagen über die Zukunft und den bevorstehenden Krieg machte, die sich alle als völlig falsch erwiesen. So meinte er zum Beispiel, ein Weltkrieg werde zu einem neuerlichen Krieg zwischen den Vereinigten Staaten und Großbritannien führen[41], bewaffnete Auseinandersetzungen zwischen Ost und West stünden unmittelbar bevor[42] und Deutschland werde «genau wie Indien» aufgeteilt, um so den Krieg zu vermeiden.[43] Seine vermutlich größenwahnsinnigste Feststellung war, daß er das «ganze verfluchte Problem» schon lösen würde, wenn er nur fünf Minuten mit Hitler allein sprechen könnte. Er würde Hitler einfach zum Lachen bringen, schrieb er Durrell.[44]

Die Politik verhinderte auch ein Wachsen der sich anbahnenden Freundschaft zwischen Miller und George Orwell, dem Autor von *Erledigt in Paris und London*. Orwell hatte *Wendekreis des Krebses* 1935 in der *New English Weekly* positiv besprochen und besonders das Beharren des Buches auf der Realität körperlichen Begehrens betont. Daraufhin entspann sich ein freundschaftlicher Briefwechsel zwischen den beiden Männern, und als *Schwarzer Frühling* im Juni 1936 erschien, legte Orwell Miller ausführlich seine Meinung dazu dar und besprach das Buch in einer Septemberausgabe der *New English Weekly*. Er klang weniger enthusiastisch als noch bei *Wendekreis des Krebses* und beklagte sich: «... das geschriebene Wort verliert seine Kraft, sobald es sich zu sehr entfernt ... von der gewohnten Welt, in der zwei mal zwei vier ergibt.»[45] Trotzdem bewunderte er Millers Konzentration auf den einfachen Mann, sprach seiner Prosa große Kraft zu und beurteilte die sexuelle Freizügigkeit positiv.

Als in Spanien 1936 der Aufstand der Rechten unter Franco begann und die Arbeiterorganisationen den republikanischen Widerstand organisierten, hielt ganz Europa angesichts des Kräftemessens zwischen den Faschisten und den Kommunisten den Atem an. Anaïs Nin und ihr Freund Gonzalo More setzten sich für die Sache der Republikaner ein, Miller hingegen schenkte den Vorgängen so gut wie keine Beachtung. Orwell schlug sich auf die republikanische Seite und machte sich in der Weihnachtszeit des Jahres 1936 auf den Weg nach Barcelona. In Paris legte er einen kurzen Zwischenstopp ein, um einige Reisedokumente abzuholen, und besuchte während seines Aufenthalts Miller. Die beiden verbrachten einen angenehmen Nachmittag miteinander. Miller machte gegenüber Orwell kein Hehl aus seiner pazifistischen Einstellung und sagte, er finde es idiotisch, für irgend etwas zu kämpfen, denn die Zivilisation sei ohnehin zum Untergang verdammt, es habe keinen Sinn, sie zu verteidigen. Orwell gestand, Schuldgefühle zu haben, weil er in Burma Angehöriger der Polizei gewesen sei, doch Miller hielt ihm entgegen, es sei lächerlich, daß er sich deswegen immer noch quäle. Die beiden Männer trennten sich in gutem Einvernehmen, und Miller drängte Orwell als seinen «Beitrag zur republikanischen Sache»[46] ein Cordsakko auf. Das Verhältnis zwischen den beiden Schriftstellern blieb freundschaftlich, wenn auch ein wenig distanziert, doch das lag vermutlich auch daran, daß Orwells Besprechungen von Millers folgenden Werken in zunehmend kritischem Tonfall verfaßt waren. Die wohl wichtigsten Äußerungen zu Millers Schriften finden sich in seinem Essay «Im Innern des Wals» aus dem Sammelband gleichen Titels. Dort lobt Orwell Miller für seine Darstellung einer duldenden Haltung, die er, Orwell, selbst für die zeitgenössische Gesellschaft als charakteristisch erachtete. Diese Passivität, so Orwell, sei die einzig vorstellbare Reaktion auf den unmittelbar bevorstehenden Zusammenbruch der Zivilisation. Doch Orwell fragte auch, ob es richtig sei, «ja» zu sagen, «Ja zu Konzentrationslagern, Gummiknüppeln, zu Hitler und Stalin, Bomben, Flugzeugen, Konserven, Maschinengewehren, Putschen, Säuberungen, Slogans, Gasmasken, Unterseebooten, Spionen, Provokateuren, Pressezensur, Bedaux-Gürteln, geheimen Gefängnissen, Aspirin, Hollywood-Filmen und politischen Morden»[47]. Orwells Antwort fiel zweideutig aus: Ein solcher Quietismus war, abstrakt gesehen, nicht richtig, aber er war realistisch und spiegelte die Gefühle des einfachen Mannes wider.

Miller tat Orwells Essay als zweifelhaftes Kompliment ab und scheint sich – zumindest politisch – keine großen Gedanken über den tieferen Sinn von Orwells Kritik gemacht zu haben.[48] Er sah sich selbst in einer «akzeptierenden» Rolle, die der Whitmans vergleichbar war – er akzeptierte das Unmoralische, Böse und Grausame, was, so bemerkte er später Durrell gegenüber, oft genauso wertvoll sein konnte wie das Gute in der Welt.[49]

Im August 1937 pilgerten Lawrence Durrell und seine junge Frau Nancy zur Villa Seurat, der Heimat von Lawrences neuem Idol. Durrell war blond und jungenhaft und hatte ein sonniges Gemüt. Er war 1912 in Jullundur in Indien zur Welt gekommen, wo die Angehörigen seiner Familie schon lange ihren Dienst unter der britischen Krone versahen, erhielt aber seine Schulausbildung in England. In dieser Zeit entwickelte er eine leidenschaftliche Abneigung gegen alles Britische und siedelte 1935 nach Korfu über, wo er für den britischen Konsul arbeitete und Englisch unterrichtete. Er hatte einen schmalen Gedichtband veröffentlicht, 1935 war sein Roman *Pied Piper of Lovers* herausgekommen, und 1937 sollte ein weiteres Buch von ihm mit dem Titel *Panic Spring* unter dem Pseudonym Charles Norden erscheinen. Inzwischen war es ihm peinlich, diese Romane geschrieben zu haben, denn sie erzählten «nur über heroische Engländer und über taubensanfte Mädchen (7/6 pro Band)»[50]. Doch *Wendekreis des Krebses*, das er 1935 las, regte ihn zu neuen Bemühungen an, und im März 1937 schickte Durrell den Band *Die Schwarze Chronik* in Manuskriptform an Miller. Genau wie *Wendekreis des Krebses* ergötzt sich *Die Schwarze Chronik* an Schimpfwörtern und steckt voll grotesker Verzerrungen. Durrell beschrieb darin die Ausbildung eines Dichters und führte einen heftigen Angriff gegen das, was er «den englischen Tod» nannte. Er gab ganz offen zu, daß Miller ihn bei diesem Werk beeinflußt hatte, obwohl darin schon jene barocke Phantasie zu spüren ist, die später *Das Alexandria-Quartett* auszeichnete.

Miller gefiel *Die Schwarze Chronik* ausnehmend gut, und der Gedanke, endlich einen Schüler gefunden zu haben, entzückte ihn. Wie nicht anders zu erwarten, fiel es Durrell schwer, einen Verlag für sein Buch zu finden. Als Faber & Faber in London vorschlugen, eine gereinigte Fassung herauszubringen, spielte er mit dem Gedanken, in den sauren Apfel zu beißen, doch Miller riet ihm dringend davon ab. Er sah in Durrell einen jüngeren Miller, eine verwandte

Seele, und schon bald nannten Anaïs Nin, Durrell und er sich die «drei Musketiere».

An ihrem ersten gemeinsamen Abend in der Villa Seurat, an dem Nancy ihnen Steaks briet, schmiedeten die beiden Männer Pläne. Sie wollten bei der Obelisk Press eine neue Reihe von Bänden initiieren – das Projekt Siana Series war nie verwirklicht worden –, unter denen sich *Die Schwarze Chronik* befinden sollte sowie Millers Sammlung, die jetzt den endgültigen Titel *Max and the White Phagocytes* trug, und Anaïs Nins *Winter of Artifice*. Sie wollten der Reihe den Namen Villa Seurat Series geben, und Nancy Durrell, die ein bescheidenes eigenes Einkommen hatte, erklärte sich bereit, sie zu finanzieren.

Ein weiteres Vorhaben war weit abenteuerlicher. Einen Monat zuvor war Perlès Herausgeber eines Ladenhüters geworden, nämlich von *The Booster*, dem Hausmagazin einer privaten Organisation von Exilamerikanern, die sich American Golf and Country Club nannte. Ihr Vorsitzender Elmer Prather verlangte von Perlès nur, daß er in jeder Ausgabe zwei Seiten für Neuigkeiten aus dem Klubleben freihielt, und ließ ihm ansonsten völlig freie Hand. Die Villa-Seurat-Gruppe konnte es sich natürlich nicht verkneifen, sich ein wenig auf Kosten der bornierten Exilamerikaner zu amüsieren, und außerdem kam ihnen das ganze sehr gelegen: Sie nahmen sich vor, das Blatt Schritt für Schritt in eine ernst zu nehmende Literaturzeitschrift zu verwandeln, in ein publizistisches Sprachrohr für Miller und seinen Kreis. Durrell war sofort Feuer und Flamme, denn genau wie Miller hatte er immer schon einer Schule angehören wollen, und *The Booster* schien dazu die große Chance zu bieten.

Durrell, Miller und Perlès machten sich sofort daran, einen Brief zu entwerfen, in dem sie um Abonnenten warben und den sie später als Leitartikel abdruckten. Es ging ihnen dabei vor allem um Abnehmer für Abonnements auf Lebzeiten zu fünfhundert Francs das Stück. In dem Brief hieß es, die Herausgeber hätten vor, «die Werbetrommel zu rühren, recht rührig zu werden und aufzurühren, wann und wo immer es geht. Hauptsächlich werden wir die Werbetrommel rühren», schrieben sie weiter. «Denn das tun wir gern, und natürlich werden wir als allererstes für uns selbst werben.» Sie suchten auch nach Beiträgen: «Gedichte, Essays, ernsthafte, geistreiche, philosophische oder metaphysische Artikel, Reise- und Tagebuchaufzeichnungen, Fragmente, unvollendete Romane, abgelehnte Manuskripte, und ... all die reifen, miesen kleinen Sachen, die schon jahrelang im Schrankkoffer vor sich hingammeln»[51]. In dem Brief waren die Herausgeber der Zeitschrift aufgeführt: Perlès war Chefredakteur; für den Literaturteil waren Durrell, Miller und William Saroyan verantwortlich; den Sport übernahm Charles Norden (Durrell); das Ressort Gesellschaft betreute Anaïs Nin. Zu den anderen Mitarbeitern zählten Lowenfels («Butter News» – seiner Familie gehörte ein großes Molkereiunternehmen) und Fraenkel («Abteilung für Metaphysik und Metempsychose»). Die meisten der Erwähnten wurden offenbar in diese ehrenvollen Ämter eingesetzt, ohne daß man sie vorher fragte; Saroyan zum Beispiel behauptete, Miller in Paris nie kennengelernt zu haben.[52]

Genau wie «The New Instinctivism» – jener Essay, den Miller und Perlès 1931 verfaßt hatten – propagierte auch *The Booster* klare und ziemlich willkürliche Zu- und Abneigungen. So war man zum Beispiel für Essen und gegen den Frieden, für Shangri-La und gegen die Schizophrenie und so weiter. «Ganz allgemein gesprochen, sind wir *für* die Dinge», hieß es in dem Brief. «Aber auf unsere eigene nette Weise ...»

Die erste Nummer erschien im September 1937. Durrell steuerte ein Gedicht bei, Perlès einen Auszug aus seinem Roman *Le Quatour en Re-Majeur*, Anaïs Nin eine Passage aus ihrem Tagebuch. Miller schließlich stellte einen Text mit der Überschrift «Letter From the Park Commissioner» zur Verfügung, einen Brief, den er angeblich während seiner Zeit beim New York City Parks Department vor dem Papierkorb gerettet hatte. Außerdem verfaßte er unter seinem alten Pseudonym Valentin Nieting, das er vielleicht als Tribut an seinen Großvater gewählt hatte, einen Essay über Brassaï sowie einen über einen befreundeten Maler namens Benno.

Obwohl das Werbematerial für *The Booster* alles andere als seriös klang, war es den Herausgebern der Zeitschrift mit dem Projekt todernst, denn es stand ein nicht unbeträchtlicher Geldbetrag auf dem Spiel. Das Magazin übernahm nicht nur die Abonnentenliste des American Golf and Country Club, sondern auch die Inserenten, so daß die neuen Herausgeber zu Beginn des Unternehmens zwölftausendfünfhundert Francs (etwa vierhundert Dollar) zur Verfügung hatten.[53] Sie betrachteten diese Mittel als Möglichkeit, ihre eigenen Werke zu publizieren, und sie hofften, daß der irgendwo zwischen Dadaismus und Surrealismus angesiedelte Tonfall des Blatts den Nerv der Zeit treffen würde – obwohl sämtliche «ismen» zu den Dingen gehörten, gegen die die Herausgeber zu Felde zogen.

Während einer kurzen Londonreise im September 1937 gelang es Durrell, einige Abonnenten an Land zu ziehen, und Miller und Perlès konnten in Paris ein paar Erfolge verbuchen, doch schon mit der Oktoberausgabe handelten sich die Herausgeber Schwierigkeiten ein, denn sie druckten die etwas gewagte Übersetzung einer Eskimolegende ab, die sie außerdem aus der Julinummer eines Konkurrenzblatts gestohlen hatten, und Elmer Prather fuhr deshalb aus der Haut. Es erschienen nur noch zwei weitere Ausgaben, eine im November 1937 und eine im April 1938.*

Frances Steloff nahm der Gruppe mehrere Pakete von *The Booster* für den Gotham Book Mart ab, und auch Sylvia Beach von Shakespeare & Company hatte immer ein paar Exemplare auf Lager. Doch als der Country Club nach der Oktoberausgabe seine Unterstützung einstellte, verlor die Zeitschrift auch ihren Abonnenten- und Inserentenstamm, auf den sie angewiesen war. Die neuen Herausgeber fanden selbst nur eine einzige Inserentin, Madame Baratta Alexander, eine schwarze Fußpflegerin aus Chicago, die ihr Gewerbe am linken Seineufer ausübte. Aus Dankbarkeit druckten die Herausgeber in der nächsten Nummer Millers «How to Lead the Podiatric Life» (Wie man ein Leben als Fußpfleger führt) ab.

In der Oktoberausgabe von *The Booster* wurde eine Reihe von sogenannten *Booster Broadsides* von Durrell, Lowenfels, Fraenkel, Perlès und Miller angekündigt, doch keiner der aufgeführten Titel – abgesehen von Millers *Money and How It Gets That Way* – wurde jemals abgedruckt. Der Artikel ist Millers Reaktion auf Ezra

* Durrell versuchte später, die Zeitschrift unter dem Namen *Delta* weiterzuführen, doch es erschienen nur drei Nummern, und Miller lieferte lediglich zu einer von ihnen einen Beitrag mit dem Titel «The Special Peace and Dismemberment Number With Jitterbug Shag Requiem» (Anm. d. Red.).

Pounds Empfehlung, er, Miller, solle sich über die Ursprünge des Geldes Gedanken machen, und eine Parodie auf die Geschichte der Wirtschaft. Der Text ist witzig gedacht, läßt sich aber kaum lesen, weil er vollgestopft ist mit allen möglichen «Daten» – meist unbekannter Herkunft – über das Geld und den Handel. Miller widmete ihn Ezra Pound. Vielleicht versuchte er damit, sich bei Pound einzuschmeicheln, denn er war aufgrund von James Laughlins Äußerungen zu der falschen Annahme gelangt, Pound würde ihn – vermutlich finanziell – unter seine Fittiche nehmen, wenn er die Werbetrommel für dessen Wirtschaftstheorie des «Social Credit» rührte. Als sich in dieser Richtung nichts tat, zog Miller in einem Brief an Huntington Cairns über Laughlin her und schrieb: «Und überhaupt schere ich mich einen Dreck um Social Credit, Ezra Pound, Cocteau oder Gertrude Stein!!!»[54]

Doch in Wahrheit beschäftigte ihn die leidige Frage des Geldes jetzt genausosehr wie während seiner Zeit der Armut in New York oder seines ersten Jahres in Paris, mit dem einzigen Unterschied, daß er sich jetzt im Alter von fünfundvierzig Jahren allmählich als eine Art Geschäftsmann im Literaturbetrieb betrachtete – immerhin war er ein veröffentlichter Autor und Herausgeber einer Zeitschrift. Abonnements für *The Booster* ließen sich tauschen, und Miller suchte immer nach Möglichkeiten, wie er für seine Manuskripte Naturalien oder Geld bekommen konnte. So erhoffte er sich zum Beispiel für das Originalmanuskript von *Wendekreis des Krebses* einen Tausender.[55]. Er hatte zwar feste Abnehmer für annotierte Ausgaben seiner Bücher, aber in den Jahren 1937 und 1938 war er trotzdem gezwungen, Freunden in Paris und Amerika zwei «Bettelbriefe» zuzuschicken, in denen er um Kleidung, Lebensmittel und Geld nachsuchte.[56] Er druckte den Text *What Are You Going to Do About Alf?* noch einmal in der Hoffnung ab, daß sich aufgrund seines literarischen Wertes Käufer finden würden, doch der Erfolg war eher bescheiden.[57] Aufgrund der wachsenden Entfremdung zwischen ihnen hatte Anaïs Nin ihre Zuwendungen gestrichen. Miller war zwar europäischer Herausgeber von *The Phoenix*, einer Literaturzeitschrift mit Hauptsitz in Woodstock, New York, und schrieb als freier

Mitarbeiter für *Volontés*, ein französisches Magazin von Roger Pelorson, aber keine dieser Tätigkeiten brachte ihm Geld ein.

Inmitten all dieser finanziellen Rückschläge trafen ermutigende Nachrichten aus Amerika ein. Paul Rosenfeld hatte *Schwarzer Frühling* in der *Saturday Review of Literature* positiv besprochen, und H. L. Mencken schrieb Miller einen Brief voller Bewunderung. Im Oktober 1937 unterzeichnete Miller bei Knopf einen Vertrag über seine nächsten drei Bücher, wofür er pro forma hundert Dollar erhielt, aber er bezweifelte, daß Knopf seine Werke tatsächlich würde veröffentlichen können.[58] Der Verlag wollte mit *Schwarzer Frühling* beginnen, doch die Anwälte rieten von dem Versuch ab, weil die Gerichtskosten unerschwinglich hoch werden würden. Daraufhin machte man sich an eine gereinigte Fassung, was wiederum Miller nicht paßte.[59] Blanche Knopf setzte sich weiterhin für Miller ein und zeigte Interesse an einer Veröffentlichung von Millers gesammelten Briefen an Emil Schnellock, doch dieser hatte die Briefe in einem Keller in New York gelagert, zu dem er keinen Zugang mehr hatte.[60] Im selben Monat, in dem Miller den Vertrag unterzeichnete, lehnte Knopf seine Kurzgeschichtensammlung *Max and the White Phagocytes* ab, worauf Miller schon bald das Vertrauen in den Verlag verlor.[61] Aber er war sich fast sicher, daß James Laughlin, der in seiner Zeitschrift *New Directions* bereits zwei Auszüge aus frühen Fassungen von *Wendekreis des Steinbocks* herausgebracht hatte, die Publikation von *Wendekreis des Krebses* und *Schwarzer Frühling* in Amerika wagen würde.[62]

Auch Faber & Faber lehnten *Max and the White Phagocytes* nach einigem Zögern ab, so daß Miller das Werk im September 1938 selbst als zweiten Band in der Villa Seurat Series bei der Obelisk Press herausbrachte. Die endgültige Fassung beinhaltete «Max und die weißen Phagocyten», «Un être étoilique», einen Auszug aus der «Broschüre», seinen frühen Essay über Buñuel, Porträts der Künstler Brassaï und Hans Reichel sowie «An Open Letter to Surrealists Everywhere» (Ein offener Brief an die Surrealisten aller Herren Länder), einen Text, den er schon einmal als *Booster Broadside* angekündigt hatte. Er widmete das Buch Betty Ryan, deren Großzügigkeit ihn finanziell über Wasser gehalten hatte.

Als *Max and the White Phagocytes* herauskam, war Miller nach

Südfrankreich unterwegs, um dort Urlaub zu machen. Er hielt *Wendekreis des Steinbocks* für abgeschlossen, hatte aber wohl gleichzeitig auch das vage Gefühl, erst damit begonnen zu haben – inzwischen plante er einen Gesamtumfang von sieben oder acht Bänden. Er war bisher nur bis zu dem Zeitpunkt gelangt, wo er June (Mona) kennenlernt, und hatte sich davor in umgekehrter chronologischer Reihenfolge auf seine Tage bei der Western Union sowie seine Jugend und Adoleszenz konzentriert. Das Buch trug die Widmung «Für sie».

Die Stimmung in *Wendekreis des Steinbocks* ähnelt zwar der in *Wendekreis des Krebses*, doch im Unterschied dazu wandte Miller sich darin seiner Vergangenheit zu, so daß ein im herkömmlichen Sinn des Wortes autobiographischeres Werk entstand als es *Wendekreis des Krebses* ist. Aber die Erzählweise ist alles andere als herkömmlich. Miller verfuhr völlig frei mit sämtlichen Konventionen der zeitlichen Darstellung und schob Rückblende in Rückblende. Das Ergebnis ist weit barocker und bisweilen unzusammenhängender als *Wendekreis des Krebses*, und Miller beschritt auch stilistisch neue Wege. Gleich zu Anfang nennt er sich «das schlechte Produkt eines schlechten Bodens»[63] und führt die Handlung, unterbrochen von sexuellen Abenteuern mit Frauen wie Valeska (die Camilla Fedrant nachempfunden ist), weiter bis zu einer langen und oft komischen Beschreibung seiner Laufbahn bei der «Kosmodämonischen Telegrafen-Gesellschaft». Das Hauptthema ist Millers Leiden, zuerst in der beklemmenden Atmosphäre seines erdrükkenden Elternhauses, später bei seinen Versuchen, den Erwartungen der Gesellschaft zu entsprechen, dann bei seinem Zusammenbruch in der Ehe mit June und schließlich bei seiner Wiedergeburt als Schriftsteller:

> Bis zu meiner Begegnung mit ihr, für die dieses Buch geschrieben ist, glaubte ich, daß irgendwo außerhalb, im Leben, [...] die Lösung aller Probleme liege. Als ich ihr begegnete, wähnte ich, das Leben zu greifen, [...] Statt dessen entglitt mir das Leben ganz. Ich streckte die Hand aus, um mich an etwas zu klammern – und fand nichts. Aber als ich die Hand ausstreckte, um etwas zu fassen, mich anzuklammern, fand ich, völlig auf dem trocknen

> gelassen, etwas, was ich nicht gesucht hatte – mich selbst. Ich entdeckte, daß ich mich zeit meines Lebens nicht danach gesehnt hatte, zu leben – wenn man das, was andere treiben, leben nennen kann –, sondern mich selbst auszudrücken.[64]

Eine lange Passage, die in *The Booster* unter der Überschrift «I Am a Wild Park» erschien, schildert in lebhaften Farben die Kindheit des Erzählers und die Entwicklung seiner komplexen Persönlichkeit; eine andere über das «Land Fick» ist ein halluzinatorischer Diskurs, der sich auf den ersten Blick mit Sex befaßt, bei näherem Hinsehen jedoch mit dem Wahnsinn, mit dem Leben eines «Schizerino». Der Untertitel von *Wendekreis des Steinbocks* – «Auf der Ovarienbahn» – wurde durch einen Freund angeregt, der von den Eierstöcken seiner Frau erzählte und Miller dadurch zu Dutzenden von Seiten mit Überlegungen zu diesem Thema inspirierte. Miller hatte das Gefühl, daß der Roman noch viel roher und weniger ästhetisch war als *Wendekreis des Krebses*. Die Sexszenen darin sind in der Tat weitaus distanzierter und ausführlicher dargestellt. *Wendekreis des Steinbocks* beschreibt New York, die amerikanischen Frauen und die «Kosmodämonische Telegrafen-Gesellschaft» mit beißender Kritik an dem «achtbaren» städtischen Amerika, dessen Produkt der Autor selbst ist. Genau wie *Schwarzer Frühling* ist das Buch somit ein schonungslos nüchternes Selbstporträt. Es ist darüber hinaus der Beweis dafür, daß sein Protagonist ein Bilderstürmer ist, der abseits steht von den anderen Künstlern, seiner Familie und seiner Kultur, obgleich seine Persönlichkeit trotzdem das Ergebnis all seiner Erfahrungen ist. Das Werk ist zwar June gewidmet, aber es ist weniger ihr Porträt als vielmehr eine *historia calamitata* im Sinne Abaelards, eine oft recht heitere Mähr von Millers Mißgeschicken. An Frances Steloff schrieb er, das Buch sei seine im Sinne der Zensur bislang gewagteste Schrift, «und doch ist es das Beste, was ich bisher zuwege gebracht habe. Ich glaube, sie würden mich dafür hängen, wenn sie könnten.»[65]

Da Miller fürchtete, der Krieg könne während seines Aufenthalts in Südfrankreich ausbrechen, bat er Kahane, das Manuskript während seiner Abwesenheit aufzubewahren. Als er in Bordeaux eintraf, hatte die deutsch-tschechische Krise ihren Höhepunkt erreicht; Hitler forderte von der Tschechoslowakei die Herausgabe des deutsch besiedelten Sudetenlandes, was zum Anlaß für einen Krieg werden konnte, in den ganz Europa verwickelt werden würde. Millers Briefe aus jener Zeit klingen entsetzt – er war sicher, daß der Krieg unausweichlich war, hatte aber selbst keinerlei Absicht zu kämpfen. Er blieb in Bordeaux, weil er von dort aus Frankreich leicht mit dem Schiff verlassen konnte, und drängte auch Anaïs Nin, Paris sofort den Rücken zu kehren. Er dachte sich einen bizarren Plan aus, den er ernsthaft mit dem amerikanischen Botschafter in Paris diskutieren wollte, nämlich alle Amputierten und Kriegsversehrten des Ersten Weltkrieges – die sogenannten *gueules cassés* – zusammenzutrommeln, sie zu Hitler zu schicken und sie erst wieder zurückzurufen, wenn er zum Frieden bereit wäre. Seiner Ansicht nach wäre dieses Vorgehen sogar noch wirkungsvoller, wenn die Invaliden in großer Zahl an der tschechischen Grenze aufmarschierten und die deutschen Truppen dort zwingen würden, sie niederzuwalzen. Vielleicht, so sagte Miller Anaïs Nin, klinge dieser Einfall verrückt, aber er sei frustriert über den Fatalismus, mit dem die Franzosen den drohenden Krieg hinnähmen.[66]

Miller war durch die Ereignisse so stark erregt, daß er fast allen seinen Freunden von Bordeaux aus schrieb, vielen sogar mehrmals. Außerdem bat er Kahane telegrafisch um dreitausend Francs, und nach deren Erhalt beruhigte er sich ein wenig. Falls er wieder nach Paris zurückkehrte, so teilte er Anaïs Nin mit, würde er sich ein Ticket erster Klasse nach Amerika kaufen, um das Land jederzeit verlassen zu können. Aus diesem Grund ersuchte er Kahane, sechs seiner Freunde telegrafisch um einen Anteil an den Kosten für seine Schiffspassage zu bitten: Fraenkel, Durrell, Huntington Cairns, einen amerikanischen Redakteur namens Carl Holty, James Laughlin und T. S. Eliot.[67] Dann wurde die Krise fast über Nacht beendet; Neville Chamberlain leitete die internationale Konferenz in München in die Wege, auf der den Tschechen empfohlen wurde, das Sudetenland gegen eine Sicherheitsgarantie Frankreichs und Großbritanniens abzutreten, und der britische Premierminister kehrte mit dem Wahlspruch vom «Frieden in unserer Zeit» auf den Lippen in sein Heimatland zurück. Als ganz Europa erleichtert aufatmete, schrieb Miller an Durrell, er habe Kahane nur bei seinen

Freunden um Geld nachsuchen lassen, um zu sehen, auf wen er sich wirklich verlassen könne.[68] Genau wie erwartet, kamen alle bis auf Fraenkel seiner Bitte nach, mit dem er wegen der Veröffentlichung der *Hamlet*-Briefe im Streit lag; Miller hatte ihm seinen Anteil an den Tantiemen verweigert. Aber die Krise hatte Miller zutiefst erschüttert, so daß er das ganze nächste Jahr – sein letztes in Paris – nach einem neuen Ort suchte, an dem er sich niederlassen konnte. Er schrieb zwar weiterhin, doch wie er einem Freund unmittelbar nach der Krise mitteilte, saß er auf «dem Krater eines Vulkans... Ich arbeite mit gepackten Koffern, den Hut auf dem Kopf.»[69] Allmählich nahm der Plan einer Reise durch Amerika Gestalt an. Genauso, wie er in Amerika vom Klang europäischer Städtenamen fasziniert gewesen war, hatte er nun in Paris plötzlich Sehnsucht nach Orten wie Chattanooga oder Tuba City. Außerdem malte er sich aus, nach Tibet und in den Himalaja zu fahren, wo er Mönch werden wollte. In *Schwarzer Frühling* war «China» noch das Symbol für eine Geisteshaltung gewesen – für das Fruchtbare, Schöpferische –, jetzt begann Miller, vom wirklichen Osten zu träumen.

«Ich [bin] betroffen von dem prophetischen Element, das ein wesentlicher Teil meiner selbst ist»[70], schrieb er Durrell im Januar 1939, als er gerade die Fahnen zu *Wendekreis des Steinbocks* las. Er hatte sich schon immer fürs Okkulte interessiert und war in Paris durch seinen Freund David Edgar und besonders auch durch den Astrologen Conrad Moricand in dieser Neigung bestärkt worden. Die Familie des Okkultisten und Gelehrten Moricand hatte erst vor kurzem ihr Vermögen verloren, und so lebte Moricand jetzt in einem schäbigen Hotelzimmer in der Rue Notre-Dame-de-Lorette. Miller besuchte ihn dort oft und brachte ihm Aufträge von Freunden, für die er zu je fünfzig oder hundert Francs ein Horoskop erstellen sollte. Als alle seine Freunde mit astrologischen Berechnungen versorgt waren, gab er Moricand erfundene Namen und Geburtsdaten. Miller war zutiefst beeindruckt von Moricands Ausführungen zu den angeblichen Charaktereigenschaften des Steinbocks, des Sternzeichens, unter dem Miller geboren war. Er war so fasziniert von der Deutung seiner astrologischen Daten, daß er seine Absicht verkündete, sie als Broschüre in französischer und englischer Sprache zu veröffentlichen.[71]

Miller schickte einige von Moricands Horoskopen an Graf Herman Keyserling, den Okkultisten, dessen Arbeit er sehr bewunderte, und schrieb ihm, er habe seine eigenen astrologischen Tabellen an die Wände seiner Wohnung in der Villa Seurat gemalt.[72] Im Sommer 1938 schließlich bestätigten sich Moricands Vorhersagen: Als Miller auf dem Dach seiner Wohnung herumspazierte, fiel er durchs Dachfenster und zog sich dabei tiefe Schnittwunden zu. Moricand hatte die Gefahr vorhergesehen und außerdem bemerkt, an jenem Abend herrsche der Einfluß des Jupiter. Miller schloß daraus, daß sein Glücksstern ihn vor größerem Unheil bewahrt hatte.

«Ich suche jetzt mit ganzem Herzen und ganzer Seele», gestand Miller dem britischen Schriftsteller Frederick Carter 1938. Angeregt durch Carters okkultistisches Werk *The Dragon of Revelation* und seine Beschreibung des Sternbildes Draco, schmiedete Miller Pläne für eine philosophische Betrachtung mit dem Titel *Draco and the Ecliptic*. «Alle meine Titel sind symbolisch und haben mikromakro-kosmische Bedeutung», teilte er Carter mit.[73]

Aus *Draco and the Ecliptic* wurde nie etwas – nicht etwa, weil Miller gefunden hätte, wonach er suchte, sondern weil einfach immer andere Dinge dazwischenkamen. Genau wie die «Broschüre», die er schließlich aufgab, erwies sich auch die Philosophie nicht als seine Stärke. Er las das I Ching, Mme. Blawatski, Rudolf Steiner und Bücher über den Zen-Buddhismus und kultivierte seine «chinesische» Seite, wie er es ausdrückte, aber letztlich pflegte er dadurch lediglich eine Passivität, die eher sentimental und träge als mystisch war. Angesichts des drohenden Krieges beschloß Miller, unter dem Deckmäntelchen einer «positiven» Philosophie der Passivität zu überleben. «Ich habe meinen Kampf gegen die Welt aufgegeben», schrieb er 1939 an Frances Steloff und gestand, er glaube nun an eine mächtigere Kraft als seine eigene. Er sei sich sicher, daß das Schicksal etwas Besseres für ihn bereithalte, daß es seine Bestimmung sei, den gerechten Lohn erst spät im Leben einzustreichen. «Im Augenblick», stellte er fest, «hänge ich in der Luft wie ein Vogel, und ich bin mir nicht sicher, in welche Richtung ich mich aufmachen soll.»[74]

In einem Brief vom Juni 1939 teilte Miller Frances Steloff voller Stolz mit, 1937 habe eine Buchhandlung Ecke Rue Castiglione/

Avenue St. Honoré ein ganzes Schaufenster seinen Büchern gewidmet und zusätzlich noch das Foto einer Büste von ihm ausgestellt, die die tschechische Künstlerin Radmila Djukič von ihm angefertigt hatte.[75] Seine neun Jahre in Paris – ganz zu schweigen von seinen Lehrjahren in Amerika – trugen Früchte: Er hatte es in Frankreich zu einem gewissen literarischen Ruhm gebracht. Durrell, der nach ihrem ersten Zusammentreffen 1937 zwischen Paris und London hin und her pendelte, schrieb ihm, sein Name spreche sich auch in England herum. 1938, während eines kurzen Weihnachtsbesuchs, lernte Miller Dylan Thomas, Julian Symons und T. S. Eliot kennen, den er als Mentor behandelte, während er gleichzeitig sein Werk schmähte. Genau wie Durrells Schriften erschienen nun auch die seinen regelmäßig in britischen Zeitschriften wie *Criterion, Seven* oder *New English Weekly*, und Cyril Connolly lud sie beide ein, Beiträge für *Horizon* zu verfassen, ein Magazin, das er soeben begründet hatte. In Amerika wartete James Cooney, ein Dichter irischer Abstammung, nur darauf, alles, was Miller ihm schickte, in *Phoenix* zu veröffentlichen. Sogar eine kleine Zeitschrift in Schanghai, die *T'ien Hsia Monthly*, veröffentlichte Beiträge von fast allen Angehörigen der Villa-Seurat-Gruppe, hauptsächlich jedoch von Miller, Durrell und Perlès, und Dorothy Norman druckte 1938 in ihrem neuen amerikanischen Magazin *Twice a Year* Texte von Anaïs Nin und Miller ab. All diese Artikel und die inzwischen recht häufig gewordenen Besprechungen von Millers Büchern hatten ihm zu einer gewissen Präsenz in der Literaturszene verholfen, und literarisch interessierte Europäer kannten nun seinen Namen. Weil seine Verbindungen nach Amerika fast ausschließlich auf persönliche Freunde und Verleger in New York beschränkt waren, gab er sich der Illusion hin, daß für die Staaten dasselbe galt, daß er zu den bedeutendsten lebenden Autoren Amerikas zählte. Als einziges Hindernis zum garantierten literarischen Ruhm und zur finanziellen Sicherheit betrachtete er nun nur noch das Verbot seiner Werke.

Doch Millers Einschätzung seines Rufs in Amerika war völlig falsch. Obwohl die Literaturszene seinen Namen kannte und wußte, daß seine Werke verboten waren, wurden doch nur wenige seiner Bücher wirklich gelesen, denn sie waren nur schwer zu bekommen und sehr teuer. *Wendekreis des Steinbocks*, das offiziell bereits im Februar 1939 erschienen war, tatsächlich aber erst Monate später herauskam, kostete im Gotham Book Mart den ungewöhnlich hohen Preis von zehn Dollar.[76] Trotzdem konnte Frances Steloff nicht alle potentiellen Kunden mit Büchern versorgen. Ein Matrose namens Morley schmuggelte Anfang 1939 ein paar hundert Exemplare von *Wendekreis des Krebses, Wendekreis des Steinbocks* und *Schwarzer Frühling* ins Land, aber das war ein riskantes Unterfangen. Um Millers Publikum zu vergrößern, wurden schließlich Pläne für einen Raubdruck geschmiedet: Frances Steloff und Ben Abramson, ein Buchhändler aus Chicago, wollten das Unternehmen unterstützen und suchten nach einem Setzer.[77]

Tatsächlich war Miller inzwischen den Sammlern und Buchhändlern weitaus besser bekannt als dem Lesepublikum. Seine Manuskripte waren heiß begehrt, und er trieb den Preis für seine eigenhändig korrigierte Abschrift von *Wendekreis des Krebses* um einige tausend Dollar in die Höhe. Außerdem fing er an, in Exemplaren von *Wendekreis des Krebses* alle Figuren am Rand handschriftlich mit ihren realen Namen zu versehen, weil solche Ausgaben bei Sammlern sehr beliebt waren. Anfang 1939 begann er ein Unternehmen, bei dem er seine Begabungen als Aquarellist und Schriftsteller verbinden konnte: Er beschrieb und illustrierte Blindbände und verkaufte diese dann als Unikate. Er teilte Dobo mit, er behalte sich dabei die absolute Freiheit der Gestaltung vor, doch der Käufer könne das Thema wählen.[78] Er verlangte dafür zwischen hundert und zweihundertfünfzig Dollar und versicherte den potentiellen Käufern, daß sich diese Anschaffung irgendwann auszahlen würde.

Seine Briefe aus dieser Zeit kreisen immer häufiger um das leidige Thema Geld. «Wenn ich die Möglichkeit habe, es zu stehlen, tue ich es. Ich habe keine Skrupel», schrieb er an Dobo. «Wir stehen vor der Apokalypse. Wir müssen etwas tun, damit sie Spaß macht – und genauso sterben.»[79] Ende der dreißiger Jahre hatte er endlich seine eigene Ausdrucksweise gefunden. Jetzt mußte er nur noch eine Leserschaft dafür finden.

DRITTER TEIL
AMERIKA

«Wir können keine bestimmte positive Anschauung von der Bedeutung und dem Sinn des Lebens haben, ohne daß sie sich in unserem Verhalten ausdrückt, und dies wiederum berührt alle Menschen unserer Umgebung. So traurig diese Wahrheit sein mag, es berührt sie meistens unangenehm, wenigstens die große Mehrzahl. Das Verhalten der wenigen sogenannten Jünger läßt manchmal spotten. Der Neuerer ist immer allein, der Lächerlichkeit, der Vergötzung und dem Verrat ausgesetzt.»

Henry Miller, *Big Sur und die Orangen des Hieronymus Bosch*

«Man könnte mich einen schmutzigen Heiligen nennen; es steckt ein Stück vom Teufel in mir.»

Henry Miller, *Reflections*

11. KAPITEL

Der klimatisierte Alptraum

1940–1944

Der bevorstehende Krieg machte es Miller schließlich unmöglich, noch länger in Frankreich zu bleiben. Bis zum Sommer 1939 waren die meisten seiner Freunde bereits abgereist: Perlès war in England der britischen Armee beigetreten, David Edgar lebte inzwischen ebenfalls in England, und Durrell hielt sich wieder auf Korfu auf. Lowenfels und Fraenkel waren schon vor einiger Zeit nach Amerika zurückgekehrt. Nur Anaïs Nin war noch in Paris, plante jedoch ihre Abreise in die Staaten. Im Frühsommer leitete Miller den Auszug aus der Villa Seurat in die Wege und vereinbarte, daß er seine Habseligkeiten bei einem Bekannten in Louveciennes unterstellen konnte. Er wollte zwar nach Amerika fahren, allerdings nur für eine Rundreise. Anschließend wollte er seine Weltreise fortsetzen.[1] Er hegte ernsthaft die Absicht, in Tibet in ein Kloster einzutreten, und beauftragte daher seine New Yorker Agentur Russell & Volkening, deren Klient er seit Ende 1938 war, mit der Suche nach einem geeigneten Ort. In der Zwischenzeit traf er Vorbereitungen für einen ausgedehnten Urlaub – einen Monat in Südfrankreich, in Rocamodour, und anschließend mehrere Monate auf der griechischen Insel Korfu bei den Durrells.

Am 14. Juli ging Miller in Marseille an Bord der *Théophile Gautier*, die Korfu ansteuerte. Durrell holte ihn vom Hafen ab und brachte ihn zu seinem Haus in Kalami, wo die beiden Schriftsteller und Nancy nackt in der Ägäis badeten. Der siebenundvierzigjährige Miller war bis auf einen weißen Haarkranz beinahe völlig glatzköpfig, und bei den Leuten im Dorf, mit denen er sich anfreundete, war er als «der alte Mann»[2] bekannt.

Er hatte beschlossen, in Griechenland nicht zu arbeiten, und daher gab er während des Aufenthalts seine Gewohnheit auf, ausführliche Briefe zu schreiben. Er las nur «spirituelle» Literatur, wie Madame Blawatskis *Die Geheimlehre* und Nijinskis *Tagebuch*. Die griechische Landschaft faszinierte ihn, und er merkte, daß sie ihn auch verwandelte. In Nauplion, Phaistos und Epidauros hatte er Erlebnisse, die er als mystisch beschrieb. Er beschäftigte sich daraufhin nicht nur mit den homerischen Helden, sondern eigenartigerweise auch mit den Indianern. In Athen besuchte er einen armenischen Wahrsager, der ihm eine große Zukunft voraussagte und verkündete, er würde nie sterben und «der Welt große Freude bescheren» [3]. Selbstgefällig nahm Miller die Prophezeiung entgegen.

Bei einem zehntägigen Besuch in Athen traf er mehrere griechische Intellektuelle, die er für äußerst wichtig hielt, unter anderem den Dichter George Seferiades, bekannt unter dem Namen Seferis, und den Kritiker George Katsimbalis. Katsimbalis war ein großer Redner, der selbst Millers Monologen Konkurrenz machte; er sollte der «Koloß» aus *The Colossus of Maroussi (Der Koloß von Maroussi)* werden, ein Roman, den Miller im nächsten Jahr in New York schrieb. Katsimbalis überredete Miller, einen kurzen Text für eine von ihm herausgegebene Zeitschrift zu verfassen, und Miller schrieb pflichtgemäß einen Essay, der später als «Reflections on Writing» («Reflexionen über das Schreiben») in einem Sammelband wiederveröffentlicht werden sollte.

Schon bald nach seiner Ankunft schrieb Miller an Huntington Cairns, er sei «gänzlich wiederhergestellt, träge und zufrieden wie eine Eidechse» [4]. Nach seinen hektischen zehn Jahren in Paris brauchte er ganz einfach Ruhe, und in Griechenland fand er diese. Bezeichnenderweise glaubte er selbst, daß ein wichtiger neuer Lebensabschnitt angebrochen sei: Nun würde sein «geistiges» Leben beginnen. Fortan sollte er behaupten, ein frommer Mann zu sein, wenn auch nicht im traditionellen Sinn. Er predigte die Bejahung*, aber die Bejahung bedeutete für ihn immer auch gleichzeitig Rebellion. Er ließ sich weiterhin über die Welt aus, behauptete aber auch, in Frieden mit ihr zu leben. Den Widerspruch schien er nicht zu erkennen, und wenn, dann tat er ihn als unwichtig ab. In Griechenland probte Miller eine neue Rolle: die des Weisen, der auch ein Suchender ist. Seine Überzeugung, daß er für ein besonderes Schicksal auserwählt worden sei, wuchs, aber diese neue Geistigkeit sollte keinen glücklichen Einfluß auf sein Schreiben haben.

---

* in der Originalausgabe: *acceptance* (Anm. d. Ü.)

Der eindringliche, lyrische Stil von *Der Koloß von Maroussi*, Millers Buch über Griechenland, unterscheidet sich völlig von dem Ton in seinen anderen Werken. Die impressionistische Reiseerzählung huldigt seinen Erfahrungen in dem Land und bei den Leuten, denen er dort begegnete. Die griechischen Menschen, so schrieb er, «brachten mich Angesicht zu Angesicht mit mir selbst, sie reinigten mich von Haß und Eifersucht und Neid». Griechenland, das er für das genaue Gegenteil seiner eigenen Nation hielt, war ihm «geistig ... noch immer die Mutter aller Völker, die Quelle der Weisheit und der Erleuchtung» [5].

Im großen und ganzen gelang es Miller jedoch nicht, den Leser von seinen erlebten Wundern zu überzeugen. Die Aufzählung der spirituellen Erfahrungen langweilt, und selbst die Beschreibung von Katsimbalis, der für Miller während seiner Zeit in Big Sur eine Art Vorbild werden sollte, bleibt flach und nicht ausgeschöpft: Er ist kein sehr wahrscheinlicher «Koloß». Miller jedoch hielt, wie viele seiner Bewunderer, den *Koloß von Maroussi* für sein bestes Buch, und zweifellos ist es das «mystischste» seiner Werke.

Die Botschaft von Jack Kahanes Tod im September 1939 traf Miller wie ein Blitz aus heiterem Himmel. Die Nachricht sei ein schrecklicher Schlag, schrieb er Frances Steloff. Er hatte sich oft über Kahane geärgert und sich auch mit ihm angelegt, aber Miller mußte ihm für vieles dankbar sein – nicht zuletzt für die monatlichen fünfhundert Francs, die Kahane ihm seit kurzem schickte und die nun ausbleiben würden.[6] Kahanes Sohn Maurice versicherte zwar den Obelisk-Autoren, daß er das Geschäft am Leben erhalten wolle, aber Miller fürchtete, sein neuer Verleger könnte zum Militär eingezogen werden. Kahanes Tod machte ihn trübsinnig, und er teilte Frances Steloff mit, daß Anaïs Nin im Fall seines Todes seine Schulden beim Gotham Book Mart begleichen werde, denn die Sachen, die in Kahanes Safe in Paris lagerten, dürften eine Menge wert sein. Auf jeden Fall, so schrieb er weiter, habe er ein gutes, reichhaltiges Leben gelebt: «Es hätte besser, größer, voller sein können – aber vielleicht... ist das meine eigene Schuld. Zumindest mache ich niemanden außer mich selbst dafür verantwortlich.»[7]

Das Jahr 1939 war für einen spirituellen Urlaub in Südeuropa nicht besonders geeignet. Durrell wollte unbedingt den gegen Italien kämpfenden albanischen Truppen beitreten – was Miller unbegreiflich fand –, und die Griechen erwarteten täglich, daß ihr eigenes Land in den Krieg eintrat. Mitte Oktober geriet Miller in Panik, denn wegen des Krieges galten alle möglichen Einschränkungen, die den Empfang von Geld aus England und Frankreich betrafen. Als die Durrells nach Athen zogen, hatte er Korfu verlassen müssen, und von dort aus schrieb er an Huntington Cairns, bat ihn um zweihundertfünfzig Dollar für die Überfahrt nach Amerika und fügte eine Liste von möglichen Geldgebern bei, an die sich Cairns wenden könnte. Seine Pläne, noch weiter in den Osten zu reisen, um Arabien, Persien, Indien, China und Tibet zu besuchen, hatte er inzwischen aufgegeben.

Doch Millers Panik legte sich wieder, und er wartete in Griechenland die weitere Entwicklung der Dinge ab. Anfang Dezember wurden alle amerikanischen Zivilisten aufgefordert, das Land zu verlassen, und Miller buchte für den 27. Dezember eine Passage nach Amerika auf der *Exocharda*. Als das Schiff zwei Tage lang in Marseille anlegte, blieb Miller an Bord, da er das Gefühl hatte, sich bereits von Frankreich verabschiedet zu haben.[8]

Trotz seiner Angst vor dem Krieg hatte er es nicht besonders eilig, nach Amerika zurückzukehren, denn die Stadt New York verband er mit Fehlschlägen und Ablehnung, und 1939 war er abermals enttäuscht worden. James Laughlins neuer Verlag, New Directions, hatte in diesem Jahr *The Cosmological Eye* (Das kosmologische Auge) herausgebracht, eine Sammlung kurzer Texte, die *Max and the White Phagocytes* entnommen waren, aber diese erste amerikanische Publikation in Buchlänge trug wenig zu Millers Ansehen bei. Der Inhalt des Bandes war von höchst unterschiedlicher Qualität: Er enthielt den hervorragenden Auszug «The Tailor Shop» (Der Schneiderladen) aus *Schwarzer Frühling* und seine meisterhafte Geschichte «Max» (Max und die weißen Phagocyten), aber auch zwei schwache Essays über den Film und einen Auszug seiner Arbeit über D. H. Lawrence. Außerdem waren zwei mittelmäßige Betrachtungen über Anaïs Nin und ihr Werk enthalten sowie zwei surrealistische Texte aus *Schwarzer Frühling*. «Via Dieppe – Newhaven», das die Erholung von einem mißlungenen Besuch in England im Jahr 1932 beschreibt, war ein Höhepunkt der Sammlung: ein urkomischer und mit Gespür für Ironie geschriebener Bericht über die schlechte Behandlung, die ihm von seiten der Briten zuteil wurde. Die Sammlung schloß mit einer langatmigen «Autobiographical Note», einem größtenteils fiktiven Lebensbericht, in dem Miller Elemente dessen ausprobierte, was später zu seiner Standardlegende über sein Leben werden sollte: daß er wegen eines Fiebers seine Reise durch den Westen vorzeitig abgebrochen habe; daß er am Abend vor seiner Abfahrt zum College in Cornell zusammen mit seiner Geliebten und dem Schulgeld verschwunden sei; daß er als Reporter bei einer Washingtoner Zeitung gearbeitet habe wie auch als «Spüler, Bedienungshilfe, Zeitungsjunge, Bote, Totengräber, Plakatkleber, Buchverkäufer, Page, Barkeeper, Spirituosenverkäufer, Bediener einer Rechenmaschine, Bibliothekar, Statistiker, Sozialarbeiter, Mechaniker, Versicherungseintreiber, Müllmann, Platzanweiser, Sekretär eines Predigers, Dockarbeiter, Busfahrer, Turnlehrer, Milchfahrer, Kartenabreißer usw.». Dieser Lebensbericht ist zwar alles andere als verläßlich, aber er stellt ein interessantes künstlerisches Manifest dar. So schrieb Miller hier zum Beispiel, wirklichen Einfluß auf sein Werk habe nur das Leben, insbesondere das Leben auf der Straße. Dem Lexikon und der Enzyklopädie verdanke er zwar ebenfalls viel, genau wie der orientalischen Folklore und den Märchen, aber bis zum Alter von fünfundzwanzig Jahren habe er nur russische Autoren gelesen; statt dessen habe er sich für Religion, Philosophie, Technik, Geschichte, Kunst, Archäologie, primitive Kulturen und Mythologie interessiert. Penibel zählte er auf, wen er mochte und wen nicht: Faure, Dostojewski, Nietzsche, Proust und Spengler beeindruckten ihn, und von den amerikanischen Schriftstellern gefielen ihm Whitman und Emerson; Henry James und Edgar Allen Poe jedoch verabscheute er.

Millers «Autobiographical Note», vielleicht der interessanteste «Essay» in diesem Buch, ist sowohl eine Übung in Introspektion à la Emerson als auch eine egoistische Selbstinszenierung, und als solche bestimmt sie den Ton der Sammlung. *The Cosmological Eye* fand aber bei den Kritikern keine Gnade, wohl auch deshalb, weil es schwer zu charakterisieren war: Die Texte waren weder Geschichten noch Essays. Vielen mißfiel auch der Ton des Buches. Clifton Fadiman von *The New Yorker* zum Beispiel fand Millers «Ich-bin-Gott-Gehabe... kindisch»[9]. John Slocum, Millers Agent bei Russell & Volkening, teilte ihm kurz danach mit, daß er in bedeutenden Zeitschriften keine Artikel oder Geschichten von Miller mehr unterbringen könne.

Als die *Exocharda* Mitte Januar 1940 in New York anlegte, hielt Miller vergebens nach jemandem Ausschau, der ihn am Hafen abholte. Insgeheim hatte er gehofft, Anaïs Nin dort vorzufinden, aber sie lag mit einer Grippe im Bett. Miller nahm sich ein Zimmer im Royalton Hotel in der Stadtmitte und schaute als erstes im Gotham Book Mart vorbei, der ihm die nächsten Jahre als Postadresse und, wenn er in New York war, als Operationsbasis dienen sollte. Er bat Frances Steloff, seine richtige Adresse nicht seinem Onkel oder seinen Eltern zu geben, falls sie Wind von seiner Ankunft bekämen.[10]

Kaum angekommen, verließ Miller auch wieder die Stadt, um nach Orange, Virginia, zu fahren, wo sein alter Freund Emil Schnellock jetzt wohnte und am Mary Washington College unterrichtete. In Washington unterbrach er seine Reise und verbrachte ein paar Tage bei Huntington Cairns, den er in Paris kennengelernt hatte. Angesichts Millers Notlage zeigte Cairns großes Mitgefühl, aber es gab wenig Möglichkeiten, etwas gegen das Verbot der *Wendekreis*-Bücher zu unternehmen.

Inzwischen überlegte Miller, ob er sich seine Sachen aus New York schicken lassen und Anaïs Nin zu einer Reise in den Süden überreden sollte, aber wie üblich scheiterten seine Reisepläne an finanziellen Problemen. Miller sah sich daher gezwungen, nach New York zurückzukehren. Caresse Crosby, eine Freundin von Anaïs Nin, die Miller in Paris näher kennengelernt hatte, hatte großzügig angeboten, ihm ihre Wohnung in der East Fifty-Fourth Street zu überlassen, denn sie lebte normalerweise in Bowling Green, Virginia. Miller zog ein und suchte nach Möglichkeiten, Geld zu verdienen. Von seinem Pariser Freund Moricand hatte er mehr schlecht als recht gelernt, Horoskope zu erstellen[11], und daher versuchte er halbherzig, sich als professioneller Astrologe selbständig zu machen. Wie es bei seinem Mangel an Erfahrung vorauszusehen war, mußte er bald einsehen, daß er mit den Sternen wohl nicht sein Glück machen würde, und so kehrte er relativ lustlos zu seiner Arbeit an *Der Koloß von Maroussi* zurück.

Das «griechische Buch» beschäftigte Miller das ganze Frühjahr und den Sommer des Jahres 1940 hindurch. Anaïs Nin unterstützte ihn finanziell so gut sie konnte, aber sie hatte selbst kaum etwas übrig, da sie auf eine kleine Druckerpresse sparte. Eine Möglichkeit, mit dem Schreiben relativ leicht Geld zu verdienen, tat sich erst auf, als ein New Yorker Buchhändler, dessen einträglichstes Geschäft Erotica waren, erfuhr, daß Roy Mellisandre Johnson, ein Ölmillionär aus Oklahoma, dringend Originalmanuskripte pornographischer Literatur suche und bereit sei, einen Dollar pro Seite zu zahlen. Frances Steloff erzählte dem Händler von ihren verarmten Schützlingen, und dieser bot daraufhin Anaïs Nin und Miller das Ein-Dollar-pro-Seite-Geschäft an. Es gab sogar einen regelrechten Zusammenschluß von Schriftstellern, um Johnsons Bedürfnissen entgegenzukommen; in ihren *Tagebüchern* schrieb Anaïs Nin, daß bei dem Geschäft unter anderem Caresse Crosby, Virginia Admiral und der Dichter Robert Duncan mitmachten.[12] Am meisten ärgerte die Schriftsteller, daß Johnson auf plastischen und klinischen Beschreibungen bestand – zu poetische Geschichten wurden abgelehnt.

So schickte Frances Steloff Miller im Februar zu dem Händler, wofür er ihr gehorsam dankte und ihr mitteilte, «etwas Großartiges»[13] sei aus dem Treffen hervorgegangen. Sofort machte er sich als Schreiberling von Erotica an die Arbeit und verfaßte zwei deftige Geschichten über die fiktiven erotischen Abenteuer eines autobiographischen Erzählers und dessen Freund Carl in einer Pariser Vorstadt. Die Geschichten mit dem Titel «Stille Tage in Clichy» und «Mara-Marignan» basieren lose auf dem Leben in der Wohnung in Clichy, die er vor fast sieben Jahren mit Perlès geteilt hatte.

Der Buchhändler bezahlte Miller und drängte ihn zum Weiterschreiben. Zunächst hatte Miller die Erfahrung zwar Spaß gemacht, aber seine Begeisterung für diese Art des Geldverdienens war ziemlich schnell abgeflaut, denn es bereitete weit weniger Mühe, einen Freund anzupumpen oder gleich ein Aquarell für einen Sammler zu malen. Prinzipiell hatte er nichts gegen Pornographie, jedoch langweilte es ihn, so mechanisch über Sex zu schreiben, und er war besorgt über negative Auswirkungen auf seine anderen Werke. Er schrieb nochmals ein paar kurze Texte, die zusammen posthum als *Opus Pistorum* erscheinen sollten, und teilte dann dem Händler mit, er sei an weiteren Aufträgen nicht mehr interessiert. Der Händler belieferte jedoch Johnson weiterhin mit Erotica aus dem Nin-Kreis; daher zirkulieren unter Sammlern bis heute eine große Menge unveröffentlichter pornographischer Texte, die vielleicht von Henry Miller stammen, vielleicht aber auch nicht. Zu Lebzeiten bestritt Miller in der Öffentlichkeit, daß er je Auftragspornographie geschrieben habe, aber mit Personen seines Vertrauens, wie dem amerikanischen Verleger James Laughlin, sprach er offen über seine Tätigkeit.[14]

Mit dem Buchhändler Ben Abramson in Chicago heckte Miller einen weiteren Plan aus, der mit Pornographie zu tun hatte. Unter amerikanischen Erotica-Sammlern wurde viel über den verbotenen *Wendekreis des Steinbocks* geredet, besonders über den Abschnitt vom «Land Fick», von dem es hieß, er sei gewagter als alles in *Wendekreis des Krebses*. Ben Abramson schlug Miller nun vor, aus den Gerüchten Kapital zu schlagen; Miller solle ein angebliches Manuskript dieses Auszugs zum Vorschein bringen, das er, Abramson, dann den Sammlern als limitierte Auflage zugänglich machen wolle.

So schrieb Miller im Juni 1940 einen Essay, der später unter dem Titel *Die Welt des Sexus* veröffentlicht werden sollte und in dem er seine Ansichten über Sex darlegte und diese mit vielen Einzelheiten über seine sexuelle Vergangenheit, besonders hinsichtlich seiner ersten Ehe, garnierte. Er gab den Essay Abramson mit der strengen Anweisung, die Ausgabe wirklich zu limitieren, denn er hatte eine Höllenangst vor Beatrices Reaktion und wollte natürlich nicht, daß sie das Werk zu Gesicht bekäme.

Endlich flossen nun doch Gelder, denn Miller verdiente an der Untergrund-Ausgabe von *Wendekreis des Krebses*, die von Steloff und Abramson getragen worden war. Als «mexikanische Ausgabe» deklariert, war das Buch in Wirklichkeit von einem Drucker namens Jake Brussels in seinem Loft in der Fourth Avenue hergestellt worden. Brussels hatte Miller zweihundertfünfzig Dollar als Vorschuß gegeben, und nun, wo es die sogenannte «Medvsa»-Ausgabe [sic!] wirklich zu kaufen gab, konnte Miller erwarten, zusätzlich noch «Tantiemen» zu bekommen – die Ehrlichkeit der unter dem Ladentisch verkaufenden Buchhändler natürlich vorausgesetzt.

Aber Miller bewegte sich damit natürlich am Rande der Legalität, und das war kaum das Szenarium, das ihm vorgeschwebt war, als er seine Rückkehr nach Amerika plante. Er hatte zwar auch ein paar Freunde in der ehrbaren Bücherwelt – den Lektor Joe Sadow zum Beispiel, der jetzt bei Viking war; Blanche Knopf, die immer noch hoffte, ihn herausbringen zu können; John Slocum von Russell & Volkening – aber im Juli lehnte New Directions das Manuskript von *Der Koloß von Maroussi* ab. Bei mehr als zehn Verlagen machte das Manuskript daraufhin die Runde[15], denn die Verleger wollten unbedingt Millers Texte sehen, in der Hoffnung, ein Buch vom Rang von *Wendekreis des Krebses* zu entdecken, das sie aber nicht vor Gericht bringen würde. Eine Träumerei über Griechenland war kaum das, was sie erwartet hatten.

Schließlich nahm Miller allen Mut zusammen und machte einen Besuch in der Decatur Street. Natürlich fiel ihm seine Mutter noch immer auf die Nerven, darauf war Miller vorbereitet, aber er war nicht gefaßt auf die Tatsache, daß seine Eltern alt geworden waren und eingefallen aussahen. Auch Lauretta wirkte alt, und bei ihrem Anblick brach Miller in Tränen aus, aber sobald der anfängliche Schreck vorüber war und die Familienmitglieder wieder in ihre alten Rollen gefallen waren, verlor er jede Sentimentalität. Nüchtern konnte er die Situation analysieren: Heinrich, der an Prostatakrebs litt, mußte einen Gummibeutel tragen, in dem sein Urin aufgefangen wurde, und er war auf Gedeih und Verderb Louise ausgeliefert. Diese, wie eh und je besessen vom Geld, knauserte mit Heinrichs regelmäßigen medizinischen Spülungen, um ein paar Dollar zu sparen, gönnte dem Sterbenden seine Zigaretten nicht und kündigte sogar den Telefonanschluß. Außerdem jammerte sie, sie und Lauretta seien erschöpft von der Pflege des Invaliden. Die Situation verärgerte Miller, und er beschloß, mehr Zeit mit seinem Vater zu verbringen. Bei seinem nächsten Besuch verkündete er, er habe einen großen Vorschuß bekommen – was nicht stimmte –, und er könne jetzt der Familie regelmäßig aushelfen. Louise glaubte ihm nicht und nahm seine Geschenke nur widerwillig an. Miller versuchte, seinem Vater ein bißchen Extrageld zuzustecken, und zu seiner Überraschung stellte er fest, daß sich zwischen ihm und seinem Vater ein neues, kameradschaftliches Verhältnis anbahnte. Miller hatte dafür gesorgt, daß seine Familie keines seiner Bücher las, aber jetzt gab er seinem Vater sein kleines Pamphlet über Geld – die harmloseste seiner Veröffentlichungen, die, was vielleicht wichtiger ist, ein naiver Leser für die Arbeit eines Gelehrten halten könnte. Heinrich verwirrte die Karriere seines Sohnes, aber er behandelte ihn sehr respektvoll, und seine Meinung bedeutete Miller sehr viel.

Sowohl Heinrich wie Louise vermieden es tunlichst, die beiden Exfrauen ihres Sohnes zu erwähnen. Miller für seinen Teil dachte ab und zu an June, aber sie schien wie vom Erdboden verschluckt zu sein. Im Village konnte er keine Spur von ihr entdecken und nahm an, sie habe wieder geheiratet – vielleicht einen etwas konventionelleren Ehemann, der sie besser bändigen konnte. Vor Beatrice, die mittlerweile mit einem Mann namens Sandford verheiratet war, hatte er schreckliche Angst, denn er wußte, daß sie immer noch in Brooklyn wohnte und wütend auf ihn war, weil er bezüglich der Alimente für sie und das Kind nicht Wort gehalten hatte. Er vermutete sogar, sie habe einen Detektiv auf ihn angesetzt.[16] Zaghaft versuchte er, auch mit seiner Tochter Barbara in Kontakt zu treten; 1937 hatte sein Freund O'Regan sie ausfindig gemacht, und ein Jahr später hatte er ihr geschrieben, ohne jedoch eine Antwort zu erhalten. Im Juni 1940 bat er Frances Steloff, der mittlerweile vierundzwanzigjährigen Barbara ein Buch von Alain-Fournier zu schicken, und beinahe ein Jahr später beauftragte er sie, ein Buch über Griechenland an Barbara zu senden. Als Frances Steloff ihm dazu gratulierte, seine Tochter «entdeckt» zu haben, bekundete Miller sein Erstaunen: «Ich verstehe nicht. Ich habe doch nie von ihr gehört, noch habe ich sie gesehen?»[17] Da er Angst davor hatte, seine Identität zu offenbaren, wollte er Barbara anscheinend anonym Geschenke machen, denn er mußte annehmen, daß Barbara genau wie ihre Mutter ihm gegenüber nur Verachtung empfand.

Miller, der auf die Fünfzig zuging, sorgte sich, daß er als Schriftsteller ein ebenso großer Versager war wie als Vater. Als Louise ihm zusetzte, er solle doch einen Bestseller wie *Vom Winde verweht* schreiben, wurde er sich seines Mißerfolges schmerzlich bewußt. Seine Hochstimmung bei der Aufnahme von *Wendekreis des Krebses*, sein Glück mit Anaïs, seine Fröhlichkeit in Griechenland – all das war jetzt verflogen. *Der Koloß von Maroussi* wurde mit erstaunlicher Schnelligkeit von einem Verlag nach dem anderen abgelehnt. Millers Agent John Slocum erinnerte ihn schließlich an sein Vorhaben, eine Rundreise durch Amerika zu machen und seine Eindrücke aufzuzeichnen. Das Buch könne sich bestimmt verkaufen, sagte er Miller, denn die Verlage interessierten sich sehr für die Eindrücke eines heimgekehrten Exilamerikaners von seinem Geburtsland.

Miller ließ sich die Idee einige Zeit durch den Kopf gehen, und sie gefiel ihm. Bekannte Schriftsteller wie Hemingway hatten sich auf ähnliche Weise in den nichtfiktionalen Bereich vorgewagt, und vielleicht war das wirklich der beste Weg, auf aufsehenerregende Weise Zugang zur amerikanischen Literaturszene zu bekommen. Er fand, er habe viele originelle Äußerungen über Amerika parat, wobei er allerdings sein gespaltenes Verhältnis zu diesem Land verdrängte. In Paris hatte er begonnen, von Amerika als «klimatisiertem Alptraum» zu sprechen, und die Eindrücke seit seiner Rückkehr widersprachen seinen langgehegten Ansichten nicht.

Als Miller Abe Rattner, einem amerikanischen Künstler, den er vor ein paar Jahren in Paris kennengelernt hatte, von dem Plan erzählte, fing Rattner sofort Feuer und schlug vor, ihn zu begleiten und Federskizzen zu Millers Text anzufertigen. Miller war die Idee höchst willkommen, denn er sah in Rattner einen möglichen «Kumpel», der Perlès ersetzen und Schwung in die Reise bringen könnte. Die beiden mußten jedoch bald erfahren, daß die Verlage Illustrationen wegen der hohen Kosten leider ablehnten, aber Rattner hoffte dennoch, Miller zumindest auf einem Teil der Reise begleiten zu können. John Slocum bekam ein Angebot von John Woodburn, einem Lektor bei Doubleday & Co; Doubleday war bereit, fünfhundert Dollar Vorschuß für das Buch zu zahlen. Miller nahm an. Er bewarb sich um ein Guggenheim-Stipendium und war gar nicht überrascht, als er abgewiesen wurde. Hämisch beschloß er, seinem

Buch eine Liste mit angenommenen Guggenheim-Stipendiaten beizufügen, die seiner Meinung nach alle unwichtige oder bedeutungslose Vorhaben begonnen hatten. Er meldete sich auch für Fahrstunden an; er war noch nie zuvor selbst gefahren, und die Vorstellung bereitete ihm Angst. Schließlich machte er sich an die konkrete Planung, klügelte Routen aus und konzentrierte sich auf schillernde Ortsnamen und Städte, wo er Leute kannte, die ihn aufnehmen würden oder die er treffen wollte. Dem Verlag gegenüber bekundete Miller natürlich, offen gegenüber allem zu sein, was ihm auf der Reise widerfahren sollte, und für Amerika eine große Liebe zu hegen. In Wahrheit hatte er jedoch keineswegs die Absicht, eine konventionelle Reiseerzählung zu schreiben; als Arbeitstitel hatte er *America: The Air-Conditioned Nightmare* (Amerika: Der klimatisierte Alptraum) ins Auge gefaßt.

Ende Oktober 1940 machten sich Miller und Rattner auf den Weg. Miller saß hinter dem Steuer eines gebrauchten Buick, Baujahr 1932, den er mit seinem Vorschuß bezahlt hatte, und einem Freund schrieb er, das Auto sehe aus wie der Privatwagen eines Leichenbestatters. Die erste Etappe der Reise führte sie durch New Hope, eine Künstlerkolonie in Pennsylvania, und Valley Forge. Schließlich landeten sie in Washington, wo Cairns sie unterbrachte. Miller berichtete Anaïs Nin, daß er meistens Rattner fahren lasse, obwohl er sich selbst für den besseren Fahrer halte, und daß sie gut miteinander auskämen. Von Washington aus fuhren sie weiter nach Bowling Green, Virginia, wo sie eine Nacht auf Caresse Crosbys Anwesen verbrachten. Miller hatte hier im Sommer mit Anaïs Nin einen glücklichen Monat verbracht, der nur durch die Unfreundlichkeit von Salvador Dalí und seiner Frau Gala getrübt worden war, die die Gruppe der anwesenden Schriftsteller nicht beachteten und sich abkapselten. Bei seinem zweiten Besuch nun fand er Dalí eitler als je zuvor; Caresse wirkte einsam und klagte, niemanden zu haben, der ihr beim Trinken Gesellschaft leiste. Miller und Rattner reisten bald weiter nach Fredericksburg, wo sie bei Schnellock wohnten, und von dort aus fuhren sie über den Skyline Drive durch Virginia. Als sie Asheville, North Carolina, erreichten, eilte Miller zurück nach New York, um beim fünfzigsten Hochzeitstag seiner Eltern anwesend zu sein.

Wie nicht anders zu erwarten, war die Expedition von Beginn an sehr komplikationsreich. Kurz vor Millers Abreise hatten ihm Frances Steloff und John Slocum telefonisch vorgeschlagen, zur Verbesserung der finanziellen Lage einen Notfonds zu gründen. Miller erklärte sich einverstanden, einen Rundbrief zu schreiben, und drängte Anaïs Nin, ebenfalls zu helfen. Der Fonds wurde nie offiziell gegründet, aber Steloff und Slocum trieben geringe Bargeldbeträge auf, die sie ihm hinterherschickten. Millers Briefe an Anaïs Nin und andere Freunde sind durchsetzt mit Bitten um Darlehen von fünfundzwanzig oder fünfzig Dollar. Das Auto mußte öfter repariert werden, als Miller erwartet hatte, und seine täglichen Ausgaben erhöhten sich ständig.

«An die zehntausend Meilen mußte ich reisen, ehe ich auch nur zum Schreiben einer einzigen Zeile inspiriert wurde», schrieb Miller später. «Alles, was sich über den amerikanischen Lebensstil zu sagen lohnt, konnte ich auf dreißig Seiten zusammenfassen.» [18] Aus Atlanta berichtete er, daß er jeden Tag mehr und mehr angewidert sei. «Wäre ich ein Diktator», so schrieb er, «ich würde die gesamte Bevölkerung zum Teufel jagen – mit Ausnahme der Indianer und Neger.» [19] Charleston, wo sie Weihnachten und seinen neunundvierzigsten Geburtstag verbrachten, gefiel Miller, ebenso wie New Orleans, wo sie einen Monat auf New Iberia, der Plantage von Rattners Freund Weeks Hall, verbrachten. Dann fuhr Rattner nach New York, um eine Ausstellung seiner Werke zu überwachen, und Miller setzte niedergeschlagen die Reise fort. Er merkte, daß er während der Abwesenheit seines Freundes beim Fahren oft laute Selbstgespräche führte. [20]

In Natchez erreichte ihn die Nachricht, daß sein Vater im Sterben lag. Sofort flog er nach Hause – es war sein erster Flug –, aber er kam zwei Stunden zu spät. Miller war völlig schockiert; später erzählte er einem Freund, daß er nie erwartet hätte, seinen Vater so zu vermissen. [21] Alles ging sehr schnell; die Leiche seines Vaters wurde einbalsamiert und anscheinend innerhalb weniger Stunden in der Leichenhalle aufgebahrt. Louise rannte kopflos herum, suchte die untere Hälfte von Heinrichs Gebiß und bat den fassungslosen Henry, eines von Heinrichs weißen Hemden in die chinesische Reinigung zu bringen. Nach der Beerdigung kehrte Miller mit einem Notizbuch an das Grab seines Vaters auf dem Evergreen-Friedhof zurück und füllte zwei Seiten mit Bekundungen seiner Trauer und mit Gedanken über den Tod. Gegenüber seinem Vater lag ein Mann begraben, der den Namen «Authors»* trug – für Miller ein merkwürdiger Zufall. Er erinnerte sich, wie ihm sein Vater aufmunternde Briefe nach Paris geschrieben hatte, dachte aber auch daran, wie Heinrich immer Jimmy Pasta als Beispiel hochgehalten und seinen Sohn ständig ermahnt hatte, «ein Mann zu sein». Ein Jahr später sollte Miller den Schauspieler John Barrymore treffen, den alten Saufkumpanen seines Vaters; Barrymore rügte Miller für seine Behauptung, Heinrich sei kein Mann und außerdem unkultiviert. «Dein Vater war ein Mann, ein echter Mann!» versicherte ihm Barrymore[22], doch genau damit hatte Henry immer Schwierigkeiten gehabt.

Miller setzte Ende Februar 1941 seine Reise weiter fort. Über Pittsburgh, Cleveland und Detroit fuhr er nach Chicago, wo er bei einem Ehepaar namens Howard wohnte und einen denkwürdigen Abend damit verbrachte, erotische Filme anzusehen. Das brachte ihn auf die Idee, selbst ein Drehbuch für einen solchen Film zu schreiben, bei dem seiner Meinung nach Marcel Duchamp und John Ford Regie führen sollten. In Chicago traf er auch Ben Abramson, jenen Buchhändler, der die illegale Ausgabe von *Wendekreis des Krebses* mitgetragen hatte, und beide schmiedeten Pläne für die Veröffentlichung von *Die Welt des Sexus*. Abramson lieh Miller fünfundzwanzig Dollar; finanziell sah es inzwischen etwas besser aus. New Directions hatte einen Vertrag für eine weitere Anthologie abgeschlossen, die Miller vorläufig *The Enormous Womb* (Der gewaltige Schoß) betitelte, und Laughlin gab ihm zweihundert Dollar Vorschuß. Im März, als Miller sich bei seinen Freunden Flo und John Dudley in Des Moines aufhielt, erfuhr er, daß ihm *Atlantic Monthly* zweihundertfünfzig Dollar Vorschuß für die Zeitschriftenrechte an seinem geplanten Buch über Amerika zahlte. Er bat Slocum, die ganze Summe Anaïs Nin zu geben, bis auf zehn Dollar, die er Cairns schuldete.[23]

---

* dt. «Schriftsteller» (Anm. d. Ü.)

Doch Miller kam mit dem Buch nicht recht voran. Er hatte in Detroit zwar damit angefangen und war entschlossen, das Ganze ohne ausführlichen Plot oder Plan zu schreiben, aber dann geriet die Arbeit ins Stocken. Nach Chicago wandte er sich Richtung Süden und machte in Jackson, Mississippi, Zwischenstation, um die Schriftstellerin Eudora Welty zu besuchen, doch er beging den schweren Fehler, ihr gegenüber seine pornographischen Auftragsarbeiten für einen Dollar die Seite zu erwähnen. Eudora Welty wies ihm die Tür.[24]

Von Mississippi aus fuhr Miller nach Arkansas und dann weiter nach Texas. Als er Texas verließ, konnte er Slocum zweihundert Seiten vorlegen. Den Südwesten – Petrified Forest, Painted Desert und Grand Canyon – fand er geheimnisvoll und anziehend, und er blieb ein paar Tage in Albuquerque. Dort schrieb er Anaïs Nin einen langen Brief, in dem er sich offen über die Reise äußerte.[25] Schon nach zehn Tagen habe er begriffen, daß er die Fahrt nie genießen könne, und jetzt sei sie für ihn lediglich etwas, das er hinter sich bringen müsse. Das Buch werde einfach seine persönliche Reaktion auf das Land wiedergeben, sonst nichts.

The Air-Conditioned Nightmare (Der klimatisierte Alptraum), wie es bei seiner Veröffentlichung vier Jahre später hieß, spiegelt genau diese Stimmung wider. Es ist ein Buch, das man vielleicht am besten auf einer Fahrt quer durch das Land genießen kann, ein Buch, das man in billigen Restaurants hinter einem Teller mit schlechtem Essen oder im Licht eines Neonschilds in einem Motel lesen sollte. Es ist unzusammenhängend, weit ausufernd und auch streckenweise richtig griesgrämig, denn mit wenigen Ausnahmen gefiel Miller nicht, was er sah. Sein Amerika war scheußlich, steril und grausam – die Armut war erdrückend, die Werte hohl. Er zeichnete zwar auch das Bild einiger guter Seelen – des Fotografen Alfred Stieglitz, des Malers John Martin, seines Freundes Lafe Young und des Komponisten Edgar Varèse –, aber diese Porträts sind weder fesselnd noch informativ. Wie so oft, wenn Miller über von ihm bewunderte Menschen schrieb, war sein Text durchsetzt mit Lobeshymnen. Jeder war «ein bedeutender Mensch», seine Kunst – wenn er ein Künstler war – die beste ihrer Art. Kritik war nie Millers Stärke.

Das Beste an dem Buch ist der Blick des Autors für das Detail. *Der klimatisierte Alptraum* ist eine Zusammenstellung lebender Bilder: eine Kuh in Ducktown, Tennessee, die auf einem Stück Alufolie herumkaut, ein achtjähriger farbiger Junge in Charleston, der stolz Comics kauft, ein Apartmentkomplex in Chicago, auf dessen Wand «FROHE BOTSCHAFT! GOTT IST DIE LIEBE!» geschrieben steht. Hier schlägt Miller einen freundlicheren Ton an.

Aber das Bemerkenswerteste an dem Buch war der offene Antiamerikanismus des Autors. «Nirgends bin ich einer so stumpfen, monotonen Lebensstruktur begegnet wie hier in Amerika», schrieb Miller gleich zu Beginn[26], und er verurteilte die Vorstellung von Amerika als einer Gesellschaft freier Völker, als einer vielversprechenden Nation:

> Was haben wir der Welt zu bieten, außer der überreichen Ausbeute, die wir unbekümmert der Erde entreißen, in der wahnsinnigen Selbsttäuschung, daß diese verrückte Aktivität für Fortschritt und Aufklärung stehe? Das Land der unbegrenzten Möglichkeiten ist zu einem Land des unsinnigen Schweißvergießens und des Existenzkampfs geworden.[27]

Den größten Teil von *Der klimatisierte Alptraum* schrieb Miller in Hollywood, dem Endpunkt seiner Reise, wo er den Sommer 1941 in einer Reihe von Hotels und dann in einer Wohnung auf dem Camino Palermo verbrachte. Er wollte eine Zeitlang dort bleiben und bat Frances Steloff, ihm eine Liste seiner Anhänger in dieser Gegend zu schicken.[28] Es gab in der Tat einige, denn traditionell waren Erotica in der Gemeinde von Hollywood beliebt, und viele im Filmgeschäft tätige Personen waren eifrige Sammler. So berichtete Miller zum Beispiel Anaïs Nin, daß der Regisseur Joseph von Sternberg eine Sammlung im Wert von einhunderttausend Dollar besitze.[29] Im Hollywood Book Shop und im Satyr Book Shop blühte der Handel mit Pornographie, über und unter dem Ladentisch. Innerhalb einer Woche nach seiner Ankunft am 12. Mai bekam Miller das Angebot, Drehbücher zu schreiben, was er aber ablehnte.

Miller konnte sich das leisten, denn mit seinen Büchern verdiente er mittlerweile genügend, um davon leben zu können, solange Anaïs Nin im Notfall mit einem Scheck aushalf. Der *Town-and-Country*-Herausgeber Harry Bull veröffentlichte in seiner Zeitschrift ein Fragment über Weeks Hall aus dem Manuskript von *Der klimatisierte Alptraum*. Laughlin versprach weitere hundert Dollar als letzte Rate für seine Anthologie, und ein Artikel über Sherwood Anderson wurde von der Zeitschrift *Story* angenommen. Anfang Juni erfuhr Miller, daß *Der Koloß von Maroussi* endlich einen Verleger gefunden hatte. William Roth von der Colt Press in San Francisco wollte den Roman publizieren, und Miller fuhr zu ihm hin, um das Projekt zu bestätigen; er hoffe, so schrieb er Anaïs Nin, «ein paar Umwege» machen zu können, um Steinbeck, Krishnamurti und den Sitz der Rosenkreuzer zu besuchen[30]; besonders der Orden der Rosenkreuzer war für sein nächstes Buchvorhaben, *The Rosy Crucifixion*, von besonderer Bedeutung.

Als Miller nach dem Treffen mit Roth an der Küste entlang zurückfuhr, bombardierte er Steinbeck mit Telefonanrufen. Er bewunderte Steinbeck zwar nicht besonders, außer vielleicht wegen seines kommerziellen Erfolges, aber er hielt den Autor von *Die Früchte des Zorns* für die Quintessenz des Amerikaners. Steinbeck war gelungen, was Miller versagt blieb: Er hatte ein großes Lesepublikum, und er hatte ein maskulines Image.

An dem Tag, für den Miller seine Ankunft in Monterey angekündigt hatte, feierte Steinbeck Geburtstag, und er hatte zusammen mit seinem Freund Ed Ricketts eine kleine Party geplant. Als die Dämmerung hereinbrach, wurde Steinbeck angesichts des ungebetenen Besuchs von Miller zunehmend unruhiger und verschwand in den Pinien hinter seinem Haus.[31] Miller begriff schnell, daß Steinbeck ihn nicht sehen wollte, und zog ungerührt die Aufmerksamkeit auf sich; offensichtlich hatte er das Gefühl, seinem Image gerecht werden zu müssen. Im Hause des maskulinen Steinbeck fühlte er sich getrieben, seine Männlichkeit unter Beweis zu stellen. Er griff sich einen weiblichen Gast, zog die Frau nach draußen und knutschte mit ihr herum. Nachdem er die erste Frau wieder losgeworden war, griff er sich die nächste und schien die Aufmerksamkeit zu genießen. Plötzlich wurde die Tanzmusik im Radio unterbrochen, und eine Stimme verkündete, daß Hitlers Truppen in die Sowjetunion einmarschiert seien.

Irgendwie erreichte die Nachricht Steinbeck draußen im Wald. Brüllend rannte er auf das Haus zu, fuchtelte mit den Armen wie ein verwundetes Tier, sauste an dem mittlerweile unbedeutenden Miller vorbei, ging in sein Zimmer und verriegelte die Tür.

Die fröhliche Stimmung war dahin. Alle machten sich Sorgen wegen Steinbecks Erregung, und kein Gast konnte übersehen, daß Miller äußerst verärgert war, weil man ihm die Schau gestohlen hatte. Es war eine peinliche Situation, denn Miller hatte sich mit seinem unreifen Imponiergehabe zum Narren gemacht, aber das schien ihm egal zu sein.

Während seines Aufenthalts im Westen wurde Millers Verhältnis zu Anaïs Nin immer angespannter. Anaïs war gekränkt, weil er sie offenbar nicht groß vermißte und das Leben in Hollywood – das durch ihr Geld ermöglicht wurde – wunderbar fand. Er schrieb ihr zwar, er wolle Geld auftreiben, damit sie zu ihm kommen könne, aber sie ließ ihn wissen, der eigentliche Streitpunkt sei seine Weigerung einzusehen, wie kaltblütig und selbstgefällig er geworden sei. Sie ärgerte sich, daß sie nach wie vor pornographische Geschichten schreiben mußte, um ihn finanziell unterstützen zu können, und betrachtete Millers Unwillen, selbst welche zu verfassen, als Verrat. Außerdem hielt sie nicht viel von diesem Buchprojekt über Amerika und glaubte, daß seine Absicht, künftig im Westen zu leben, sie einander entfremdete. Miller wiederum forderte von Anaïs, ihren Ehemann zu verlassen, was sie kategorisch ablehnte. Ihr gegenseitiges Mißtrauen bezüglich der Treue des anderen ließen sie unausgesprochen.

Anaïs, die sich in die Schauspielerin Luise Rainer vernarrt hatte, verbrachte den Sommer 1941 in Provincetown und schrieb Miller rätselhafte Briefe. Miller wiederum interessierte sich für eine junge Frau namens Laure Louie, die Exfrau eines Künstlers namens Ferren, der in Hollywood Drehbücher schrieb[32], und nannte seine Angebetete in einem Brief an Durrell «die göttliche Laure». Er erzählte Anaïs Nin jedoch nichts davon; statt dessen schrieb er ihr, den astrologischen Vorzeichen zufolge werde ihr «Disput» bis zum 6. August abklingen, aber offensichtlich logen die Sterne. Als er im Oktober Hollywood verließ und sich auf den Weg nach New York machte, hatte sich ihr Verhältnis ziemlich verschlechtert. Mittlerweile verband sie nur noch eine ausschließlich geschäftliche Beziehung, doch auch auf dieser Ebene gab es Verstimmungen. Anaïs Nin hatte sich darauf verlassen, daß es Miller in Amerika als Künstler zu Rang und Namen bringen würde, was wiederum ihren schöpferischen Bemühungen den Weg ebnen könnte; daß Miller sich nicht etablieren konnte, verstand sie als persönliche Kränkung.

Als Miller im Winter 1941/42 wieder in New York war, sprach er von nichts anderem mehr als von der «Wüstenkolonie» aus Künstlern und Schriftstellern, die er in Kalifornien entdeckt hatte. Der japanische Angriff auf Pearl Harbor ließ ihn ungerührt; er machte sich nur Sorgen über die Auswirkungen des Krieges auf die Entscheidung seines Verlages bezüglich des mittlerweile fertiggestellten Manuskriptes von *Der klimatisierte Alptraum*. Er war sich sicher, daß Doubleday das Werk mit dem stark antiamerikanischen Inhalt ablehnen würde, und suchte nach Möglichkeiten, den Vorschuß zurückzuzahlen. James Laughlin hatte ihm weitere zweihundert Dollar für *The Enormous Womb* gegeben, das jetzt den Titel *The Wisdom of the Heart* (Die Weisheit des Herzens) trug, und *Der Koloß von Maroussi* hatte ihm einen Vorschuß von achtzig Dollar eingebracht, aber Miller hatte natürlich kein regelmäßiges Einkommen. Abe Rattner vertraute er an, daß er Arbeit als Kriegspropagandist finden wolle[33], aber er bemühte sich nicht sehr darum. 1941 hatte er mit seinem Schreiben wenig Geld verdient, und er hatte ein Buch verfaßt, das, wie er wußte, gegenüber den in Paris geschriebenen stark abfiel. Weihnachten und seinen fünfzigsten Geburtstag verbrachte Miller allein in der Wohnung in der West Fourty-Fifth Street.[34] Seiner Mutter hatte er gesagt, er halte sich die Feiertage über in Washington auf, und er schickte Huntington Cairns einen an Louise adressierten Brief mit der Bitte, ihn in Washington in einen Briefkasten zu stecken.

Doubleday lehnte *Der klimatisierte Alptraum* in der Tat ab, und Miller legte das Manuskript bis zum Ende des Krieges zur Seite.

Statt dessen wandte er sich dem Buch zu, das er seit 1927 hatte schreiben wollen: *The Rosy Crucifixion*. Zuerst hatte Miller eine «rosy crucifixion»* im *Wendekreis des Steinbocks* erwähnt, als er seine Art zu leiden von der anderer Menschen unterschied: «Das ganze Drama, das der Mensch von heute durch sein Leben aufführt, gibt es nicht für mich, hat es nie gegeben. Alle meine Kalvarien waren rosige Kreuzigungen.»[35] Der Titel bezieht sich zum einen auf den Orden der Rosenkreuzer, reflektiert aber auch Millers wachsendes Interesse am Märtyrertum. Er hatte immer geglaubt, daß er durch seinen Geburtstag am Tag nach Weihnachten zu etwas Besonderem ausersehen sei, und sein Leiden unter June hatte dies bestätigt. Als zensierter Schriftsteller überlegte er sich nun, ob er nicht vielleicht für die Sünden der ganzen Menschheit leide – hatte denn *Wendekreis des Krebses* nicht einfach die Sehnsüchte und Schmerzen der Gesellschaft zum Ausdruck gebracht? *The Rosy Crucifixion* sollte sein Leiden mit June und Jean und seine darauffolgende Auferstehung in Paris aufzeichnen. Er wollte mit seiner ersten Ehe beginnen, dann die Geschichte mit June und ihrer Reise nach Europa 1928 weiterführen und sie mit seiner Ankunft in Paris 1930 enden lassen. Anaïs Nin, die genau wußte, daß Miller seine Texte als emotionale Waffe gegen Frauen benutzte, die ihn verletzt hatten, hatte ihm das Versprechen abgenommen, niemals über sie zu schreiben. Dadurch machte sie es ihm unmöglich, über die Jahre nach 1932 zu schreiben. Dieses leichtfertig gegebene Versprechen zwang ihn, immer wieder dasselbe Thema zu bearbeiten.

Mit *The Rosy Crucifixion* war Miller während der ersten Monate des Jahres 1942 beschäftigt. Was er schrieb, war derb und plastisch – das Zensurverdächtigste, was er je verfaßt hatte. In den *Wendekreis*-Büchern hatte er zwar Tabuwörter benutzt und Geschlechtsakte beschrieben, jedoch selten ausführlich. In dem Buch, aus dem *Sexus*, der erste Band von *The Rosy Crucifixion*, werden sollte, sind die Seiten voll mit Ausdrücken wie «saftige Mösen», «es von hinten besorgen», «eine Ladung abschießen» und so weiter. Die weiblichen Figuren verwenden eine sexuell eindeutige Sprache («Schieb

* dt. «rosige Kreuzigung» (Anm. d. Ü.)

ihn ganz hinein, härter, noch härter, brich deinen großen Pint ab und laß ihn dort drin»[36]). Es wimmelt dermaßen von eindeutigen Szenen, daß das Buch stellenweise langweilig wirkt.

Im Frühling fühlte Miller sich oft einsam. Er hatte sich wieder in Caresse Crosbys Wohnung in Manhattan häuslich niedergelassen und besuchte häufig das Grab seines Vaters. Im Mai wurde er von Ruhelosigkeit erfaßt, und er sehnte sich danach, wieder nach Hollywood zurückzukehren, das er «Lotusland» nannte. Es sei zu Kriegszeiten offenbar ein beliebter Aufenthaltsort für Schriftsteller, bemerkte er und führte an, daß William Faulkner sowie europäische Flüchtlinge wie Thomas und Heinrich Mann und Bertolt Brecht dort seien. Als ihm der Schriftsteller Gilbert Neiman, den Miller in Hollywood kennengelernt hatte, mietfrei ein Zimmer anbot, packte Miller die Gelegenheit beim Schopf. Umgehend bestieg er einen Zug an die Westküste und hoffte, als Drehbuchautor Arbeit zu finden, einen Haufen Geld zu machen und vielleicht nach Mexiko zu ziehen. Noch immer hegte er die unrealistische Hoffnung, daß Anaïs Nin dort zu ihm stoßen werde.

In Los Angeles angekommen, erfuhr er, daß ihn die Neimans neben ihrem Haus am Beverly Glen Boulevard in West Los Angeles in einer Wohnung unterbringen wollten, wo auch die Jordans lebten, ein tschechischer Krimiautor und seine Frau. Die Mahlzeiten sollte er mit Gilbert und Margaret im sogenannten Green House einnehmen. Das Haus der Neimans lag in einem Canyon, der von Westwood und von dem nahegelegenen Hollywood aus zu Fuß zu erreichen war; Miller konnte daher ohne Auto auskommen. Später sollte er sich daran erinnern, wie er durch die heißen und staubigen Boulevards der Stadt trottete, ohne daß ihm jemand anbot, ihn mitzunehmen.[37]

Miller reiste mit leichtem Gepäck, so daß er bei seiner Ankunft an der Westküste an wenig gebunden war. In den dreißiger Jahren hatte er Emil Schnellock zu seinem literarischen «Verwalter» ernannt, und kurz vor seiner Abreise aus New York hatte er ein paar seiner alten Manuskripte und Briefe an Herbert West geschickt. West war Professor in Dartmouth und hatte für das *Dartmouth Alumni Magazine* eine positive Kritik von *Aller Retour New York* geschrieben; er war ein eifriger Sammler von Büchern und hatte schon seit einiger Zeit mit Miller korrespondiert. Bald nach seiner Ankunft in Los Angeles lernte Miller Lawrence Clark Powell kennen, einen Bibliothekar an der University of California, und Powell überredete ihn, dort ein Archiv zu gründen. 1943 sollte Miller versuchen, das ganze Archiv bei George Leite, einem Lektor und Freund in Oakland, unterzubringen. So verschob er seine Manuskripte von einem zum anderen und brachte manche wieder in Umlauf, wenn sich ein Verleger oder ein Sammler dafür interessierte. 1942 zum Beispiel hörte er, daß der britische Verlag Secker & Warburg an seinem Manuskript von *Der klimatisierte Alptraum* interessiert sei, und als er feststellte, daß er kein Exemplar mehr besaß, entnahm er eines aus Wests Sammlung.

Arbeit beim Film war schwerer zu finden, als er erwartet hatte, und bald stellte sich ihm wieder verschärft «die Geldfrage»[38], wie er seinem Freund Cyril Connolly schrieb. Die Art und Weise, wie Kinofilme gemacht wurden, enttäuschte ihn; alles war ihm viel zu technisch. Außerdem hatte er keine Ahnung, wie er an einen Job herankommen sollte. Er hatte zwar ein paar Verbindungen – Julian Josephson bei Fox war ein Fan von ihm, Donald Friede von Covici Friede arbeitete als Agent in Hollywood, und Russell & Volkening lotsten ihn zur Myron Selznick Agency – aber er stehe in dem Ruf, «rein» zu sein, beschwerte er sich bei Anaïs Nin, und er sei sich selbst nicht sicher, ob er die Arbeit überhaupt machen könne. Als ihm die Selznick-Agenten mitteilten, sie bräuchten «einfach Mist in Cellophan verpackt»[39], schrieb er, daß er aufgeben wolle.

Mitte Juli entdeckte Miller beim Herumstöbern in Antiquariaten ein Exemplar von Jakob Wassermanns *Joseph Kerkhovens dritte Existenz*. Der Roman faszinierte ihn. Er ist Teil einer metaphysischen Trilogie, die unter dem Namen *Der Fall Maurizius* bekannt ist, und handelt von einem Mann, der zu Unrecht beschuldigt wird, sowie von der Schuld des wirklichen Verbrechers. Miller machte sich daran, ein Drehbuch daraus zu erstellen. Ungefähr zur selben Zeit erwarb Marcel Friedman, den Miller in New York kennengelernt hatte, zufällig die Filmrechte an Wassermanns Roman, und Miller hoffte, daß er mit der Adaption beauftragt werden würde, aber die Studios zeigten kein Interesse. Millers Drehbuch verstaubte.

Am Ende des Jahres 1942 war Miller verzweifelt. Gilbert Neiman war in den Norden gegangen, um mexikanische Immigranten zu betreuen, und er dachte, er könne vielleicht etwas Ähnliches für Miller finden, da dieser ja «Erfahrung in Personalangelegenheiten» hatte.[40] Es wurde nichts daraus. Im Dezember wandte sich Miller an das Office for War Information und bewarb sich um einen Job als Propagandist, aber auch daraus wurde nichts.[41] So war er gezwungen, von den unregelmäßig eintreffenden Schecks von Anaïs Nin und von Einnahmen aus dem gelegentlichen Verkauf seiner Originalmanuskripte an Sammler zu leben.

Im November und Dezember startete Miller eine Bettelkampagne und schrieb ohne Rücksicht auf Verluste an jeden Namen in seinem Adreßbuch Briefe, in denen er seine Misere schilderte. Von Lektoren erbat er Aufträge für Buchrezensionen, Sammlern bot er Manuskripte an, Stiftungen ersuchte er um Stipendien, und alle anderen bat er um Darlehen, alte Kleider, Essen, Briefmarken. Bei dieser Briefaktion arbeitete er regelrecht seinen Füller und seine Schreibmaschine auf, denn beides mußte anschließend zur Reparatur.[42]

Im neuen Jahr trugen diese Bemühungen langsam Früchte. Miller wurden zahlreiche Rezensionsaufträge versprochen, und er bekam Angebote, kostenlos zu wohnen, sowie kleine Fünf-Dollar-Aufträge für Aquarelle. Der New Yorker Buchhändler Terence Holliday versprach, den Schriftsteller Stephen Vincent Bênet zu bitten, sich beim National Institute of Arts and Letters für Miller zu verwenden, und das Institute zahlte schließlich ein Darlehen von zweihundert Dollar, ohne die Auflage, es zu einer bestimmten Zeit zurückzahlen zu müssen.

Nun hätte er eigentlich ohne große Geldsorgen *The Rosy Crucifixion* beenden können, aber statt dessen wurde er mit Briefen und Terminen überhäuft. Er hatte immer zwei bis drei Stunden pro Tag mit Briefeschreiben zugebracht, aber nun dauerte die Erledigung der Korrespondenz fast den ganzen Tag. Zudem hielten sich immer Leute im Green House auf, das er nach der Abreise der Neimans immer noch bewohnte, und lenkten ihn zusätzlich von der Arbeit ab. Er führe ein Gemeinschaftsleben, schrieb er an Anaïs Nin.

Miller nannte die Zeit am Beverly Glen Boulevard später eine Zeit von Rimbaud, Astrologie und Aquarellen. Manchmal malten er und sein Freund John Dudley, der nach seiner Scheidung zu Miller gezogen war, die ganze Nacht Aquarelle. Auf seinen Gängen nach Westwood Village lernte Miller einen Galeristen namens Attilio Bowinkle kennen, der sein großes Talent erkannte und ihn zum Malen ermutigte. Miller und Dudley setzten daraufhin ein Rundschreiben an Freunde auf, in dem sie eine ständige Ausstellung von «Aquarellen» im «Green House, gedeckt mit Frauenhaar» ankündigten und bekanntgaben, daß «Damen mit Respekt behandelt» würden. «Selbstredend», hieß es auf den Handzetteln, «sind die Meisterstücke in der Ausstellung zu verkaufen»[43].

So kamen nun noch mehr Besucher in das Green House. Der Künstler Man Ray und seine Frau Julie, die Miller vom Hörensagen aus ihrer Zeit in Paris kannten und jetzt in der benachbarten Vine Street wohnten, waren regelmäßig Gäste. Man Ray und Miller hatten vieles gemeinsam: Ihre Väter waren Schneider gewesen, keiner der beiden Künstler hatte auf dem College studiert, und beide hatten ausgedehnte Reisen nach Paris unternommen.[44] Weitere Besucher waren Charles Henri Ford und Parker Tyler; Miller schrieb ein Vorwort für Tylers Buch über das Kino und verfaßte oft Beiträge für die *View*, eine von Ford herausgegebene Zeitschrift. Dane Rudhyard, ein Astrologe aus Hollywood, war ebenfalls ein häufiger Gast. Er stellte Miller einem jungen Musiker und Astrologen namens Pierce Harwell vor, der Miller durch die Genauigkeit seiner Vorhersagen in Erstaunen versetzte. Miller schrieb Anaïs Nin, daß ihn Harwell an den Armenier in Griechenland erinnere, der gesagt hatte, er würde nie sterben.

Immer stärker wandte Miller sich nun der Mystik und dem Okkultismus zu. Er spürte mystische Bücher auf, wie etwa die Romane von Algernon Blackwood, und Bücher zur Selbsterfahrung wie Aldous Huxleys *Die Kunst des Sehens*. Er begann einen Briefwechsel mit dem Schriftsteller Claude Houghton, dem Autor von *A Kingdom of the Spirit*, und begeisterte sich besonders für Houghtons Vorstellung von einer okkulten Brüderschaft; in den letzten Jahren habe er selbst eine ähnliche Idee entwickelt, teilte er Houghton mit.[45] Die Polygamie zum Beispiel habe bei den Mormonen funktioniert, und im Süden, so fuhr Miller fort, hätten sich weiße Männer frei und ohne Einwände der Frauen schwarze Partnerinnen gesucht, bis die weißen Frauen dem ein Ende setzten. «Mit dem Zuchtstall», bemerkte er, «geht eine hochgradige Spiritualität einher.» Eigentlich, so Miller weiter, wollen die Frauen nicht gerne allzu romantisch betrachtet werden, und sie machen sich nur rar, weil sie meinen, dies gefalle den Männern. Miller klagte, daß er jeder sexuellen Eroberung ewige Liebe schwören müsse, und meinte, Romantik strenge ihn an.

Diese Ausführungen waren das genaue Gegenteil von Millers wirklichen Erlebnissen in den Jahren 1942 und 1943. Im großen und ganzen war er Anaïs Nin treu geblieben, obwohl ihr Verhältnis merklich abgekühlt war. Aus seiner Beziehung zu Laure Louie war wenig geworden, und sexuelle Eroberungen machte er nur selten und in großen zeitlichen Abständen. Aber seine Äußerungen Houghton gegenüber deuten darauf hin, daß sich seine natürliche Scheu vor Frauen regelrecht zu einer Panik steigerte. Zu einer Zeit, als er über seine demütigenden Erfahrungen mit June schrieb, wollte er eher weniger statt mehr Frauen und träumte von der Vielmännerei: Viele Männer sollten sich eine Frau teilen und auf diese Weise in einer Art «Brüderschaft» verbunden sein. «Romantische» Bedürfnisse würden derart umgangen und Frauen auf rein geschlechtliche Wesen reduziert.

Interessanterweise waren die Frauen, mit denen Miller zu dieser Zeit zu tun hatte, für ihn sexuell nicht verfügbar. Die erste, eine Griechin namens Melpomene, war die Frau des bekannten griechischen Reeders Niarchos. Melpo, wie Miller sie nannte, bewunderte den *Koloß von Maroussi* und bot ihm eine Hütte auf ihrem Besitz auf Long Island an, was eine große Versuchung darstellte. Für ihn war sie «die Apotheose aller griechischen Weiblichkeit»[46]. Aber Melpo hatte einen eifersüchtigen Ehemann, der seine Frau zurück nach New York zauberte, bevor Miller irgendwelche Übergriffe machen konnte. Miller hielt zunächst den Kontakt zu ihr aufrecht und ließ ihr über Frances Steloff und seinen Freund Pierce Harwell Nachrichten zukommen, doch nach einer Weile verlor er die Lust, seinem Werben über die lange Strecke den nötigen Nachdruck zu verleihen.

Melpos Stelle nahm schnell eine andere Griechin ein, Sevasty Koutsaftis, die der Bibliothekar Lawrence Clark Powell Miller als mögliche Übersetzerin des *Koloß von Maroussi* vorstellte.[47] Im Juli 1943 schrieb Miller an Herbert West, daß er bis über beide Ohren in Sevasty verliebt sei, aber Sevasty war ebenso unerreichbar wie Melpo, denn ihre Mutter, mit der sie zusammenlebte, paßte gut auf ihre Tochter auf. Sevasty, die selbst dichtete, inspirierte Miller zu einem Gedicht, das den Titel «O Lake of Light» (O See des Lichts) trug und 1944 in *Harper's* erschien. Als Sevasty ihm schriftlich mitteilte, sie wolle sich nicht an ihn binden, aber sie könnten doch Freunde bleiben, zerriß er den Brief und verkündete Herb West, die Affäre sei ein für allemal zu Ende.

Um sich von diesen amourösen Rückschlägen zu erholen, stürzte sich Miller in die Arbeit und malte Dutzende von Aquarellen. Attilio Bowinkle erwies ihm die Ehre, seine gerahmten Bilder in den Schaufenstern seiner Galerie zu präsentieren, und im Dezember 1943 widmete die American Gallery of Contemporary Art am Hollywood Boulevard Miller eine Ausstellung. Um die Exponate zu vermehren, forderte Miller von Freunden im ganzen Land Aquarelle zurück und kam schließlich auf etwa sechzig Bilder. Noch bevor die Ausstellung überhaupt eröffnet war, hatte Miller bereits sechs Aquarelle zu je fünfzig Dollar verkauft, für ihn ein schier unglaublicher Betrag. Mit Aquarellen schien sich leichter und sicherer Geld machen zu lassen als mit dem Schreiben.

Der Großteil von Millers Einkünften der Jahre 1942 und 1943 kam jedoch aus einer anderen Tätigkeit: dem Betteln. Aufgrund der befriedigenden Ergebnisse seiner Geldbeschaffungsaktion vom Dezember 1942 schrieb er am 14. März 1943 einen weiteren «Open Letter to All and Sundry» (Offener Brief an jedermann), ließ ihn über Ben Abramson vervielfältigen und verschickte über hundert Kopien. Zur Sicherheit adressierte er einige davon an verschiedene Zeitschriften, wenn auch ohne große Hoffnung, daß der Brief abgedruckt werden würde.

Aber die Herausgeber der *New Republic* – Miller war mit einem dortigen Mitarbeiter befreundet – waren so beeindruckt von dem Brief, daß sie in ihrer Ausgabe vom 8. November einen Auszug veröffentlichten, der die wichtigsten Informationen enthielt: daß Henry Miller seine Aquarelle im Austausch für eine Summe anbot, die der Käufer selbst festsetzen konnte, und daß jeder, der seine

«Aquarellmanie» unterstützen wolle, ihm Papier, Pinsel und Farben sowie alte Kleidung schicken könne. Er nannte seine Maße: Er sei 1,73 Meter groß, wiege 68 Kilo, habe Kragenweite 39, Oberweite 98, Bundweite 82, Schuhgröße 39/40 und Kopfweite 58/60. «Ich trage gern Cordsamt», fügte er hinzu.[48]

Das Ergebnis war mehr als zufriedenstellend. Die Spenden strömten nur so herein. Ein paar Antworten waren ablehnend – ein Mann schlug vor, Miller solle einmal in Erwägung ziehen, seinen Lebensunterhalt durch Arbeit zu verdienen[49], und andere fanden seine Angabe über Cordsamt anmaßend –, aber viele Leser waren von der in ihren Augen bescheidenen Bitte berührt. In der *New Republic* vom 6. Dezember erschien ein weiterer «Offener Brief», woraufhin das Magazin *Time* die Geschichte aufgriff und am 13. Dezember einen Artikel veröffentlichte, der Miller noch mehr Aufmerksamkeit einbrachte. Die Nachfrage nach seinen Aquarellen war so groß, daß ihm kaum Zeit zum Schreiben blieb. Einen Freund in New York ließ er wissen, daß er das Malen von Aquarellen – oder «w. c.'s»*, wie er sie gerne nannte – dem Verfassen von Rezensionen vorzog; es sei für sein eigentliches Schreiben wesentlich anregender.[50]

Mit dem eigentlichen Schreiben ging es aber ziemlich schlecht voran. Miller war durchaus zufrieden, mit Dudley – und umgeben von seinen Fotos von Krishnamurti, Keyserling, der Duse, Anaïs Nin und Rimbaud – im Green House herumzusitzen. Über die Küchentür hatte Dudley mit bunter Kreide geschrieben: «Wenn ich das Wort Kultur höre, greife ich nach meinem Revolver»[51], eine Äußerung, die Miller häufig beifällig zitierte. Was ihm am meisten fehle, so schrieb er Abe Rattner, sei eine Frau.[52] Er wolle ein «weibliches Ding» um sich haben – vielleicht eine Bäuerin. Jemanden zum Kochen, zum Reden, zum Anschauen. Vielleicht bezahle er für ein früheres Verbrechen, grübelte er, oder vielleicht sei er mit dreiundfünfzig einfach zu alt. Sehnsucht aber habe er trotzdem.

---

* Abkürzung für engl. «watercolors» – und für «water closet» (Anm. d. Ü.)

12. KAPITEL

Little Henry, Big Sur

1944–1949

Im Jahr 1944 arbeitete Miller zwar fieberhaft, aber er war nicht mit Schreiben beschäftigt. Zwei kalifornische Freunde, George Barrows und Norman Holve, hatten sich vorgenommen, ein bedeutendes Kunst-Werk von Miller herzustellen, ein Buch in Übergröße und limitierter Auflage mit dem Titel *The Angel is My Watermark (Der Engel ist mein Wasserzeichen).* Das Buch – bei dem allein die Materialkosten pro Exemplar dreißig Dollar verschlangen – sollte aus einem kurzen, handschriftlichen Essay über Malerei bestehen, aus Millers «Offenem Brief», Fotografien vom «Künstler bei der Arbeit» und einem Originalaquarell. Barrows und Holve verschickten einen Rundbrief in Millers Handschrift, in dem das Buch für fünfzig Dollar angeboten wurde, denn nur wenn Bestellungen hereinkamen, sollten die Bücher einzeln angefertigt werden; Miller rechnete optimistisch mit mehr als hundert Antworten.

Das erste Exemplar kaufte James Laughlin, das zweite der Dartmouth-Professor Herbert West.[1] Doch dann tröpfelten die Bestellungen nur noch vereinzelt herein, und am Ende wurden nur fünfzehn oder sechzehn Bücher hergestellt.[2] Miller und seine beiden jungen Verleger hatten natürlich nur wenig zu verlieren, da jedes Exemplar gewissermaßen eine Auftragsproduktion war, und deshalb ist *Der Engel ist mein Wasserzeichen* eigentlich auch gar kein richtiges «Buch». Es ist vielmehr ein typisches Henry-Miller-Produkt, ein vorgefertigtes Sammlerstück, das überhaupt nicht existieren würde, wäre es nicht im voraus bezahlt worden. Derartige Projekte sollten Miller in den folgenden Jahren immer wieder reizen. Die limitierte Ausgabe, der wiederverwendete Text, das seltsame Impressum: diese Merkmale sind charakteristisch für Millers späte Texte. Sie sorgten für seinen Sammlerwert und begrenzten gleichzeitig die Zahl seiner Leser.

Miller sah das natürlich anders. Die Idee, bildende Kunst und

Schreiben miteinander zu verbinden, interessierte ihn wirklich. In seiner Malerei hatte er einen charakteristischen Stil entwickelt, und seine naiven, bunten Aquarelle waren ansprechend und sofort wiederzuerkennen. Obwohl er das Zeichnen nie richtig gelernt hatte, erzielte er mit Tusche und dünn aufgetragener Wasserfarbe oft gute Wirkungen. Seine Lieblingsmotive waren Segelboote, Sonne, Mond, Tiere und Clowns, und er malte einige gute Selbstporträts. Auch liebte er schöne Bücher, und gewöhnlich hielt er seinen Verlegern Vorträge über die Kunst, Einbände zu gestalten.

1944 eröffneten sich Miller viele Publikationsmöglichkeiten. Er stand schon länger mit George Leite, einem taxifahrenden Schriftsteller aus Berkeley, in Briefkontakt, und Leite fing gerade an, die Literaturzeitschrift *Circle* herauszugeben. Als Miller einen Brief von Leite bekam, in dem dieser ihn um ein Manuskript bat, antwortete er mit einer langen Schmähschrift über die Ungerechtigkeit, Schriftsteller zu publizieren, ohne sie angemessen dafür zu bezahlen. Leite druckte den Brief in seiner ersten Ausgabe als «An Open Letter to Small Magazines» (Offener Brief an kleine Zeitschriften) ab.

Ein junger Kernphysiker namens Bern Porter, der damals in Berkeley für die Regierung arbeitete, wollte ebenfalls unbedingt Miller veröffentlichen. Porter hatte Ende der dreißiger Jahre bei einem Besuch in Paris von Millers Werken erfahren und von Ben Abramson in Chicago Exemplare der in Paris geschriebenen Bücher erworben. Porter, ein enthusiastischer Amateurverleger, der aus Zeitschriftenanzeigen und Gebrauchsanleitungen selbst höchst originelle Kunstbücher anfertigte, war fasziniert von der fragmentarischen, surrealistischen Machart der *Wendekreis*-Bücher – ganz zu schweigen von der sexuellen Freizügigkeit. Er hatte Miller in Beverly Glen ausfindig gemacht, als er das erste Mal nach Kalifornien gekommen war, um eine vollständige Henry-Miller-Bibliographie zusammenzustellen, und drängte Miller, ihm Texte zur Veröffentlichung zu überlassen. Rechtlich hatte natürlich Laughlin die Option auf Millers Bücher, aber Miller hatte in seiner Schublade noch einige kürzere Texte, vor denen sich Laughlin scheute und die Miller gerne gedruckt sehen wollte.

Sowohl Leite wie Porter wohnten in der San Francisco Bay Area, und Miller überlegte, ob er nicht ein Stück weiter nach Norden ziehen sollte, wo auch sein Freund Jean Varda und dessen Frau Virginia wohnten; Varda war ein vielseitiger Bildhauer, der mit vielen Materialien, auch mit Abfall, arbeitete. Im Februar 1944 fuhr Miller die Küste hinauf, um Varda in seiner roten Scheune an der Hawthorne Street in New Monterey zu besuchen, wo sich Bohemiens aus dieser Gegend gerne versammelten. Er blieb einige Wochen und unternahm häufig Fahrten in die Stadt, um Leite zu treffen, der ihm Berkeley zeigte.

An einem regnerischen Tag nahm Varda seinen Gast mit zu Lynda Sargent, einer Frau, die in Big Sur wohnte, einem kleinen Ort in den Bergen südlich von Monterey. Miller war 1941 bei seinem Besuch in Kalifornien von der Gegend um Big Sur überwältigt gewesen. Es war ein unzugänglicher, abweisender Landstrich, und die riesige Santa-Lucia-Bergkette ragte steil über der felsigen Küste auf. Die einzige Zufahrt zu dem Dorf führte über die Route One, die zum Teil in die Bergflanke eingeschnitten war, und die gut fünfzig Einwohner von Big Sur waren von Jake Hodges, dem Postboten, abhängig, der dreimal die Woche Lebensmittel, Arzneien und andere Vorräte lieferte. Wenige Häuser hatten sanitäre Anlagen, Elektrizität oder Telefon, und die meisten waren einfach Hütten. Lynda Sargents Holzhütte lag auf einem Kliff direkt an der Route One und war etwas leichter zu erreichen als die meisten anderen Häuser in Big Sur, aber ihre Lage war nicht weniger dramatisch: Weit unten brach sich der Ozean tosend an den Kliffs.

Die aus New England stammende Lynda Sargent arbeitete an einem Roman und schrieb Kolumnen für eine Zeitung im nahegelegenen Carmel. Ein Zimmer in ihrer Hütte war nicht bewohnt, und sie bot es Miller für unbegrenzte Zeit an. Spontan beschloß er zu bleiben. «Ich muß viele Arbeiten zu Ende bringen und suche Ruhe und Einsamkeit», schrieb er Anaïs Nin im März 1944.[3] Miller war optimistisch: Er mochte Lynda recht gerne, obwohl sie schon über Vierzig und, wie er sagte, körperlich nicht sein Typ war, und er ließ eine Freundin aus Hollywood wissen, ihm gefalle sogar seine neue Adresse: «Little Henry, Big Sur.»[4]

Millers Entscheidung läßt tief blicken. Er hätte jeden Ort im Land wählen können, um sich niederzulassen – für einen Mann seines Alters war er bemerkenswert ungebunden –, und doch suchte er sich das allereinsamste Fleckchen aus, eine höchst ungewöhnliche Entscheidung für einen Mann, der sich immer für umgänglich und gesellig gehalten hatte. Der wahre Grund für diese Entscheidung war offenbar Millers zunehmende Unfähigkeit, in der «normalen» Gesellschaft zu funktionieren, seine absolute Verzweiflung darüber, daß er im Amerika der Kriegszeit seinen Platz nicht gefunden hatte. Der stetige Kampf um seinen Lebensunterhalt hatte ihn in den Jahren seit seiner Rückkehr in sein Geburtsland erschöpft, und ihm war die Gelegenheit willkommen, in der beinahe vollkommenen Isolation von Big Sur wieder zu Kräften zu kommen. Außerdem bedeutete seine Entscheidung gleichzeitig die Ablehnung der traditionellen amerikanischen Gesellschaft: Für Millers Verhältnisse kam der Entschluß, in Big Sur zu leben, sehr nahe an eine politische Aussage heran.

Zunächst wohnte er in Lyndas Blockhaus, dann zog er für die Monate März und April in ein Nebengebäude auf dem gleichen Grundstück. Im Mai mietete er am Partington Ridge eine Hütte von Keith Evans, einem früheren Bürgermeister von Carmel. Die Miete betrug eigentlich zehn Dollar im Monat, aber Evans war so froh, einen Bewohner für seine Hütte zu haben, daß er das Zahlen der Miete freistellte. Bald merkte Miller, daß er an einem derart rauhen Ort täglich beinahe fünf Stunden auf allgemeine Arbeiten verwenden mußte: Er mußte Holz hacken, saubermachen und seine Lebensmittel sowie die Post den langen Weg von der Route One heraufschleppen.[5] Aber er fühle sich gesünder denn je, teilte er Freunden mit. Durrell beschrieb er, wie er am Morgen die Tür öffne, auf den Pazifik hinausblicke und sich gegen Osten wende, um frohen Herzens die Sonne über den Bergen aufgehen zu sehen. Die Berghänge seien mit lila Lupinen bewachsen und häufig in dicken Nebel gehüllt.[6]

Zunächst schien Big Sur nur eine Zuflucht vor der Welt zu sein, aber mit der Zeit kam es Miller wie das Gelobte Land vor. Er schrieb Emil White, einem Buchhändler österreichischer Herkunft, den er vor zwei Jahren in Chicago kennengelernt hatte, und bat ihn, zu ihm zu ziehen. White hatte sich im Yukontal aufgehalten, um nicht zur Armee eingezogen zu werden, und war dann nach Los Angeles gefahren, um dort Miller zu treffen, ohne zu wissen, daß dieser bereits abgereist war. White, selbst ein Maler und Schriftsteller, hatte Millers Werk schon bewundert, bevor er ihn kennenlernte, und nun bezog er eine Hütte in der Nähe von Miller. Langsam wurde er zu einem unentbehrlichen Bestandteil von Millers Leben: Er beantwortete seine Post, half ihm bei der Hausarbeit, kochte das Essen und leistete ihm Gesellschaft. Auch alle Bankangelegenheiten liefen über Emil, denn Miller hegte einen irrationalen Haß gegen Banken und betrat sie nur, wenn es unbedingt nötig war. Für gewöhnlich ließ er sich Schecks in einer Spirituosenhandlung in Monterey in Bargeld umwechseln.

Mit der Zeit wurde Miller von den anderen Einwohnern Big Surs akzeptiert. Weiter oben in den Bergen wohnte Jaime d'Angulo, ein Amateuranthropologe, der seit langer Zeit dort lebte und häufig nackt in den Canyons herumspazierte. Die Schriftstellerin Lillian Bos Ross, deren Buch *The Stranger* von Big Sur handelte, wohnte mit ihrem Mann in der Nähe, und Jean Wharton, Anhängerin der Christian Science und entfernt mit James Laughlin verwandt, war ebenfalls eine Nachbarin. Im nahegelegenen Carmel Highlands schließlich wohnte der Künstler Ephraim Doner, wie Miller ein begnadeter Unterhalter.

In Big Sur schuf Miller ähnlich wie vor Jahren in der Villa Seurat eine neue Gemeinschaft von Geistesverwandten. Hier wurde er von den Freunden umgeben, die er am liebsten mochte, von Leuten, die wenig von Konventionen hielten und gerne bis tief in die Nacht Gespräche führten. In Emil White hatte er sogar einen Gefährten, der mit Perlès vergleichbar war. Miller entdeckte, daß der kalifornische Wein gut und billig war und daß die kalifornischen Frauen recht unproblematisch waren. Häufig bestellten er und Emil abends Lynda Sargent und eine ihrer Freundinnen in die Hütte, damit sie ihnen in Unterwäsche vortanzten.[7] Häufig ließ Miller nach dem Essen zur Musik von Louis Armstrong auf dem Grammophon seine charakteristische tiefe, klangvolle Stimme mit dem starken Brooklyn-Akzent erklingen und durchsetzte seine Worte mit langen «hmm's» und «don't cha know's». In seiner neuen Umgebung war Miller abgeklärter geworden.

Doch was ihm in seinem Leben am meisten fehlte, war eine Frau. Er war jetzt über fünfzig, das Verhältnis zu Anaïs Nin war distanziert, und so vermißte er in seiner neuen Isolation eine Gefährtin um so mehr. Weil das Leben in Big Sur so einfach war und das Überleben dort so viel Phantasie erforderte, betrachteten die Männer dieser Gegend Frauen als eine lebenswichtige Ware, die ebenso nötig war wie Essen oder ein Dach über dem Kopf. Im April fragte Miller bei der *Saturday Review of Literature* an, ob er eine persönliche Anzeige unterbringen dürfe.[8] Er gab an, er suche eine Sekretärin, der er als Bezahlung Kost und Logis biete; chinesische, mexikanische, griechische oder französische Bewerberinnen würden bevorzugt. Dann überlegte er es sich aber doch anders, denn er glaubte, der Zeitschrift sei seine Anzeige vielleicht zu direkt. Im Mai hatte Miller das Problem wenigstens vorübergehend gelöst, denn er hatte eine hitzige Briefromanze mit June Lancaster angefangen, einer attraktiven Tänzerin Anfang Dreißig.

Miller hatte seine zweite June durch Harry Hershkowitz gefunden, einen Seemann bei der Handelsmarine, der selbst literarische Ambitionen hatte und den er 1943 am Beverly Glen Boulevard kennengelernt hatte. Hershkowitz lebte inzwischen in New York, wo er einen Großteil des Winters und das Frühjahr 1944 damit verbrachte, für sich und Miller Frauen aufzutreiben. Er und Miller tauschten lange Briefe, in denen sie weibliche Qualitäten diskutierten, und Miller schlug mögliche Bettgefährtinnen für Harry vor. Sie besprachen auch Strategien, um Geld für Miller aufzutreiben. Miller redete Hershkowitz aus, Charlie Chaplin um Geld anzugehen, und drängte seinen Freund, den völlig verarmten Schriftsteller Kenneth Patchen zu besuchen, um ihn in die Feinheiten des Bettelns einzuweisen.[9] Miller beauftragte Hershkowitz auch damit, seine Tochter Barbara zu finden, drängte ihn aber, Beatrice aus dem Weg zu gehen, da er ihr immer noch Alimente schuldig war. Und wenn Hershkowitz schon suche, schlug Miller vor, dann könne er ebensogut auch noch June Mansfield ausfindig machen. Aber Hershkowitz teilte ihm mit, daß Janice Pelham, eine gemeinsame Freundin, June schon getroffen habe und daß June inzwischen alt und häßlich sei.

Es war sehr gut möglich, daß es letzten Endes mit gar keiner Frau in Big Sur «klappen» sollte, denn das Leben dort bot wenig Annehmlichkeiten. Millers Hütte hatte keine sanitären Einrichtungen, keinen Strom, Heizung oder heißes Wasser, und zur Zeit nannte er auch kein Auto sein eigen. Obwohl Big Sur ein außergewöhnlich schönes Fleckchen war, entsprach es nicht jedermanns Vorstellung vom Paradies. Besonders im Winter, wenn es tagelang regnete, war das Leben hart. [10]

Miller stand nun vor dem Problem, sich für eine der ihm vorgeschlagenen Frauen entscheiden zu müssen, ohne Fotos von ihnen zu haben. Er fand es schwierig, nur nach Briefen zu urteilen, und setzte Hershkowitz auf weitere Einzelheiten an.

Nach mehreren Fehlschlägen verlegte sich Hershkowitz darauf, die junge June Lancaster zu überreden, zu Miller nach Big Sur zu ziehen. In ihrem ersten Brief an Miller, den sie am 15. Februar 1944 schrieb, erklärte sich June bereit, ihn Val zu nennen, wie es seine zweite Frau June getan hatte, aber obwohl sie offenbar sehr willig war, hatten Miller und Hershkowitz ihre Zweifel. Miller machte sich Gedanken, ob sie mit ihren dreiunddreißig Jahren vielleicht nicht doch schon zu alt sei, und Hershkowitz mutmaßte, daß sie nicht besonders häuslich sei. Aber auch June hatte ihre Zweifel. Sie vertraute Hershkowitz ihre Befürchtung an, Miller sei so etwas wie ein mephistophelischer Sexmagier, der sie von ihrer Karriere als Tänzerin abbringen würde. [11]

Trotz seiner Zweifel blieb Miller beharrlich. Er betrachtete June Lancaster als eine Art Doppelgängerin seiner zweiten Frau und bat Hershkowitz, sich für ihn einzusetzen, indem er beteuerte, er sei bis über beide Ohren verliebt. Statt dessen schlief Hershkowitz selbst mit June und berichtete Miller, daß sie kleine Brüste, aber einen festen, reizvollen Körper habe. Und um diesen Schlag etwas abzumildern, schrieb er, er habe sie während des Aktes gedrängt, zu Miller nach Kalifornien zu ziehen. Dann machte Miller den Fehler, Harry zu schreiben, ihm wäre es egal, wenn dieser seine Tochter Barbara verführte, nachdem er sie gefunden hätte; Hershkowitz muß diese Bemerkung mißverstanden haben, denn bald danach berichtete er, June sei sehr aufgebracht darüber, daß Miller seine eigene Tochter verführen wolle. [12]

June gab Miller den Spitznamen «Bliss»*, malte in ihren an ihn

---

* Glückseligkeit (Anm. d. Ü.)

adressierten Briefen Schnecken, Blumen und Wolken um seinen Namen und schickte ihm ein Aktfoto, das er neben die anderen Fotos seiner weiblichen Briefpartner auf den Kaminsims stellte. Am 8. Mai entschloß sie sich, zu ihm zu gehen.

Varda holte June in San Francisco ab und brachte sie zurück zu seiner Scheune, wo er und seine Frau Virginia sie in ein Zirkuskostüm steckten und die Scheune mit Blumen schmückten.[13] Als Miller, Lynda Sargent und Emil White ankamen, trafen sie auf die quasi gebrauchsfertige June, die auf einem Faß stand und mit über dem Kopf erhobenen Händen posierte. Benommen starrte Miller sie an – mit ihrem langen schwarzen Haar war sie wunderschön.

Es folgte eine rauschende Party, nach der das Paar zu Millers Hütte am Partington Ridge zurückkehrte. Die Romanze dauerte aber nicht lange. Zwar war June wunderschön und trug den Namen seiner zweiten Frau, aber sie konnte Miller auf Dauer nicht fesseln. Obwohl sie das rein geschlechtliche Wesen war, das Miller vermeintlich gewollt hatte, langweilte sie ihn, und außerdem war sie im Haushalt keine große Hilfe. Tagsüber, wenn Miller schreiben wollte, war sie ihm im Weg. Oft entschlüpfte sie in den Wald, um Tanzschritte an einer Stange zu üben, die Emil White für sie aufgestellt hatte, und schließlich verschwand sie eines Tages einfach.

Obwohl Miller in mehreren Briefen an Freunde über den Verlust klagte, schien er von ihm doch nicht tief berührt zu sein. Er hatte tausend Sachen zu erledigen und schmiedete neue Pläne. So hatte er beschlossen, daß er einen Mäzen brauchte, jemanden, der ihm finanziell das Schreiben ermöglichte. Er hatte nämlich gemerkt, daß er selbst in Big Sur nicht ohne Geld auskommen konnte, und nur wenige Nachbarn konnten es sich leisten, ihn zu unterstützen.

Im März verfaßte Miller einen weiteren «Offenen Brief», der diesmal an etwa zwanzig gutsituierte Freunde adressiert war. Er suche jemanden, so schrieb er, der ihm fünfzig Wochen lang fünfzig Dollar pro Woche zahle. Seit er nach Amerika zurückgekehrt sei, habe er nie mehr als drei- oder vierhundert Dollar verdient – mit der Ausnahme von 1943, als ihm die Aquarelle tausendvierhundert Dollar eingebracht hätten. Schätzungsweise habe er beinahe vierundzwanzigtausend Dollar Schulden. Da 1944 siebzehn seiner Bücher oder Pamphlete – zumeist Arbeiten, die er in Frankreich verfaßt hatte – erscheinen sollten, bestehe die Chance, daß er die zweitausendfünfhundert Dollar auch zurückzahlen könne. Alles, was er wolle, sei Zeit, um *The Rosy Crucifixion* abzuschließen sowie ein Manuskript, das der zweite Band von *Der klimatisierte Alptraum* werden solle.

Kopien des Briefes gingen unter anderem an Ben Abramson, Caresse Crosby, Huntington Cairns, James Laughlin, Melpo Niarchos, Geraldine Fitzgerald und an Frances Steloff. Keiner von ihnen meldete sich als sein Gönner, obwohl einige Geld schickten. Cairns schrieb, er kenne ein paar Leute, die vielleicht Interesse haben könnten. Dann teilten Russell & Volkening mit, daß jemand in ihren Büros aufgetaucht sei, der anbot, Millers Bedingungen nachzukommen. Der Mann gab seinen Namen mit Harry Kogh Vare an, was offensichtlich ein Witz war, ein Wortspiel mit *haricots verts*.* Er sei Maler, lebe in Kalifornien, sei selbst arm und müsse sich das Geld borgen, um es Miller leihen zu können, aber dennoch wolle er Miller eine anfängliche monatliche Zahlung von zweihundert Dollar gewähren. Miller könne es zurückzahlen, wann und wie auch immer er wolle.

Wenn er Geld hatte, war Miller sehr großzügig. Es war typisch für ihn, daß er die Hälfte seines zu erwartenden monatlichen Stipendiums Anaïs Nin geben und die verbleibenden hundert Dollar mit Harry Hershkowitz teilen wollte, der, wie Miller nun behauptete, ihm seit Monaten drei Dollar pro Woche geschickt habe. Anaïs Nin war sehr ärgerlich, wie Miller mit seinem unerwarteten Geschenk umzugehen plante; sie hatte dergleichen zu oft miterlebt.[14] Außerdem hatte sie das Gefühl, er siedle Hershkowitz' Texte auf demselben Niveau wie ihre eigenen an, und diese Beleidigung traf sie sehr. Sie verstand Millers Großzügigkeit, die auf weit unkonventionelleren Ansichten über Wohltätigkeit basierte als ihre eigenen, von Grund auf falsch. Miller war der Meinung, daß man, wenn man im Besitz von Geld war, einem Freund helfen und im Gegenzug nichts erwarten sollte; sie konnte es sich nicht vorstellen, ohne Bedingungen finanzielle Hilfe zu leisten.

---

* grüne Bohnen (Anm. d. Ü.)

Leider verschwand Harry Kogh Vare nach drei Monaten, vielleicht weil er erfuhr, wie Miller seinen monatlichen Betrag verwendet hatte. Aber Miller hatte bereits vorausgesehen, daß sein Glück nicht lange dauern würde, und am 5. Mai 1944 an Huntington Cairns geschrieben, er suche einen weiteren Gönner, denn auch fünfzig Dollar pro Woche würden ihm nicht zum Leben reichen.[15] Es war ein bitterer Brief, in dem er über den Geiz seiner Bekannten klagte und als lobenswerte Ausnahmen seine neuen Freunde Bern Porter, Emil White und George Leite erwähnte: White veranstalte sogar Lesungen von Millers Texten und lasse dann den Hut für den Autor herumgehen. Vorwurfsvoll schrieb Miller, falls Cairns einen Gönner finden sollte, müsse er die Person darauf hinweisen, daß das Geld ohne Bedingungen gegeben werden müsse – *als Geschenk*. Der Mann, der all sein Geld immer gedankenlos weggegeben hatte, konnte nicht verstehen, weshalb ihm seine Leser nur so widerwillig etwas zukommen lassen wollten.

Es tauchte jedoch kein Förderer auf, und 1944 stellte sich in finanzieller Hinsicht als ein sehr mageres Jahr für Miller heraus. Und dies, obwohl viele seiner Bücher jetzt in Druck gingen: New Directions brachte die Anthologie *Sunday After the War* (Sonntag nach dem Krieg) heraus, die Auszüge aus *Der klimatisierte Alptraum* und *The Rosy Crucifixion* sowie Essays über Anaïs Nin und D. H. Lawrence enthielt. In der Anthologie findet sich auch ein guter Bericht über das Treffen mit seiner Familie 1940 in Brooklyn, der Millers Mitleid mit seinem Vater offenbart sowie seinen Abscheu vor sich selbst, weil er unfähig war, materiell irgendwie auszuhelfen. Bern Porter brachte eine Sammlung der «Offenen Briefe» unter dem Titel *The Plight of the Creative Artist in the United States of America* (Das Elend des schaffenden Künstlers in den Vereinigten Staaten von Amerika) heraus und veröffentlichte auch *Murder the Murderer* (Ermordet den Mörder), eine Antikriegspolemik.

Das Drucken dieses Werkes bedeutete für Porter ein großes Risiko, denn wegen seiner Tätigkeit für die Regierung wäre es höchst peinlich für ihn gewesen, zu Kriegszeiten mit einem pazifistischen Traktat in Verbindung gebracht zu werden. Porter bereitete auch *Semblance of a Devoted Past* (Abbild einer hingebungsvollen Vergangenheit) vor sowie eine Sammlung von Millers Briefen an Emil Schnellock über Aquarelle und *Echolalia* (Echolalie), einen Band mit Millers Aquarellen.

Porter finanzierte seine verlegerische Unternehmung durch eine Art Schneeballsystem, bei dem sich die Autoren bereit erklärten, jeglichen Profit zurückzuzahlen, damit Porters nächste Bücher finanziert werden konnten. Miller gefiel diese Vereinbarung bald nicht mehr, und er wandte sich in zunehmendem Maße an andere kleine Verleger wie George Leite und Judson Crews aus Waco, Texas. An letzteren schrieb er am 19. Mai einen langen Brief, in dem er die Titel aufzählte, die er drucken lassen wollte; die meisten waren schon in der einen oder anderen Form veröffentlicht.[16] Zwar gestand er, daß Laughlin rechtlich die Option auf seine Texte habe und daß er Porter ein «moralisches und ethisches» Recht auf sein Werk zubillige, aber er bot dennoch die Titel an.

Porter stellte auch eine Sammlung mit Essays von Freunden und Kritikern über Miller zusammen, die er *The Happy Rock* (Der Fels des Glücks) nennen wollte, nach einem Ausdruck, den Miller im *Wendekreis des Steinbocks* benutzt hatte, um sich selbst zu beschreiben. Das Ganze wurde zu einem einzigen Loblied auf Miller, und Durrell, den Porter zu einem Vorwort überredet hatte, war über das Buch völlig bestürzt. Er hatte das Gefühl, daß Miller wegen der selbstgewählten Isolation von Big Sur und den ständigen Plänen, schnell zu Geld zu kommen, allmählich seinen Antrieb zum Schreiben verlor und daß er daher eher scharfe Kritik verdiente als Lobhudelei.

Durrell stand mit dieser Ansicht nicht allein da. Als Kenneth Patchen um einen Beitrag zu *The Happy Rock* gebeten wurde, schrieb er Miller eine Postkarte, in der er die anderen Autoren «so viele triefäugige unbedeutende Würstchen» nannte und ausrief: «Um Himmels willen, Miller, es kommt doch darauf an, von diesen Leuten nicht gemocht zu werden!»[17]

Aber sowohl Patchen wie auch Durrell übersahen, daß Miller gar keine andere Wahl hatte. Als Schriftsteller, dessen wichtigste Werke alle in seinem eigenen Land verboten waren, war er von der Verlagswelt und der literarischen Szene ausgeschlossen und nahm von seinen Bewunderern, was er kriegen konnte. Und so umgab sich Miller Mitte der vierziger Jahre mit der vielleicht merkwürdigsten Gruppe von Förderern, Bewunderern und Gelegenheitsverlegern, die je mit einem großen amerikanischen Autor in Verbindung gebracht worden ist. Es waren Menschen, von denen Miller glaubte, daß sie etwas für ihn tun könnten. Wenn sie kein Geld hatten – wie Walker Winslow, ein junger Schriftsteller, mit dem Miller sich während dieser Zeit angefreundet hatte –, dann konnten sie Manuskripte tippen, Briefkampagnen zu seinen Gunsten organisieren oder mögliche Gönner suchen. Mit erstaunlicher Geschwindigkeit wurden Freunde in den Kreis aufgenommen oder fielen in Ungnade. Harry Hershkowitz zum Beispiel sollte von Miller ganz einfach fallengelassen werden, nachdem er ihm nicht mehr nützlich war, und auch Miller und Bern Porter sollten sich 1945 trennen, wobei Miller sich über Porters Verrat beklagte. Dennoch gab es einen harten Kern von Freunden, denen Miller unbeirrbar treu war, zum Beispiel Emil White. Nach außen hin waren sie seine Beschützer, aber sie sonnten sich oft im Glanz seiner wachsenden Berühmtheit, genossen seine abgelegten Frauen, staubten Geldgeschenke ab und veranlaßten Miller, Bittgesuche zu ihren Gunsten zu machen. Viele sammelten gewissenhaft seine Werke, aber beim ersten guten Angebot verkauften sie sie wieder. Paradoxerweise fand sich der Mann, der Männerfreundschaften beinahe über alles stellte, zunehmend von Männern umgeben, deren Motive höchst eigennützig waren.

Im September 1944 erhielt Miller die bestürzende Nachricht, daß seine Mutter Krebs habe. Sie sollte bald operiert werden, und daher fuhr Miller am 6. Oktober nach New York. Bei seiner Ankunft stellte er fest, daß ihr Zustand weniger kritisch war als angenommen, und er schrieb Freunden, wahrscheinlich werde sie noch jahrzehntelang am Leben bleiben. Seit dem Tod seines Vaters hatte er mit Louise einen beklemmenden Waffenstillstand geschlossen – er schickte ihr Obst aus Kalifornien, und als er in seine Hütte in Big Sur eingezogen war, hatte er sie um Bettwäsche gebeten –, aber seine Gefühle ihr gegenüber waren immer noch zwiespältig. Durch Louises Krankheit wurden diese gemischten Gefühle wieder wach und belebten auch das Verantwortungsgefühl gegenüber seiner

Schwester Lauretta, um die er sich nach dem Tod der Mutter würde kümmern müssen.

Miller nahm Louises gebesserten Gesundheitszustand zum Anlaß für eine Reise durch den Osten. Ende Oktober fuhr er nach Moylan, Pennsylvania, um Jasper Deeter zu besuchen, den Leiter eines Theaters, den er auf seiner Rundreise im Jahr 1941 kennengelernt hatte. Dann fuhr er weiter nach Bryn Mawr zu Paul Weiss, einem Philosophieprofessor, der durch einen Briefwechsel sein Freund geworden war. Als er wieder in New York war, wohnte er bei Larry King, einem Freund von Harry Hershkowitz, und stattete Melpo Niarchos einen Besuch ab. Er fürchtete sich vor einer Begegnung mit Anaïs Nin, da ihre letzten Briefe kühl und distanziert geklungen hatten, und schrieb ihr statt dessen ein paar Worte. Er suchte einige der Frauen auf, die Hershkowitz für ihn ausgesucht hatte, und schrieb Emil White, er sei entschlossen, zwei oder drei Frauen zu finden, die er dazu «treiben» könne, den Winter über mit nach Big Sur zu gehen.[18]

In New York stellte Hershkowitz, der damals noch nicht in Ungnade gefallen war, Miller einer jungen amerikanischen Polin und ihrer Schwester vor. Janina Martha Lepska war zwanzig Jahre alt und studierte Philosophie in Yale. Sie sprachen über ihren gemeinsamen Freund Paul Weiss, und Miller erzählte dem Mädchen von seinen Büchern und seinem Leben in Big Sur. Miller befürchtete, daß sie ihn für zu alt hielt, und er hatte wenig Hoffnung, daß es zwischen ihnen funken könnte.

Am 7. November fuhr Miller nach Newhaven, wo Wallace Fowlie, ein Yale-Professor, der sich auf französische Literatur spezialisiert hatte, eine Aquarellausstellung für ihn arrangiert hatte. Dort sah er Lepska – so ließ sie sich gerne nennen – wieder, und dieses Mal glaubte er, daß sie an ihm interessiert sei. Sicherlich fand er sie attraktiv. Lepska war blond und zierlich und hatte beinahe perfekte Gesichtszüge. Sie sah zwar mädchenhaft aus, hatte aber eine unverwüstliche Natur – Miller glaubte, sie sei genau die Richtige, um sich für das Leben in Big Sur zu begeistern. Außerdem gefiel ihm ihre geistige Wendigkeit; nach seiner Erfahrung mit June Lancaster interessierte er sich für Frauen, die nicht nur gut aussahen, sondern auch intelligent waren. Sie habe etwas von Anaïs Nin, fand er, sei aber nicht so unbeständig wie diese. Es dauerte nicht lange, bis er sie einlud, mit ihm nach Kalifornien zu gehen, und Lepska versprach ihm, daß sie darüber nachdenken werde. Mit dreiundfünfzig war Miller auf seine Art immer noch ein gutaussehender Mann; in Gesprächen war er sehr warmherzig und charmant. Durch seinen Ruf als Autor von verbotenen Büchern galt er, zumindest bei einigen Frauen, als sexy, und das Bild, das er vom Leben in Big Sur malte, war romantisch.

Von Newhaven aus fuhr Miller nach Dartmouth, wo sein Freund Herbert West einen Vortrag für ihn arrangiert hatte. Miller haßte es, Vorträge zu halten, aber er hatte sich bereit erklärt, vor einer kleinen Gruppe von Studenten zu sprechen, unter denen sich viele heimgekehrte Soldaten und Seeleute befanden. Die Veranstaltung verstörte Miller, denn ein Student stellte ihm penetrante Fragen bezüglich seines Patriotismus und seiner militärischen Vergangenheit. Miller war deshalb nicht überrascht, als ihm ein Freund eine Anklageschrift mit dem Titel «Odyssey of a Stool Pigeon» (Odyssee eines Spitzels) überreichte; sie war in der monatlichen Kolumne «The Enemy Within» der Zeitschrift *New Currents: A Jewish Monthly* erschienen. Der Autor, Albert E. Kahn, war der bewußte Störer aus der Veranstaltung, der in dem Artikel behauptete, Miller hätte in seiner Zeit in Paris mit den Faschisten kollaboriert. Die Vorwürfe waren natürlich unbegründet, aber der Artikel erschütterte Miller, und nach dem Erscheinen des Artikels bekam West Besuch vom FBI. Millers unpatriotische Haltung gegenüber den Vereinigten Staaten war zwar wohlbekannt, aber dieses Erlebnis zermürbte ihn. Es war ein Anzeichen für die Intensität des Gefühls, das Miller bei seinen Lesern hervorrief: Entweder liebten ihn die Leute, oder sie haßten ihn, und wenn sie ihn haßten, dann konnten sie äußerst bösartig sein.

Während seines Aufenthalts in Dartmouth erhielt er haufenweise Briefe von Lepska, in denen sie ihm ihre Liebe erklärte. So machte er Zwischenstation in Newhaven und nahm sie mit auf eine Reise nach Washington, wo er seine alten Freunde Caresse Crosby und Huntington Cairns besuchte. Dort hatte Cairns in der Library of Congress Lesungen aus *Schwarzer Frühling* und *Wendekreis des Steinbocks* arrangiert – Miller durfte natürlich nur makellose Passagen vortragen, was er sehr amüsant fand. Danach fuhren er und Lepska nach Fredericksburg, wo sie Emil Schnellock besuchten, und dort erklärte sich Lepska einverstanden, Miller zu heiraten. Verschiedene Hindernisse hielten die beiden zunächst davon ab, ihre Verbindung zu legalisieren: Erst am 18. Dezember war es in Boulder, Colorado, soweit.

In seinen Briefen an Durrell, Emil White, Herbert West und andere nannte Miller Lepska «das kleine polnische Mädchen»; sie war in der Tat wesentlich jünger als seine eigene Tochter, und auf der Zugfahrt in den Westen wurde die Braut – mit ihrem komisch aussehenden Ehemann – von jeder Menge lüsterner Militärangehöriger beäugt.[19] Lepska ließ sich jedoch nicht irritieren, und sie fühlte sich auch in Big Sur sehr wohl, was Miller ein wenig überraschte. Nach kurzer Zeit hatte sie sich mit allen Einheimischen angefreundet und Ordnung in die Hütte auf Partington Ridge gebracht. Bereits im Mai 1945 war Lepska schwanger, und das Paar war überglücklich.

Die Ehe machte Miller ruhiger und lenkte seine Aufmerksamkeit vom Geldbeschaffen zurück zu seiner Arbeit. *The Rosy Crucifixion* verstaubte immer noch im Regal, aber er hatte mit einem neuen Vorhaben begonnen, nämlich mit einer Arbeit über Rimbaud. Der französische Dichter hatte ihn seit der Zeit in der Henry Street fasziniert, als Jean Kronski ihn wie besessen zitiert hatte. Während seines Aufenthalts im Green House in Beverly Glen hatte Miller Enid Starkies Rimbaud-Biographie gelesen und war über die Parallelen zwischen Rimbauds Leben und dem seinen erstaunt. Wie Rimbaud hatte auch er während seiner Jahre mit June eine «Zeit in der Hölle» durchlebt, und wie Rimbaud hatte auch er das Gefühl, nirgendwo richtig hinzugehören.

Die Arbeit über Rimbaud, die Miller 1945 beschäftigte, erschien ein Jahr später bei New Directions unter dem Titel *The Time of the Assassins (Rimbaud oder Vom großen Aufstand)* und war der Versuch einer mystischen Ästhetik, ein spiritueller Entwurf zum Verständnis der Verbindungen zwischen Kunst und Leben. Das Buch legt Zeugnis ab von Millers zunehmender Faszination vom Mystizismus und macht deutlich, daß er sich selbst immer stärker als eine Art literarischen Erlöser betrachtete.

1945 arbeitete Miller auch an *Remember to Remember**, einem weniger ambitionierten Buch, das er immer als zweiten Band von *Der klimatisierte Alptraum* ansah. Er benutzte dafür einige Essays, die er für *Circle* geschrieben hatte, sowie eine Geschichte über Jean Varda, fügte außerdem eine erweiterte, aber weniger wirkungsvolle Version von *Murder the Murderer* bei und einen Artikel über den schwarzen Künstler Beauford Delaney, der bereits im Londoner *Now*, im New Yorker *Tricolor* und als «Outcast Chapbook» bei Oscar Baradinskys Alicat Press erschienen war. Beinahe alles in dem Buch war auf ähnliche Weise wiederaufbereitet. Nur «The Staff of Life» (Das wichtigste Nahrungsmittel), eine längere Betrachtung über die Qualität von amerikanischem Brot, ragt unter all den kurzen Texten heraus. Miller verrät hier ein Rezept für das «wichtigste Nahrungsmittel» der Amerikaner:

> Zunächst nehme man jeden Laib, der einem angeboten wird, fraglos an, selbst wenn er nicht in Cellophan verpackt ist... Man werfe ihn zur Ölkanne und den schmierigen Lumpen hinten ins Auto; wenn möglich vergrabe man ihn unter einem Sack Kohle, *Stein*kohle... Wenn man zu Hause ist... nehme man ein großes Tranchiermesser und schlitze den Laib von vorne bis hinten auf. Dann nehme man eine ganze Zwiebel, geschält oder ungeschält, eine Karotte, einen Strunk Sellerie, ein großes Stück Knoblauch, einen kleingeschnittenen Apfel, einen Hering, eine Handvoll Sardellen, einen Zweig Petersilie und eine alte Zahnbürste und schiebe alles in den ausgeweideten Bauch des Brotes... Den Laib zehn Minuten in den Ofen schieben und servieren.[20]

Die Passage stellt einen brillanten Angriff auf die amerikanischen Eßgewohnheiten dar und, im weitesten Sinne, auf den amerikanischen Lebensstil. «The Staff of Life» gehört zu Millers besten gesellschaftskritischen Texten.

Im Sommer 1945 bat Miller Emil White, für fünf Dollar die Woche seine Korrespondenz zu erledigen; durch dieses Angebot

---

* Die titelgebende Erzählung erschien in Deutschland separat als: *Land der Erinnerung* (Anm. d. Ü.).

erhielt ihre seit langem bestehende Verbindung einen offiziellen Anstrich. Whites erste Aufgabe bestand in der Versendung eines Formbriefes, in dem es hieß, daß er, White, nun Millers Korrespondenz führe. Jeden Tag sollte er alle Briefumschläge öffnen und nachsehen, ob einer Geld oder einen Scheck enthielte, und Routineangelegenheiten wie Rechnungen oder Fragen von Lektoren sollte White ohne Rücksprache erledigen. Doch bald stellte sich heraus, daß es so etwas wie Routineangelegenheiten überhaupt nicht gab; Miller wollte über jeden Verehrerbrief, über jede Transaktion informiert werden.

Nach wie vor war Millers materielle Lage mehr als nur angespannt. Um seine Finanzen stand es so schlimm, daß er, als Lepska ihm im Frühling von ihrer Schwangerschaft erzählte, ernsthaft daran zweifelte, das Kind überhaupt ernähren zu können. Das einzig sichere Einkommen waren fünfzig Dollar im Monat von James Laughlin bei New Directions; Laughlin hatte auf diesem Zahlungsmodus bestanden, um Millers chronischer Sorglosigkeit vorzubeugen, was ihm Miller sehr übelnahm. Doch eigentlich brachten die Bücher nicht einmal diesen Betrag ein, obwohl die meisten in die zweite Auflage gegangen waren, und die Tantiemen von anderen Verlagen waren gleich Null.

Die einzige wichtige Ausnahme bildete sein Pariser Verlag. Nach der Befreiung von Paris im Jahr 1944 hatte Maurice Girodias, Jack Kahanes Sohn, die Publikation der alten Obelisk-Titel wieder aufgenommen, und zwar in seinem eigenen neuen Verlag, Les Éditions du Chêne. *Wendekreis des Krebses* hatte sich während des Krieges, als amerikanische GIs Exemplare in riesigen Mengen nach Hause schmuggelten, sehr gut verkauft, und im Herbst 1945 schrieb Girodias an Miller, daß er vorhabe, die in Paris entstandenen Bücher neu aufzulegen und ihm dafür an Tantiemen vierhundertzehntausend Francs zu zahlen.[21] Miller rechnete die Francs schnell in Dollar um und stellte freudig fest, daß ihm über achttausend Dollar zustanden, aber leider machte eine spezielle Devisenbestimmung es beinahe unmöglich, größere Geldsummen aus Frankreich auszuführen. Nur wenn er nach Frankreich ziehen oder Mittel finden würde, seine Francs in Dollar zu tauschen, könnte er überhaupt in den Genuß der Einnahmen kommen.

Durrell und Perlès drängten Miller, diese Einkünfte in französischen Immobilien anzulegen, und eine Zeitlang überlegte er sich das wohl auch. Er zögerte aber zu lange. Im Januar 1946 fiel der Wert des Francs um ein Drittel, und nach weiteren Abwertungen waren die ihm zustehenden Tantiemen plötzlich nur noch etwa dreitausendfünfhundert Dollar wert. Miller hoffte, das Problem lösen zu können, indem er sich in Frankreich einen Agenten suchte; daher löste er sich von Russell & Volkening und seiner britischen Agentin Patience Ross und unterschrieb bei der Agentur Hoffman in Paris. Daß der französische Notgroschen nicht ganz verschwand, war hauptsächlich einer großen neuen französischen Leserschaft der in Paris geschriebenen Bücher zu verdanken. Girodias hatte die *Wendekreis*-Bücher, *Schwarzer Frühling* und *Max and the White Phagocytes* wieder aufgelegt, und die Ausgaben waren schnell vergriffen.

Die Verkaufszahlen erfuhren im März 1946 erneut Auftrieb, als ein kleiner Skandal, die sogenannte *affaire Miller*, die Aufmerksamkeit der französischen Literaturszene auf sich zog.[22] Daniel Parker, ein französischer Staatsbürger, hatte gegen Éditions du Chêne und Éditions Denoel – letztere hatte die Rechte an *Wendekreis des Krebses* von Maurice Girodias erworben, der in finanziellen Schwierigkeiten war – eine Klage wegen Pornographie eingereicht. Er berief sich auf ein Anti-Pornographie-Gesetz aus dem Jahre 1939 und behauptete, Miller sei ein Psychopath, der in medizinische Behandlung gehöre. Der Ausschuß, der über die Klage zu befinden hatte, entschied gegen Miller und wollte die *Wendekreis*-Romane und *Schwarzer Frühling* verbieten lassen, aber beinahe umgehend erklärten sich französische Schriftsteller mit Miller solidarisch; zu den Mitgliedern des Verteidigungskomitees gehörten André Breton, Albert Camus, André Gide und Jean-Paul Sartre. Die Streitfrage empörte und erregte die französischen Intellektuellen, und diese Reaktion ermutigte Maurice Girodias, Parker wegen Verleumdung zu verklagen. Parker gab nach, und die Aufregung legte sich, aber *l'affaire Miller* hatte den Namen Henry Miller landesweit bekannt gemacht. Die Verkaufszahlen seiner Bücher schnellten hoch, und im Sommer 1947 hatte Miller vier Millionen vierhundertsiebzigtausend Francs auf seinem französischen Konto; trotz der Abwertung ergab das beinahe siebenunddreißigtausend Dollar.

Miller dachte sich alle möglichen Tricks aus, um sein Geld aus Frankreich herauszubekommen. So schrieb er Durrell, daß er daran denke, Man Ray mit dem Kauf von Picasso- und Braque-Bildern zu beauftragen, die er dann in die Staaten bringen und wieder verkaufen könne. Er bat sogar Hugo Guiler um Hilfe, in der Hoffnung, daß dieser Geld über die National City Bank transferieren könnte.[23] Ungefähr zur selben Zeit schrieb er auch einen Brief an Osbert Sitwell, in dem er ihn bat, seinen Fall vor das britische Königshaus zu bringen.[24] Ein weiterer Plan bestand darin, sich von nach Frankreich reisenden Freunden Dollars auszahlen zu lassen; die Freunde sollten dann von Girodias die Summe in Francs erstattet bekommen. Michel Hoffman, Millers Agent in Frankreich, gelang es 1946 tatsächlich, über siebentausendfünfhundert Dollar außer Landes zu bekommen, und Millers alter Freund aus Paris, der Agent Frank Dobo, ließ in New York seine Beziehungen spielen, wodurch weitere Summen nach Amerika gelangten. Es sollten jedoch noch drei weitere Jahre vergehen, bis sich praktikable Möglichkeiten zum Geldtransfer ergaben; im Sommer 1948 konnte Girodias autorisiert werden, Miller jeden Monat fünfhundert Dollar zu überweisen.

Dieser glückliche Ausgang war am 19. November 1945, als Lepska eine Tochter zur Welt brachte, noch nicht abzusehen. Miller und Lepska tauften sie auf den Namen Valentine Lepska, nach Millers Großvater und Lepskas Vater, die denselben Vornamen trugen. Voller Stolz und Freude verkündete Miller die Geburt des Babys in Briefen an seine Freunde; er war vernarrt in das Mädchen, so wie er vor siebenundzwanzig Jahren vernarrt in Barbara gewesen war. Valentine – die bald Val gerufen wurde – mache überhaupt keine Schwierigkeiten, schrieb Miller mehreren Freunden.

Henry erinnerte sich mit Schrecken an die puritanische Strenge seiner Mutter, und er war überzeugt, daß es Kindern gestattet sein sollte, sich ihrem eigenen Tempo gemäß zu entwickeln. Die Kindererziehung wurde daher zu einem wunden Punkt in der Beziehung zwischen ihm und Lepska. Miller hielt Bestrafung für so schädlich, daß er dem Kind am liebsten alles durchgehen ließ, aber Lepska widersprach ihm mit allem Nachdruck, und einige ihrer schlimmsten Streitigkeiten entbrannten über dieser Frage. Hinter

Lepskas unerschütterlicher guter Laune stand ein starker Sinn für Disziplin; sie glaubte an Ordnung und Regeln. Miller, der bei seinen eigenen Angelegenheiten Ordnung hielt, mochte bei anderen diese Eigenschaft nicht, haßte sie im Grunde sogar. Die Geburt von Valentine erschütterte daher die noch junge Ehe stark.

Das wacklige häusliche Gleichgewicht wurde außerdem durch einen nicht abreißenden Strom wohlmeinender Besucher bedroht, denn Mitte der vierziger Jahre scharte sich um Miller eine Fangemeinde, die durch das Gerede über das bohemehafte Alltagsleben der Einwohner von Big Sur angelockt wurde. Deren Streben nach sexueller Befreiung, das auch von dem damals berüchtigten Wilhelm Reich in *Die Funktion des Orgasmus* dargelegt worden war, wirkte höchst exotisch. Wenn zum Beispiel George Leite oder Bern Porter von Berkeley herüberkamen, brachten sie oft eine Horde neugieriger Studenten mit, die unbedingt den umstrittenen Sex-Schriftsteller, von dem sie oft nicht einmal die Bücher kannten, kennenlernen wollten. Die Lage verschlimmerte sich noch, als in *Harper's Bazaar* ein Artikel von Millicent Edie Brady mit dem Titel «The New Cult of Sex and Anarchy» erschien[25], ein reißerisch aufgemachter Bericht über die Vorgänge in der Künstler- und Schriftstellerkolonie in Big Sur, in dem es hieß, Millers Bewunderer würden *Murder the Murderer* und *Der klimatisierte Alptraum* nur wegen des darin enthaltenen «Mystizismus, Egoismus, Sexualismus und Surrealismus» lesen.

In Wahrheit beschäftigten sich *The Cosmological Eye, Wisdom of the Heart* und andere in den vierziger Jahren lieferbare Titel eher mit Spiritualität und Astrologie. Leute, die sich ernsthaft mit diesen Büchern beschäftigten, merkten bald, daß Miller zutiefst religiös war – wenn auch kaum im traditionellen Sinn –, und bei Besuchen hörten sie ihm gespannt zu, wenn er sich über Themen wie die moderne Kunst, den Weltfrieden oder das Verhältnis zwischen den Geschlechtern ausließ.

Jahre später äußerte sich Walter Lowenfels über die einzigartige Qualität dieser Anhänger[26] und behauptete, daß Miller bei seinen Lesern eine Ehrfurcht erwecke, wie es keinem anderen Schriftsteller gelungen sei – weder Hemingway noch Fitzgerald, noch T. S. Eliot. Und in der Tat sahen Millers ergebene Bewunderer in ihm einen Mann, der aus der Gesellschaft ausgestiegen war, sich eine junge Frau genommen hatte, auf einem Berg lebte und die Vorteile der sexuellen Befreiung und der geistigen Erfüllung predigte. Einzelheiten – daß er zum Beispiel zu Slades heißen Quellen lief, um die Babywindeln zu waschen – bestärkten sie in ihrer Einschätzung seiner Bescheidenheit, eine Eigenschaft, die sie beinahe mit Heiligkeit gleichsetzten. Viele wurden durch sein Beispiel bestärkt, ihren konventionellen Beruf an den Nagel zu hängen und zu schreiben; ihr Idol empfahl ausdrücklich, einen solchen Weg zu wählen. Selbst wenn Miller kurzangebunden oder abweisend war – was häufig vorkam –, erwiesen ihm seine Fans eine erstaunliche Treue.

Viele seiner Anhänger waren auch sehr großzügig, versorgten Miller mit gebrauchter Kleidung, Malutensilien und Lebensmitteln. Er wiederum schrieb den Namen eines jeden Gönners auf eine Karteikarte und notierte Darlehen, Geld und andere Geschenke oder die Bücher, die sie von ihm erwarben.[27] Viele Notizen endeten jedoch abrupt mit von Miller hingekritzelten Bemerkungen wie «Fallen lassen!» oder «Was für ein Langweiler!»

Diese Besucher, so großzügig sie auch sein mochten, nahmen in beängstigender Weise Millers Zeit in Beschlag. Frauen suchten ihn auf und baten darum, in sexuelle Geheimnisse eingeweiht zu werden; junge Männer brachten ihm ihre Manuskripte zum Lesen und Bücher zum Signieren. Manche bettelten um Geld, andere wiederum um die Gunst, bei ihm wohnen zu dürfen, gewöhnlich auf unbestimmte Zeit. Ständig wurden die Millers mit derartigen Bitten bestürmt.

Im Herbst 1947 erreichte Miller aus unerwarteter Richtung ein Hilfegesuch. June Mansfield schrieb ihm, daß Stratford Corbett sie verlassen habe und daß sie krank und mittellos sei.[28] Sie erklärte, sie habe ulzeröse Kolitis, wiege nur noch vierunddreißig Kilo und wohne in einem möblierten Zimmer in der Clinton Avenue in Brooklyn. Anhand ihrer Briefe folgerte Miller, daß seine Exfrau geistig verwirrt sei; sie litt offenbar an Verfolgungswahn und drückte sich zusammenhanglos aus. June schrieb, er wäre entsetzt, wenn er ihre Geschichte kennen würde, die «großen Ungerechtigkeiten, kriminellen Fehler und Intrigen der Vergangenheit». Zumindest das klang vertraut. Miller schickte ihr einen Scheck und wandte sich an Irving Stettner, einen Freund aus dem Osten, der June dreißig Dollar brachte. Aber nun, da sie ihn gefunden hatte, dachte June nicht im Traum daran, seine Spur wieder zu verlieren. In den nächsten zehn Jahren schrieb sie ihm ab und zu, während ihr körperlicher Verfall unaufhaltsam weiter voranschritt. Sie landete schließlich in einem Fürsorgeheim in der Upper West Side in New York. Wenn June Geld forderte, schickte ihr Miller geringe Beträge und kümmerte sich auch hin und wieder um ihre medizinische Betreuung, aber gewöhnlich überließ er die Kommunikation einfach seiner gegenwärtigen Frau.

Ein weiteres Gespenst aus der Vergangenheit tauchte 1947 in der Gestalt des Astrologen Conrad Moricand auf. Als Anhänger der Vichy-Regierung war Moricand nach dem Krieg aus Sicherheitsgründen in die Schweiz geflohen, von wo er Miller schrieb, er sei am Ende und ohne einen Pfennig. Miller, der mit ihm einen regen Briefwechsel geführt hatte, war es unerträglich, von dem Leid seines alten Freundes zu hören, denn er betrachtete den Astrologen als eine Art Geistesverwandten. Wie Miller war der Aristokrat Moricand ein Außenseiter, der sich in der modernen Welt nicht zurechtfand, und Miller verband seinen Namen mit seinen letzten wunderbaren Monaten in Paris, mit der Euphorie inmitten des Verfalls, die *Wendekreis des Steinbocks* färbt. Moricands Okkultismus und seine leicht reaktionäre Weltsicht reizten ihn ebenfalls, und daher machte er ihm das ungewöhnliche Angebot, nach Big Sur zu kommen, so daß er und Lepska sich um ihn kümmern könnten, und zwar für den Rest seines Lebens. Es dauerte einige Monate, bis das Ganze arrangiert war. Miller mußte erst den Einwanderungsbehörden garantieren, daß Moricand dem Staat nicht zur Last fallen werde, und der Schweizer Vermieterin mußte seine ausstehende Miete bezahlt werden. Aber Weihnachten 1947 traf Moricand in dem neuen Haus der Millers auf Partington Ridge in Big Sur ein.

Schon bald stellte sich heraus, daß das Vorhaben zum Scheitern verurteilt war. Miller hatte Moricand zwar vor dem rauhen Leben in Big Sur gewarnt, aber auf die völlige Abgeschiedenheit der Gegend war sein alter Freund nicht vorbereitet. Völlig weltfremd bat er um Yardley-Körperpuder und ausgefallenes Briefpapier, und er bestand auf Erdnußöl anstelle des Olivenöls, das die Millers benutzten. Unaufhörlich beschwerte er sich über das Wetter, das Essen und seine Gesundheit, mit der es tatsächlich nicht zum besten stand. Weil Moricand nur französisch sprach, verliefen die Mahlzeiten besonders unangenehm, doch der Gipfel war seine Haltung der kleinen Val gegenüber. Eigentlich sollte er ihr Französisch beibringen, doch er haßte Kinder und behandelte die Kleine dementsprechend. Er schockierte Miller mit einer Geschichte über Sex mit einem achtjährigen Mädchen, und als er beiläufig sagte: *«Je l'ai eue»**, war Miller entsetzt.

In der Zwischenzeit hatte Moricand eiternde Wunden an den Beinen und bat Miller, ihm Codein zu besorgen. Das war in Amerika unmöglich, daher schrieb Moricand nach Paris. Als ein Umschlag mit der illegalen Droge ankam, platzte Miller der Kragen. Moricand antwortete kühl, er habe solche Schmerzen, daß er gerne nach Frankreich zurückkehren wolle, doch zuerst brauche er ein Hotelzimmer, damit er von einem Arzt behandelt werden könne. Miller brachte ihn in einem Hotel unter und sprach mit dem französischen Generalkonsul in San Francisco, der für Moricand eine kostenlose Schiffspassage nach Europa besorgte. Doch Moricand weigerte sich, per Schiff zurückzukehren, und als der Konsul einen Flug besorgte, erschien er nicht auf dem Flugplatz. Nachdem der Konsul einen weiteren Flug besorgt hatte, forderte Moricand, daß Miller für ihn auf einer französischen Bank tausend Dollar hinterlegte, doch Miller weigerte sich ganz entschieden. Daraufhin ging Moricand zum *San Francisco Chronicle* und berichtete, wie schlecht er in der Obhut des «Autors der schmutzigen Bücher» behandelt worden sei. Das war der Auftakt zu einer Briefkampagne, in der er Miller abwechselnd beleidigte und anflehte, während dieser einfach nicht antwortete. Im Sommer 1948 endete die Flut von Briefen, und Miller nahm an, daß Moricand irgendwie nach Europa gelangt war.

Miller machte sich sofort daran, dieses Erlebnis literarisch umzusetzen, und so entstand «Paradise Lost» (Das verlorene Paradies), 1955 publiziert in *Big Sur and the Oranges of Hieronymus*

* «Ich habe sie gehabt» (Anm. d. Ü.)

Bosch (Big Sur und die Orangen des Hieronymus Bosch). Miller nützte die Skurrilität der Situation aus und zeichnete sich selbst als verblüfften, gutherzigen Kerl, der von einem unbeständigen und teuflischen Eindringling, mit dem ihn immer noch eine traurige Zuneigung verband, zur Verzweiflung gebracht wurde. «Paradise Lost» wurde eine der erfolgreichsten Erzählungen Millers.

Möglicherweise angespornt durch das Wiederauftauchen Junes und der anderen Figur aus seiner Vergangenheit wandte sich Miller 1947 wieder dem bereits 1942 begonnenen Projekt *The Rosy Crucifixion* zu. Das Manuskript hatte über eintausend Seiten und behandelte sein Leben bis 1923, dem Jahr, in dem er June kennengelernt hatte. Das Werk sollte aus drei Bänden bestehen, denen er die Titel *Sexus, Plexus* und *Nexus* geben wollte. Miller kam zügig voran und stellte das Manuskript des ersten Bandes bis zum Herbst fertig. Es ist die Geschichte seiner ersten Ehe mit Beatrice (Maude) und erzählt von den Schuldgefühlen des Erzählers, nachdem er sie verlassen hatte, und davon, daß er sich danach immer noch sexuell von ihr angezogen fühlte. Im Oktober schrieb Miller an Durrell, er nehme letzte Änderungen am Manuskript vor, bevor es an Girodias gehe, der es zuerst auf Englisch, dann auf Französisch herausbringen wollte. Miller hatte nicht die Hoffnung, einen seiner amerikanischen Verleger für *Sexus* zu interessieren; es war noch zensurverdächtiger als die *Wendekreis*-Romane.

Als Girodias im Sommer 1949 die englische Version von *Sexus* herausbrachte, verursachte das Buch einen großen Aufruhr. Dieses Mal wurden keine Verteidigungskomitees gebildet, und das Werk wurde 1950 verboten. Girodias wurde zu einer Geld- und Gefängnisstrafe verurteilt. Miller nahm das Verbot gelassen – solche Dinge waren ihm oft genug passiert –, obwohl er sich des Gefühls nicht erwehren konnte, daß die Franzosen ihn diesmal im Stich gelassen hatten. Weit mehr hatte ihn ein Angriff aus unerwarteter Richtung aufgeschreckt: von Lawrence Durrell.

Durrell lebte inzwischen mit seiner neuen Frau Gipsy Cohen in Alexandria und hatte in dieser ägyptischen Stadt die Umgebung und die Themen für sein *Alexandria-Quartett* gefunden, dessen erster Band jedoch erst 1953 erscheinen sollte. Während der vierziger Jahre war er ein glühender Verfechter von Millers Werk gewesen, das er mit Hilfe seiner Verlagsbeziehungen einem größeren Publikum zugänglich machen wollte. Kurz vor der Veröffentlichung von *Sexus* hatte er einen Essay für Cyril Connollys Zeitschrift *Horizon* geschrieben, in dem er die Stärken und Schwächen von Millers Texten herausstellte. Miller hatte die Kritik seitens seines alten Freundes nicht gut aufgenommen, und er schrieb an Durrell, um ihn in einigen beiläufigen Punkten zu korrigieren.[29] Miller war daher angesichts Durrells Lektüre von *Sexus* etwas nervös, das in mancher Hinsicht, wie er zugab, ein «Rückfall in den Vor-*Wendekreise*-Stil»[30] sei. Durrell hatten die *Wendekreis*-Bücher besser gefallen als *Der klimatisierte Alptraum* und die bei New Directions erschienenen Anthologien, und Miller hatte recht mit seiner Einschätzung von *Sexus* – das Buch hatte mehr mit *Crazy Cock* als mit *Wendekreis des Krebses* zu tun. Doch mit dem Tenor von Durrells Antwort hatte Miller nicht gerechnet. Durrell schrieb Miller einen scharfen Brief, als er *Sexus* zu drei Vierteln gelesen hatte, und warf ihm die «moralische Vulgarität» des Buches, die seiner Ansicht nach überflüssige Obszönität und die langen, schlecht geschriebenen Passagen vor. Zehn Minuten Nachdenken, so führte er aus, hätten das Buch gerettet, aber nun habe Miller versagt und die Regeln des künstlerischen Geschmacks verletzt. Sicherheitshalber telegrafierte Durrell fünf Tage später aus Korfu: «SEXUS GRAUENVOLL SCHLECHT WIRD RUF TOTAL RUINIEREN WENN ES NICHT ZUR KORREKTUR ZURÜCKGEZOGEN WIRD LARRY.»[31]

In Anbetracht seines unermüdlichen Einsatzes für Millers in Paris entstandene Bücher war Durrells Antwort verständlich, denn aus seiner Sicht war mit der Veröffentlichung von *Sexus* der ganze gewonnene Boden verloren. Aber Durrells Einsatz für Millers Werk war nie ganz uneigennützig gewesen, denn in gewisser Hinsicht war sein größtes literarisches Guthaben seine der Öffentlichkeit wohlbekannte Verbindung mit dem berühmteren – beziehungsweise berüchtigteren – Miller. So war es verständlich, daß Durrell ein beinahe besitzergreifendes Interesse an Millers Reputation hatte. In den darauffolgenden Briefen versuchten beide Schriftsteller, den Vorfall geradezubiegen und sich einfach darauf zu einigen, daß sie sich nicht einigen konnten. Miller gab höflich zu, er sei vielleicht leergeschrieben, aber er verteidigte *Sexus* mit außergewöhnlicher Hartnäckigkeit. Egal, ob die Trilogie nun ein Monstrum sei oder nicht, schrieb er, er müsse sich davon befreien, und er sei in dem Buch aufrichtig gewesen. Aufrichtigkeit sei sogar das Wichtigste an dem Buch gewesen: «Wenn es nicht gut war, war es wahr; wenn es nicht kunstvoll war, war es aufrichtig; wenn es nicht geschmackvoll war, so stand es doch auf der Seite des Lebens.»[32] Er drängte Durrell, ihn öffentlich anzugreifen, aber Durrell hatte schon einen Rückzieher gemacht und seinen *«cher maître»* um Verzeihung gebeten.

In den vierziger Jahren verfaßte Miller Reisebeschreibungen und begab sich auf astrologisches und spirituelles Terrain, doch nichts davon war besonders lohnend. Jetzt aber zapfte er wieder eine Ader der Erinnerung an, die ihn ebenso bedrängte wie das Material in den Pariser Büchern, und das beflügelte ihn. Als die Querelen mit Durrell wegen *Sexus* wieder beigelegt waren, hatte Miller bereits den zweiten Band der Trilogie fertiggestellt. *Plexus* handelt vordergründig von seiner Ehe mit June, aber der Großteil davon ist seinen Kindheits- und Jugenderinnerungen gewidmet. Der Ton war dem der «Broschüre» nicht unähnlich. Miller schloß lange Grübeleien über Spengler und Freud, über öffentliche Bibliotheken und über die Wissenschaft ein, und am Ende des Buches ging es um das Leiden. Miller erklärte, er habe gelobt, über seine Wunde zu schreiben, fügte aber hinzu, daß die Wunde seit diesem Schwur geheilt sei. Sein Motiv sei nun ein anderes:

> Leiden ist unnötig. Aber man muß leiden, ehe man erkennen kann, daß das so ist. Zudem wird erst dann die wahre Bedeutung des menschlichen Leidens klar. Im letzten verzweifelten Augenblick – wenn man nicht mehr leiden kann – geschieht so etwas wie ein Wunder. Die große offene Wunde, aus der das Lebensblut floß, schließt sich, der Organismus blüht wie eine Rose.[33]

Sein Elend und seine Wiedergeburt – wieder einmal waren das seine Themen.

Wie zur Erholung schrieb Miller ein rührseliges kleines Märchen über einen Clown namens Auguste; es wurde 1948 von Duell, Sloan & Pearce unter dem Titel *Das Lächeln am Fuße der Leiter* herausgebracht und sollte mehrmals von anderen Verlagen neu aufgelegt werden. Der mißverstandene Auguste ist das Sprachrohr des mißverstandenen Henry. Er spricht für den Autor, wenn er sagt: «Du selbst zu sein, nur du selbst, ist eine große Sache. Aber wie macht man das, wie bringt man das fertig? Das ist der schwerste Trick von allen! Das Schwerste, wenn es keinerlei Anstrengung von uns verlangt... Du tust, was dir gerade einfällt.»[34] Wieder versuchte Miller, seinen in Paris gefundenen Frieden zu erklären, als er das Gespenst aufgegeben – um mit seinen Worten zu sprechen – und sein Ich gefunden hatte. In Anbetracht der Einfachheit seiner Botschaft bedeutete *Das Lächeln am Fuße der Leiter* vielleicht zwangsläufig eine geringere Anstrengung; es sollte eines von Millers Lieblingsbüchern werden.

Ungefähr zur selben Zeit ließ sich Miller auf ein ehrgeiziges Projekt ein, dem von *Der Engel ist mein Wasserzeichen* nicht unähnlich. Mit einem Freund, dem israelischen Künstler Bezalel Schatz, stellte er *Into the Night Life* (Ins Nachtleben hinein) zusammen, eine Sonderausgabe einer Traumsequenz aus *Schwarzer Frühling*. Miller schrieb den Text, und Schatz illustrierte ihn im Seidensiebdruckverfahren, bei dem er ein ausgeklügeltes System von Schablonen benutzte. Jedes numerierte Exemplar kostete sie schätzungsweise dreiundsiebzig Dollar in der Herstellung, also mußten sie hundert Dollar pro Buch verlangen, und bei diesem Preis fand dieses bemerkenswerte Kunstwerk nur wenige Käufer. Miller und Schatz waren gezwungen, einzelne Seiten zum Verkauf anzubieten, und sie versuchten auch «Probeläufe» oder Fehldrucke loszuwerden. Für fünfzehnhundert Dollar war die ganze Herstellungsgeschichte des Buches erhältlich – vorbereitende Skizzen, die Drucke, die in den verschiedenen Phasen der Schablonenherstellung entstanden, und natürlich die fertigen Seiten, alles verzeichnet, mit Register und in Leinenmappen gebunden. Miller sollte dieses Buch – und seine diversen anderen «Produkte» – jahrelang feilbieten, ohne damit jemals großen Erfolg zu erzielen.

All diese Aktivitäten lenkten ihn von der eigentlichen Aufgabe ab, die er vor sich hatte, nämlich die Fertigstellung von *The Rosy Crucifixion*. Er mußte nur noch den dritten Band schreiben, dann hätte er endlich das seit 1927 geplante Projekt abgeschlossen. Doch es war kein Zufall, daß er sich die ganze Zeit so oft hatte ablenken lassen. *Nexus* sollte mit dem Erscheinen von Jean Kronski auf der Bildfläche einsetzen, und das bedeutete für Miller, einige seiner schmerzhaftesten Erinnerungen wieder aufleben zu lassen. Also verschob er die Arbeit an *The Rosy Crucifixion* erneut. Beinahe zehn Jahre sollten vergehen, bis er sie wieder aufnahm.

13. KAPITEL

Der Familienvater

1949–1959

Schon seit Jahren war es Millers Gewohnheit, Kettenbriefe zu beantworten. Üblicherweise wird der Empfänger eines solchen Briefes gebeten, einen Dollar an den ersten Namen auf der beiliegenden Liste und Kopien des Briefes an sechs Freunde zu schicken. Dem Empfänger wird ein kleines Vermögen versprochen, wenn sein Name als oberster auf der Liste erscheint, und oft wird mit schweren Konsequenzen gedroht, wenn er «die Kette bricht». Miller setzte große Hoffnung auf diese Briefe. So schrieb er im März 1949 an eine Freundin in Los Angeles, das Glück komme oft mit der Post.[1]

Im Februar 1949 sah er sich gezwungen, einen weiteren «Offenen Brief» über seine finanzielle Notlage zu verschicken. Er fügte ihm eine Liste von Dingen bei, die er benötigte – Babynahrung in Dosen, Kondensmilch, Olivenöl, Tee und Kaffee, Nüsse und Käse, Räucherschinken oder Zunge, gutes Aquarellpapier, Briefmarken, Postkarten, Luftpostbriefe und Zigaretten –, sowie eine Liste dessen, was er im Austausch anzubieten hatte – Aquarelle, Manuskripte und Ausgaben seiner Bücher. Der Spender solle den Wert seines Geschenkes abschätzen und könne dann eine angemessene Antwort erwarten. Oder, so fuhr er fort, «vielleicht möchten Sie, daß ich etwas für Sie tue, wozu ich imstande bin»[2]. Der Brief hatte soviel Erfolg, daß Miller ihn beinahe vier Monate zirkulieren ließ.

Der Erfolg des Briefs mag den darin verkündeten Neuigkeiten zuzuschreiben sein, nämlich, daß die Familie jetzt vierköpfig war. Am 8. August 1948 hatte Lepska einen Sohn geboren, der auf den Namen Henry Tony getauft wurde. Die Millers waren inzwischen in Jean Whartons Haus auf Partington Ridge umgezogen, das sie ihr für siebentausend Dollar abgekauft hatten. Neben ihnen wohnten Nicholas und Tirzah Roosevelt. Er, ein Redakteur der *New York Times* im Ruhestand, war ein Cousin von Millers Kindheitsidol Teddy Roosevelt, aber da Nicholas kein Anhänger von Miller war, waren die Beziehungen zwischen den beiden Familien manchmal gespannt.

Doch im großen und ganzen wurde die Familie von den Einwohnern in Big Sur akzeptiert. Die Gegend zog eine unverhältnismäßig große Zahl von Künstlern an, und manche von ihnen waren sehr erfolgreich. So hatte sich Miller zum Beispiel mit Norman Mini und Walker Winslow angefreundet, und die Neimans, seine Freunde aus der Zeit in Beverly Glen, waren nach Big Sur gezogen; Gilbert Neiman schrieb an einem Roman. Der Bildhauer Beniamino Bufano hatte sich in der Nähe in Free Camp niedergelassen, und Bezalel Schatz, der mit Miller zusammen das mit Siebdrucken ausgestattete *Into the Night Life* hergestellt hatte, wohnte in der Nähe von Bufano. Bill und Lolly Fasset hatten das Grundstück gekauft, auf dem Miller mit Lynda Sargent gewohnt hatte, und um die Hütte herum ein Restaurant gebaut, das sie «Nepenthe» nannten. Das Restaurant wurde bald zur Touristenattraktion, und, besonders wenn das Wetter schlecht war, zu einem beliebten Treffpunkt der Anwohner.

Ein neuer Postbote, Ed Culver, hatte die Stelle seines Vorgängers Jake Hodges eingenommen, und Miller machte schnell beträchtliche Schulden bei ihm, wie er sie schon bei Jake gehabt hatte. Sein täglicher Briefverkehr wuchs. Kathryn Winslow, eine junge Verehrerin und zufällig eine frühere Frau von Walker Winslow, eröffnete in Chicago eine Galerie namens: «M: The Studio for Henry Miller», in der sie Millers Aquarelle und Bücher ausstellte. Miller kam dadurch zu einigen ganz neuen Briefpartnern, und er erhielt auch dringend benötigtes Geld, denn Kathryn Winslow überließ ihm ihren ganzen, nicht unbeträchtlichen Profit. Als sie seinen «Offenen Brief» vom Februar in der Galerie ausstellte, war die Reaktion so groß, daß sie ihm mehrere Kartons mit Vorräten schicken konnte.

Werbemaßnahmen wie die von Kathryn Winslow begrüßte er allerdings nicht mit seiner früheren Begeisterung. Er schickte ihr zwar regelmäßig Bücher, aber für Einzelheiten aus ihrer Galerie oder für Nachrichten über Verkaufszahlen seiner Bücher schien er sich nicht zu interessieren. Kathryn Winslow hatte ein Exemplar von *Into the Night Life* in der Galerie, das sie nicht hatte verkaufen können, und sie war zutiefst gekränkt, als Miller in einem Rundschreiben alle Orte vermerkte, an denen das Buch ausgestellt worden war, Chicago aber nicht erwähnte. In seiner Antwort gab Miller zu, es sei ihm etwas peinlich, daß ihm eine Galerie gewidmet sei.[3] Er brauchte zwar die Unterstützung von Bewunderern wie Kathryn Winslow, aber ihn ärgerte seine Abhängigkeit von ihnen, und er sehnte sich nach einem gewissen Maß an Erfolg in allgemein anerkannten – sprich «literarischen» – Kreisen.

Kathryn Winslow half auch Anaïs Nin, deren Verhältnis zu Miller immer noch sehr distanziert war. Anaïs Nin hatte an der Westküste ein Verhältnis mit Rupert Pole begonnen, einem Mann, der wesentlich jünger war als sie. Hugo Guiler, ihr Ehemann – der bald seinen Posten bei der Bank aufgeben sollte, um unter dem Namen Ian Hugo als Kupferstecher und Filmemacher Karriere zu machen –, wußte nichts von Pole, denn Anaïs pendelte zwischen Guiler in New York und Pole in Sierra Madre, Kalifornien, hin und her. Aber sie brauchte Geld, um ihr Verhältnis fortzusetzen, und sie bat Kathryn Winslow um Hilfe beim Verkauf ihrer Manuskripte. Kathryn Winslow fand an der Northwestern University willige Käufer, die für Anaïs Nins Manuskriptsammlung fünfhundert Dollar zahlten. Anaïs Nin wollte auch ihre Miller-Sammlung anbieten, darunter mehrere Erstausgaben und ein Manuskript, und Kathryn Winslow half ihr dabei, auch hierfür einen Sammler zu finden.

Dieser Erfolg veranlaßte Anaïs Nin, Miller zu schreiben, denn sie glaubte, daß er von Lawrence Clark Powell, dem Bibliothekar der University of California, übervorteilt werde. Sie schrieb ihm, Powell biete nur Lagerraum für Materialien, die für gutes Geld verkauft werden könnten, Geld, das Miller dringend bräuchte. Sie kreidete es Henrys Masochismus an: «Einerseits weißt Du, daß die Welt Dich unterstützen müßte, andererseits läßt Du Deine Ausbeutung zu.»[4]

Miller war sich des Werts seiner Manuskripte durchaus bewußt, aber es fiel ihm schwer, Powell etwas abzuschlagen. Der Bibliothekar hatte sich für Miller eingesetzt und führte Listen der in der Bibliothek vorhandenen Miller-Manuskripte, auf die Miller potentielle Käufer verweisen konnte. Außerdem hatte er ihm einen wirklichen Dienst erwiesen, indem er ihm auch die Korrespondenz abgenommen hatte; schließlich würden wenige Sammler Fanpost kaufen, aber Miller wollte sie gut aufgehoben wissen.

Anfang 1950 unterbreitete Powell Miller einen Vorschlag: Miller sollte eine Liste der wichtigsten Bücher aus seinem Leben zusammenstellen, und Powell wollte diese Liste als Broschüre veröffentlichen und an Freunde der Bibliothek verschicken. Powell schwebte wohl vor, mit dieser Broschüre in irgendeiner Weise Geld zu sammeln, damit die Bibliothek noch mehr von Millers Manuskripten ankaufen konnte. Miller stimmte sofort bereitwillig zu, aber das Projekt uferte bald aus, denn eine einfache Liste war sicherlich nicht adäquat, um die große Bedeutung von Büchern in Millers Leben zu vermitteln. Könnte er nicht beinahe seine Lebensgeschichte durch die Abfolge der gelesenen Bücher erzählen? Und sobald er über eine solche Liste nachzudenken begann, mußte jedes Buch, das aufgenommen werden sollte, plötzlich noch einmal gelesen, noch einmal erlebt werden.

Für ein Unternehmen dieser Tragweite brauchte Miller die Hilfe seiner Freunde. Im Februar 1950 kam daher ein weiterer «Offener Brief» heraus, der diesmal um Listen von Büchern bat, die den Freunden wichtig waren, oder um die Bücher selbst. Dann schrieb Miller an alle seine Kontaktpersonen an Universitätsbibliotheken und verkündete ihnen, er brauche nicht nur Bücher, sondern auch bibliographische Hilfe. Zum Beispiel wisse er noch, daß ihm die Bücher von George Henty – Geschichtsbücher für Kinder – sehr wichtig gewesen seien, aber er könne sich nicht an einen einzigen Titel erinnern.

Das Projekt sollte Miller mehr als ein Jahr lang beschäftigen. Zunächst wollte er nur zeigen, wie überflüssig das Lesen war, wie viele wertlose Bücher der Durchschnittsmensch las, aber als aus dem Vorhaben langsam ein Buch wurde, mußte er diesen ursprünglichen Plan aufgeben, denn bei der Wiederbegegnung mit ehemaligen Lieblingsbüchern, wie etwa Rider Haggards *Sie*, mußte er feststellen, daß er sie nach wie vor wundervoll fand. Die Arbeit versetzte Miller zurück in seine Kindheit, und er ließ seinen Gedanken freien Lauf. Er wollte in den Anhang des Buches eine Liste von mehr als zweitausend Büchern, die er gelesen hatte, aufnehmen, und als die Manuskriptseiten anwuchsen, fragte er sich, ob er wohl noch einen Band schreiben müsse, um dem Thema gerecht zu werden.

Im Februar 1951 schickte er das Manuskript an Laughlin, der es 1952 als *The Books in My Life (Die Kunst des Lesens)* veröffentlichen sollte. In dem Buch erinnert sich Miller lebhaft an seine Kindheit und bespricht Personen, die er als «lebende Bücher» betrachtet, darunter auch John Cowper Powys, einen alten Lieblingsautor. Ein Großteil des Buches besteht aus langen Lobeshymnen zu Ehren alter Vorbilder, und wie bei so vielen Werken Millers wäre fachmännisches Redigieren vonnöten gewesen. Seine Leidenschaft für das Lesen ist jedoch offensichtlich, und dem Buch gelingt es zu vermitteln, was Bücher in seinem Leben für eine Bedeutung hatten.

Im selben Jahr erhielt Miller einen langen, warnenden Brief von Lawrence Durrell. Ein britischer Schriftsteller namens Graham Ackroyd hatte vorgeschlagen, eine Auswahl von Millers Briefen herauszubringen, und Durrell befürchtete nun, dies würde eine weitere unbedeutende Sammlung von Trivialitäten wie Bern Porters *The Happy Rock* werden. Durrell riet Miller dringend, jemanden zu finden, der eine *ernsthafte* Arbeit über sein Werk schreiben könne; Miller solle aufhören, unentgeltlich für kleine Zeitschriften zu schreiben und nur noch gestatten, daß seine Texte in vertrauenswürdigen Vierteljahreszeitschriften publiziert würden. Außerdem solle er einen Verleger finden, der eine Anthologie seiner besten Texte herausgeben könne.

Durrells Empfehlungen mögen snobistisch klingen, waren aber völlig vernünftig. Dadurch, daß Miller sich primär mit kleinen Zeitschriften und kleinen Verlagen einließ, sorgte er geradezu selbst für seine Marginalität, denn sein Werk erreichte auf diese Weise nicht genügend Leser. Durrell wußte, wie leicht Miller von Herausgebern ausgenutzt wurde, die so taten, als würden sie ihm einen Gefallen erweisen; er übersah jedoch die erstaunliche Unfähigkeit seines Freundes, zwischen seinen guten und seinen schlechten Texten zu unterscheiden. Miller war nicht in der Lage zu erkennen, daß die Qualität der von Laughlin herausgegebenen Anthologien stark schwankte, daß *Schwarzer Frühling* besser war als *Money and*

How It Gets That Way, und er sah nicht einmal ein, daß ein Brief an Emil Schnellock nicht zwangsläufig Literatur war.

Dieses undifferenzierte Denken blieb nicht nur auf sein eigenes Schaffen beschränkt, sondern traf auch auf die meisten Texte zu, für die er sich in den vierziger und fünfziger Jahren begeisterte. Miller setzte sich immer für irgend jemanden ein – meistens für einen unbekannten Schriftsteller. 1949 und 1950 war es zum Beispiel George Dibbern, der Autor von *Unter eigener Flagge*; in dem Buch wird erzählt, wie Dibbern seine deutsche Staatsbürgerschaft aufgab, um der erste «Weltbürger» zu werden, und wie er die Meere in einem Segelboot überquerte. Miller drängte alle seine Bekannten, Kleidung und Geld an Dibberns Frau in Deutschland zu schicken, und machte sich für eine Neuauflage des bereits 1941 erschienenen Buches stark. Ein weiterer «Schützling» war Albert Cossery, ein ägyptischer Schriftsteller; Miller versuchte jahrelang, Laughlin von dessen Manuskript *Men God Forgot* zu überzeugen. Auch für Haniel Long, den Autor von *Die Schiffbrüche des Cabeza de Vaca*, kämpfte er uneigennützig, und er nahm sich überdies der Notlage von Kenneth Patchen an, dem Autor von *The Journal of Albion Moonlight*. Miller setzte sich für seine «Schützlinge» in Briefen an Freunde ein, aber nur wenige konnten nachvollziehen, was er an ihnen fand. Manchmal veröffentlichte er in kleinen Zeitschriften Essays über seine Protegés, aber Porträts lagen Miller ganz und gar nicht, und meistens sind es schlichtweg peinliche Lobeshymnen. Schließlich wurde seine gönnerhafte Förderung als Spleen abgetan, und seine Freunde lächelten nachsichtig, wenn er wieder einmal die zu wenig beachteten Werke eines Haniel Long oder eines Dibbern zur Sprache brachte.

Auf Durrells Vorwurf antwortete Miller, daß er in der Tat höchst unverantwortlich sei, daß er aber alleine keine Maßnahmen ergreifen könne, um sein Ansehen zu erhalten. «Ich überlasse es den Göttern», schrieb er lakonisch.[5] Es entging Durrell völlig, daß er Miller mit seinen Kommentaren vielleicht beleidigt haben könnte, denn in Wirklichkeit war dieser recht verbittert, auch wenn er vorgab, die literarische Welt sei ihm egal. Seine Situation war geradezu schizophren: Immer wieder wurde ihm attestiert, daß seine Pariser Bücher die Werke eines Genies seien, aber diese Bücher verstießen gegen das Gesetz. Einerseits hielt er das ganze Konzept von literarischer Annehmbarkeit und Anerkennung für eine scheinheilige Farce, während er auf der anderen Seite ernsthafte literarische Beachtung geradezu herbeisehnte. Es machte ihn wütend, wenn Durrell – immerhin sein Schüler – nicht verstand, daß er sich selbstverständlich Gedanken über sein Ansehen gemacht hatte, daß er sogar davon besessen war, allerdings keine Alternative sah.

Miller bemerkte des öfteren, daß seine Liebesverhältnisse gewöhnlich sieben Jahre dauerten. Diese Faustregel traf auf seine Zeit mit Beatrice, June und sogar Anaïs zu. Nun sah es so aus, als ob sich das auch in Lepskas Fall bewahrheiten würde. Am 4. Juli 1951 schrieb Miller einem Freund, er erwarte am 16. des Monats den Besuch seines Schwiegervaters[6]; Lepska habe vor, mit ihm im Osten die Familie zu besuchen, und sie wolle vielleicht die Kinder mitnehmen. Die zeitliche Abfolge der Ereignisse ist nicht ganz klar, aber irgendwann verkündete Lepska, sie habe sich in einen Biophysiker namens Vergeano verliebt, und auf ihre Reise zu ihrer Familie in New Jersey nahm sie tatsächlich Tony und Val mit. Die Maßnahme ließ Böses ahnen, aber am Ende des Sommers brachte sie die Kinder nach Big Sur zurück und zog selbst nach Long Beach bei Los Angeles, wo Vergeano lebte.

Obwohl alles sehr schnell ging, war Miller von Lepskas Auszug nicht überrascht – ihre Auseinandersetzungen waren mit dem Heranwachsen der Kinder häufiger und heftiger geworden. Lepska hatte Henrys sorglose Art und seine Verantwortungslosigkeit, wie sie es nannte, gründlich satt. Oft ließ er seine Arbeit liegen, um einen Tag mit den Kindern oder einem unwichtigen Besucher zu verbringen. Das Paar lag sich ständig in den Haaren, aber Miller hoffte, daß er und Lepska Freunde bleiben könnten, sobald das Band der Ehe einmal gelöst war. Sie hatten zusammen schwere Zeiten durchgestanden, und Miller hing an den Kindern; er hoffte, das Sorgerecht für sie zu bekommen. Lepska wollte zunächst Henry die Erziehung von Val und Tony überlassen, änderte aber bald ihre Meinung. Sie schlug nun vor, daß die Kinder sechs Monate bei ihm und sechs Monate bei ihr und Vergeano verbringen sollten, den sie sofort nach der Scheidung heiraten wollte.

Zunächst bat Miller seinen Freund Walker Winslow, der damals auf dem Anwesen der Millers lebte, um Hilfe bei der Kinderbetreuung. Er fühlte sich aber Tony, der noch nicht zur Schule ging, nicht gewachsen und schickte ihn widerstrebend zu Lepska nach Long Beach. Kurz darauf fand er jedoch ein Kindermädchen und holte daher Tony wieder nach Partington Ridge. Als das Kindermädchen bald danach wieder verschwand, fühlten er und Winslow sich von den zwei temperamentvollen Kindern wieder überfordert. Henry sah sich gerne als «liebender Vater», aber die alltägliche Betreuung erschöpfte ihn. Er kam nicht mehr zum Schreiben und vernachlässigte sogar seine Korrespondenz.

Schließlich überzeugte ihn Winslow, daß etwas geschehen müsse, denn das jetzige Arrangement ruiniere ihn und tue den Kindern nicht gut. Miller gab ihm recht; er war sechzig und fühlte sich zu alt, um Kindern hinterherzurennen, und die «neue Mutter», die er suchte, war noch nicht aufgetaucht. So schickte er Lepska ein Telegramm und bat sie, die Kinder zu sich zu nehmen.

Gleich bereute er diesen Entschluß wieder, denn ohne die Kinder wirkte alles leer. Er vermißte es, ihnen Geschichten zu erzählen und sie zu necken, und er vermißte sogar ihre Streitereien. «Wohin ich auch ging», schrieb er später, «ich stolperte über etwas, das sie liegengelassen oder vergessen hatten. Überall lagen noch Spielsachen herum... Kreisel und Murmeln, Löffel und Näpfe. Jeder kleine Gegenstand trieb mir die Tränen in die Augen. In jeder Stunde fragte ich mich, was sie wohl jetzt täten.»[7] Häufig telefonierte er mit den Kindern, und Tonys einsilbige Antworten auf seine Fragen bestürzten ihn. Sein Sohn schien am meisten unter der Trennung zu leiden.

Miller verbrachte traurige Weihnachtstage, aber er fand außergewöhnlich schnell eine neue Partnerin – wieder eine Frau, die etliche Jahre jünger war als er und offenbar sehr gefällig. Eve McClure, die fünfundzwanzigjährige Schwägerin seines Freundes Bezalel Schatz, war schottischer, irischer und französischer Abstammung und hatte auch jüdische Vorfahren; sie war kurze Zeit mit einem fast sechzigjährigen Schauspieler namens Lyle Talbot verheiratet gewesen. Mittlerweile war sie geschieden und lebte in Beverly Hills, wo sie malte und Radierungen machte.

Die beiden lernten sich durch einen Briefwechsel kennen, der wahrscheinlich auf einen Vorschlag von Louise Schatz hin zustande kam. Eve bewunderte Henrys Werke, besonders die *Wendekreis*-Romane, und machte in ihren Briefen daraus keinen Hehl. Er hängte die Briefe und Fotos, die sie ihm schickte, an die Wände in seiner Hütte, genauso, wie er es mit denen seiner früheren «Braut» June Lancaster getan hatte.

Ende März 1952 vereinbarten die beiden ein Treffen. Miller nahm einen Wochenendbesuch bei den Kindern in Long Beach zum Anlaß, um in das nahegelegene Beverly Hills zu Eve zu fahren. Ihre Schönheit machte auf ihn einen großen Eindruck. Sie hatte dunkelbraunes Haar, grüne Augen, markante, sinnliche Gesichtszüge, eine makellose Haut, und ihr Körper war geschmeidig, aber füllig. Miller hatte keine so eindrucksvolle Frau erwartet und bezweifelte, daß sie in das trostlose Big Sur kommen würde, um mit einem sechzigjährigen Mann zusammenzuleben und für zwei lebhafte Kinder zu sorgen. Doch Eve McClure war eine sehr starke Frau und hatte sich beinahe auf den ersten Blick in Henry verliebt. Als er am 1. April nach Big Sur zurückkehrte, kam sie mit ihm; die beiden wollten gleich nach Henrys Scheidung heiraten.[8] Die Hochzeit sollte dann aber erst am 31. Dezember 1953 stattfinden, und zwar aus steuerlichen Gründen.[9]

Henry zufolge gab Eve ihm all das, was ihm an Lepska gefehlt hatte, und ihm gefiel die Beschreibung eines deutschen Freundes, der sagte, Eve sei wie eine Squaw, denn sie sei hoheitsvoll und «wisse, wie man schweige»[10]. Eve brachte Anmut und eine neue Fröhlichkeit in sein Leben; mit ihr zu sein, schrieb er an Durrell, «ist, wie auf Samt zu leben»[11]. Wie Anaïs Nin bringe sie das Gefühl von Leichtigkeit und Reichtum mit sich. Sie sehe seine Fehler, ertrage diese aber stoisch und versuche nicht wie Lepska, ihn zu ändern. Sie sei, meinte er, die erste richtige Partnerin, die er je gefunden habe.

Wie June Mansfield war Eve sinnlich und erdverbunden, und Miller schätzte diese Eigenschaften, aber wo June Henry allein gelassen hatte, stellte sich Eve auf seine Launen ein, was er natürlich sehr angenehm fand. Zudem wurde sie wirklich die «neue Mutter», die er für Tony und Val gesucht hatte. Sie konnte sehr gut mit Kindern umgehen und gewann bald ihren Respekt und ihre Zuneigung. Zwischen ihr und Val entstand eine Art Kameradschaft; Val nannte ihre junge Stiefmutter «Darling Evie-O» [12] und behandelte sie gewöhnlich wie eine große Schwester, zu der sie aufblickte. Schließlich wurde mit Lepska eine neue Vereinbarung getroffen. Die Kinder sollten im Sommer und jedes zweite Jahr bei Henry und Eve leben.

Ende des Sommers 1952 arbeitete Miller wieder an *Nexus*. Sein Leben sei erfüllt, reich und glücklich, erzählte er Freunden, und er müsse wieder an die Tage in der Villa Seurat denken. Langsam reifte in ihm der Gedanke, Europa mit Eve an seiner Seite wiederzusehen. Girodias schickte jetzt regelmäßig Geld, so daß eine solche Reise realistisch ins Auge gefaßt werden konnte, und Miller hatte das Gefühl, er brauche Urlaub. Schließlich konnte er es kaum erwarten, alte Lieblingsplätze in Europa zu besuchen und vielleicht seinen dortigen früheren Saufkumpanen seine junge und schöne Begleiterin vorzuführen. Am 27. Dezember schließlich brachen sie auf, fuhren über Los Angeles und New York nach Frankreich.

Gleich nach ihrer Ankunft in Paris – am 31. Dezember in einem Schneesturm – wurden Henry und Eve von Besuchern belagert, darunter auch Freunde aus der Vergangenheit, wie der Journalist und Übersetzer Georges Belmont (unter diesem Namen war Roger Pelorson jetzt bekannt), der Maler Hans Reichel und der surrealistische Schriftsteller Joseph Delteil mit seiner Frau Caroline. In Frankreich war Miller berühmt, und seine Bücher verkauften sich gut; hier wurden ihm der Respekt und die Ehre zuteil, die ihm in Amerika versagt geblieben waren. Mittlerweile war er mit der Hilfe seines Agenten Michel Hoffman von diversen ausländischen Verlagen übernommen worden: Rowohlt in Deutschland, Mondadori in Italien und Edmond Buchet in Frankreich. Buchets Bücher wurden von dem großen französischen Verlag Corrêa vertrieben, und kurz nach Millers Ankunft arrangierte Corrêa aus Anlaß des Erscheinens der französischen Ausgabe von *Plexus* am 8. Januar 1953 einen Empfang. Henry und Eve waren in der Wohnung von Maurice Nadeau einquartiert, einem französischen Kritiker, der 1946 während der *«affaire Miller»* geholfen hatte, das Verteidigungskomitee für Miller zu organisieren. Nach ein paar Wochen zogen die Millers nach Vesinet, wo sie zwei Wochen bei Buchet verbrachten, und dann fuhren sie zur Erholung nach Monte Carlo. Dort wurden sie auf La Ciôtat eingeladen, das Landhaus des französischen Schauspielers Michel Simon, eines angeblichen Sammlers von Erotica.[13] Auf La Ciôtat, einem ungeheizten Schloß mit achtzehn Räumen, erhielten die Millers Besuch von Girodias, der in ernsthaften finanziellen Schwierigkeiten steckte. Hachette hatte Les Éditions du Chêne übernommen, als Girodias beinahe bankrott war, und nun kämpfte er darum, einen neuen Verlag zu gründen, Olympia Press. Aber Girodias, der wieder einmal vom Pech verfolgt war, hatte es versäumt, *Plexus* auf Englisch herauszubringen, bevor bei Corrêa die französische Übersetzung erschienen war. Für Miller war Jack Kahanes Sohn immer noch ein ehrlicher, gutherziger Freund, und er bemitleidete ihn wegen seiner geschäftlichen Schwierigkeiten – vielleicht, weil er sich gut in seine Lage versetzen konnte.[14]

Von La Ciôtat aus kehrten Henry und Eve nach Vesinet zurück, wo zu Henrys großer Freude sein früheres Idol Blaise Cendrars ihm zu Ehren einen Empfang gab. Danach fuhren sie wieder nach Paris, wo Bezalel und Louise Schatz zu ihnen stießen, und zusammen reisten sie nach Montpellier, um dort Joseph und Caroline Delteil zu treffen und anschließend nach Spanien zu fahren. Miller freute sich auf diese gemeinsame Reise, denn er bewunderte seit langem das Werk des surrealistischen Autors Delteil, der das Drehbuch zu Carl Dreyers *Die Passion der heiligen Johanna* geschrieben hatte, ein Film, den Miller sehr gern mochte. Die Zeit, die Miller mit den Delteils verbrachte, festigte eine wichtige Freundschaft; Delteil teilte seine Begeisterung für Astrologie und das Okkulte, und in Montpellier besuchten die beiden Männer einen Dr. de Fontbrune, einen bekannten Nostradamus-Forscher. De Fontbrune sagte einen Dritten Weltkrieg ebenso wie einen französischen Bürgerkrieg voraus, und Miller nahm diese Weissagungen sehr ernst und schrieb Durrell, er sei darauf vorbereitet, jeden Augenblick nach Amerika zurückzukehren.

Die Gruppe Delteil/Miller brach am 10. Mai 1953 nach Spanien auf, und in Barcelona wollte Miller Alfred Perlès wiedersehen, der mit seiner Frau Anne aus England angereist war, um seinen alten Freund zu treffen. Die Beziehung zwischen den beiden Männern war in den vierziger Jahren etwas gespannt gewesen, da Miller Perlès' Entscheidung, britischer Staatsbürger zu werden und im Zweiten Weltkrieg mitzukämpfen, nicht verstanden hatte; Miller hielt England für steril und repressiv, und er konnte Perlès' neuen Patriotismus nicht mit der Objektivität vereinbaren, die für Alf während der dreißiger Jahre so wichtig gewesen war. Aber bei ihrem Wiedersehen verstanden sie sich prächtig. Sie verbrachten zwei Tage zusammen und lachten über die alten Tage in Paris. Miller konnte immer noch nicht verstehen, warum Perlès in England leben wollte, und Perlès' literarische Ambitionen fand er auch nicht mehr so interessant wie früher, aber die beiden alten Freunde fielen schnell in ihre jeweiligen Rollen zurück, machten ausgelassene Späße und schielten nach ihren lachenden Frauen.

Henry und Eve hatten geplant, Durrell auf Zypern zu besuchen, aber die Reise kam nie zustande. Statt dessen fuhren sie nach Brüssel und schließlich nach Wales, wo Miller in Corwen sein altes Idol John Cowper Powys besuchte; seine Verehrung reichte zurück zu Powys' Vortragsreise durch Amerika, wo er «Prester John» in den Labor Temples in New York hatte sprechen hören. Außerdem hatten die zwei Schriftsteller vieles gemeinsam: Beide hatten ein starkes Interesse an der Sexualität als literarisches Thema, und beide waren ungewöhnlich produktiv. Miller bewunderte auch Powys' außergewöhnliche Energie, denn im Alter von achtzig Jahren strahlte dieser immer noch eine ungeheure Vitalität aus.

Millers Audienz bei dem Nostradamus-Forscher Dr. de Fontbrune hatte vielleicht einen bitteren Nachgeschmack hinterlassen, denn während der ganzen Reise wurde er von der Ahnung eines bevorstehenden Unheils geplagt. Nostradamus' Prophezeiung würde wahr werden, schrieb er Emil White, es werde eine Revolution geben, gefolgt von dem Aufstieg eines bösen Diktators. Der heiße Sommer mit den darauffolgenden Überschwemmungen sei dafür ein sicheres Zeichen.[15]

Derartige apokalyptische Vorhersagen waren für Miller nichts Ungewöhnliches, im Gegenteil. Er machte sie sogar regelmäßig, und oft basierten sie auf falschen Informationen. In den vierziger

Jahren zum Beispiel hatte er dem Dichter Kenneth Rexroth einen langen Brief über Sir Francis Bacon geschrieben, von dem er gehört habe, er sei als Christian Rosenkreuz, eine Schlüsselfigur in der Geschichte der Rosenkreuzer, wiedergeboren worden.[16] Miller hielt die Angelegenheit für eine epochale okkulte Verschwörung, bei der es um die Weltherrschaft ging. Rexroth war erstaunt über Millers Mangel an kritischem Verstand und schrieb zurück, daß er sich der Sterblichkeit Sir Francis Bacons nahezu sicher sei. «Machen Sie sich nicht lächerlich», fügte er hinzu.

Miller war auch ein leidenschaftlicher Anhänger der UFO-Theorie, und während der fünfziger Jahre gelangte er zu der Überzeugung, daß eine Invasion von Außerirdischen unmittelbar bevorstehe. Eine Zeitlang warb er für das Buch *Flying Saucers Are Real* von Donald Kehoe; Freunde wie Durrell waren lediglich amüsiert. Miller vertrat außerdem, wenn auch weniger leidenschaftlich, die Grundsätze, die in L. Ron Hubbards *Dianetik*, der Bibel der Scientology Church, dargelegt wurden.[17] In Kalifornien galten zwar derartige Interessen nicht als ungewöhnlich, aber Millers Mangel an kritischem Urteilsvermögen war selbst dort erstaunlich.

Als die Millers Ende Juli 1953 in die Vereinigten Staaten zurückkehrten, erschien Henry Amerika extrem abstoßend, und er klagte Durrell gegenüber, daß er es «leerer und verderbter» finde «als je»[18]. Eine Zeitlang erwog er sogar, nach Europa zu ziehen, und Eve, die Frankreich liebte, hoffte, ihn dahingehend beeinflussen zu können. Sie glaubte, daß sein Selbstbild an der Mißachtung durch die amerikanische Kritik gelitten habe und daß er unter denen sein Zuhause haben sollte, die ihn zu schätzen wußten.

Aber daheim in Big Sur kehrte Miller zu seinem alten Leben der «Rundbriefe, des Bettelns und der Schmeichelei»[19] zurück. Die Kinder lebten in diesem Jahr bei ihm und vergrößerten seine Geldschwierigkeiten. Doch die Anwesenheit von Tony und Val heiterte ihn auf, und er war an der Entwicklung seiner Kinder sehr interessiert. Mit Lepska hatte er bitter über die Frage ihrer Erziehung gestritten, hatte darum gekämpft, daß sie zu Hause unterrichtet werden sollten, um das Tempo ihrer Entwicklung selbst bestimmen zu können. Schließlich hatte er aber nachgegeben und erlaubt, daß Val zur Schule ging. Im Herbst 1953 war Tony jedoch noch zu klein für die Schule, also blieb er zu Hause und besuchte die Malstunden, die Eve mittlerweile den Kindern aus der Nachbarschaft gab.

Val war mit ihren acht Jahren eher schüchtern und bereits ein richtiger Bücherwurm; für Kunst interessierte sie sich nicht, was Miller bedauerlich fand, aber sie war eine gute Sportlerin, und bald begann sie, um ein Pferd zu betteln, bis Miller schließlich nachgab und ihr eines besorgte.[20] Zu Tony entwickelte Miller eine besondere Beziehung. Stundenlang spielte er mit dem Jungen; Belmont beschrieb er, wie er mit seinem Sohn erst Arzt spielte, dann Mechaniker, dann Soldat, dann Klempner, Architekt, Gärtner und schließlich Clown.[21]

Im Februar 1954 hörte Miller von seiner inzwischen fünfunddreißigjährigen Tochter Barbara[22], die immer noch bei ihrer Mutter in Pasadena wohnte. Barbara hatte in einer Zeitschrift einen Artikel über Miller gelesen und fragte brieflich an, ob sie ihn besuchen dürfe. Miller hatte seit zehn Jahren nichts mehr von ihr gehört und hatte sich nie mehr bemüht, mit ihr in Kontakt zu treten. Nach Barbaras Besuch in Big Sur erzählte er Freunden, daß ihre Begegnung etwas peinlich gewesen sei, daß er aber seine Tochter sympathisch gefunden habe. Sie müsse ein wenig abnehmen, fand er, und sie sei etwas richtungslos für eine Frau ihres Alters, aber er sei froh, wieder mit ihr zusammengetroffen zu sein. Danach besuchte ihn Barbara sporadisch, und Miller ermutigte sie in ihren Anstrengungen, Immobilienmaklerin zu werden. Merkwürdigerweise hörte er kein Wort von Beatrice, nicht einmal wegen der noch immer ausstehenden Alimente.

Im November machte Alfred Perlès seine lange versprochene Reise nach Big Sur; er hatte das Manuskript eines Buches dabei, das er über Henry Miller geschrieben hatte und das 1955 in England und 1956 in Amerika als *My Friend Henry Miller* erscheinen sollte. Perlès' Bericht war als Biographie gedacht, genaugenommen jedoch waren es Erinnerungen an seine Jahre mit Miller. Das heikelste Thema in diesen Aufzeichnungen war Millers Beziehung zu Anaïs Nin, die darauf bestand, daß Perlès ihren wirklichen Namen nicht erwähnen durfte. Perlès weigerte sich, in dieser Angelegenheit nachzugeben[23], als sie ihm jedoch mit einer Klage drohte, stimmte er schließlich einem Kompromiß zu: Anaïs Nin erscheint zwar in der Biographie, wird aber nur als eine Freundin beschrieben, und Perlès fügte eine fiktive zweite Frau als Millers Geliebte und Gönnerin ein, die den Namen Liane de Champseur bekam. Aufgrund dieses Vorfalls verschlechterte sich das Verhältnis zwischen Miller und Anaïs weiter. Sie hatte ihn seit einem kurzen, frostigen Besuch in Big Sur im Jahr 1947 nicht mehr gesehen. Obwohl Emil White einen kurzen Versuch unternommen hatte, die beiden auszusöhnen[24], war Anaïs Nin der Meinung, daß Millers Ansichten und sein Benehmen zu weit von dem ihren entfernt seien, um eine Freundschaft zu ermöglichen. Trotz ihrer ungewöhnlichen Ehesituation versuchte Anaïs Nin die Zeit ihrer unbürgerlichen Lebensweise hinter sich zu lassen, und Henrys sorglose Art ärgerte sie. Seine in Amerika entstandenen Texte gefielen ihr nicht besonders, und sie hielt die meisten für minderwertiger als seine Pariser Bücher. Miller wiederum konnte ihre herrische Art nicht mehr ertragen und schrieb später verbittert, sie habe sich wie eine *duchesse* benommen und willkürlich ihre Gunst gewährt oder verweigert. Oft sei man wegen einer Kleinigkeit bei ihr in Ungnade gefallen, und ihr Wohlwollen wiederzuerlangen, sei sehr schwer gewesen. Als ihr der literarische Erfolg weiterhin versagt blieb, wurde sie ihren alten Freunden gegenüber sogar noch gereizter.

Während seines Besuchs in Big Sur versuchte Perlès, Miller zu einer Rückkehr nach Europa zu überreden. Er war zu loyal, um es direkt anzusprechen, aber er hatte das Gefühl, Kalifornien übe keinen guten Einfluß auf seinen Freund aus. Wie Anaïs Nin war er der Meinung, daß den Texten, die Miller in Clichy und der Villa Seurat geschrieben hatte, ein völlig anderer Rang zukam als dem nun Produzierten. Eve schien ihn zwar glücklich zu machen, aber Perlès machte sich auch Sorgen über den Tribut, den ihm seine anstrengenden Big-Sur-Fans abverlangten. Wie Eve fragte er sich, warum Miller ausgerechnet in einem Land leben wollte, in dem die Kritiker ihn nicht zu schätzen wußten. Miller aber gab wenig auf Alfs Bedenken, denn Big Sur war seine Operationsbasis. Mit der Hilfe von Emil White und anderen treuen Freunden hatte er ein System aufgebaut, durch dessen Hilfe er mit der Außenwelt fertig werden konnte, und dieses System wollte er nur widerwillig aufgeben. 1941 auf seiner Reise durch Amerika – ganz zu schweigen von seiner Zeit bei der Western Union – hatte er gelernt, daß er nicht gut arbeiten konnte, wenn er versuchte, so zu leben wie andere, er hatte aber auch nicht mehr die Kraft, sich so bohemehaft zu geben wie einst in Paris. Am wenigsten stimmte er mit Perlès' Einschätzung seiner neuesten Werke überein, denn er war in bezug auf seine Texte sehr zuversichtlich.

Miller hatte gerade mit der Arbeit an einem neuen Buch über sein Leben in Big Sur begonnen. Es sollte ein umständlicher, weitschweifiger Bericht über seine Nachbarn, seine Unterhaltungen mit seinen Kindern, seine Schreibgewohnheiten und seine Reaktion auf die Wildnis werden, in der er seit nunmehr zehn Jahren lebte. Der Titel des Buches, *Big Sur und die Orangen des Hieronymus Bosch*, bezieht sich auf Boschs Triptychon «Das Tausendjährige Reich», wo Orangen die Früchte des Paradieses und, wie Miller schrieb, den von Sunkist geernteten weit vorzuziehen sind. Vieles in dem Werk gehört zum Besten und Zwanglosesten, was Miller je schrieb. Darunter sind ironische, amüsante Passagen, die sehr genau darüber berichten, wie er von «Der Stimme» übermannt wurde, als er die *Wendekreis*-Bücher schrieb, und ein herausragender Abschnitt beschreibt den beinahe halluzinatorischen Frieden, den die Landschaft um Big Sur in ihm erweckte.

Nach der Veröffentlichung des Buches kamen die Fans in hellen Scharen nach Big Sur. Manche brachten Manuskripte, andere wollten den Rat ihres Idols einholen, und viele wollten ihm einfach zu Füßen sitzen und seine Weisheit in sich aufnehmen. Andere baten um Geld, was natürlich lächerlich war, und junge Frauen standen in der Tür und boten ihre Dienste in sexueller Hinsicht an – dies war eine der «Vergünstigungen» von Emil Whites Job als Pförtner, die er weidlich ausnützte. Wie immer fiel es Miller schwer, jemanden abzuweisen, und er konnte auch Fanpost nicht unbeantwortet lassen. Beinahe jeder Brief schlug irgendeine Saite in ihm an, und er schrieb immer zurück, um Bücher zu empfehlen oder Ratschläge über das Schreiben zu geben.

Im Prolog von *Big Sur* zählt Miller seine Veröffentlichungen auf und gibt die Titel an, die in den Vereinigten Staaten verboten waren: *Aller Retour New York, Wendekreis des Krebses, Wendekreis des*

Steinbocks, Schwarzer Frühling, Die Welt des Sexus, Sexus und *Plexus. Stille Tage in Clichy*, das die beiden pornographischen «Auftragsarbeiten» enthält, die er Anfang der vierziger Jahre geschrieben hatte, war gerade in Paris bei Olympia Press erschienen, und er war sich sicher, daß auch dieses Buch verboten werden würde. Aus irgendeinem Grund erwähnte er weder seine lieferbaren New-Directions-Bücher noch die 1955 bei Signet erschienene Anthologie *Nights of Love and Laughter (Lachen, Liebe, Nächte)*, schreibt aber, daß *Nexus* das einzige Werk sei, an dem er noch arbeite und daß er *Die Welt des D. H. Lawrence*, die vor mehr als zwanzig Jahren begonnene «Broschüre», aufgegeben habe.

Millers Finanzen hatten sich erheblich gebessert. Seine Bücher erreichten im Ausland, besonders in Japan, Deutschland und Frankreich, hohe Verkaufszahlen, und die bei Signet veröffentlichten Anthologien (nach *Nights of Love and Laughter* erschienen in diesem Verlag *The Intimate Henry Miller* sowie ein von Durrell herausgegebener *Reader [Ein Henry Miller Lesebuch])* verkauften sich in den Vereinigten Staaten gut. Miller hatte sogar ein ansehnliches Maß an Aufmerksamkeit bei den Kritikern gewonnen – ein Essay von Edmund Wilson in der *New Republic* von 1952 lobte *Wendekreis des Krebses* als repräsentatives Dokument der «Dämmerung der Exilamerikaner», und Philip Rahv schrieb einen nachdenklichen Text, der 1957 in *Image and Idea* veröffentlicht wurde. Aber in akademischen Kreisen genoß Miller nicht das geringste Ansehen – und das trotz der Tatsache, daß die meisten seiner amerikanischen Leser Collegestudenten waren, von denen viele seine New-Directions-Titel oder *Der Koloß von Maroussi* kannten. Seit Miller die *Wendekreis*-Romane und *Schwarzer Frühling* geschrieben hatte, waren etwa zwanzig Jahre vergangen, und er hatte wenig Hoffnung, daß diese Bücher jemals in den Staaten erscheinen würden, aber von Zeit zu Zeit heckten er oder ein Freund Pläne aus, um sie zu veröffentlichen. Harry Hershkowitz zum Beispiel hatte vor Jahren vorgeschlagen, Miller solle seinen Tod vortäuschen, und sobald seine Bücher veröffentlicht wären, solle er wieder auftauchen.[25] Miller selbst spielte mit der Idee, die Bücher mit Leerstellen an Stelle der Tabuwörter zu veröffentlichen und eine Notiz mit dem Angebot beizufügen, daß die Leser vom Autor die fehlenden Wörter bekommen könnten.[26] 1955 schließlich machte Frank Dobo einen realistischeren Vorschlag: Miller solle zulassen, daß seine Bücher in bereinigter Form erschienen, und danach solle er lauthals protestieren und behaupten, er habe keine Kürzungen erlaubt.[27]

Keiner dieser Pläne wurde jedoch verwirklicht, und Miller klagte öfter über Laughlins Feigheit und die Scheinheiligkeit amerikanischer Verlage, obwohl er ganz genau wußte, daß jeder Versuch, die verbotenen Bücher offen herauszubringen, sofort eine Regierungsklage und somit eine kostspielige Gerichtsverhandlung und vielleicht sogar eine Gefängnisstrafe nach sich ziehen würde. Jake Brussel, der den «Medvsa»-Raubdruck von *Wendekreis des Krebses* hergestellt hatte, war wegen seiner Tätigkeit drei Jahre im Gefängnis gesessen. Miller selbst war äußerst vorsichtig, wenn er Exemplare seiner verbotenen Bücher verschickte, und er half seinen Lesern nur äußerst diskret, Exemplare ausfindig zu machen. In gewisser Hinsicht hatte er mittlerweile vielleicht das Gefühl, daß die Pariser Bücher der Vergangenheit angehörten – obwohl er sicherlich darauf brannte, *The Rosy Crucifixion* in den Vereinigten Staaten endlich herauszubringen.

Die häusliche Ruhe wurde Anfang 1956 gestört, als Miller erneut die Nachricht bekam, daß seine Mutter krank sei. Zuletzt hatte er über Perlès von Louise und seiner Schwester gehört, denn dieser hatte 1954 auf dem Heimweg von seinem Besuch in Big Sur in New York Station gemacht, um sie zu besuchen, und anschließend berichtet, daß es beiden gutgehe und daß Louise ihm gesagt habe: «Henry war immer ein guter Junge.»[28] Obwohl Miller es sich nicht anmerken ließ, hatte ihn Perlès' Bericht seltsam berührt. Im Dezember 1954 hatte er in wehmütiger Erinnerung an seine Jugendfreunde im Brooklyner *Citizen* eine Anzeige aufgegeben, und einige seiner alten Freunde hatten tatsächlich geantwortet, darunter auch Stanley Borowski und Johnny Paul. Er war ebenfalls berührt gewesen von einem Brief der Schwester Eddie Carneys, die schrieb, daß Eddie im Ersten Weltkrieg gefallen sei. Der Satz, der ihn besonders bewegte, lautete: «Eddie war immer ein guter Junge.» Später schrieb er:

> Eine große Welle der Rührung überkam mich dabei. Ich überlegte, überlegte wirklich, ob *ich* immer ein «guter Junge» gewesen war, wie meine Mutter gerne den Leuten erzählt hat.[29]

Miller hatte Perlès' Botschaft daher bitter nötig, obwohl ihn das tiefe Mißtrauen gegenüber seiner Mutter dazu gebracht hatte, den Teil in sich zu unterdrücken, der von Louises Anerkennung abhängig war.

Als Miller und Eve im Winter 1956 die Nachricht von Louises Krankheit erhielten, fuhren sie in den Osten, wo sie in einem Hotel in Manhattan abstiegen. In Brooklyn fand er das Haus in der Decatur Street völlig verfallen vor, und die einundsechzigjährige Lauretta war völlig abgemagert; erst später erfuhr Miller, daß sie und Louise stark unterernährt waren, weil sie sich nach Kräften bemühten zu sparen, denn ihr Gesamteinkommen aus Versicherungen und der Vermietung des ersten Stockwerks belief sich auf magere dreihundertfünfzig Dollar pro Jahr. Lauretta schlief auf einem kaputten Kasten mit Sprungfedermatratze, die, wie Miller seinem Freund Robert Fink schrieb[30], selbst ein Pennbruder ablehnen würde, und das Haus war nur mit Zwanzig-Watt-Birnen erleuchtet. Als sie ankamen, war Louise im Krankenhaus, aber sobald sie wieder nach Hause konnte, übernahmen Henry und Eve ihre Pflege.

Während ihres Aufenthalts in New York gaben Miller und Eve vor, nicht verheiratet zu sein, und daher mußte Eve, die sich McClure nannte, jeden Tag allein in das Haus in der Decatur Street kommen. Offenbar wollte Miller Louise mit der Nachricht von seiner Scheidung von Lepska nicht aufregen – merkwürdig, daß ein Mann im Alter von fünfundsechzig Jahren dies vor seiner Mutter geheimhalten wollte. Es ist schwer, sich vorzustellen, was Louise – oder Lauretta – sich bei der Anwesenheit der hübschen jungen Frau dachte, die ständig an Henrys Seite war.

Vielleicht aber war Louise so krank, daß ihr das gar nicht mehr auffiel. Sie und Lauretta waren derart unterernährt, daß Miller ihnen eine flüssige Eiweißmixtur einflößen mußte. Alle zwanzig Minuten mußte er Louise füttern, und es war schwer, Nahrung zu finden, die sie aufnehmen konnte. Bald stellte sich heraus, daß sie eine professionelle Krankenschwester brauchte[31], aber sie sträubte sich so sehr gegen diese Vorstellung, daß Miller sie regelrecht physisch ruhigstellen mußte, als die Sprache darauf kam. Doch Mitte März gab sie schließlich nach, eine Schwester zog ein, und Miller konnte sich nun dem vernachlässigten Haus widmen. Er installierte einen neuen Boiler, zahlte vergessene Rechnungen und stockte die Speisekammer auf. Lauretta ging es inzwischen etwas besser, zumindest was ihre physische Erscheinung betraf, aber Louise wurde immer zerbrechlicher. Organisch fehle ihr nichts, schrieb Miller an Fink, aber sie habe ein schwaches Herz und kein wirkliches Interesse mehr am Leben.[32] Ende März 1956 war sie tot.

Miller kämpfte mit ihr bis zum Schluß. Einem Freund beschrieb er, wie er sich über die Kranke gebeugt habe, mit den Worten: «Hör zu, du liegst im Bett. Du darfst nicht aufstehen... Zum erstenmale in meinem Leben werde ich dir sagen, was du tun sollst. Ich gebe jetzt die Anweisungen.» Aber Louise habe ihm stets geantwortet, daß er sie nicht so herumkommandieren könne, und habe versucht aufzustehen; Miller habe sie wieder ins Bett zurückgedrückt und sei dann in den Flur gegangen, um zu weinen. Als sie in der Leichenhalle aufgebahrt war, bildete er sich ein, daß sich jedesmal, wenn er sich über sie beugte, eines ihrer Augen öffnete, und am Grab im Evergreen-Friedhof hatten die Sargträger Schwierigkeiten, ihren Sarg in das Grab hinabzulassen. «Es war, als ob sie sich uns immer noch widersetzte», sollte Miller später schreiben.[33]

Der Tod von Louise schuf eine Menge erheblicher Probleme. Miller übertrug die Aufgabe, das Haus zu verkaufen, seinem Cousin Henry Heller, der immer noch im alten Haus der Familie an der Driggs Avenue Nr. 662 wohnte, aber Lauretta konnte natürlich nicht an einen Verwandten abgeschoben werden, sondern oblag eindeutig der Verantwortung ihres Bruders. Sie trieb ihn zwar mit ihrem unablässigen Geplapper immer noch zum Wahnsinn, doch sie verehrte ihren Bruder, und nach Louises Tod verließ sie sich vertrauensvoll auf ihn. Offensichtlich war sie außerstande, allein zu leben, aber andererseits konnten es sich Henry und Eve nicht leisten, sie im Haus in der Decatur Street mit einer Pflegerin unterzubringen. Sie nahmen sie daher mit nach Kalifornien, damit sie bei ihnen und den Kindern im Haus am Partington Ridge lebte, aber nach ein paar qualvollen Tagen sah Miller ein, daß Lauretta pflegebedürftiger war als erwartet.[34] Eve und er suchten verzweifelt nach einer Einrichtung, die sich um sie kümmern würde[35], und brachten sie schließlich für zweihundert Dollar monatlich im Del Monte Rest Home im nahegelegenen Pacific Grove unter. Henry versprach seiner Schwester, sie jede Woche zu besuchen, und zunächst hielt er dieses Versprechen auch.

Während seines Aufenthalts in New York waren weitere Gespenster aus der Vergangenheit aufgetaucht, und mit ihnen weitere Verpflichtungen. Emil Conason, einer der wenigen Freunde, die Miller dort besucht hatte, erzählte ihm, daß June Mansfield aus etwas undurchsichtigen Gründen von einem ihrer Brüder ins Pilgrim State Hospital eingewiesen worden sei, daß es ihr mittlerweile aber viel besser gehe und daß sie entlassen werden könnte, wenn jemand für ihren Unterhalt aufkäme.[36] Miller reagierte nicht auf diesen diskreten Hinweis, gab Conason aber doch fünfundzwanzig Dollar, und im Mai wurde June entlassen.[37] Miller sah ein, daß er in einem gewissen Maß für June verantwortlich war, und vereinbarte, daß Annette Baxter, eine Freundin von ihm, June regelmäßig besuchte. Annette Baxter und ihr Ehemann James berichteten Miller, daß June in einem möblierten Zimmer in einem Fürsorgeheim in der Upper West Side wohne, immer noch starkes Untergewicht und sehr schlechte Zähne habe, aber wegen ihrer Herzkrankheit dürfe sie keine Narkose bekommen, die für die Zahnreparatur erforderlich wäre. Ihr Gemütszustand lasse sich jedoch auf Dauer nicht verbessern, schrieben sie mit Bedauern.[38]

All diese Entwicklungen waren für Miller nicht nur schmerzlich, sondern brachten auch eine beträchtliche finanzielle Belastung mit sich. Er war gerade dabei, sich ein neues Studio zu bauen, und zusammen mit den Ausgaben für Laurettas Pflege bedeutete das seinen finanziellen Ruin. Das Haus auf Partington Ridge gehörte zur Hälfte immer noch Lepska, und sie drängte ihn, ihren Anteil zu kaufen, obwohl er es sich unmöglich leisten konnte.[39] An seinem fünfundsechzigsten Geburtstag schrieb er seinem Freund Bob Fink, daß er nie ärmer gewesen sei.[40]

Gegen Ende der fünfziger Jahre jedoch hatte Miller eine seltene innere Zufriedenheit erlangt. Er hatte sich angewöhnt, einen silbernen jemenitischen Talisman mit hebräischer Inschrift zu tragen, ein Geschenk von Bezalel Schatz, denn er glaubte, dies bringe ihm Glück. Er führte ein einfaches Leben, das aber bei weitem nicht spartanisch war. Das neue Studio, 1956 fertiggestellt, war bequem und hübsch und mit Kachelmosaiken seines Freundes Ephraim Doner geschmückt. Big Sur hatte 1954 endlich elektrischen Strom bekommen, und Bob Fink hatte Miller einen Plattenspieler geschenkt, der seine alte handgekurbelte Victrola ersetzen sollte.[41] Er war mit einem einzigen Knopf zu bedienen, denn Miller kam mit technisch komplizierten Dingen nicht zurecht; sogar Telefone verwirrten ihn. Dank der Geschenke von Fans hatte er genügend Platten und Bücher, und sogar für den Wein der Millers hatte ein Freund gesorgt, der eine Spirituosenfirma besaß. Obst und Gemüse für den eigenen Bedarf wuchsen in ihrem Garten, und das Holz für den Ofen hackten sie selbst. Obwohl Eve einem Freund anvertraute, daß sie den Verdacht habe, Henry hätte eine heimliche Schwäche für ein Leben auf großem Fuß – er gab zu, daß er gern ein tolles Auto hätte –, schien er zufrieden mit dem gebrauchten Cadillac, den er 1955 gekauft hatte.[42]

Aber die Arbeit an *Nexus* ging nur langsam voran, und Miller sollte das Buch erst Ende 1959 fertigstellen. Er war mit anderen, unwichtigeren Projekten beschäftigt, so etwa mit dem Briefwechsel zwischen Durrell, Perlès und ihm, der 1959 als *Art and Outrage (Kunst und Provokation)* erscheinen sollte. Einem norwegischen Rechtsanwalt, der *Sexus* vor dem norwegischen Obersten Gericht verteidigte, schrieb Miller einen langen Brief über den Unterschied zwischen Obszönität und Pornographie und begründete seinen Gebrauch obszöner Worte damit, daß sie nötig seien, um den Leser aufzuwecken; Pornographie, die nur erregen will, sei anstößig. Millers Unterscheidung blieb jedoch unklar, obwohl er sich dieses Themas in einem Essay, der 1948 in *Remember to Remember* erschienen war, schon einmal angenommen und seine Ansichten in den dazwischenliegenden Jahren sogar noch differenziert hatte. Der Brief wurde als «Defense of the Freedom to Read» (Verteidigung der Lesefreiheit) in der *Evergreen Review* vom November 1959 abgedruckt.

Diese Zeitschrift wurde von dem New Yorker Verlag Grove Press herausgegeben. Grove hatte erst vor kurzem das äußerst freizügige *Lady Chatterley* von D. H. Lawrence herausgebracht, und das Buch war höchst zensurverdächtig. Wie zu erwarten war, fing der Postmeister von New York im April 1959 vierundzwanzig Kartons mit dem Buch ab, aber Charles Rembar, der Anwalt der Grove Press, baute eine eindrucksvolle Verteidigung auf, und im Juli fiel das Urteil zugunsten des Verlages aus.

Miller verfolgte den Fall gespannt, aber ohne viel Hoffnung. Anfang April 1959 hatte er von Barney Rosset, dem Verleger der Grove Press, ein Telegramm erhalten, in dem dieser ihm ein Angebot für die amerikanischen Rechte an *Wendekreis des Krebses* machte. Miller lehnte das Angebot ab und meinte, das Buch würde eine weit größere Herausforderung darstellen als das von Lawrence. *Wendekreis des Krebses* werde im September fünfundzwanzig Jahre alt, schrieb Miller, und er prophezeite, daß es fünfzig oder hundert Jahre lang dauern werde, bis seine verbotenen Bücher in Amerika erhältlich sein würden.[43] Miller war inzwischen einfach mißtrauisch geworden und glaubte nicht, daß Rosset, selbst bei seiner Zustimmung, die Publikation durchziehen würde.

Aber in Barney Rosset hatte Miller endlich einen Verleger gefunden, der gewillt war, ein Risiko mit zensierten Büchern einzugehen. Rosset, 1922 als Sohn einer wohlhabenden Chicagoer Familie geboren, war als Rebell bekannt – als Anfang der siebziger Jahre der «Freedom of Information Act» verabschiedet wurde, mußte er feststellen, daß seine Akte beim FBI und bei der CIA drei Schubladen füllte. Der erste Eintrag besagte, daß der zwölfjährige Rosset auf die Frage nach seiner noch lebenden Lieblingsperson mit «Mussolini» geantwortet habe. Rosset, der schon immer aufrührerisch war, wurde 1941, als er auf dem Swarthmore College studierte, auf Miller aufmerksam. Am College verfaßte Rosset auch eine Seminararbeit mit dem Thema «Henry Miller v. ‹Our Way of Life›»[44], damals ein mittlerer Skandal. 1951 kaufte er einen kleinen Verlag namens Grove Press, der in der Grove Street in Greenwich Village ansässig war, und als ein Jahr später sein Vater starb und ihm ein beträchtliches Erbe hinterließ, beschloß Rosset, daß er das Geld am besten ausgeben könne, indem er gute Bücher publizierte. 1955 erwarb er als Grundstein Samuel Becketts *Warten auf Godot* und rekrutierte danach weitere Talente aus Übersee, darunter Eugène Ionesco, Jean Genet, Marguerite Duras und Harold Pinter. Zur Zeit des *Lady-Chatterley*-Falls war Grove bereits dafür bekannt, daß er dem amerikanischen Publikum gewagte europäische und amerikanische Schriftsteller vorstellte, und mit der Publikation von *Lady Chatterley* wurde Rosset darüber hinaus für seine Risikobereitschaft bekannt.

Trotz Millers Absage ließ Rosset nicht locker. Er wollte immer noch *Wendekreis des Krebses* herausbringen und flog daher nach San Francisco. Von dort aus fuhr er nach Big Sur, wo er Eve Miller allein in der Holzhütte vorfand[45], denn Miller besuchte gerade Lauretta. Eve kannte den Grund für Rossets Kommen und schlug ihm daher vor, nach Henrys Rückkehr wolle sie vorgeben, nicht mit Rosset übereinzustimmen, und Henry drängen, Rossets Angebot abzulehnen. Sie wußte, wann immer sie etwas durchsetzen wollte, neigte Henry dazu, das Gegenteil zu tun und einen anderen Standpunkt einzunehmen als sie.

Der schöne Plan schlug jedoch fehl. Miller blieb hart, denn er fühlte sich an James Laughlin gebunden. Als Miller nämlich 1938 völlig mittellos in Bordeaux gestrandet war, hatte ihm Laughlin Geld angewiesen, nachdem er ihm vorher das Versprechen abgenommen hatte, daß er alle amerikanischen Rechte auf seine Bücher bekommen würde. Offenbar glaubte Miller, daß dies einem Vertrag gleichkomme oder zumindest ein Gentlemen's Agreement darstelle, und in solchen Dingen nahm er es trotz seines Mißtrauens allen Verlegern gegenüber sehr genau.[46] Rosset versicherte ihm, daß er mit Laughlin gesprochen habe und daß ihm gesagt worden sei, er habe freie Hand, aber Miller zögerte noch immer.

Verglichen mit den 1959 in Verlagen üblichen Summen bot Rosset Miller beträchtliche Gelder. Zuerst bot er zehntausend Dollar Vorschuß für *Wendekreis des Krebses* mitsamt dem Versprechen, für etwaige Geldstrafen aufzukommen.[47] Als Miller ablehnte, bot ihm Rosset zweitausendfünfhundert Dollar einfach nur dafür, daß Miller die *Wendekreis*-Romane oder *Schwarzer Frühling* innerhalb der nächsten vier Jahre keinem anderen amerikanischen

Verlag anbot. Miller lehnte zunächst abermals ab, signalisierte aber im Januar 1960 Gesprächsbereitschaft. Es gebe größere Umwälzungen in seinem Privatleben, schrieb er Rosset, und er benötige vielleicht «mordsmäßige» Geldsummen.[48]

14. KAPITEL

Ruhm

1960–1965

Nach der Fertigstellung des ersten Bandes von *Nexus* plante Miller einen weiteren Band, aber erst fuhren Henry und Eve im April 1959 zusammen nach Europa. Da Eves Mutter in einem Krankenhaus in San Francisco lag, konnten sie nicht lange bleiben; sie hofften jedoch, bald zurückkehren zu können, um in Europa zu leben.

In einem Brief an Emil White klagte Miller, daß dieser Urlaub, einer der angeblich nur sechs, die er seit dem Alter von einundzwanzig Jahren gemacht hatte, der schlimmste von allen gewesen sei.[1] Wie schon bei früheren Arbeitspausen verfiel er in eine mißmutige Stimmung und verbreitete sich düster über Raumfahrt, Astrologie und das schlimme Schicksal des Universums. Ein Besuch bei seinem deutschen Verleger Ledig-Rowohlt und dessen Frau Jane heiterte ihn zwar etwas auf, aber Miller quälte sich mit der Frage herum, ob er mit *The Rosy Crucifixion* weiterfahren sollte. Als er Albert Maillet besuchte, einen Lehrer, den er bei seinem letzten Besuch in Europa kennengelernt hatte, kam ihm die Idee zu einem Buch mit dem Titel *Lime Twigs and Treachery* (Limonenzweige und Verrat). Miller wollte darin das amerikanische Erziehungssystem angreifen, denn seiner Meinung nach verkörperte die amerikanische Schule alles, was mit dem Land nicht stimmte, aber er sollte dieses Vorhaben niemals verwirklichen. Nach einem Aufenthalt in Südfrankreich in der Nähe von Durrells Wohnort, wo auch Perlès für kurze Zeit zu ihnen stieß, kehrten die Millers im August 1959 nach Amerika zurück.

Millers Briefe vom Herbst und Winter 1959 zeigen einen Mann in der Krise. Er kehrte zu einer Ausdrucksweise zurück, die er seit seinen Jahren mit June nicht mehr verwendet hatte, sprach von menstruierenden Männern und den vielen Bedeutungsnuancen eines Satzes wie «Darling, wo bist du?» Miller hegte den Verdacht, daß Eve sich mit einem anderen Mann traf – mit ihrem Nachbarn,

Harrydick Ross –, und er war sehr eifersüchtig. In einem langen Brief an Durrell legte er seine Pläne für den zweiten Band von *Nexus* dar, der seine Reise nach Europa mit June behandeln sollte. Miller erinnerte sich an eine junge Frau, die er vor beinahe dreißig Jahren in Paris auf der Straße gesehen hatte. Bezeichnenderweise verglich er sie mit Ginevra aus der Artussage und vertraute Durrell an, daß Ginevras Untreue ihn immer tief bewege: «Sie macht sie zur Frau», schrieb er. «Sie mußte herabsteigen oder in der Sage verschwinden. Und während sie sinkt, steigt Artus empor.»[2] So schätzte er nämlich seine Erfahrungen mit June ein: Durch ihren Abstieg beziehungsweise ihre Erniedrigung wurde er erneut geboren, wurde gleichsam zu einem neuen Menschen. Daß Ginevra – oder June, oder Lepska, oder Eve – dabei verkam, war nicht sein Problem.

Kaum hatte er den Verdacht, daß seine Ehe mit Eve scheitern könnte, beschleunigte er auf für ihn ganz typische Weise das vermeintlich unausweichliche Ende. Im September schrieb Eve den Durrells, daß Caryl Hill, eine junge Kellnerin aus dem Nepenthe, sich in Henry verliebt habe und daß sich die beiden nach San Francisco davongemacht hatten, während Eve ihre kranke Mutter besuchte.[3] Henry habe ausgesehen wie die sprichwörtliche Katze, die den Kanarienvogel verschluckt hat, erzählte Eve den Durrells.

Eve handelte. Als Caryl eines Nachmittags vorbeikam, sagte sie zu ihr und Henry: «Die Liebe ist großartig, so wie Henry – also geht nach oben ins Bett.» Die beiden taten dies, aber Caryl konnte Eve, wie diese an Durrell schrieb, nachher nicht mehr in die Augen blicken.[4] Die ganze Situation hatte somit wenigstens etwas von ihrer Heimlichkeit verloren, aber Henry für seinen Teil war verstört. Er schrieb einem Freund, daß sich anscheinend jeden Tag ein neues Drama abspiele. Miller wußte, daß Caryl nicht wichtig war, aber offenbar konnte er sich dem Ende seiner Beziehung mit Eve nicht entgegenstemmen – im Gegenteil, er sah sich wohl gezwungen, die Ehe scheitern zu lassen.

Als Miller Anfang 1960 eingeladen wurde, bei den Internationalen Filmfestspielen in Cannes der Jury anzugehören, nahm er bereitwillig an. Er wollte erst etwas durch Europa reisen und dann nach Cannes weiterfahren, wo ihn Caryl treffen sollte. Danach hoffte er, seine Reisen fortzusetzen, vielleicht nach Japan. Die

Aussicht darauf hob seine Stimmung, und er schrieb Durrell, daß ihm, obwohl noch viel passiere, «mittlerweile alles scheißegal» sei.[5]

Obwohl die Ehe immer mehr in die Brüche ging, nahm Eve weiterhin ihre Pflichten als Henrys Frau wahr, begegnete Henrys Abtrünnigkeit mit stoischer Ruhe und versuchte, in einer schmählichen Situation ihre Würde zu wahren. Während seiner Abwesenheit machte sie eine kurze Reise in das Skigebiet von Squaw Valley, aber sie mußte wegen der wöchentlichen Besuche bei Lauretta bald wieder in Big Sur sein, eine Aufgabe, die inzwischen ihr anheimgefallen war. Sie machte auch Ferienpläne für Tony und Val, die dieses Jahr bei Lepska verbrachten, und hörte auf, sich mit Harrydick Ross zu treffen, weil sie spürte, daß in diesem Stadium jeglicher Umgang mit ihm nur das Ende der Ehe beschleunigen würde.

Aber schon einige Zeit bevor Caryl Hill oder Harrydick Ross auf der Bildfläche erschienen waren, hatte es Schwierigkeiten gegeben. Auf ihrer Reise 1959 aßen Henry und Eve in Paris einmal mit Millers altem Freund Georges Belmont und seiner Frau zu Abend, und Belmont spürte deutlich eine unterschwellige Spannung zwischen den beiden. Eve hatte viel getrunken – sie hatte öfter Probleme mit dem Alkohol –, und nach dem Essen platzte sie heraus: «Georg, wissen Sie, was es heißt, Henry Millers Frau, Geliebte und Bedienstete zu sein und dazu noch die Mutter von zwei Kindern, die nicht die eigenen sind?» Es folgte eine lange Litanei über die Lasten einer jungen Frau, die versucht, für einen älteren Mann zu sorgen, der schon mehrere Leben gelebt hatte. Miller hörte schweigend zu, nickte aber gelegentlich zustimmend.[6]

Im April 1960 tauchte eine neue Bedrohung für die Ehe auf, denn Miller lernte die Deutsche Renate Gerhardt kennen, eine weit gefährlichere Rivalin als Caryl Hill, an der Henry schnell das Interesse verloren hatte. Renate war dreißig Jahre jünger als er, hatte zwei kleine Jungen und erinnerte ihn an die Falconetti, die dünne, eindringliche Schauspielerin mit den großen Augen, die er in dem Stummfilm *Die Passion der heiligen Johanna* bewundert hatte.[7] Renate sprach fließend Englisch und Französisch und arbeitete gerade an der deutschen Übersetzung von *Nexus*.

Im Mai schrieb Eve dem in Cannes weilenden Miller, daß sie sich scheiden lassen wolle[8], nicht wegen Caryl – obwohl die Einwohner von Big Sur diese Geschichte mit Mißfallen betrachteten –, sondern weil sie das Gefühl habe, es sei sinnlos, die Fassade ihrer Ehe aufrechtzuerhalten. Sie hatte sich mit ihrem Rechtsanwalt Toby Street getroffen, und er hatte ihr geraten, wegen böswilligen Verlassens die Scheidung einzureichen. Sie schrieb, sie habe sich mit Lepska abgesprochen, und beide seien sie der Ansicht, daß Big Sur – und die ganze Nepenthe-Szene – für Tony und Val kein guter Ort sei, um dort aufzuwachsen.

Anstatt Eve zu bitten, bei ihm zu bleiben, willigte Miller in die Scheidung ein. Am meisten Sorgen bereitete ihm anscheinend die Tatsache, daß er die Kinder wegen ihrer Pläne für die Sommerferien nun enttäuschen mußte, und natürlich war auch Lauretta ein Problem, da sie wöchentlich einen Besuch erwartete.

In der Zwischenzeit schrieb Miller aus Cannes Liebesbriefe an Renate. Er wolle gern in Europa bleiben, um bei ihr zu sein, schrieb er, aber seine Reisepläne seien unumstößlich, und angesichts der drohenden Trennung von Eve wolle er die Kinder wiedersehen. Er und Caryl flogen getrennt nach Hause.

Als er in Big Sur ankam, teilte Eve Henry mit, daß sie gern eine Zeitlang allein sein möchte, also fuhr er in seinem alten Cadillac nach Pacific Palisades, ein Viertel von Los Angeles, wo Lepska, deren zweite Ehe gerade mit einer Scheidung geendet hatte, mit den Kindern lebte.

Er dachte daran zu schreiben[9] – ein weiterer Band von *Nexus* und *Lime Twigs and Treachery* standen auf dem Programm –, aber die meiste Zeit sah er nur fern und spielte stundenlang mit Tony und Val Tischtennis. Er war inzwischen ein guter, leidenschaftlicher, extrem ehrgeiziger Tischtennisspieler geworden, und Durrell gegenüber prahlte er damit, daß sein Sohn ihn bei keinem einzigen Spiel habe schlagen können.

Im September 1960 verkündete Miller, er plane nach Europa zurückzukehren, um sich dort niederzulassen. Vincent Birge, einen Freund aus Texas, wollte er als Chauffeur, Begleiter und Kumpan mitnehmen, und Emil White sollte sie für kurze Zeit begleiten. Eve sollte in Big Sur bleiben, um die Stellung zu halten. Die Scheidung war noch nicht durch, sie wurde erst 1962 ausgesprochen. Miller wurde zu diesem Entschluß durch ein paar Liebesbriefe von Renate ermutigt, die er nach seiner Ankunft in Hamburg am Ende des Monats sofort aufsuchte.

Miller fing an, von einer gemeinsamen Zukunft mit ihr zu sprechen, obwohl Durrell und andere ihm dringend abrieten, noch einmal zu heiraten, aber Miller begann seine Suche nach dem «idealen Haus», in dem sie Renates zwei Jungen aufziehen konnten, und in dem Val und Tony den Sommer verbringen würden. Renate wollte ihre Söhne nicht in Amerika aufwachsen lassen, daher blieb nur Europa.

Visionen von einem Leben im Orient verschwanden langsam; Miller sollte Japan, Tibet oder China nie besuchen. Etwas widerwillig gestand er sich ein, daß seine Jahre in Big Sur wohl vorbei waren, daß die Situation mit Eve seine Bindung an diese Gegend, von der er so oft als «Paradies» gesprochen hatte, grundlegend geändert hatte. Er konnte sich nicht vorstellen, irgendwo anders in Amerika glücklich zu sein, und er hatte seine Pläne von einem Leben im Ausland nicht vergessen, auch wenn er sie vor zwanzig Jahren hatte beiseite legen müssen. Er glaubte, daß es an der Zeit sei, sie wieder aufleben zu lassen.

Reinbek und die Räume des Rowohlt Verlages waren die Zentrale von Miller und Birge, die sich mit einem gebrauchten Fiat aufmachten, um das «ideale Haus» zu finden. Die Suche sollte beinahe ein Jahr dauern.

Rowohlt, den Miller den «Fürsten der Verleger» nannte, hatte im Verlag einen Pingpongtisch aufstellen lassen und seine Angestellten angewiesen, mit Miller zu spielen, wann immer dieser wolle, und er stellte Miller auch einen Mercedes-Benz zur Verfügung, der, wie Miller gerne behauptete, nie langsamer als zweihundertzwanzig Stundenkilometer fuhr.

Ende 1960 fuhren Miller und Birge durch Deutschland und besuchten unter anderem auch Darmstadt und Minden, die Geburtsorte von Millers Großeltern. «Kann nicht verstehen, wie meine Großväter diese Landschaft verlassen konnten, um in dieses grauenhafte New York zu ziehen», schrieb Miller an Perlès.[10] Aber er kam mit den Deutschen immer noch nicht zurecht, und er weigerte sich entschieden, in Westdeutschland zu leben. Mit Emil

White besuchten Miller und Birge dann die Schweiz, wo Miller vier Tage im Haus des Romanautors George Simenon in Lausanne verbrachte, den er aus Cannes kannte. Simenon schien erleichtert zu sein, daß Miller White und Birge in seinem Hotel in Lausanne gelassen hatte, und in seinem Tagebuch vermerkte er, die beiden wirkten «parasitisch»[11]. Charlie und Oona Chaplin waren ebenfalls Gäste in Simenons Haus, und Henry berichtete Eve, er und Chaplin hätten einige Male Tränen gelacht.[12]

An Weihnachten war Miller wieder in Reinbek und hoffte, die Feiertage mit Renate zu verbringen, aber sie war mit den Kindern zu ihren Eltern nach Baden-Baden gefahren, und so verbrachte er Weihnachten und seinen neunundsechzigsten Geburtstag allein, aß Spaghetti und malte Aquarelle – insgesamt achtzehn Stück. Er nahm auch ein Drama in Angriff, für ihn ein ganz neues Genre, und es entstand eine bizarre Farce, die er ohne weitere Erklärung als «melo-melo» beschrieb und der er den Titel *Just Wild About Harry (Ganz wild auf Harry)* gab. Sie spielt in Brooklyn, und Miller nimmt darin seine Jahre mit June wieder auf. Seine Rolle war die des großtuerischen Harry, eines Schürzenjägers und Beinahe-Gangsters. Miller hatte fürchterliche Schwierigkeiten mit der Logistik der Bühnenanweisungen. Er überlegte beispielsweise, wann sich eine Figur setzen sollte, wann aufstehen oder essen, und die Zusammenstellung der Begleitmusik nahm seine Zeit überproportional in Anspruch. Er baute schließlich viele seiner alten Tin-Pan-Alley-Lieblingslieder ein, die auf die Jahrhundertwende zurückgingen, so zum Beispiel «My Wild Irish Rose» und «Comin' Through the Rye». Am 13. Januar 1961 war eine Rohfassung fertig. Rowohlt lehnte sie sofort ab und stellte Renates Objektivität in Frage, als sie versuchte, ihn umzustimmen.[13]

Millers Bücher erzielten zwar in Europa enorme Verkaufszahlen, aber er steckte immer noch in so großen finanziellen Schwierigkeiten, daß er überlegte, ob er einige der in der University of California gelagerten Manuskripte versteigern lassen sollte. Ledig-Rowohlt drängte ihn, Barney Rossets letztes Angebot bezüglich der *Wendekreis*-Romane anzunehmen, aber Miller schreckte noch immer davor zurück. Mittlerweile glaubte er, William S. Burroughs' *The Naked Lunch* stelle die amerikanischen Obszönitätsgesetze endgültig auf die Probe, denn er hielt dieses Buch für weit drastischer als die *Wendekreis*-Bücher oder die Romane von D. H. Lawrence oder Joyce.[14]

Und doch hoffte er insgeheim auf eine Publikation in Amerika und stimmte daher einer Veröffentlichung der *Wendekreis*-Romane in Großbritannien durch Heineman nicht zu, weil das etwaige amerikanische Publikationspläne verzögern könnte. Er fürchtete, daß einige der Bücher, die Rosset herausbringen wollte – unter anderem *Die Welt des Sexus* und *Sexus* –, wegen ihres autobiographischen Inhalts zu Verleumdungsklagen führen könnten, und er war überzeugt, daß seine erste Frau ihn beim Erscheinen der Romane in den Staaten gerichtlich belangen würde.[15] Außerdem hegte er Rosset gegenüber immer noch ein tiefes Mißtrauen. Den beiden Männern war nicht bewußt, daß sie sich vom Wesen her erstaunlich ähnlich waren; sie umkreisten einander vorsichtig, und Rosset nannte Miller wegen seiner Zurückhaltung scherzhaft «die versteckte Kobra»[16]. Er schwächte seine Position bei Miller noch mehr, als er einen Ausschnitt aus *Nexus* für die bei Grove Press verlegte Zeitschrift *Evergreen Review* annahm und ihn dann ungefragt kürzte. Miller war noch nie redigiert worden – weder von Kahane noch von Laughlin oder Bern Porter –, und er war über Rossets eigenmächtiges Handeln erbost.

Millers Ausweichmanöver entsprangen der tiefen Überzeugung, daß das amerikanische Rechtssystem von Grund auf intolerant sei, und er schätzte auch die amerikanische Öffentlichkeit nicht viel besser ein. Im Alter von neunundsechzig Jahren hatte er verständlicherweise Angst davor, ins Gefängnis zu müssen, und ein endgültiger Umzug nach Europa würde eine große Geldspritze sowie eine verläßliche Einkommensquelle erforderlich machen, aber er konnte Rossets finanziellen Versprechungen einfach nicht glauben.

Dennoch sagte ihm Miller Ende Januar 1961 zu, die Publikation der *Wendekreis*-Romane und von *Schwarzer Frühling* bei Gelegenheit mit seinem französischen Agenten Michel Hoffman zu besprechen. Die Angelegenheit hätte sich vielleicht noch weiter verzögert, wenn Rosset nicht erfahren hätte, daß ein Raubdruck von *Wendekreis des Krebses* in Vorbereitung war. Aufgrund des Verbots war das Werk nie richtig durch ein Copyright geschützt worden, genausowenig wie *Wendekreis des Steinbocks, Schwarzer Frühling* oder *The Rosy Crucifixion.* Raubdrucke waren eine ernste Gefahr, und Rosset drängte auf schnelles Handeln, um sicherzustellen, daß die Ausgabe der Grove Press zuerst erschien. Er bot nun eine Garantiesumme von fünfzigtausend Dollar an, zahlbar in fünf Raten. Zehntausend Dollar sollten bei Vertragsabschluß fällig werden, je fünfzehntausend am Jahrestag der Unterzeichnung 1962 und 1963, und die restlichen zehntausend Dollar im Jahre 1964. Rosset erklärte sich weiterhin bereit, alle anfallenden Geldstrafen zu übernehmen, und garantierte, daß Miller im Falle eines Prozesses nicht vor Gericht erscheinen müsse. Unter diesen Bedingungen konnte Miller kaum ablehnen. Astrologisch gesehen müßte es ein gutes Jahr für Veröffentlichung und Finanzen werden, schrieb er Eve.[17] Am 18. Februar 1961 flogen Hoffman und Rosset nach Hamburg und trafen dort Miller im Atlantic Hotel, wo er nicht ohne Theatralik den Vertrag unterzeichnete.

Bei Rossets Ankunft in New York wurden aber die Obelisk-Press-Exemplare der *Wendekreis*-Bücher und von *Schwarzer Frühling* durch die amerikanische Zollbehörde beschlagnahmt, was nichts Gutes zu verheißen schien. Miller kamen große Zweifel, und er war beispielsweise sehr besorgt über eine Passage aus *Wendekreis des Steinbocks*, in der er erzählt, bei einer Steinschlacht einen Jungen getötet zu haben; ein böswilliger Rezensent könnte daraus viel machen, fürchtete er.[18] Er wurde in seinen Zweifeln bestärkt, als die Post im Juni *Wendekreis des Krebses* beschlagnahmte.

Wendekreis des Krebses hatte in Amerika eine lange Geschichte. Wegen des Zollverbots hatte das Buch sechsundzwanzig Jahre lang keinen Zugang in die Staaten gefunden, aber der Sommer 1961 brachte gute Nachrichten: Am 13. Juni hob die Post auf Anraten des Justizministeriums ihr Verbot auf, und am 10. August setzte auch die Zollbehörde das Verbot außer Kraft. Aber es tauchten andere Probleme auf. Durch eine außergerichtliche Einigung mit den Bundesbehörden entging Grove die Möglichkeit einer Publikationserlaubnis durch ein Bundesgerichtsurteil, und der Verlag konnte deshalb immer noch durch die Gerichte jedes Staates belangt werden, in dem das Buch verkauft wurde.

Während die Behörden in den Gemeinden debattierten, welche Schritte unternommen werden sollten, brachte Grove Press am 24. Juni 1961 *Wendekreis des Krebses* heraus. Der Verkauf lief phänomenal gut. Nach der ersten Woche waren achtundsechzigtausend Exemplare verkauft, und Grove Press hatte bald hundertdreißigtausend Exemplare im Druck. *Wendekreis des Krebses* kletterte auf die Bestsellerliste. Die Kritiken waren im allgemeinen positiv und behandelten den Roman als ernsthafte Literatur, doch manche Rezensenten hielten nichts von der Publicity und den riesigen Verkaufszahlen, so wie der Kritiker von *Life*:

> Der *Wendekreis* wird von Kritikern als explosives, korrektives Whitmaneskes Meisterwerk (was zutrifft) verteidigt und als ungezügelte Obszönität (was ebenfalls zutrifft) angegriffen werden. Wahrscheinlich wird sich der *Wendekreis* eine Million mal verkaufen. Wegen seines literarischen Verdienstes? Sie dürfen noch einmal raten.[19]

Manche Kritiker standen dem Buch zurückhaltend gegenüber. Stanley Kaufman zum Beispiel bezeichnete in der *New Republic* den *Wendekreis des Krebses* als überholt und seinen Ruf übertrieben, und der *San Francisco Chronicle* fand den Stil «auf einem Niveau, das von Hunderten von Englischstudenten in kalifornischen Colleges erreicht werden könne»[20]. Solche Urteile hatten freilich wenig Auswirkung auf die Verkaufszahlen des Buches.

Sehr bald begann die regionale strafrechtliche Verfolgung des Buches: Im Juli 1961 wurde es in Massachusetts verboten, im August in Dallas. Ein weiterer drohender Raubdruck zwang Grove Press im Oktober zu einer Taschenbuchausgabe, was Barney Rosset sehr ungelegen kam, denn er war sich sicher, daß bei Erscheinen der Taschenbuchausgabe die regionalen Prozesse an Zahl und Heftigkeit zunehmen würden. Deshalb bereitete Grove Press ein Dossier vor, das Stellungnahmen zu *Wendekreis des Krebses* – unter anderem von John Ciardi, Norman Cousins, T. S. Eliot und William Carlos Williams – enthielt sowie Rezensionen, eidesstattliche Versicherungen, Leitartikel und eine Kopie der Gerichtsverordnung, die das Zollverbot im Fall Upham außer Kraft setzte. All diese herausragenden Zeugnisse hatten aber kaum eine Wirkung, da eine Gemeinde nach der anderen *Wendekreis des Krebses* für obszön erklärte und verbot.

Nur ein schwaches Echo von alldem erreichte Miller in Europa. Er befand sich wieder einmal auf Reisen und suchte angeblich immer noch nach einem geeigneten Wohnort. Er zog Lausanne in Erwägung, verwarf den Plan aber wegen des strengen Schweizer Schulsystems, und er sah sich auch vor zahlreiche weitere Probleme gestellt. Beispielsweise wollte er nicht, daß Renates Jungen Sprachschwierigkeiten bekommen könnten, und er machte sich Sorgen darüber, daß seine eigenen Kinder allein nach Europa fliegen mußten. Aber eine Schiffsreise stellte ein ebenso großes Problem dar, denn seine Tochter Val, die gerade anfing, sich für Jungen zu interessieren, wäre dann unbeaufsichtigt. Sein Astrologe riet ihm zu Portugal, aber das lehnte Miller wegen der dort herrschenden extremen Armut ab. Blieb also nur Frankreich, wo er immer noch etwas zu finden hoffte, vielleicht im Süden in der Nähe von Durrells Wohnort.

Er freute sich auf den Sommer und auf die Ankunft der Kinder. Renates Jungen hatten zwar nur fünf Wochen Ferien, aber er hoffte, daß sie alle miteinander für diese kurze Zeit eine Familie sein könnten. Doch als der Sommer kam, war sein Leben anscheinend immer noch so durcheinander, daß Tony und Val ihn nicht besuchen konnten. Lepska hatte vor, die Kinder mit nach Oregon zu nehmen, und Henry stimmte widerwillig zu. Er fühlte sich sehr niedergeschlagen. Seit einiger Zeit war er stark depressiv, was er dem Saturn zuschrieb[21], aber wahrscheinlich war der Grund eher die Sorge über den Erfolg von *Wendekreis des Krebses* in Amerika. Selbst als er erfuhr, daß die Erstausgabe von *Wendekreis des Krebses* – dreißigtausend Exemplare – vergriffen war, besserte sich seine Stimmung nicht. Wehmütig erinnerte er sich an ein Plakat im Postamt von Big Sur, das erklärte, daß die Post keine unanständige Literatur befördere, und er fragte sich, was sich Mrs. Ewaldsen, die Postmeisterin von Big Sur, nun wohl denke.[22]

In den dreißiger Jahren hatte Miller sich gerne als «geächteter Schriftsteller» betrachtet, aber inzwischen war er über siebzig und fand dieses Image weniger verlockend. Es behagte ihm nicht, als

Autor unanständiger Bücher bekannt zu sein, und er versuchte zunächst, sich von dem Mann, der das mittlerweile so berühmte Buch *Wendekreis des Krebses* geschrieben hatte, zu distanzieren. Schließlich war es vor beinahe dreißig Jahren entstanden, und er hatte seither eine Menge produziert, von dem wenig der Zensur anheimgefallen war. Die literarische Anerkennung, die er so lange gesucht hatte, hatte er nun zwar erlangt, aber sie wurde durch das in seinen Augen wenig würdige öffentliche Image abgeschwächt. In einem langen Brief an Barney Rosset hatte er vorhergesagt, daß er als «Schmuddelkönig» bekanntwerden würde, der nur schreibe, um zu unterhalten und zu erregen. Millers Hauptziel sei es gewesen zu lehren, zu inspirieren und aufzuwecken, und er führte den *Koloß von Maroussi, Die Kunst des Lesens* und *Hamlet* als Beweise an – aber das waren Bücher, die seine Leser jetzt nur wenig interessierten. In jedem Interview versuchte er erneut, das Gespräch vom Sex abzulenken, aber meist gelang es ihm nicht. In der Öffentlichkeit und bei der Presse wurde er weiterhin als großer alter Mann des Sex angesehen, und am Ende gab Miller auf und fügte sich in sein Schicksal.

Im Sommer 1961, auf der ersten Welle seines Ruhms, wurde Miller wieder von persönlichen Problemen geplagt. Renate war merklich kühl geworden, und er glaubte, sie mache ihm – zu Recht – Vorwürfe, weil er noch immer kein Haus für sie gefunden hatte. Außerdem hatte er den geplanten Besuch der Kinder verschoben und war deshalb deprimiert. Er befürchtete, daß er kurz vor einem Nervenzusammenbruch stehe und zur Erholung in ein Sanatorium müsse. Es war paradox, daß es ihm ausgerechnet auf dem Höhepunkt seines Ruhms so schlecht gehen sollte, aber Miller war inzwischen zu einem selbständigen Leben nicht mehr fähig. Die letzten fünfundzwanzig Jahre war er ein bedürftiger, abhängiger Rebell gewesen, und er fragte sich nun, ob es nicht falsch gewesen war, Big Sur zu verlassen. Er hatte das wohltuende Gleichgewicht verloren, das er dort, besonders mit Eve, gefunden hatte.

Miller brach schließlich zu einer Europareise auf, in deren Verlauf er zahlreiche neue Leute traf. In Abe Rattners Studio in Paris lernte er James Joyce, William Styron und Eugène Ionesco kennen;

zu letzterem fühlte er sich besonders hingezogen, obwohl er keines seiner Werke gelesen hatte. Keine dieser Begegnungen hob jedoch seine trübe Stimmung. Er klagte über seinen Hexenschuß und seine knackenden Gelenke, und in Briefen deutete er an, daß er bereit sei zu sterben. Renate zeigte ihm weiterhin die kalte Schulter, und er spürte, daß ihre Beziehung dem Ende zuging. Im September 1961 kehrte er nach Amerika zurück und hoffte, sich für eine Weile in Pacific Palisades ausruhen zu können.

Zuerst jedoch machte er in New York Station, wo er ein Wiedersehen mit June Mansfield vereinbart hatte. Er beschrieb die Begegnung in einem Brief an Eve und meinte, seine Exfrau sehe fürchterlich aus.[23] June hatte sich von ihrem Aufenthalt im Pilgrim State Hospital vor fünf Jahren nie richtig erholt, wo sie während einer Schockbehandlung einen schweren Sturz erlitten hatte. Millers alter Freund Emil Conason kümmerte sich zwar um ihre körperlichen Beschwerden, aber June war sehr wohl bewußt, daß die meisten Schwierigkeiten ihrem Kopf entsprangen. Henry war von ihrem Lebenswillen sehr beeindruckt, und ihre Stimme faszinierte ihn nach wie vor. Aber es war ein großer Schock, June so mager zu sehen, und es schien wirklich, als habe er durch ihren Verfall triumphiert, da er durch das Schreiben über June zu Ansehen gekommen war. Als er June verließ, wußte er, daß ein wichtiges Kapitel in seinem Leben endgültig abgeschlossen war.

1962 unternahm Miller zwei weitere Reisen nach Europa, eine im Frühling und eine im Sommer. Für die erste bezahlte die Grove Press, denn der Verlag hatte ihn gebeten, an dem Internationalen Prix-Formentor-Wettbewerb für neuere Literatur als Juror teilzunehmen. Bezeichnenderweise waren neben seinen «Schützlingen» George Dibbern und Haniel Long die einzigen zeitgenössischen Autoren, die Miller gefielen, John Cowper Powys und Céline, obwohl er sich später sehr positiv über Saul Bellow, Isaac Bashevis Singer und Jack Kerouac äußerte. Miller las nicht sehr viele der eingereichten Texte. Die Jury sprach dem jungen deutschen Schriftsteller Uwe Johnson den Preis zu, kabelte aber auf Millers Veranlassung auch eine Ehrung an Powys.

Im Sommer reiste Miller nach Mallorca, wo er an einer Grippe erkrankte und zusätzlich von schlimmen Hämorrhoiden geplagt wurde. Bei einer Untersuchung erfuhr er, daß er Herzrhythmusstörungen habe; schon länger hatte er auch ein Prostataleiden und eine arthritische Hüfte: Mit einundsiebzig holte ihn sein Alter schließlich ein. Aber seine physische Erscheinung hatte sich wenig verändert, und er wirkte immer noch kräftig und eindrucksvoll. June hatte ihn einmal als «elegant einfach»[24] bezeichnet, und die Beschreibung war zutreffend.

In diesem Sommer traf Miller auch Anaïs Nin wieder, die wegen ihrer offenen und kompromittierenden Briefe an Miller besorgt war, welche er in der University of California deponiert hatte. Anaïs Nin hatte den Bibliothekar Lawrence Clark Powell gebeten, sie ihr im Austausch gegen Henry Millers Briefe an sie zu geben, von denen sie die meisten aufgehoben hatte, und Powell hatte sich einverstanden erklärt. Dann erwog Anaïs Nin, die Briefe – natürlich stark redigiert – in einem Band herauszubringen, der vielleicht zur Veröffentlichung ihrer *Tagebücher* führen könnte, und als sie deshalb mit Miller Kontakt aufnahm, war dieser nicht nur einverstanden, sondern bestand sogar darauf, daß sie die ihm zustehenden Tantiemen erhielt, da die Briefe eigentlich ihr gehörten. *Selected Letters to Anaïs Nin (Briefe an Anaïs Nin)* wurde drei Jahre später veröffentlicht, und der *New Yorker*, der selten nett zu Miller war, bezeichnete es als «eines der dümmsten Bücher des Jahres»[25].

Seit Henrys und Anaïs' letzter Begegnung waren sechzehn Jahre vergangen.[26] Anaïs war sehr freundlich, als sie sich im Sommer 1962 in Pacific Palisades trafen, und spielte nicht auf ihre vergangenen Streitigkeiten an, und Henry war erleichtert, die Beziehung wieder ins Lot bringen zu können. Anaïs Nin sollte Henry jetzt häufig besuchen, obwohl oft Spannungen zwischen ihnen auftraten, denn Anaïs verzieh ihm nie ganz seine frühere Abhängigkeit von ihr und seine Weigerung aus dem Jahr 1940, mit ihr nach Mexiko zu fliehen. Ihre Weigerung, Hugo zu verlassen, ließ sie dabei allerdings unter den Tisch fallen. Henry wiederum konnte ihr nicht vergeben, daß sie Perlès und die anderen ihm wichtigen Freunde ins Lächerliche gezogen hatte, und außerdem war ihm wegen des ganzen Geldes, das er über die Jahre hinweg von ihr angenommen hatte, unbehaglich zumute. Aber jetzt, da Miller es zu Ruhm gebracht hatte, war er Anaïs wieder nützlich, und sie beschloß, Kapital aus der Lage zu schlagen. Sie plante die Veröffentlichung ihrer *Tagebücher*, insbesondere der Bände aus den dreißiger Jahren, in denen Miller eine wichtige Rolle spielte, und Miller gab gerne seine Zustimmung, erleichtert darüber, daß er seiner einstigen Gönnerin endlich auf materielle Weise etwas zurückzahlen konnte.

In der Zwischenzeit meldete sich Renate Gerhardt wieder bei Miller und bat um ein Wiedersehen.[27] Sie schrieb Miller, sie verstehe ihn und wisse, daß es am klügsten sei, offen zu ihm zu sein und ihn mit Wahrheiten zu konfrontieren, denen er lieber aus dem Weg gehen würde. Renate mißbilligte beispielsweise die merkwürdige Innigkeit, die zwischen Eve und Lepska existierte und die Miller sehr unterstützte. Sie glaubte, dieses Phänomen entspringe Millers ambivalenten Gefühlen seiner Mutter gegenüber, und sie teilte Miller mit, daß eine Beziehung zwischen ihnen unmöglich sei, solange er nicht seine zwiespältigen Gefühle Frauen gegenüber in Ordnung gebracht habe.

Renates Brief ließ Millers Interesse an ihr wieder aufleben, und als er 1962 nach Europa flog, machte er in Reinbek Station, wo er sie drängte, ihre Meinung zu ändern, aber Renate blieb hart.

Die Affäre mit Renate Gerhardt hatte ein unglückliches Ende, das für Millers spätere Jahre nur allzu typisch war. 1962 gründete Renate in Hamburg einen eigenen Verlag, geriet aber bald in finanzielle Schwierigkeiten und wandte sich daher an Henry. Im Dezember 1962 bat sie ihn um sechstausend Dollar, die er umgehend schickte. Im März 1963 schrieb sie ihn um weitere zweitausend an, und im Mai und dann nochmals im Juni bat sie um dieselbe Summe. Miller lehnte ihre Bitten um Geld, die drei weitere Jahre andauerten, niemals ab und gab ihr insgesamt an die dreißigtausend Dollar. Aber während des ganzen Zeitraums ließ sich in Renates Briefen an Miller keine überschwengliche Freundschaft entdecken; es sind nüchterne Bittbriefe um Geld. Solche Appelle wurden während der sechziger und siebziger Jahre immer wieder an ihn gerichtet, und Miller sollte lernen, derartigen Bitten gegenüber etwas skeptischer zu sein – wenn auch nie skeptisch genug.

Die Aufregung um *Wendekreis des Krebses* erreichte im Sommer 1962 einen Höhepunkt, als ein Brooklyner Gericht Haftbefehl gegen Miller erließ.[28] In der Begründung hieß es, er und sein Verleger hätten ein Komplott geschmiedet, um ein pornographisches Werk «vorzubereiten und zu verfassen». Fast alle hielten die Anklage für lächerlich, aber Miller geriet in Panik. Als ihn die Nachricht von dem Haftbefehl in Pacific Palisades erreichte, wo er die Kinder besuchte, flüchtete er sich zu seinem Freund Robert Fink in dessen Haus im San Fernando Valley und hielt sich eine Woche lang verborgen, und kurz vor seiner nächsten Reise nach Europa schrieb er einem Freund in Frankreich, daß er Angst vor der Durchreise durch New York habe. «Selbst auf dem Rollfeld von Idlewild könnte ich verhaftet und ins Gefängnis gesteckt werden.»[29] Schließlich wurde die Anklage in Brooklyn fallengelassen.

Zum erstenmal in Millers Leben war Geld reichlich vorhanden. 1962 verkaufte er die Filmrechte für *Wendekreis des Krebses* an den Produzenten Joseph E. Levine, und im September desselben Jahres brachte Rosset *Wendekreis des Steinbocks* heraus, das ebenfalls die Bestsellerlisten stürmte. New Directions hatte im Juni eine Sammlung bereits veröffentlichter Essays unter dem Titel *Stand Still Like the Hummingbird (Von der Unmoral der Moral)* herausgebracht, und 1963 veröffentlichte Grove Press schließlich *Schwarzer Frühling*, das sich rege verkaufte.

Je berüchtigter Miller wurde, desto größer wurde seine Lesergemeinde, allerdings ohne die Hilfe der Kritiker. Diese rezensierten häufig eher den Menschen Miller als seine Bücher, und gewöhnlich ging es nicht um künstlerische Überlegungen, was in Anbetracht der innovativen Technik seiner frühen Werke verwundern mag. Sehr schnell zogen die meisten Kritiker klare Fronten – Fronten, die noch jahrzehntelang bestehen bleiben sollten.

Mittlerweile stellte der plötzliche finanzielle Segen Miller vor ganz neue, ungewohnte Probleme. Er mußte nun so viele Steuern zahlen, daß er im Herbst 1962 eine Gesellschaft gründete, um die Last zu vermindern, und er überlegte, aus steuerlichen Gründen ein Haus zu kaufen. Nach Big Sur zurückzukehren, kam nicht in Frage, denn Eve war inzwischen mit Harrydick Ross zusammengezogen. Außerdem wurde die Gegend von Touristen geradezu bestürmt, und viele kamen wegen des berühmten Autors «schmutziger Bücher». Im Nepenthe hatte Bob Fassett, der Restaurantbesitzer, schamlos ein Fernrohr aufgestellt, das direkt auf Millers Haus auf Partington Ridge gerichtet war.[30]

Ironischerweise mußte Miller seine Freunde nochmals um Geld angehen. Im Januar 1963 telegrafierte er Durrell und mehreren anderen Leuten, daß er dringend fünftausend Dollar benötige, denn er habe das ideale Haus gefunden, verfüge aber im Moment über kein flüssiges Geld, um es zu kaufen. Es handelte sich um ein zweistöckiges weißes Haus mit Swimming-pool am Ocampo Drive in Pacific Palisades, das er mit Lepska und den Kindern teilen wollte, und er schrieb Eve, daß er mit Lepska jetzt gut auskomme.[31] Das Haus am Ocampo Drive war ein imposantes Bauwerk, eine richtiggehende Villa, so groß und vornehm, daß Miller sich nie ganz darin wohl fühlte. Aber Los Angeles hatte ihm schon immer gefallen, und einige gute Freunde wohnten in der Gegend. Bald schrieb Miller Durrell enthusiastisch, wie es sei, Koryphäen wie Aldous Huxley oder Christopher Isherwood kennenzulernen – obwohl er eingestand, daß Harpo Marx und Jerry Lewis mehr seinem Geschmack entsprachen.[32]

Miller, der nun von Berühmtheiten umgeben war, merkte bald, wie abhängig er von Finanzexperten und Rechtsanwälten war, die ihm alle viele gute Ratschläge gaben, wie er seinen Profit maximieren und seine Steuern reduzieren könne. Seine Berater sagten ihm, wenn er sein bevorstehendes Steuerproblem lösen und die schwierige Finanzierung des Hauses am Ocampo Drive in den Griff bekommen wolle, dann kämen als einzige Möglichkeit beträchtliche Wohltätigkeitsspenden in Betracht, die von seinem Bruttoverdienst abgezogen werden könnten. Die einfachste Lösung wäre es, seine Aquarelle Universitätsbibliotheken und Museen zu schenken. Miller hatte noch nie einen Dollarwert für seine Aquarelle festgelegt, aber jetzt bat er den Chicagoer Rechtsanwalt Elmer Gertz, eines seiner Aquarelle vom Art Institute of Chicago taxieren zu lassen. Schließlich setzte Miller den Wert auf zweihundert Dollar pro Bild fest und machte sich verbissen daran, massenweise Aquarelle zu produzieren, um seine Steuerverbindlichkeiten zu reduzieren. Er fand, daß er sich technisch verbessert habe, aber ein Teil der Freude – und natürlich der Spontaneität – war aus seiner Malerei verschwunden. Es war äußerst typisch, daß er Aquarelle malte, um einer komplizierten finanziellen Lage zu entgehen, denn seine Jahre in Armut hatten es ihm unmöglich gemacht, mit Geld auf differenzierte Weise umzugehen, und langfristige finanzielle Planung verwirrte ihn.

Wie schon so oft in der Vergangenheit war er während der ersten Hälfte der sechziger Jahre viel zu beschäftigt, um zu schreiben. Band zwei von *Nexus* war nach einem letzten Schreibschub im Jahr 1959 endgültig beiseite gelegt worden, denn Millers Wiedersehen mit June hatte einen Schlußstrich unter seine wirkliche «rosige Kreuzigung» gezogen, und er verspürte nicht länger das Bedürfnis, darüber zu schreiben. Mit dem Weihnachten 1961 verfaßten Theaterstück *Ganz wild auf Harry* hatte er sich keine große Mühe gemacht, und obwohl einige Sammelbände mit seinen Texten erschienen sowie seine Briefe an Anaïs Nin und sein Briefwechsel mit Durrell, konnte Miller in den sechziger Jahren kein bedeutendes literarisches Werk vorweisen.

Statt dessen war er geworden, wovor er sich am meisten gefürchtet hatte: ein «Schmuddelkönig». 1964 war sein Name wieder in allen Zeitungen, als der Rechtsstreit über seine Texte erneut entbrannt war. Die Anwälte von Grove Press hatten beim Obersten Bundesgericht *certiorari** beantragt und um nochmalige Prüfung eines Gerichtsentscheids in Florida gebeten, in dem gewisse Standards über Obszönität aufgestellt worden waren, die man auf *Wendekreis des Krebses* anwenden konnte. Zu Millers großer Erleichterung gewährte das Gericht *certiorari* und hob das Urteil aus Florida auf. Dies war gleichbedeutend mit der Erklärung, daß *Wendekreis des Krebses* nicht obszön sei, und setzte so den Prozessen in Bezirks- und Staatsgerichten ein Ende.

Aber das Verbot seiner Bücher hatte Miller viel Kraft gekostet. Die Jahrzehnte der Armut und Zurückgezogenheit hatten ihn in der Überzeugung bestärkt, daß das Elend des schaffenden Künstlers in Amerika – der Titel eines seiner Pamphlete aus den dreißiger Jahren – wahrhaft furchtbar war. Die Zensur formte seinen Charakter und

* Verordnung eines höheren Gerichts an ein Untergericht zur Einsendung der Akten (Anm. d. Ü.)

sein Werk. Ihretwegen wurde er zu einer Kultfigur und zog Gefolgsleute an, die ihn von seiner eigentlichen Arbeit abhielten. Ihretwegen schrieb er für kleine Magazine und für Leser, die ihn bereits bewunderten, denn es war ihm verwehrt, ein größeres Publikum und bedeutende Kritiker zu erreichen. In der erzwungenen Isolation von Big Sur konnte er seiner exzentrischen Geisteshaltung freien Lauf lassen, und sie fand Eingang in seine Texte. Die prekäre finanzielle Situation machte es erforderlich, daß er einen großen Teil seiner Energie auf die Geldgesuche verwandte. Er arbeitete wie in einem Vakuum, und das hatte schlimme Auswirkungen auf seine Sicht der Welt. Für Millers spätere Texte ist deshalb weniger der laute Protest charakteristisch, der die *Wendekreis*-Romane antreibt, sondern zunehmend eine Griesgrämigkeit, die für Anthologien wie *Remember to Remember* typisch ist.

Miller war international vor allem als Autor unanständiger Bücher bekannt. Immer wieder wurde der literarische Wert seiner Werke zugunsten ihrer explizit sexuellen Inhalte übersehen. Die Leserbriefseiten der Zeitungen im ganzen Land waren voll mit leidenschaftlichen Verurteilungen und Verteidigungen seiner Person und seiner Bücher. Er wurde in mehreren Karikaturen als lüsterner Schlafzimmervoyeur dargestellt, und als Miller anfing, als Gast in Fernsehtalkshows aufzutreten, wurde er öfter über sein Sexualleben als über seine Bücher befragt. Er hatte zwar einmal für *Mademoiselle* einen Beitrag über die Liebe geschrieben, aber normalerweise erschienen eher in Magazinen wie *Rogue, Modern Man* oder *Playboy* – der ihn zu einer Art Schutzheiligen erkor – Artikel über ihn.

Auf der anderen Seite wirkte sich sein Ruf auf die Verkaufszahlen sehr positiv aus, denn die Aufhebung des Verbotes seiner Bücher fiel mit dem Beginn der sexuellen Revolution der sechziger Jahre zusammen, und die Veröffentlichung dieser Bücher in Amerika hätte nicht geschickter geplant werden können. Wären die *Wendekreis*-Romane ein Jahrzehnt später erschienen, hätten sie vielleicht weniger Aufregung verursacht – besonders wegen Millers Haltung Frauen gegenüber –, in den frühen sechziger Jahren jedoch wirkten sie wie eine Offenbarung. Eine neue Generation von Lesern, für die Miller der Inbegriff des Verfechters der neuen sexuellen Freiheit war, begeisterte sich für seine Werke. Da viele Jugendliche in Amerika für die Befreiung von bürgerlichen Konventionen kämpften, wurden sie von Millers Epen der sexuellen Emanzipation direkt angesprochen. Miller wurde auch *der* Held der Exilschriftsteller, denn seine Figuren schienen mit ihrer erstaunlichen Fähigkeit, unter den schrecklichsten Umständen fröhlich, ja sogar glücklich zu bleiben, wesentlich mehr Anziehungskraft auszuüben als die leidenden, romantischen Helden eines Hemingway oder eines Fitzgerald.

Auch die literarischen Helden der neuen Zeit – Allen Ginsberg, William S. Burroughs, Lawrence Ferlinghetti und Jack Kerouac – schwärmten von Miller, aber dieser für seinen Teil machte sich nicht besonders viel aus den «Beats». Allen Ginsbergs Buddhismus fand er unaufrichtig[33], und er verteidigte zwar Burroughs, gestand aber, daß er unfähig war, ihn zu lesen.[34] Ferlinghetti ging ihm auf die Nerven, denn er ließ ihm keine Ruhe, weil er Manuskripte für seine *City-Lights*-Serie wollte[35], aber Kerouac mochte er recht gerne, und er schrieb eine Einführung zu dessen Buch *The Subterraneans*.

Miller war natürlich dankbar für sein neues Publikum, aber er war zutiefst überzeugt, daß viele Leser nicht verstanden, worauf es ihm ankam, wenn sie seine Bücher für Bibeln der sexuellen Revolution hielten. Und obwohl er nichts gegen Publicity hatte – schließlich hatte er sich so lange danach gesehnt –, erschreckte es ihn, als «Original» und nicht als herausragender Künstler betrachtet zu werden. Natürlich war sein Image in der Öffentlichkeit zum Teil seinem nicht sehr ernsten Naturell zuzuschreiben, doch im stillen hing er seinen Jugendträumen nach und wünschte sich, als großer Denker und Schriftsteller vom Rang seines Idols Dostojewski anerkannt zu werden.

Weitere Enttäuschungen kamen hinzu. Obwohl regelmäßig Schecks mit hohen Beträgen von Grove Press eintrafen, steckte Miller nach wie vor in Geldnöten. Ende 1963 fertigte er eine Übersicht über seine Einkünfte an und stellte fest, daß ihm nach Bezahlung der Steuern nur noch tausendfünfhundert Dollar auf seinem Konto blieben, obwohl er in den letzten zwei Jahren hundertvierzigtausend Dollar verdient hatte.[36] Die vierteljährlichen Steuerzahlungen überforderten ihn. Und weil er bei dem Film

Wendekreis des Krebses als Berater fungiert hatte, wurde er auch in dessen rechtliche Schwierigkeiten verstrickt. Außerdem fühlte er sich körperlich nicht sehr wohl, denn ihn plagte wieder seine Hüfte, und er klagte, er habe beinahe «ständig Schmerzen»[37]. In einem Brief an Eve zitierte er Picasso: «Mit Sechzig fängt man an, jung zu werden – und dann ist es zu spät.» Er grämte sich ob des Scheiterns seiner Ehen und behauptete, mit Künstlern könne man unmöglich zusammenleben; er bilde da keine Ausnahme. Obwohl er wieder anfing, sich mit Frauen zu verabreden – hauptsächlich mit Starlets, die er wegen seiner Berühmtheit anzog –, vermißte er das Gefühl, verliebt zu sein. Außerdem sehnte er sich danach, daß sich jemand um ihn kümmerte und sich auch der praktischen Dinge wie Kochen und Putzen annahm, denn Miller haßte diese Aufgaben und hielt sie für Frauensache.

Als Barney Rosset 1964 auf die Veröffentlichung der anderen Werke Millers drang, die der Zensur anheimfallen könnten, stellte sich Miller taub. Er widerstand Rossets Bitten über ein Jahr und behauptete immer noch, daß *Sexus* und *Die Welt des Sexus* Anzeigen von Beatrice nach sich ziehen würden, obwohl er in einem Brief an Rosset zugab, daß wahrscheinlich jeder, der so wie sie beschrieben wurde, sich nur ungern durch eine Anklage öffentlich zu erkennen geben würde.[38] Im Juni 1965 schließlich gab H. L. Hamling, der mit dem *Rogue*-Magazin zu tun hatte, seine Absicht bekannt, einen Raubdruck aller fünf Bücher herauszubringen – die Trilogie *The Rosy Crucifixion, Die Welt des Sexus* und *Stille Tage in Clichy*. Hamlings Ankündigung zwang Miller zum Handeln, und Grove Press produzierte innerhalb von acht Tagen zweihundertfünfzigtausend Exemplare jeden Buches.

Das Erscheinen von *Die Welt des Sexus* und *Stille Tage in Clichy* im Sommer 1965 trug wenig dazu bei, Millers Ansehen in der Öffentlichkeit zu ändern. Die sexuell freizügigen Bücher – *Stille Tage in Clichy* war als Auftragspornographie für einen Dollar pro Seite entstanden – festigten das Bild von Miller als «grand old man of dirty writing».* Die Veröffentlichung von *The Rosy Crucifixion* – der Trilogie aus *Sexus, Plexus* und *Nexus* – im selben Sommer trug

* «großer alter Mann der unanständigen Bücher» (Anm. d. Ü.)

auch nicht gerade dazu bei, seine Position zu verbessern. Viele Leser der Trilogie kamen nicht weiter als bis zu *Sexus*, dem sexuell freizügigsten aller Bücher Millers.

Aber deshalb waren die Bücher nicht weniger populär. Während des Sommers belegten sie die ersten fünf Plätze in der Bestsellerliste von *Publishers' Weekly*, und jetzt, da Miller ein bekannter Name in der Literatur war, überstiegen die Verkäufe sogar die von *Wendekreis des Krebses*.

Überraschenderweise hielten die Kritiker *The Rosy Crucifixion* für besser als die *Wendekreis*-Romane und *Schwarzer Frühling*. Die unbarmherzig autobiographische Trilogie hält sich streng an die Notizen, die Miller 1928 gewissenhaft angelegt hatte. Der erste Band erzählt in allen Einzelheiten, wie der Erzähler die Figur trifft, die nach June entworfen ist (er nennt sie erst Mara, dann Mona), sowie seine sexuellen Erfahrungen mit seiner ersten Frau Beatrice (Blanche), die er mittlerweile losgeworden war. Der Roman schließt damit, wie der Erzähler durch seine Erfahrung mit den beiden Frauen völlig entmenschlicht wird, ja buchstäblich darauf reduziert wird, wie ein Hund zu bellen. *Plexus* thematisiert Millers Eheleben mit June und schildert seine frühen Schreibversuche, aber auch viele Szenen aus Millers Kindheit. Band eins von *Nexus* ist eine kurze, flinke Erzählung über Jean Kronskis Eintritt in den Haushalt der Millers, und der geplante zweite Band, der von Millers Reise mit June nach Europa handeln sollte, wurde nie geschrieben.

Auch ohne den zweiten Band von *Nexus* wirkt die tausendsechshundert Seiten umfassende Trilogie vollständig, was schon die Titel der einzelnen Bücher andeuten. Wie bereits das Wort «Crucifixion»* im Titel nahelegt, ist die Trilogie die Geschichte eines Helden, der großen Leiden unterworfen ist, schließlich aber wiedergeboren wird. Miller wußte intuitiv, daß June nicht Teil seiner Wiedergeburt sein würde; *die* begann erst, als er sie verließ, um alleine nach Paris zu gehen.

The Rosy Crucifixion ist eine pikareske Tour de Force, eine zynische, schonungslose Anklage des amerikanischen Lebens. In kleinsten, oft mühsamen Details wird über das Leben des Erzählers

* Kreuzigung (Anm. d. Ü.)

berichtet. Anders als viele andere Texte Millers ist die Trilogie nicht surrealistisch, sondern vielmehr hyperrealistisch; dem Leser werden nicht einmal die schmutzigen Einzelheiten des Haushalts in der Henry Street erspart. Das Ergebnis ist ein seltsam kraftvolles, komisches Meisterwerk, eine Art sexueller Bildungsroman, den Miller selbst als sein Lebenswerk ansah.

Mit der Vollendung von *Nexus* 1959 und der Publikation der Trilogie in Amerika im Jahr 1965 hatte Miller endlich das Schreiben über sein Leben mit June abgeschlossen. Er trug sich zwar noch einige Jahre lang mit dem zweiten Band von *Nexus* sowie mit einem zusätzlichen Werk mit dem Titel *Draco and the Ecliptic* (Drako und die Ekliptik), aber er spürte, daß er seine letzte bedeutende künstlerische Äußerung bereits gemacht hatte.

15. KAPITEL

Pacific Palisades

1965–1980

Millers Haus in Pacific Palisades, Ocampo Drive Nr. 444, wirkte wie das Haus eines Filmstars, und hier ging es zu wie in einem Taubenschlag. Die Bewohner des Hauses wechselten häufig; manchmal waren Tony und Val da, obwohl Valentine am 14. Februar 1964, dem «Valentine's Day», Ralph Day geheiratet hatte. Im September des gleichen Jahres zog sie mit ihrem Ehemann wieder in das Haus am Ocampo Drive ein, ebenso wie Tony, der der Militärakademie überdrüssig geworden war. Oft übernachteten Freunde der Kinder im Haus, manche blieben monatelang, und während des Tages riß der Strom von Besuchern nicht ab. Sava Nepus, ein Importeur aus Beverly Hills, leistete Miller häufig Gesellschaft, und gewöhnlich war auch Joe Gray dabei, ein ehemaliger Boxer. Gray arbeitete als Stuntman und Double beim Film – meist für Dean Martin, dem er erstaunlich ähnelte –, und wie Miller war auch er Autodidakt. Er verehrte Miller und schützte ihn erbittert vor Fans und potentiellen Schmarotzern. Joe Gray hatte in bezug auf Frauen eine große Klappe, spielte sich gern als Frauenheld auf, was er in Wirklichkeit gar nicht war; in dieser Hinsicht wurde er ein zweiter Alfred Perlès in Millers Leben.

Lepska zog 1964 wieder aus und nahm beinahe alles mit, daher war das Haus sehr spärlich eingerichtet. Als Eßzimmertisch diente zum Beispiel ein Campingtisch, der mit einem Tischtuch bedeckt war. Mehrere Räume im oberen Stockwerk standen leer und sahen aus, als seien sie mutwillig verwüstet worden, denn über die Jahre hatten die Gäste die Wände vollgemalt und beschrieben. In dem meistgenutzten Raum im Parterre standen ein Pingpongtisch, ein Klavier und in einer Ecke ein Fernseher mit einem Sessel davor. Die Wände waren mit Millers Aquarellen und mit Inschriften von ihm und seinen Freunden geschmückt, und an der Decke hingen psychedelische Poster. Im Parterre war auch Millers kleines Schlafzimmer, das ehemalige Dienstbotenzimmer, wo neben seinem Bett die

Fotografie eines chinesischen Weisen hing. Der auffallendste Raum war jedoch das Badezimmer, vollgepflastert mit einer Collage aus Zeichnungen und Fotografien – vor allem Aktaufnahmen –, anzüglichen und zotigen Sprüchen sowie Schlagzeilen aus Zeitschriften. Die Collage wurde immer größer und änderte sich ständig.

Gewöhnlich blieb Miller bis zwei oder drei Uhr morgens wach und stand nicht vor Mittag auf. Danach nahm er eine Mahlzeit zu sich, die von einem Gast, einer Sekretärin oder Gesellschafterin – viele stammten aus dem Freundeskreis seiner Kinder – zubereitet worden war, und widmete sich dann seiner umfangreichen Korrespondenz. Manchmal bekam er Briefe, die einfach an «Henry Miller, Kalifornien» adressiert waren. In einer durchschnittlichen Woche, so schätzte er, brachte die Post zwölf Bücher, für die er Klappentexte schreiben sollte, mehrere Anfragen, ob er aus seinen Werken lesen oder einen Vortrag halten wolle, und mindestens eine Bitte, ihn fotografieren oder porträtieren zu dürfen. Die Leute wollten bei allen möglichen Projekten mit ihm zusammenarbeiten. Den ganzen Tag klingelte das Telefon, aber Miller ging nicht an den Apparat.[1] Er verabscheute das Telefon, und wenn jemand anderer abhob, bat er meistens, dem Anrufer mitzuteilen, er sei unterwegs. Nachdem alle Geschäfte erledigt waren – obwohl jeden Tag etwas Neues dazwischenkam –, schwamm er in dem geheizten Pool, denn er war der Meinung, das helfe gegen seine Arthritis. Um sechs Uhr trank er meistens einen Gin Tonic. Später ersetzte er ihn durch ein Glas Dubonnet. Gewöhnlich waren Gäste zum Abendessen da, und es gab immer einen guten französischen Tafelwein. Nach dem Essen konnten die Gespräche, bei denen Miller lange Reden hielt und sich eine Zigarette nach der anderen anzündete, sich über Stunden hinziehen. Manchmal malte er aber auch oder spielte Klavier. Er hatte seine Leidenschaft für die Musik wiederentdeckt – der Pianist Jakob Gimpel gab ihm Stunden –, aber seine alte Technik hatte er noch nicht wiedergefunden. Er «tat nur so», als ob er spiele, imitierte einen theatralischen Pianisten, hob die Hände melodramatisch von den Tasten und spielte Zufallsnoten.

Miller umgab sich immer mehr mit Leuten aus der Filmbranche. Er fühlte sich von Berühmtheiten magisch angezogen, und viele waren Fans von ihm. Ava Gardner, die er bei Jennifer Jones kennengelernt hatte, war eine treue Anhängerin[2], Joe Gray, der Val gelegentlich Arbeit als Komparsin verschaffte, stellte Miller Dean Martin vor. Er lernte auch Kim Novak, Gloria Swanson und Elke Sommer kennen, und Shirley MacLaine hatte Leon Shamroy um ein Aquarell von ihm gebeten, wie er Eve stolz schrieb.[3] Über Joseph Levine, der die Rechte an *Wendekreis des Krebses* gekauft hatte, hoffte er, Sophia Loren kennenzulernen. Eines der Starlets, die Joe Gray vorbeibrachte, war die israelische Schauspielerin Ziva Rodann, in die Miller 1963 und 1964 ein wenig vernarrt war, und danach schenkte er seine Zuneigung Zofia Slaboszowska, einer polnischen Schauspielerin, die er seinen Worten zufolge im *Playboy* entdeckt hatte und mit der er korrespondierte.

Seine Exfrauen hatten sich in alle Winde zerstreut. Beatrice wohnte nebenan in Pasadena, und Barbara berichtete ihm oft von ihr. Beatrice schaffte es immer noch, Millers Nerven zu strapazieren; als Barbara erzählte, daß ihre inzwischen auch recht betagte Mutter ihren Führerschein erneuert habe, konnte das Miller, der selbst das Fahren hatte aufgeben müssen, kaum glauben, war neidisch und ärgerte sich.[4] June war zu ihrem älteren Bruder nach Arizona gezogen und ließ nichts von sich hören. Lepska wollte bald nach Santa Barbara ziehen; das Verhältnis zwischen ihr und Miller war gespannt, denn der gemeinsame Haushalt am Ocampo Drive hatte die Beziehung auf eine harte Probe gestellt. Und im Sommer 1966 erfuhr Miller, daß Eve gestorben sei; in Big Sur ging das Gerücht, sie habe sich zu Tode getrunken. Miller war überrascht, wie sehr ihn ihr Tod traf. Er hatte ihr selbst nach der Scheidung 1962 regelmäßig geschrieben und sie und Harrydick häufig besucht. Eve, die liebevollste seiner Ehefrauen, war jung und vital gewesen, und er vermißte sie sehr.

Anaïs Nin blieb eine Freundin, obwohl die beiden voreinander auf der Hut waren. 1966 hatte Harcourt Brace Jovanovich den ersten Band ihrer *Tagebücher* herausgebracht, der die Jahre 1931 bis 1934 abdeckte. Der Band beschrieb zwar detailliert ihr eigenes künstlerisches Werden, wurde allerdings von vielen wie eine Klatschspalte für Literaten gelesen. Anaïs berichtet darin ausführlich über das Drama zwischen Henry und June und über ihre eigene Romanze mit Henry. Miller war etwas überrascht über den Erfolg der *Tagebücher* bei der Kritik und in der Öffentlichkeit. Zwar hatte er das Werk immer für eine der größten literarischen Leistungen des 20. Jahrhunderts gehalten, aber Anaïs Nin hatte ihm immer nur ganz kurze Ausschnitte gezeigt, und wahrscheinlich bewunderte er nicht das eigentliche Werk, sondern das «Konzept». Er glaubte, es sei der Versuch einer Selbstbeobachtung in der Art Emersons, und hatte über den darin enthaltenen Klatsch nie nachgedacht. Offenbar fand er es nicht paradox, daß Anaïs Nin ihm gegenüber immer auf völliger Geheimhaltung ihrer Beziehung bestanden hatte, nun aber freizügig die kleinsten Einzelheiten ihrer gemeinsamen Vergangenheit ausposaunte.

1966 erschien eine weitere Frau auf der Bildfläche, die Millers Leben durcheinanderwirbeln sollte. Es handelte sich um Hiroko Tokuda, die den Spitznamen Hoki trug – eine achtundzwanzigjährige japanische Popsängerin und Schauspielerin. Miller sah sie in der Piano-Bar des Imperial Gardens, eines Restaurants in Los Angeles, singen und war sofort von ihr fasziniert. Seit Jahren hatte er Asiatinnen gepriesen, denn seiner Meinung nach verkörperten diese die reine Essenz der Weiblichkeit. Sie konnten unterwürfig, aber höchst erotisch sein, erklärte er, und sie würden ideale Ehefrauen abgeben. Er lernte Hoki schließlich im Februar 1967 auf einer Party bei Lee Siegel, einem seiner Ärzte, kennen.[5]

Miller, der sechsundsiebzig war, hielt den Altersunterschied zwischen ihm und Hoki nicht für problematisch. Er berief sich oft auf die Liebesaffären von Pablo Casals und Goethe, die sich beide im hohen Alter in jüngere Frauen verliebt hatten, und sagte, er fühle sich noch jung. Er war zwar sexuell nicht mehr sehr aktiv, zeigte aber immer noch beträchtliches Interesse an allem, was mit Sex zu tun hatte, und führte einige erotische Briefwechsel mit Frauen, die ihm Aktfotografien von sich und sogar abgeschnittenes Schamhaar schickten.[6]

Aber Hoki unterschied sich von Millers Anhängerinnen. Zum einen hielt sie Distanz, und ganz genau wie June erregte Hoki Henry durch seine Eifersucht; es trieb ihn beinahe zum Wahnsinn, wenn er zusah, wie sie lüsternen männlichen Kunden Liebeslieder vorsang. Zunächst zeigte sie wenig Interesse an ihm, was ihn nur noch verrückter machte. Im Dezember schrieb er an Emil White, daß er gedacht habe, Japanerinnen würden sich durch die Beziehung zu einem älteren Mann geehrt und sicher fühlen, daß er aber Schwierigkeiten habe, Hokis Zuneigung zu gewinnen.[7]

Miller litt an fürchterlicher Schlaflosigkeit – ein neues Leiden. Oft lag er bis vier oder fünf Uhr morgens wach und zermarterte sich den Kopf wegen Hokis Launen. In dieser Stimmung fing er wieder an zu schreiben und kritzelte Passagen über seine hoffnungslose Liebe auf Papier. «Zuerst war es ein gebrochener Zeh, dann eine gebrochene Miene und schließlich ein gebrochenes Herz», fing er an.[8] Das Manuskript, das so entstand, enthält Millers einzig bedeutsamen Text nach *The Rosy Crucifixion*. Dem Buch gab er den Titel *Insomnia or The Devil at Large (Insomnia oder Die schönen Torheiten des Alters).*

Trotz ihrer Distanziertheit gehörte Hoki im Haus am Ocampo Drive langsam zum Inventar. Tony und Val gefiel sie nicht, ebenso wie den meisten von Millers Freunden, ganz besonders Joe Gray. Sie sei nur hinter seinem Geld her und würde ihn unglücklich machen, warnten Freunde, aber Miller fing an, von Heirat zu sprechen, und sie fürchteten, er könne es ernst meinen.

Im Sommer 1967 lief Hokis Visum ab, und ihr wurde mitgeteilt, sie müsse das Land verlassen.[9] Die veränderte Sachlage machte sie anscheinend weit empfänglicher für Millers Werben um ihre Zuneigung, und zu seiner großen Freude stimmte sie einer Heirat zu. Am 10. September schließlich fand im Haus von Lee Siegel die Hochzeitszeremonie statt.

Die ganze Geschichte ging etwas übereilt vor sich, weil Miller am 20. des Monats bei der Eröffnung einer Ausstellung seiner Aquarelle in Paris anwesend sein sollte, und er wollte Hoki mitnehmen. Anschließend wollten sie nach Schweden zu einer weiteren Ausstellung reisen, und von dort aus – endlich! – nach Japan, wo Millers Bücher ungeheuer beliebt waren.

Die Hochzeit wurde von dem Dokumentarfilmer Robert Snyder mitgeschnitten, der den zögernden Miller überredet hatte, einen Kurzfilm über ihn drehen zu dürfen. Sein Team war praktisch in das Haus am Ocampo Drive eingezogen.[10] Nachdem die Hochzeit abgedreht war, ging Snyder das Geld aus, und Miller mußte ihm etwas leihen, damit das Team nach Frankreich fahren konnte, um das Projekt zu Ende zu bringen. In Orly warteten bereits Horden von Reportern auf Henry und Hoki und verfolgten sie während der nächsten paar Tage gnadenlos. Bei dem Empfang im Anschluß an die Ausstellungseröffnung mußte die Polizei geholt werden, um Miller, Hoki und das Team sicher aus der Galerie herauszubringen.

Zu Millers Entourage gehörten auch der junge Kanadier Gerald Robitaille und seine Frau Diane. Robitaille fungierte als Sekretär, Gesellschafter und Chauffeur Millers. Er war ein glühender Verehrer seines Arbeitgebers und betrachtete sich als eine Art Sohn, und seinen Worten zufolge wünschte Miller, daß er, Robitaille, Millers Biographie schreibe. Zunächst jedoch fiel es Robitaille zu, Miller ungebetene Eindringlinge vom Leib zu halten.

Miller und Hoki verbrachten zwei Monate in Frankreich und besuchten Durrell in Südfrankreich. Miller traf sich mit ein paar alten Freunden, wie zum Beispiel dem farbigen Künstler Beauford Delaney, den er in den vierziger Jahren kennengelernt hatte, und das Paar besuchte auch Georges Belmont. Als Miller, Belmonts Frau und die Tochter der Familie sich in ihre Zimmer zurückzogen, blieben Hoki und Belmont noch auf. Belmont zufolge vertraute Hoki ihm an, daß sie Henry nur geheiratet habe, um die amerikanische Staatsbürgerschaft zu bekommen, und daß er dies wisse. «Er ist sehr vergnügt», sagte sie und fügte hintergründig hinzu: «Wenn wir ins Bett gehen, ist er mein Großvater.» [11]

Die Ehe war von Beginn an ein Fehlschlag. Bald sprach Miller vertraulich von Hoki als «l'Impératrice»*. Als das Paar im September nach Amerika zurückkehrte, sprachen sie kaum mehr miteinander. Hoki machte ziemlich unmißverständlich klar, daß Miller sie sexuell nicht als seinen Besitz betrachten dürfe, und verschwand jeden Abend mit ihrem Jaguar-Kabriolett, einem Geschenk von ihm. Er hatte ihr verboten, in Piano-Bars zu singen – «die Piano-Bar [ist] das Tor zur Halle der Onanie», hatte er reuevoll in *Insomnia* geschrieben [12] –, also mußte sie Gründe erfinden, um das Haus zu verlassen. Sie quartierte zwei Freundinnen aus Japan am Ocampo Drive ein, Michiko Watanabe und eine

* «Kaiserin» (Anm. d. Ü.)

Frau namens Puko, die Miller sein «Massageweib» nannte. Alles, was ihm fehle, schrieb er Hoki, sei seine «dritte Frau, die mit mir ins Bett geht»[13].

1968 unternahm Hoki drei Reisen nach Japan – einmal besuchte sie ihren kranken Vater, auf der zweiten Reise wollte sie für Millers Aquarelle werben, und die dritte Reise galt ihrer eigenen Karriere. Die japanische Öffentlichkeit wartete begierig auf jedes Detail aus ihrer Ehe, und jede Neuigkeit – ob zutreffend oder nicht – erschien in der japanischen Presse. Miller interessierte sich für alles Japanische, nahm Japanischstunden und beschäftigte sich mit dem Zen-Buddhismus. Zu Hokis Belustigung fing er an, täglich *«nam myo renge kho»* anzustimmen. Es bringe ihm Glück, schrieb er ihr.

Aber Hoki schrieb Henry während ihres Aufenthalts in Japan nur selten, und ihr Schweigen quälte ihn. Er bat sie, ihm Aktfotografien zu schicken, ihm ein Liebespfand zu geben, und fing wieder an, von menstruierenden Männern zu sprechen[14] – ein sicheres Zeichen dafür, daß er unglücklich verliebt und besorgt um seine Männlichkeit war. Er beklagte sich bei Hoki über seine Einsamkeit, über Geldprobleme, über seine Gesundheit.

Miller litt aber auch, wenn Hoki in Pacific Palisades war. Jeden Abend war sie unterwegs, spielte mit ihren Freundinnen Mah-Jongg oder besuchte mit mysteriösen Begleitern Nachtclubs. In seinen Briefen an Hoki beklagte sich Miller, daß diese sich ihm in sexueller Hinsicht weiterhin hartnäckig verweigere, ihn nicht auf seinen Besuchen begleite und klage, seine Freunde seien langweilig. Sie und ihre Hausgäste wechselten sich seinen Worten zufolge dabei ab, ihn zu necken und sich über ihn lustig zu machen, und oft verschwanden sie kichernd nach oben. Miller schimpfte sie zwar oft wegen ihres Benehmens, verzieh ihr aber immer wieder.

In der Zwischenzeit waren die Verhandlungen für die Verfilmung von *Wendekreis des Krebses* wieder aufgenommen worden. Joseph Strick, der Regisseur von *Ulysses* und Jean Genets *Der Balkon*, schrieb das Drehbuch, führte Regie und produzierte den Film. Er hatte Rip Torn für die Miller-Rolle verpflichtet, und die damals unbekannte Ellen Burstyn spielte die Rolle von June/Mona. Im Sommer 1969 sollte in Paris gedreht werden, und Miller wurde für seine sechswöchige Anwesenheit als Berater bezahlt.

Hoki befand sich zu dieser Zeit in Europa und wollte Henry in Paris treffen, wo sie auf eine Nebenrolle in dem Film hoffte. Als er Ende Juni hinüberflog, machte er in London Station, um seinen britischen Verleger John Calder zu treffen. Hoki war erst zwei Wochen vorher durch London gekommen – Calder erinnerte sich daran, eine gelangweilte Hoki mit anscheinend «wundgeküßten Lippen» durch die Stadt chauffiert zu haben –, und Miller fragte ihn genau über Hokis Besuch aus. Er wollte zum Dorchester gefahren werden, wo Hoki übernachtet hatte, und als er dort war, bat er Calder, anzuhalten. Fünf Minuten lang starrte er gedankenverloren auf das Hotel, dann sollte Calder weiterfahren.[15]

In Paris kam es noch schlimmer.[16] Hoki beleidigte ihn in aller Öffentlichkeit und nannte ihn «reicher, dummer Henry». Miller mietete eine Wohnung in Passy, aber Hoki fuhr bald mit Puko und anderen japanischen Freunden nach St. Tropez.[17] Miller zeigte etwas Interesse für die Filmaufnahmen – er spielte bei einer kirchlichen Trauung einen alten Mann –, aber er wurde ständig von der Presse belagert und fühlte sich sehr müde. Tony, der den Armeedienst quittiert hatte, traf in Paris ein und arbeitete beim Film mit; Miller hatte das Gefühl, daß Tony und er endlich gute Freunde wurden, und er hegte die Hoffnung, daß Tony eines Tages selbst Schriftsteller werden würde.[18]

Der Film wurde kein Erfolg, denn Millers Meisterwerk ließ sich sehr schlecht auf die Leinwand übertragen. John Simon schrieb für die *New York Times* eine wohlmeinende Kritik über *Wendekreis des Krebses*, aber er wies darauf hin, daß die ausgedehnten Erzählpassagen, die die drastisch gekürzten Szenen des Films begleiteten, eine große und symptomatische Schwäche des Drehbuchs seien. Miller wußte, daß viele Szenen gestrichen oder gekürzt worden waren, aber er dachte, daß die wörtlich dem Roman entnommenen Erzählpassagen die ursprüngliche Qualität des Textes erhielten. Die Gegenüberstellung von langatmigen Kommentaren und kurzen, slapstickartigen Szenen – meist sexuellen Szenen – wirkte jedoch ungewollt komisch. «Der Kommentar schwelgt in lügnerischen Berichten über gigantische sexuelle Meisterleistungen, während die Kamera die nüchterne, erbärmliche Wahrheit erzählt», schrieb Simon und fügte hinzu, daß die Wirkung zwar komisch, der Witz aber zu häufig gebraucht sei.[19] Joe Strick selbst gab zu, daß sein Film nicht funktionierte[20]; er hatte das Gefühl, daß die Erzählpassagen die Handlung bremsten. Einige Kritiker waren der Meinung, daß es ein Fehler gewesen war, die Handlung in das Paris der sechziger Jahre zu verlegen[21], und manche erhoben einen neuen Vorwurf, der bald immer öfter im Zusammenhang mit Millers Werk laut werden sollte: daß der Film ungeheuer sexistisch sei.

Der Film war ein völliger Flop. An dem Tag, als er in Paris anlief, waren gerade elf Leute im Kino.[22] Miller hatte daher keine guten Erinnerungen an diesen Besuch in Paris. Es sollte sein letzter gewesen sein.

Miller setzte ein wenig mehr Hoffnung in die Filmversion von *Stille Tage in Clichy*, die zur selben Zeit von dem dänischen Regisseur Jens Jorgen Thorsen gedreht wurde. Die Schauspieler waren mittelmäßig, und der Film war in sexueller Hinsicht ziemlich freizügig, aber er wurde von Grove Press vertrieben, und Miller meinte, Rosset wisse schon, was er tue. Trotzdem erlitt der Film *Stille Tage in Clichy* das gleiche Schicksal wie die Filmversion von *Wendekreis des Krebses*; wie dieser wirkt er überholt und ist extrem frauenfeindlich. Außerdem fehlen der Humor und die Kraft von Millers Buch. Ein charakteristischer Text aus der Filmmusik von Country Joe McDonald lautet: «She spoils the coffee, burns the eggs / Her brains are all between her legs.»*

Auch Robert Snyders Dokumentarfilm fand kein großes Echo. Snyder plagten immer noch Geldsorgen, und Miller versuchte, ihm zu helfen. Er schrieb Barney Rosset, er habe die Absicht, sich an die Beatles zu wenden, die Anhänger von ihm seien, wie er gehört habe. Er wolle sie fragen, ob sie in den Film investieren möchten.[23]

Im Dezember 1969 starb Lauretta an Krebs, und Miller ließ ihre Asche von Val abholen, die mittlerweile von Ralph Day geschieden war und in Big Sur mit einem Mann namens Geoffrey Palmer zusammenlebte.[24] Das einzige Andenken, das Lauretta hinterließ, war ein Foto von ihrem Kindergarten am Fillmore Place – derselbe Kindergarten, den Miller besucht hatte. Weihnachten 1969 – Mil-

---

* Die Eier verbrannt, der Kaffee zu dünn / denn zwischen den Beinen hat sie ihr Hirn (Anm. d. Ü.)

lers achtundsiebzigster Geburtstag – war trostlos. Über die Feiertage schrieb er Durrell und klagte wieder über seine Schlaflosigkeit; normalerweise nehme er um vier Uhr morgens eine Schlaftablette, die ihn bis Mittag außer Kraft setze. Er warnte Durrell, daß er im neuen Jahr vielleicht «neue, merkwürdige Dinge»[25] tun würde; er habe sich wie ein Narr benommen, und das wisse er auch. Er schwor sich, daß die siebziger Jahre anders werden würden.

Mit achtundsiebzig erlangte Miller eine neue und unangenehme Berühmtheit, als ihn die Frauenbewegung entdeckte. 1969 erschien Kate Milletts *Sexus und Herrschaft*, eine beißende Anklage der herkömmlichen Geschlechterrollen, die auch männliche Willkür und Frauenfeindlichkeit bei modernen Schriftstellern untersuchte. Besonders sorgfältig widmete sich Millett den Werken von Lawrence, Genet, Mailer und Miller, und bei letzterem fand sie in der Tat reichlich Material. Sie räumte zwar ein, daß seine Texte viele Qualitäten hätten, fand aber, daß der Autor ein «Sammelsurium der amerikanischen Geschlechtsneurosen»[26] sei, unfähig, anders von Frauen zu schreiben als von «Mösen». Millers ideale Frau, schloß Millett, sei eine Hure.

Norman Mailer sprang Miller 1971 mit seiner Veröffentlichung *Gefangen im Sexus* bei und behauptete, Kate Millett habe Miller falsch gelesen; sie habe Zitate aus dem Zusammenhang gerissen und unzutreffende Schlüsse aus ihnen gezogen. Mailer hielt Miller einerseits für sexuell konservativ, weil er die Frauen auf eine seinem Weiblichkeitsbild entsprechende Rolle degradiere, und gleichzeitig für sexuell revolutionär, weil er den Unterschied zwischen den Geschlechtern feiere.

Miller behauptete, nicht zu begreifen, worum der Streit ging. Immer wenn das Thema zur Sprache kam, beteuerte er, daß er die Frauen liebe und daß es vielmehr ein Problem sei, daß zu viele Leute Sex ohne Liebe praktizierten. Er halte nicht viel von der sexuellen Revolution, behauptete er.

Doch der achtzigjährige Miller war noch immer von Sexualität besessen und setzte weiterhin sexuelle Betätigung mit Männlichkeit gleich. Seine Briefe an Hoki zeigen nicht nur eine beträchtliche Sorge um seine Potenz, sondern auch ein beinahe pubertäres Interesse an sexuellen Dingen: Seiner Darstellung nach war ihm schwedische Hardcore-Pornographie tausendmal lieber als der *Playboy.*[27] Auf jeden Fall war für die Öffentlichkeit Miller der Inbegriff des *Playboy*-Mannes, und es ist kein Zufall, daß er in den sechziger und siebziger Jahren häufig in diesem Magazin auftauchte. Seine Anhänger unterstützten ihn bei seiner weitergeführten – wenn nicht gar verstärkten – Beschäftigung mit dem Sexuellen, indem sie ihn mit einem beständigen Strom von unanständigen Comics, Witzen, Sexartikeln wie Aphrodisiaka, Aktfotografien von Männern und Frauen sowie Stempeln mit Tabuwörtern versorgten.

All das machte es für ihn schwierig, dem Vorwurf des Sexismus zu entgehen – besonders nachdem 1966, nur fünf Jahre nach der offiziellen Publikation von *Wendekreis des Krebses* in Amerika, die ersten Tagebücher von Anaïs Nin erschienen waren. Wie Miller die *Wendekreis*-Romane, so brachten Anaïs Nin die *Tagebücher* Ruhm, Beifall bei den Kritikern und finanzielle Sicherheit. Anaïs Nin hatte bald eine riesige Gefolgschaft von jungen Frauen, die in ihr wegen ihres Glaubens an die sexuelle Befreiung und wegen ihrer Betrachtung des Lebens als Frau den Prototyp einer modernen Weiblichkeit sahen. Viele waren äußerst überrascht über ihr Verhältnis mit Miller, den sie für gefühllos und sexistisch hielten und der ihrer Ansicht nach Frauen nur erniedrigte, aber Anaïs Nin unterschied sorgfältig zwischen dem Mann und dem Schriftsteller Miller und bestand darauf, daß er weit sanftmütiger und liebevoller sei, als seine Bücher glauben machten.

Miller, der das Hauptanliegen der feministischen Diskussion völlig mißverstand, beharrte wiederholt darauf, daß er Frauen liebe, denn das hielt er fälschlicherweise für den zentralen Anklagepunkt. Er bekundete beispielsweise seine Bewunderung für Germaine Greer – doch stellte sich heraus, daß es eigentlich eine Äußerung von ihr war, die er bewunderte, nämlich daß Liebe schmerzhaft sei. Er glaube, Frauen seien das überlegene Geschlecht, gestand er der Romanschriftstellerin Erica Jong, die gerade *Angst vorm Fliegen* geschrieben hatte, ein Buch, das von vielen Rezensenten mit *Wendekreis des Krebses* verglichen wurde.

Im Grunde war Miller einfach zu altmodisch, um die Ziele der Frauenbewegung zu erfassen oder gar zu verstehen. Der Surrealismus seines Stils und die Modernität seiner Haltung verbargen wie bei manchen seiner literarischen Vorgänger – vor allem bei Hamsun – eine ritterliche Natur; Miller war ein echter Romantiker im wahrsten Sinn des Wortes. Waverley Root, der ihn aus Paris kannte, bezeichnete sein Werk einmal als «Literatur des Ekels» und bemerkte, daß die moderne Sexualität eindeutig zu den Dingen gehöre, die ihn anekelten.[28]

Das mag eine grobe Analyse sein, aber ein Gutteil der puren Scheußlichkeit von Millers Beschreibungen der Sexualität muß sicher darauf zurückgeführt werden, daß er glaubte, betrogen worden zu sein, weil er in eine Welt geboren wurde, in der wahre Ritterlichkeit und Romantik nicht mehr möglich waren. Bestimmt meinte er es ehrlich, wenn er einzelne Frauen unterstützte; er hatte beispielsweise Anaïs Nin und seine vierte Frau Eve in ihrer künstlerischen Laufbahn bestärkt. Aber die Idee von der Gleichberechtigung der Geschlechter konnte er nicht verstehen. Seine eigenen sexuellen Ängste banden ihn unwiderruflich an die Unterschiede zwischen den Geschlechtern, und er fühlte sich nur dann wirklich wohl, wenn seine Partnerin seinen alten und mittlerweile überholten Klischees des Weiblichen entsprachen.

Diese Klischees waren auch teilweise der Grund, weshalb ihn Hoki so reizte. Miller teilte das verbreitete westliche Vorurteil über die sanfte Unterwürfigkeit der Asiatinnen, aber Hoki entsprach keiner seiner Erwartungen. Statt die Geisha zu sein, die er sich erträumt hatte, war sie das genaue Gegenteil: eine unabhängige, knallharte Frau. Mit der Zeit empfand Henry nur eine einzige Charaktereigenschaft von ihr als «feminin», die, wie er glaubte, alle Frauen teilten: die Doppelzüngigkeit. Wie June unternahm sie seinen Worten zufolge ständig Täuschungsmanöver. Er stand dem Ganzen hilflos gegenüber, konnte sich nicht von ihr befreien, war ständig eifersüchtig, ständig mißtrauisch, fühlte sich benutzt und ausgebeutet. Trotz ihrer Demütigungen versöhnte er sich immer wieder mit Hoki und überschüttete sie oft mit teuren Geschenken.

Miller gab sich gerne der Illusion hin, von einer Schar orientalischer Schönheiten umgeben zu sein, aber in Wahrheit waren die meisten Asiatinnen, mit denen er sich umgab, ganz einfach Schmarotzer. Ein Besucher erinnerte sich an eine Frau, die regelmäßig den

Spirituosenladen im Ort anrief und jedesmal kistenweise Spirituosen auf seine Rechnung bestellte.[29] Keine dieser Frauen schenkte ihm besondere Aufmerksamkeit, er wurde allenfalls gelegentlich massiert. Hoki selbst, die sich ihm in sexueller Beziehung immer noch verweigerte, war jeden Abend bis tief in die Nacht unterwegs und kam Millers Worten zufolge oft betrunken nach Hause. Miller quälte sich dann mit der Erinnerung an ein Gespräch, das sie vor ihrer Hochzeit geführt hatten. Er hatte ihr damals vorgeschlagen, wegen ihrer Visumsprobleme einen chinesisch-amerikanischen Freund zu heiraten und sich dann zu weigern, mit ihm zu schlafen. Hoki hatte entrüstet geantwortet: «O nein, so etwas würde ich nie tun. Ich müßte mit ihm schlafen», und nun klagte Miller: «Du warst bereit, für ihn das zu tun, was du mir verweigert hast.»[30] Schließlich wurde die ganze Sache zu demütigend, und im Mai 1970 zog Hoki aus – doch erst, nachdem Miller ihr eine Boutique in Beverly Hills gekauft hatte. Ein paar Jahre blieb sie noch ein Teil seines Lebens, dann verschwand sie ganz; 1977 fand die Scheidung statt.

Da Hoki nun weg war, wurden die frühen siebziger Jahre Millers letzte glückliche und sogar einigermaßen produktive Zeit. Er hatte die Arbeit am zweiten Band von *Nexus* aufgegeben und konnte die Kraft für ein neues längeres Werk nicht mehr aufbringen, aber er schrieb weiter und freute sich darüber, daß viele Bücher über seine Werke erschienen. *Insomnia* wurde 1974 von Doubleday wiederaufgelegt, und Noel Youngs Capra Press in Santa Barbara brachte eine Reihe mit Millers kürzeren Texten heraus, die gesammelt in dem Band *Sextet* erschienen. Darunter befanden sich ein Essay über den Selbstmord des japanischen Schriftstellers Jukio Mischima, für den sich Miller außerordentlich interessierte, ein bemerkenswert ehrlicher Essay mit dem Titel «On Turning Eighty» (Wenn man achtzig wird) und ein Essay über Griechenland. Millers Briefwechsel mit dem Kritiker und Übersetzer Wallace Fowlie erschien 1975. Im selben Jahr brachten Playboy Press und Bradley Smith einen Bildband von Miller mit dem Titel *My Life and Times (Mein Leben und meine Welt)* heraus. Er war reich mit Fotografien ausgestattet, bei denen es sich passenderweise um eine Mischung aus faszinierenden frühen Fotos des jungen Miller und seiner Familie zusammen mit einigen weniger herausragenden Fotos des alten Mannes inmitten von nackten Frauen handelte. Er enthielt auch Reproduktionen von Manuskriptseiten, Aquarelle und einige der Wanddiagramme, mit denen Miller seine Bücher darstellte.

Mein Leben und meine Welt ist auf traurige Weise repräsentativ für Millers späte Jahre. Er erzählt darin bekannte Geschichten, die seinen Anhängern bereits vertraut waren: Da ist der alte Bericht von seiner Begegnung mit Emma Goldman, seine Beziehung zu den jüdischen Zuschneidern im Schneiderladen seines Vaters, seine wilden Nächte in Clichy, seine ersten Malversuche. Miller hatte so extensiv über seinen literarischen Geschmack geschrieben, daß sogar die Bücher, die er empfahl, eher vertraut als besonders abwegig klangen: Hamsuns *Hunger*, Dostojewskis *Der ewige Gatte* und *Der Idiot*, Blaise Cendrars *Moloch; Das Leben des Moravagine*. Miller begeisterte sich für ein paar neue Autoren, besonders Isaac B. Singer und Saul Bellow, und er hatte auch ein Buch wiederentdeckt, das ihm als Kind sehr lieb gewesen war: Edmondo de Amicis' *Herz*. Aber in *Mein Leben und meine Welt* arbeitete Miller vorwiegend an seinem eigenen Image und präsentierte sich zugleich als Weisen und als Naiven, als einen Mann, der an künstlerische und sexuelle Freiheit glaubte. Die Fans *wollten* anscheinend seine immer gleichen alten Geschichten hören; sie waren sonst aufs höchste irritiert. Als er zum Beispiel einem Bewunderer die bemerkenswerte – und nicht verifizierbare – Geschichte erzählte, wie er in den frühen fünfziger Jahren vor einem französischen Gericht erscheinen mußte und sich so aufregte, daß er die Kontrolle über seine Blase verlor, wußte dieser Bewunderer nicht, was er davon halten sollte. Die Geschichte paßte nicht zur Miller-Legende.[31]

Viele seiner Leser erwarteten, daß er mit der Jugendbewegung sympathisiere, aber Miller behauptete, ihre Ziele nicht zu verstehen. Er mochte keine Rockmusik und war entschieden gegen Drogen. Natürlich hatte er etwas für Rebellen übrig – das war immer so gewesen –, aber er hatte noch nie politische Erklärungen abgegeben. Als Bill Webb, sein Freund aus Big Sur, aus Protest gegen den Vietnamkrieg keine Steuern mehr zahlte, bewunderte ihn Miller sehr dafür, und als Webb fragte, weshalb Miller nicht das gleiche tue, antwortete Henry, er traue sich nicht, so etwas stecke einfach nicht in ihm drin.[32] Organisierter Politik als auch politischen Aktionen gegenüber war er von Natur aus mißtrauisch.

Mit Millers Gesundheit ging es stetig bergab. In den frühen siebziger Jahren verbrachte er mehr und mehr Zeit im Bett, denn seine Hüfte bereitete ihm immer noch große Schwierigkeiten. Außerdem mußte er sich einer Operation unterziehen, bei der ein Gefäßstück am Halsbereich entnommen und in der Leiste wieder eingesetzt wurde, um die Durchblutung seines rechten Beins wiederherzustellen, und als die erste Operation nicht das gewünschte Resultat brachte, mußte er eine zweite über sich ergehen lassen. Nachdem Miller beinahe sechzig Jahre lang filterlose Zigaretten geraucht hatte, teilten ihm seine Ärzte mit, daß er das Rauchen aufgeben müsse. Dies gelang ihm mit weit weniger Schwierigkeiten, als er gedacht hatte, und später ereiferte er sich geradezu, wenn andere in seiner Gegenwart rauchten.

Im Verlauf einer weiteren Operation im Herbst 1973 bildete sich in der Nähe des Sehnervs ein Blutgerinnsel, und Miller konnte auf dem rechten Auge nichts mehr sehen. Er schrieb Perlès, seine Schweizer Astrologin Jacqueline Langmann habe vorausgesagt, er werde seine Sehkraft innerhalb eines Jahres wiedererlangen[33], aber als das nicht der Fall war, mußte Miller das Lesen und Briefeschreiben radikal einschränken.

In den frühen siebziger Jahren rächte sich auch Millers jahrelange Gutmütigkeit. Eine große Zahl von Leuten, die er als seine Freunde betrachtet hatte, ließ ihn im Stich. Der Bruch mit Gerald Robitaille war vielleicht der schmerzlichste Verlust. Robitaille behauptete, Miller habe versprochen, ihm zu Lebzeiten zehntausend Dollar auszuzahlen, die er ihm eigentlich habe vererben wollen, und er habe sein Wort gebrochen. Miller betrachtete Robitailles Weggang als Verrat, und es tat ihm doppelt weh, als Robitaille eine Schmähschrift gegen ihn verfaßte, die 1971 unter dem Titel *Le Père Miller* herauskam. Sie verrät weniger über Millers Fehler als über die Speichellecker und Ausbeuter, die ihn in diesen Jahren umgaben – und Robitaille war offenbar einer von ihnen.

In Millers Augen war auch sein alter Freund Robert Fink ein Verräter. Fink hatte Miller 1972 vorgeschlagen, einen Band mit Millers Briefen an ihn zusammenzustellen, und darüber kam es zum

Zerwürfnis. Miller schrieb Emil White, daß er fürchte, die Robitaille-Affäre würde sich wiederholen.[34] Das Buch kam nie zustande, aber ein anderes, das 1975 erschien, verärgerte Miller. *Henry Miller in Paris* von seinem alten Freund, dem Fotografen Brassaï, gab vor, eine Biographie zu sein, aber Miller fand zahlreiche Ungenauigkeiten und Entstellungen im Manuskript und schrieb Brassaï einen bitteren Brief, in dem er behauptete, Brassaï habe ihn nie richtig verstanden. Eine weitere Enttäuschung kam aus bekannter Richtung: Anaïs Nin hatte den Kontakt zu Miller und Durrell abgebrochen, weil sie in ihren Briefen an Anaïs weiterhin von Hugo als ihrem Ehemann sprachen, ohne Kenntnis davon zu nehmen, daß sie an der Westküste für die Frau von Rupert Pole gehalten wurde. Miller sprach mittlerweile weniger positiv über Anaïs Nin, und nach ihrem Tod im Jahr 1977 sollte er sie offen kritisieren und finster von ihren «Machenschaften» und ihrer «Doppelzüngigkeit» schreiben.

Sein einziger Trost waren seine Kinder. Val und Tony wohnten abwechselnd im Haus am Ocampo Drive und in der Hütte auf Partington Ridge, die immer noch Henry und Lepska gemeinsam gehörte. Val hatte einen Teil der sechziger Jahre in Aspen verbracht, und Tony übernahm 1971 Gerald Robitailles Posten als Millers Sekretär, beantwortete die weniger wichtige Post seines Vaters und schrieb, wie Miller in einem Brief an Durrell erzählte, hin und wieder Rezensionen, die unter dem Namen seines Vaters erschienen.[35] Tony erbte auch einige von Millers Verflossenen; sein Vater versuchte, Verbindungen mit Hokis Freundinnen für ihn zu arrangieren.

Nach Hokis Abreise verliebte sich Miller erneut, diesmal in Lisa Lu, eine chinesische Schauspielerin Mitte Dreißig, die er seit Jahren kannte. In einem Brief an Val lobte er sie enthusiastisch für ihre Hauptrolle in dem chinesischen Film *The Arch*, für ihre Rolle neben Brando in *Noch hänge ich nicht* und für ihre Mitwirkung bei einer chinesischen Operntruppe als Sängerin und Tänzerin. Will man nach Millers Briefen über sie urteilen, scheint es, als ob Lisa Lu ihn weit anständiger behandelte als Hoki. Aber sie hatte wenig Erfolg beim Film in Hollywood und arbeitete einen großen Teil des Jahres an Drehorten in Taiwan und Hongkong, so daß sich die Romanze zum Großteil auf eine Korrespondenz zwischen den beiden beschränkte – in einem Zeitraum von neun Monaten schrieb ihr Miller zweihundertvierundzwanzig Briefe! [36]

1975 begann Miller eine Trilogie kurzer Episoden für Capra über die Gefährten, die er in seinem Leben gehabt hatte. Der erste Band enthielt Porträts von Kumpels aus Brooklyn wie Stanley Borowski und Bill Dewar, der zweite behandelte seine kalifornischen Freunde und sein Fahrrad, das er als seinen besten Freund bezeichnete, und der dritte Band, über Perlès und einige seiner Frauen, enthielt besonders bittere Bemerkungen über Anaïs Nin. Obwohl Miller umständlich schreibt, sich wiederholt und oft unerträglich abschweift, ist die Trilogie *The Book of Friends** bemerkenswert wegen ihrer Aufrichtigkeit. Miller enthüllt vieles über seine Vergangenheit, das er bisher verschwiegen hatte: seine homosexuellen Erfahrungen als Junge, seine unbefriedigenden Beziehungen zu Melpo Niarchos und Sevasty Koutsaftis sowie einige traurige Fakten über seine Ausbeutung durch einige seiner Gefährten aus späteren Jahren. Am interessantesten ist vielleicht, daß Miller keine seiner Ehefrauen erwähnte. Auch seine Verleger fanden in dem Buch keine Erwähnung, aus Gründen, über die man nur spekulieren kann, denn alle – Girodias, Laughlin, Porter, Rosset und Noel Young – waren gute Freunde. Miller scheint absichtlich relativ unkomplizierte Freundschaften gewählt zu haben, die ihm Gelegenheit gaben, über sein eigenes Leben nachzudenken – das natürlich immer noch sein Lieblingsthema war.

Eine Broschüre, die er ungefähr in dieser Zeit verfaßte, *Mother, China, and the World Beyond* (Mutter, China und die Jenseitswelt), deutet darauf hin, daß Miller sich mit dem Tod beschäftigte. In der Broschüre beschreibt er einen Traum, in dem ihm seine Mutter in der Vorhölle begegnet. Zu seinem Erstaunen ist sie verständnisvoll und weise, und er verspürt nicht den Wunsch, seinen Vater ausfindig zu machen, sondern bleibt an der Seite seiner Mutter und hört ihren Erklärungen zu, wie die Vorhölle funktioniert. Er fragt seine

* Der erste Band erschien deutsch als *Jugendfreunde*, der zweite als *Mein Fahrrad und andere Freunde*. Der dritte Band *Joey* liegt nicht in deutscher Übersetzung vor. (Anm. d. Ü.)

Mutter, warum sie seine Jugendlieben Cora Seward oder Pauline nie gemocht habe, und ist erstaunt, als sie einfach antwortet, sie habe diese Frauen nicht gut genug für ihn gefunden. Er ist auch überrascht zu hören, daß er einen Bruder gehabt hat, oder genauer gesagt, daß seine Mutter vor ihm einen totgeborenen Jungen zur Welt gebracht hat. Und er ist überwältigt, als er erfährt, daß seine Mutter beabsichtigt, als farbiger Mann wieder auf die Welt zu kommen. Der Text wurde offenbar aus dem Wunsch heraus geschrieben, mit seiner Mutter ins reine zu kommen, aber die Mutter wird im Traum idealisiert – und wirkt bezeichnenderweise sehr männlich.

1976 wurde Miller schließlich Invalide. Er war mittlerweile vierundachtzig Jahre alt und schlurfte auf eine Gehhilfe gestützt durch das Haus. Gewöhnlich trug er einen blauen Frotteebademantel und einen Pyjama. Auch auf seinen seltenen Ausflügen außerhalb des Hauses behielt er Pantoffeln an – zum Beispiel wenn er Vorträge in Jack Garfeins Artists and Writers Laboratory hielt oder wenn er eine Freundin ins Imperial Gardens einlud, immer noch sein Lieblingsrestaurant. Während dieser Monate kümmerte sich Twinka Thiebaud, eine fähige Sekretärin und Gesellschafterin, um ihn und stellte später das Buch *Reflections* zusammen, seine letzten Erinnerungen. Charles Robinson, ein Krankenpfleger, kam regelmäßig, um Gymnastik mit ihm zu machen und um ihm die Medikamente zu geben, die er brauchte. Mehrere Frauen kochten ihm abwechselnd das Essen. An seine Haustür war ein Zitat von Meng Tse geheftet, das Hermann Hesse – ebenfalls ein Schriftsteller, für den sich Miller begeisterte – an seine Tür geklebt hatte:

> Wenn ein Mensch ein hohes Alter erreicht und seine Aufgabe erfüllt hat, dann hat er das Recht, der Vorstellung vom Tod in Frieden gegenüberzutreten. Er braucht keine anderen Menschen, er kennt sie bereits und hat genügend von ihnen gesehen. Was er braucht, ist Frieden. Es schickt sich nicht, solch einen Menschen aufzusuchen, ihn mit Geschwätz zu plagen und ihn Banalitäten erdulden zu lassen. Man sollte an der Tür seines Hauses vorbeigehen, als ob niemand dort wohnte.[37]

Nur sehr wenige von Millers Besuchern schenkten der Bitte Beachtung. Seine Anhänger waren hartnäckig. Er bekam Besuch von anderen Schriftstellern wie Erica Jong, für die er sich beflissen einsetzte, und Norman Mailer, der 1976 *Genius and Lust* zusammenstellte, eine Anthologie von Miller-Texten samt hellsichtigen Kommentaren. Durrell stattete ihm einige Besuche ab, als er Gastdozent an der nahegelegenen CalTech war, und es tauchten auch andere alte Freunde auf, so zum Beispiel Irving Stettner, den Miller seit den vierziger Jahren nicht mehr gesehen hatte. Der Maler und Dichter Stettner hatte gerade die Literaturzeitschrift *Stroker* ins Leben gerufen, für die Miller später begeistert Beiträge schrieb, und machte Miller mit den Texten von Tommy Trantino bekannt, einem Künstler und Dichter, der wegen Mordes eine lebenslange Haftstrafe im Gefängnis von New Jersey verbüßte; Trantino wurde zu einem weiteren Schützling Millers.

Während dieser Zeit begann Miller davon zu sprechen, daß er den Nobelpreis erhalten möchte – davon hatte er schon seit 1946 geträumt.[38] Ingesamt hatte er sehr wenige Ehrungen für sein Werk erhalten: 1976 wurde er Ritter der französischen Ehrenlegion, und 1970 wurde *Stand Still Like the Hummingbird (Von der Unmoral der Moral)* in Italien zum Buch des Jahres gewählt. Seit 1957, als Miller von Van Wyck Brooks gefördert worden war, war er Mitglied des American Institute for Arts and Letters, und wann immer er ein Sakko anhatte, trug er stolz dessen Rosette.[39] Nun wollte er den Nobelpreis. Rosset und Durrell gegenüber begründete er seinen Wunsch nur damit, daß er das Geld brauche – sein Vermögen würde gerade ausreichen, bei seinem Tod die Steuern für das Grundstück zu bezahlen. Als Isaac B. Singer 1978 den Nobelpreis bekam, behauptete er, nicht enttäuscht zu sein, er wolle sich auf jeden Fall 1979 um den Preis «bewerben». Durrell schrieb ihm, daß er vor ein paar Jahren ein Mitglied der Jury kennengelernt habe, das gesagt hatte: «Wir warten darauf, daß Mister Miller *ehrbar* wird.»[40] Miller selbst glaubte, er habe seine Chance vor Jahren verspielt, als er in Europa den schwedischen Kritiker Arthur Lundkvist brüskiert hatte, und grämte sich.

Aber in diesem letzten Jahr hatte er einen Trost. Im Juni 1976 fing er einen Briefwechsel mit einer jungen Frau aus Mississippi an, die nach Los Angeles gekommen war, um ihre Schauspielerkarriere voranzutreiben. Brenda Venus – kein Pseudonym, wie sie behauptete – schickte ihm Fotografien von sich, die ihn faszinierten. Ihr exotisches Aussehen gefiel ihm; sie war eine große, athletisch gebaute Frau, teilweise indianischer Abstammung, mit langem braunem Haar und mandelförmigen Augen. Sie hatte in dem Film *Im Auftrag des Drachens* mit Clint Eastwood und in einigen B-Filmen mitgespielt, aber sie hatte Schwierigkeiten, Hauptrollen zu bekommen. Vormittags gab sie Ballettunterricht, um sich über Wasser zu halten.

Miller schrieb Brenda, daß er sich nicht vorstellen könne, warum sie einen vierundachtzigjährigen Mann treffen wolle, aber beinahe sofort schwor er ihr seine Liebe. Als er sie einen Monat später persönlich kennenlernte, war es um ihn geschehen. Bald schrieb er ihr lange, erotische Briefe, die sie klaglos akzeptierte. Taktvollerweise verschwieg sie ihm, daß sie einen festen Freund hatte, und als er sie fragte, was sie zur sexuellen Entspannung tue, antwortete sie, sie treibe Gymnastik. Er wollte sie in esoterische sexuelle Geheimnisse einweihen und schenkte ihr erotische orientalische Drucke, Tantra-Yoga-Literatur und ein Buch über den Sonnentempel Konarak, der für seine erotischen Bilder berühmt war.

Miller schrieb ihr, richtiger Sex stehe außer Frage. Er hatte Angst, daß sein Herz bei einem versuchten Geschlechtsakt versagen würde, und er hatte selten Erektionen, aber erotische Träume von Brenda, von der er glaubte, sie habe einen starken Geschlechtstrieb, ließen ihn nicht mehr los. Im November 1978 bat Miller sie, ihm das Vorrecht einzuräumen, sie streicheln zu dürfen. Er könne sich gut vorstellen, schrieb er, «wie widerlich einem jungen, schönen Geschöpf wie Dir die Aufforderung, einen fast Neunzigjährigen körperlich zu lieben, erscheinen muß»[41], aber vielleicht könne sie ihm doch irgendwie ein Zeichen geben. Brenda gab es, indem sie nur in ein griechisches Gewand gekleidet in seinem Schlafzimmer erschien. Sie ließ das Gewand zu Boden fallen, und nach einer Minute hüllte sie sich wieder darin ein. Das war alles.

Miller versorgte Brenda mit zahlreichen Listen von Büchern, die sie lesen sollte; von Wörtern, die sie lernen sollte; von Musik, die sie sich anhören sollte; von Theaterstücken, die sie sich ansehen sollte.

Außerdem versuchte er, ihre Karriere zu fördern, schrieb Szenen für sie und sprach mit seinen einflußreichen Freunden in Hollywood. Als Warren Beatty ihn bat, als «Zeuge» in seinem Film *Reds* aufzutreten, willigte Miller ein, stellte aber die Bedingung, daß Brenda eine Rolle in Beattys nächstem Film bekomme. Brenda trat zwar nie in einem Film von Beatty auf, aber Millers Auftritt in *Reds* ist ein unterhaltsamer Kommentar über die Rolle von Liebe und Sex unter den Bohemiens der ersten Jahrzehnte dieses Jahrhunderts.

Miller gab Brenda auch die Erlaubnis, die Filmrechte von ein paar seiner Bücher zu verkaufen, um so vielleicht eine Rolle zu erhalten, und Ende 1979 reiste sie nach Paris, wo sie hoffte, Fellini oder Truffaut für *Das Lächeln am Fuße der Leiter*, oder, falls das nicht klappen würde, ein anderes Buch von Miller zu interessieren. Truffaut zeigte leichtes Interesse, einen Film über die Conrad-Moricand-Geschichte, *A Devil in Paradise*, zu drehen, aber die Reise brachte keine konkreten Ergebnisse.

Einige von Millers Freunden, wie zum Beispiel Durrell, sind der Ansicht, Brenda habe Miller ein paar Jahre länger am Leben erhalten, als ihm sonst vergönnt gewesen wäre. Dies mag nun zutreffen oder nicht, Miller jedenfalls war überzeugt, daß Brenda ihn liebte, und es ist gut möglich, daß die Liebe einer schönen Frau einen so romantischen Mann wie ihn bei Kräften gehalten hat. Wenn Brenda hoffte, durch ihre Beziehung zu ihm alles Erreichbare mitzunehmen, so zeigte sie das nie, und sie tat, was sie konnte, damit er in seinen letzten Tagen glücklich war.

Andere behaupten, daß Brenda nur eine weitere Zuschauerin gewesen sei, die hoffte, aus ihrer Bekanntschaft mit Miller Kapital zu schlagen. Miller war in seinem Haus am Ocampo Drive beinahe ein Gefangener. Er hatte kein Auto und war völlig auf die Menschen seiner Umgebung angewiesen.[42] Sandi Stahl, eine Freundin von Val, hatte Twinkas Platz eingenommen, und eine Zeitlang erfüllte sie ihre Aufgabe sehr zuverlässig. Sie gewann aber eine beträchtliche Macht im Haushalt, und deshalb war sie vielen Anhängern Millers ein Dorn im Auge; nach sechs Monaten ging sie. Die Verhältnisse stabilisierten sich wieder, als Barbara Kraft den jungen Künstler Bill Pickerill mit der Sorge um Miller betraute.

Doch im März 1980 ließen Millers Kräfte nach. Er war fast völlig erblindet, stark schwerhörig und an den Rollstuhl gefesselt. Im Mai traf George Hoffman, der nach dem Tod seines Vaters weiterhin als Millers Agent arbeitete, in Pacific Palisades ein und wollte noch einen Dokumentarfilm über Miller drehen, obwohl dieser seinen eigenen Worten zufolge «beinahe plemplem» war.[43] Seinen Freunden – Perlès, Durrell, Irving Stettner, Brenda Venus – schrieb Miller, daß er sterbe, beziehungsweise, wie es in einem Brief an Perlès hieß, «eindeutig den Planeten verlasse»[44]. Es waren starke, selbstsichere Briefe. Im Mai verlor Miller den Verstand – offenbar bildete er sich ein, er sei in Paris[45], und im Beisein von Bill Pickerill starb er am 7. Juni 1980.

«Henry Miller ist nicht tot», lautet ein Graffito in Südkalifornien, das auf einem Sammlerkatalog abgebildet ist.[46] Miller war ein Mann, der sich mit Aktivität umgab, und so wurde aus ihm in den vierziger und fünfziger Jahren eine kleine Manufaktur. Mit der Publikation der zensierten Bücher wurde daraus ein gutgehendes, auf weitere Produkte umgestelltes Unternehmen. Nach Millers Tod wurden die Tore nicht geschlossen.

Am 17. Juli 1980 begann mit dem Erscheinen seines letzten Buches die große Flut; paradoxerweise handelte es sich um die «Broschüre» über D. H. Lawrence, die Miller in seinen Pariser Jahren so gequält hatte. Die Herausgeber, Evelyn Hinz und John Teunissen, bemühten sich sehr, Millers umfangreiches Manuskript auf ein Minimum zu kürzen, aber das Resultat ist immer noch so gut wie unlesbar. 1981 erschien Twinka Thiebauds Sammlung *Reflections*. 1984 brachte Irving Stettner *From Your Capricorn Friend* (Von deinem Steinbockfreund) heraus, eine Sammlung von Millers Briefen an Stettner sowie Texte, die er für den *Stroker* geschrieben hatte; bis heute druckt Stettner Teile aus dem Buch im *Stroker* wieder ab. 1986 erschienen Millers Briefe an Brenda Venus und Hoki Tokuda. Seine *Hamlet Letters*, eine gekürzte Ausgabe seines Briefwechsels mit Michael Fraenkel aus den dreißiger Jahren, kamen 1988 heraus, ebenso sein Briefwechsel mit Lawrence Durrell. 1989 veröffentlichte New Directions die bisher aufschlußreichste Briefsammlung: seine Briefe an Emil Schnellock. Herausgegeben wurden sie von George Wickes, der vor allem einige ausufernde antisemitische Passagen herausstrich.

1987 entstand durch das Erscheinen zweier Bücher, die mit Millers Affäre mit Anaïs Nin zu tun hatten, ein blühendes Subunternehmen: Bei dem einen Buch handelte es sich um eine Auswahl aus ihren unbearbeiteten Tagebüchern mit dem Titel *Henry and June (Intimes Tagebuch: Henry, June und ich)*, das andere war ein Briefband. Ein Jahr vor Millers hundertstem Geburtstag stellte Philip Kaufman einen Film über die Tagebucheinträge fertig *(Henry und June)*, und es gab auch eine Neuverfilmung von *Stille Tage in Clichy*; Claude Chabrol führte dabei Regie und Andrew McCarthy, der weder glatzköpfig noch ein Mann mittleren Alters ist, spielte die Rolle des Henry Miller.

Miller-Zeugnisse werden immer noch in weiten Kreisen gesammelt. Der junge kalifornische Schriftsteller Michael Hargraves brachte unmittelbar nach Millers Tod eine Bibliographie heraus, in der er auf die Notwendigkeit eines «schnellen, handlichen Führers» hinwies, der den Sammlern «in der bevorstehenden verrückten Zeit» helfen sollte.[47] Es war in der Tat eine verrückte Zeit. 1986 holte Valentine Miller das Manuskript von *Wendekreis des Krebses* aus den Archiven der University of California und trug es zu Sotheby's, wo es für hundertfünfundsechzigtausend Dollar versteigert wurde. Das war ein Preis, der noch nie zuvor für ein Manuskript aus dem 20. Jahrhundert bezahlt wurde. Erstausgaben von *Wendekreis des Krebses* verkaufen sich für den stattlichen Betrag von neunzigtausend Dollar.[48] Ein handschriftliches Notizbuch aus der Pariser Zeit wurde vor kurzem für fünftausend Dollar zum Verkauf angeboten.

Mehrmals wurde versucht, Millers Biographie zu schreiben. Trotz Millers Einwänden veröffentlichte Jay Martin 1978 *Always Merry and Bright (Henry Miller: die Liebe zum Leben)* in der Capra Press. 1986 erschien Kathryn Winslows *Henry Miller: Full of Life (Ein Mann wie Henry Miller)*; hierbei handelt es sich um die Memoiren jener Frau, die in den vierziger Jahren in Chicago «M: The Gallery for Henry Miller» betrieb. Wie die Titel vermuten lassen, sind beide Werke ziemlich unkritisch.

Die Henry Miller Literary Society gibt es schon lange nicht mehr, aber Miller hat immer noch Hunderte von treuen und ergebenen Anhängern. Ihre Arbeiten über ihren Meister füllen zwei Gedenkbände, und viele abonnieren auch die internationale Zeitschrift *Anaïs*. In Schulen oder Universitäten wird Miller selten gelesen, und es gibt wenig gute literaturwissenschaftliche Arbeiten über ihn.

Emil White, Millers Zechkumpan – wie er vor kurzem in einem Artikel im Magazin *Life* genannt wurde –, starb im August 1989 und vermachte sein Grundstück und die Henry-Miller-Gedächtnisbibliothek, die er gegründet hatte, an den Big Sur Land Trust. Die Bibliothek, Emils frühere Hütte, hat allerdings wenig zu bieten – kaum einen kompletten Satz von Millers Werk. Ein Stück weiter die Küste hinauf macht die Coast Gallery ein lebhaftes Geschäft mit einer umfassenden Postkartenserie von Henry Millers Aquarellen, und im Nepenthe sind Millers Bücher erhältlich. Val und Tony wohnen immer noch in der kleinen Gemeinde, und Barbara lebt in Pasadena. Ihre Mutter Beatrice starb 1984. Hoki zog wieder nach Tokio, wo sie einen Nachtclub mit dem Namen «Wendekreis des Krebses» unterhält. Das Haus am Ocampo Drive wurde bald nach Millers Tod verkauft, aber zuvor wurde das ungewöhnliche Badezimmer demontiert und an einen Sammler verkauft.

Miller bleibt uns weiterhin als kulturelle Symbolfigur erhalten, wie zum Beispiel auch zwei neuere Hollywoodfilme zeigen. In Martin Scorseses *Die Zeit nach Mitternacht* von 1985 ist der Hauptdarsteller, dem eine haarsträubende Reise durch die Stadt und seine eigene Triebwelt bevorsteht, zuerst in einem Café bei der Lektüre von *Wendekreis des Krebses* zu sehen. Der Held des Films *Sex, Lügen und Video* von 1989 ist ein Außenseiter, der davon besessen ist, Videos von Frauen aufzunehmen, die über Sex sprechen, und er hat als Tribut an einen heldenmütigen Voyeur ein Foto von Miller an der Wand hängen.

Trotzdem nimmt Miller einen seltsamen Platz im amerikanischen Kulturleben ein. Viele Schriftsteller bekennen, daß sie Miller viel verdanken, zum Großteil jedoch, weil er ein Vorkämpfer für die Sache der freien Meinungsäußerung war. Ohne *Wendekreis des Krebses* hätten so bedeutende Werke der amerikanischen Literatur wie Philip Roths *Portnoys Beschwerden* und William S. Burroughs' *Naked Lunch* in Amerika vielleicht nie erscheinen können. Und doch gibt es wenige Schriftsteller, die Miller in ihren Texten bewußt nacheifern. Sein Werk ist zu schwer einzuordnen, sein Wortgefüge zu eigentümlich. Aber kaum jemand würde die Bedeutung der Pariser Bücher leugnen wollen, und auch nicht die Erfolge von *The Rosy Crucifixion, Big Sur und die Orangen des Hieronymus Bosch* sowie *Der Koloß von Maroussi.*

Doch Miller war nicht nur als Schriftsteller wichtig, sondern auch als eine Persönlichkeit des 20. Jahrhunderts. Sein Leben sei eine ebenso große Leistung gewesen wie sein Werk, behauptete er oft in seinen späteren Jahren. Trotz seiner Fehler – der schlimmste war letztendlich seine Selbstgefälligkeit, die so naiv war, daß man sie ihm fast wie einem Kind nachsehen kann – und trotz der großen Hindernisse, die ihm im Weg standen, baute sich Miller ein Leben auf. Er fand eine Möglichkeit, in einer Gesellschaft, die Künstlern seinesgleichen bestenfalls indifferent gegenüberstand, zu überleben und sogar zu gedeihen. Die Ablehnung seiner bürgerlichen Herkunft und all dessen, was sie symbolisierte, war kühn. Die darauffolgenden Jahre mit June waren eine Art Feuerprobe, die er mit neununddreißig Jahren in Paris ohne einen Pfennig in der Tasche überstanden hatte. Dort lernte Miller durch das Leben auf den Straßen endlich das Schreiben: buchstäblich von Grund auf.

In *Wendekreis des Steinbocks* beschrieb Miller, wie June gleichzeitig seine Verdammnis und sein Heil war:

> Als ich ihr begegnete, wähnte ich, das Leben zu greifen ... Statt dessen entglitt mir das Leben ganz. Ich streckte die Hand aus, um mich an etwas zu klammern – und fand nichts. Aber als ich die Hand ausstreckte, um etwas zu fassen, mich anzuklammern, fand ich, völlig auf dem trocknen gelassen, etwas, was ich nicht gesucht hatte – mich selbst.[49]

Miller entdeckte auch, daß er sich nicht danach gesehnt hatte, «zu leben – wenn man das, was andere treiben, leben nennen kann – sondern mich selbst auszudrücken»[50].

Denn es war das Schreiben, das Miller rettete – ihn vor dem Schneiderladen rettete, ihn vor den Schrecken seines Elternhauses rettete, ihn vor dem Wahnsinn rettete, der ihn in seiner Ehe mit

June bedrohte. Für Miller existierte die Grenze zwischen Leben und Literatur kaum; alles, was er schrieb, von *Wendekreis des Krebses* bis hin zu seinen gelegentlichen kritischen Aufsätzen, war autobiographisch. Sein Lieblingsthema waren sein eigenes Denken und seine Erinnerungen. Sex war eigentlich nur ein Bestandteil des Ganzen, der durch die Zensur zu einer falschen Spur wurde und die Leser jahrelang in die Irre führte. Das Thema von Millers bedeutendsten Büchern war das Überleben, denn Miller war in erster Linie ein Überlebenskünstler. Dies war auch die Eigenschaft, die er am meisten bei June und bei Freunden wie Perlès bewunderte. Leute wie «Max» und Moricand erregten gleichzeitig sein Mitleid und seinen Zorn, weil sie potentielle Überlebende waren, die seine Bemühungen durch ihren verstockten und sturen Fatalismus unterhöhlten. Miller, der selbst verstockt und stur war, kannte die Lockungen des Fatalismus sehr wohl. Seine Leidenschaft für Außenseiter kam aus der ehrlichsten und ehrbarsten Quelle – aus der Erkenntnis, daß ihr Kampf gegen die Mächte, die drohten, sie zu verschlingen, auch sein Kampf war. Wie ihr Schöpfer, bewegen sich Millers autobiographische Helden auf einem schmalen Grat zwischen Bejahung und Rebellion, zwischen Jubel und Abscheu. Es war fast unvermeidlich, daß Miller in seinen späteren Jahren versuchen würde, eine wirklich positive Philosophie aufzubauen, und es war ebenso unvermeidlich, daß er dabei scheitern würde. Als literarischer *clochard*, das «schlechte Produkt eines schlechten Bodens»[51], der in *Wendekreis des Steinbocks* beschrieben ist, war er weit überzeugender. Also wählte er seine frühen Jahre mit Beatrice und mit June zum Thema für seine mächtige autobiographische Trilogie, die beschreibt, wie seine Seele durch das Leiden geformt wurde. Immer wenn Miller eine neue Richtung einschlagen wollte, kam er nur mühsam voran.

Ein weiterer Aspekt von Millers Leben muß noch betrachtet werden, nämlich sein fast schon unheimliches Talent, sich mit seiner eigenen Zeit nicht in Gleichklang zu befinden. Oft sagte er, daß Amerikaner später reif werden als Menschen anderer Nationalitäten, aber er selbst schien doch eher ein außergewöhnlicher Fall zu sein. In Paris hatte er darüber geklagt, vierzig zu sein, eine Brille zu tragen und eine Glatze zu haben; er war auch ein Jahrzehnt zu spät dort, nachdem die meisten berühmten Exilamerikaner, die Hemingways und Fitzgeralds, schon heimgekehrt waren. Die vierziger und fünfziger Jahre verbrachte er in der Einsamkeit von Big Sur, und als die Subkultur in den sechziger Jahren einige der Ideen, für die er eintrat, übernahm, zog er eigensinnig in die wohlhabende, bürgerliche Gegend von Pacific Palisades. Auf den folgenschwersten falschen Zeitpunkt in seinem Leben hatte Miller jedoch keinen Einfluß: auf das fünfundzwanzig Jahre andauernde Verbot seiner Pariser Bücher. Den größten Teil seines Erwachsenenlebens waren seine bedeutendsten Bücher in seinem eigenen Land nicht erhältlich und größtenteils ungelesen. Miller war berüchtigt, aber nicht berühmt. Er lebte von Zuwendungen. Anerkennung von Kritikern bekam er erst, als er ein alter Mann war, als sein Lebenswerk abgeschlossen war, als ihm das Schreiben kaum noch etwas bedeutete. Sein Leben ist eine vernichtende Anklage der Art und Weise, wie die amerikanische Gesellschaft ihre rebellischen Künstler behandelt. Ohne Ankündigung, ohne Rezensionen, ohne Ansehen und so gut wie unbekannt, bestand er darauf, angehört zu werden. Doch eine Äußerung, die Miller zur Verteidigung von *The Rosy Crucifixion* niederschrieb, kann auf jedes seiner besten Bücher angewendet werden: «Wenn es nicht gut war, war es wahr; wenn es nicht kunstvoll war, war es aufrichtig; wenn es nicht geschmackvoll war, stand es doch auf der Seite des Lebens.»[52]

ANHANG

Lebensdaten

1891 26. Dez.: Geburt von Henry Miller
1895 Geburt von Henrys Schwester Lauretta Anna
1907 Henry lernt seine erste Liebe Cora Seward kennen, eine Mitschülerin an der Eastern District High-School in Brooklyn
1909 Er verläßt das City College von New York bereits nach zwei Monaten wieder
1910 Millers erstes Verhältnis mit Pauline Chouteau, einer viel älteren Frau
1913 Miller reist in den Westen Amerikas
1914 Rückkehr nach New York und Eintritt ins väterliche Schneidergeschäft
1917 Miller heiratet die Pianistin Beatrice Sylvas Wickens
1919 Geburt der Tochter Barbara Sylvas
1920 Miller wird Personalchef bei der Western Union Telegraph Company
1922 *Clipped Wings*, Millers erstes, unveröffentlichtes Buch entsteht
1924 Miller gibt seine Stellung bei der Western Union auf, läßt sich von seiner ersten Frau scheiden und heiratet June Smith
1928–1929 Miller reist zusammen mit June ein Jahr nach Europa
1929 Rückkehr nach New York
1930 Miller fährt allein nach Europa und freundet sich in Paris mit Richard Osborn und Alfred Perlès an
1931–1932 Miller lernt Anaïs Nin kennen; Beginn der Arbeit an *Tropic of Cancer*; Korrektor für die Pariser Ausgabe der *Chicago Tribune*; Englischunterricht am Lycée Carnot in Dijon
1933 Miller wohnt mit Perlès in Clichy; Beginn der Arbeit an *Black Spring*
1934 *Tropic of Cancer (Wendekreis des Krebses)* erscheint in Paris; Einzug in die Villa Seurat 18; Scheidung von June
1935 *Aller Retour New York (Reise nach New York)* kommt in Paris heraus; Beginn der *Hamlet*-Korrespondenz mit Michael Fraenkel
1936 Besuch in New York; *Black Spring (Schwarzer Frühling)* erscheint in Paris
1937 Miller lernt Lawrence Durrell kennen; Besuch in London
1938 Reise durch Südfrankreich
1939 *Max and the White Phagocytes* und *Tropic of Capricorn (Wendekreis des Steinbocks)* kommen in Paris heraus; Reise zu Durrell nach Korfu; Tod von Jack Kahane, Millers Pariser Verleger
1940 Fahrt nach New York
1941–1942 Miller bereist zusammen mit dem Maler Abraham Rattner im Auto die USA; Tod von Millers Vater
1942 Miller läßt sich in Los Angeles nieder und fängt an, Aquarelle zu malen
1944 Umzug nach Big Sur, Kalifornien; Miller heiratet Janina M. Lepska
1945 Geburt der Tochter Valentine

1948 Geburt des Sohnes Tony
1951 Trennung von Janina M. Lepska, die mit den Kindern nach Los Angeles zieht
1952 Scheidung von Lepska; zusammen mit Eve McClure Aufbruch nach Europa
1953 Ende August Rückkehr nach Big Sur; Miller heiratet Eve McClure
1955 Barbara Sandford, Millers Tochter aus erster Ehe, besucht ihn
1956 Tod von Millers Mutter
1959 Reise nach Europa
1960–1961 Mehrere Fahrten nach Europa
1961 *Tropic of Cancer* erscheint erstmals in den USA und hat lange gerichtliche Auseinandersetzungen zur Folge
1962 Scheidung von Eve McClure; mehrere Reisen nach Europa
1963 Umzug nach Ocampo Drive in Pacific Palisades
1965 Tod von Eve McClure; *Letters to Anaïs Nin (Briefe an Anaïs Nin)*
1967 Miller heiratet die japanische Jazzsängerin Hoki Tokuda
1969 Reise nach Europa
1970 *Entretiens de Paris avec Georges Belmont (Meine Jugend hat spät begonnen)*; Filmfassungen von *Wendekreis des Krebses* und *Stille Tage in Clichy* laufen in Amerika an
1971 *My Life and Times (Mein Leben und meine Welt)*
1974 *Insomnia or The Devil at Large (Insomnia oder Die schönen Torheiten des Alters)*
1976 *Henry Miller's Book of Friends (Jugendfreunde)*
1978 Scheidung von Hoki Tokuda
1980 7. Juni: Henry Miller stirbt

Anmerkungen

Verwendete Abkürzungen

BAN	*Briefe an Anaïs Nin*
BIML	*The Books in My Life*
BL	*Briefe der Leidenschaft, 1932–1953*
BS	*Big Sur und die Orangen des Hieronymus Bosch*
BTH	*Liebesbriefe an Hoki Tokuda Miller*
CC	*Crazy Cock*
Dartm.	Herbert West Collection, Baker Library, Dartmouth College
DMB	*Lawrence Durrell – Henry Miller. Briefe 1935–1959*
DML	*The Durrell-Miller Letters, 1935–1980*
HM	Henry Miller
JF	*Jugendfreunde. Eine Huldigung an Freunde aus lang vergangenen Zeiten*
JSP	*Meine Jugend hat spät begonnen: Dialog mit Georges Belmont*
KA	*Der klimatisierte Alptraum*
KL	*Die Kunst des Lebens. Ein Leben mit Büchern*
KM	*Der Koloß von Maroussi*
LCF	*Letters From Your Capricorn Friend: HM and the Stroker, 1978–1980*
LE	*Letters to Emil*
LÖ	*Die Literatur und das Obszöne: Briefwechsel zwischen Henry Miller und seinem Anwalt Elmer Gertz*
M	*Moloch*
MLW	*Mein Leben und meine Welt*
N	*Nexus*
NYPL	Unterlagen von Frances Steloff u. Francis X. Dobo, Berg Collection, New York Public Library
P	*Plexus*
R	*Rimbaud oder Vom großen Aufstand*
S	*Sexus*
SF	*Schwarzer Frühling*
TCap Notes	«Notes for Tropic of Capricorn», Herbert West Collection
Univ. of Texas	Miller Collection, Harry Ransom Humanities Research Library, University of Texas, Austin
Venus	*Brenda, Liebste ... Henry Millers Liebesbriefe an Brenda Venus*
WK	*Wendekreis des Krebses*
WS	*Die Welt des Sexus*
WSt	*Wendekreis des Steinbocks*

1. Der Schlittschuhläufer

1 *LCF*, S. 80–81
2 *WSt*, S. 10, S. 11
3 *N*, S. 95
4 *M*, S. 156
5 HM an Emil White, 29. Febr. 1943
6 Neitings Einbürgerungsurkunde vgl. National Archives – New York Branch, Common Pleas, Bundle 418
7 Mary Smith an HM, 15. Febr. 1961, Box 20B, UCLA
8 HM, *Reflections*, hg. v. Twinka Thiebaud (Santa Barbara, Kal.: Capra Press, 1984), S. 68
9 HM an F.-J. Temple, ohne Datum, Box 41, UCLA
10 HM an Heinrich Miller, 15. Juni 1936, Box 20B, UCLA
11 *R*, S. 156
12 *WSt*, S. 58
13 Ebd., S. 10
14 Ebd.
15 *JF*, S. 31
16 *Venus*, S. 210
17 David McCullough, *Brooklyn and How It Got That Way* (New York: Dial, 1983), S. 130
18 Julian Ralph, zit. in: McCullough, a. a. O., S. 53
19 Zit. in McCullough, a. a. O., S. 54
20 *WSt*, S. 123–124; *JF*, S. 20
21 *WSt*, S. 125–126
22 *M*, S. 160
23 *JF*, S. 10
24 McCullough, a. a. O., S. 135
25 HM, «Manuscript Notebook», [o. J., dreißiger Jahre]; vgl. Joseph the Provider, Catalog 22, Item G 1, [o. J., o. O.]
26 *P*, S. 56
27 *KL*, S. 34; *JF*, S. 11
28 HM, «An Anecdotal Remembrance for the Franz Schneider Verlag», Grauer Collection, Columbia University, S. 1
29 *BIML*, S. 165
30 *JF*, S. 20
31 *MLW*, S. 180; vgl. auch *WSt*, S. 308
32 MLW, S. 180; vgl. auch *M*, wo Lauretta als Babette erscheint
33 *WSt*, S. 307–308
34 Stanley Borowski an HM, 22. Nov. 1955, Box 10, UCLA
35 *WSt*, S. 312
36 Ebd., S. 319
37 Ebd., S. 312
38 HM an Henri Fluchere, ohne Datum, Box 14 A, UCLA
39 *JF*, S. 23
40 *P*, S. 59
41 *SF*, S. 8
42 Ebd., S. 162
43 *LCF*, S. 78
44 *WSt*, S. 117–120
45 *MLW*, S. 182
46 *JF*, S. 10
47 Vgl. *P*, S. 53–54; *JF*, S. 40
48 *JF*, S. 47
49 *JSP*, S. 41
50 KL, S. 89
51 Peter Gabriel Filene, *Him/Her/Self: Sex Roles in Modern America* (1974; Nachdruck New York: NAL, 1975), S. 70–71. Vgl. auch Gail Bederman, «‹The Women Have Had Charge of the Work Long Enough›: The Men and Religion Forward Movement of 1912 and the Masculinization of Middle-Class Protestantism», in: *American Quarterly*, 41 (September 1989), S. 432–465
52 Vgl. Joe L. Dubbert, *A Man's Place; Masculinity in Tradition* (Englewood, NJ: Prentice-Hall, 1979); u. Benjamin G. Rader,

«The Recapitulation Theory of Play: Motor Behavior, Moral Reflexes and Manly Attitudes in Urban America, 1880–1920», in: J. A. Mangan und James Walvin (Hg.), *Manliness and Morality; Middle-Class Masculinity in Britain and America, 1800–1940* (Manchester: Manchester University Press, 1987), S. 123 bis 133.

53 Zitiert nach Donald J. Mrozek, *Sport in American Mentality, 1880–1910* (Knoxville: University of Tennessee Press, 1983), S. 35

54 *JF*, S. 71–72

2. Der Sohn des Schneiders

1 *MLW*, S. 161

2 *WSt*, S. 134

3 *WS*, S. 42–43

4 «Paris Notebook», S. 188, 190, UCLA

5 HM u. Michael Fraenkel, *Moloch*, (New York: Carrefours, 1941), Bd. 1, S. 162

6 *JF*, S. 109

7 *S*, S. 276

8 *MLW*, S. 162–164

9 *WSt*, S. 146–147

10 *MLW*, S. 162

11 *P*, S. 201

12 *JF*, S. 111

13 *BIML*, S. 315

14 *P*, S. 203

15 HM an Henri Fluchere, ohne Datum, Box 14 A, UCLA

16 *KL*, S. 41–42

17 *P*, S. 46

18 Zit. in Roderick Nash, *The Call of the Wild (1900–1916)* (New York: George Braziller, 1970), S. 303 und 309

19 *TCap* Notes, Dartm.

20 *JF*, S. 108

21 *WSt*, S. 320

22 *S*, S. 281

23 *WS*, S. 59

24 Robert Snyder, *This Is Henry, Henry Miller from Brooklyn* (Los Angeles: Nash Publishing, 1974), S. 26

25 Zu Macfadden: vgl. Mary Macfadden und Emile Gaurveau, *Dumbbells and Carrot Sticks: The Story of Bernarr Macfadden* (New York: Henry Holt, 1953); u. Clement Wood, *Bernarr Macfadden: A Study in Success* (New York: Lewis Copeland, 1929)

26 James G. Whorton, *Crusaders for Fitness, The History of American Health Reformers* (Princeton: Princeton University Press, 1982), S. 299–300

27 *P*, S. 93–95; HM an Emil White, 20. Jan. 1978, Univ. of Texas

28 *P*, S. 91

29 Ebd., S. 93

30 Richard Ellmann an die Autorin

31 *S*, S. 277

32 «Benjamin Fay Mills, Evangelist», S. 7; unveröff. MS in der Cele Conason Collection. HM schreibt zu Pauline: «Ich bin mir meines Ödipuskomplexes nicht bewußt, aber er ist da.»

33 *KL*, S. 92

34 HM, *Reflections*, a. a. O., S. 24

35 *WSt*, S. 140

36 Snyder, a. a. O., S. 118

37 HM an Frances Steloff, 30. April 1939, Folder 5, NYPL

38 «Mills, Benjamin Fay», *The National Cyclopedia* (Oregon: 1907), S. 178

39 HM an F.-J. Temple, ohne Datum, Box 41, UCLA
40 *SF*, S. 66
41 Ebd., S. 77
42 Ebd., S. 96
43 Ebd., S. 93–94

3. «Eine aberwitzige Pflanze»

1 *M*, S. 103
2 *DML*, S. 311
3 Vgl. Albert Parry, *Garrets and Pretenders: A History of Bohemianism in America* (1933; Nachdruck New York: Dover, 1960), S. 307–310.
4 HM an Charles Keeler, 9. Dez. 1916, The Huntington Library
5 *M*, S. 4
6 *P*, S. 297
7 *M*, S. 4
8 *S*, S. 205–206
9 *WS*, S. 63–64
10 HM an Charles Keeler, 9. Dez. 1916, The Huntington Library
11 *WS*, S. 65
12 Ebd., S. 66
13 *M*, S. 3
14 Interview m. Georges Belmont v. 2. Nov. 1988
15 HM an Henri Fluchere, ohne Datum, Box 14 A, UCLA
16 *M*, S. 346–347
17 Ebd., S. 4
18 HM und Michael Fraenkel, *Hamlet*, Bd. 1, S. 159
19 *M*, S. 142
20 HM an Huntington Cairns, 30. April 1939
21 *LE*, S. 6
22 Ebd., S. 8
23 *The Black Cat*, Jan. 1919, S. 45
24 Ebd., Mai 1919, S. 43
25 *The Black Cat*, Aug. 1919, S. 44 bis 45
26 Ebd., Juni 1919, S. 43
27 *LE*, S. 5
28 *WSt*, S. 16–18
29 Ebd., S. 19
30 Interview m. Muriel Cowley v. 10. Sept. 1988
31 *M*, S. 21
32 Ebd., S. 47
33 Nathan Stillman an HM, 13. Sept. 1921, Box 8, UCLA
34 William J. Grimmond an HM, 8. April 1922, Box 8, UCLA
35 *DML*, S. 310
36 *M*, S. 21
37 HM an Richard Osborn, 20. Juli [1934], Box 25, UCLA
38 M. J. (Mike) Rivise, *Inside Western Union* (New York: Sterling, 1950), S. 128
39 *M*, S. 75
40 *LE*, S. 123
41 *M*, S. 374
42 Ebd., S. 376
43 *S*, S. 24
44 *WSt*, S. 29
45 *LE*, S. 4
46 Ebd., S. 4–5
47 *WSt*, S. 51

4. Mona

1 *WSt*, S. 69
2 M. J. (Mike) Rivise, a. a. O., S. 124
3 *WSt*, S. 67–68
4 HM an Huntington Cairns, 30. April 1939
5 *WSt*, S. 67
6 HM an Donahue, 12. Dez. 1942, Dudley Nichols Folder, Beinecke Library, Yale University
7 *WSt*, S. 64
8 TCap Notes; *P*, S. 76
9 HM an Henri Fluchere, ohne Datum, Box 14 A, UCLA
10 *WSt*, S. 205
11 Ebd., S. 75
12 Ebd., S. 96
13 Ebd., S. 53
14 Ebd., S. 45
15 Ebd.
16 TCap Notes, S. 4
17 *M*, S. 147–148
18 HM an Maurice Girodias, 10. Mai 1946, NYPL; vgl. auch HM an James Laughlin, 9. Jan. 1971
19 HM an Hilaire Hiler, 29. Nov. 1934, Box 14 A, UCLA
20 Vgl. z. B. Paul G. Cressey, *The Taxi-Dance Hall* (1932; Nachdruck New York: Greenwood, 1968)
21 *N*, S. 169; *WSt*, S. 323–324
22 *WSt*, S. 324
23 Kenneth C. Dick, *HM: Collossus of One* (The Netherlands: Albert Sittard, 1967), S. 165
24 TCap Notes, S. 1
25 HM an Frank Dobo, 22. Okt. 1958, NYPL
26 Vgl. Einbürgerungsdienst, Petition and Record, Bd. 267, S. 181, Supreme Court of Kings County Records
27 «Smerdt» bedeutet auf russisch «Tod», und June erzählte Kenneth C. Dick, sie habe «Mansfield» gewählt, weil es als «man's field» [Menschenfeld] «Friedhof» bedeute; vgl. Dick, a. a. O., S. 163 bis 164
28 Dick, a. a. O., S. 169
29 Ebd., S. 166
30 TCap Notes, S. 1
31 Ebd.
32 Ebd., S. 2
33 Anaïs Nin, *Henry, June und ich. Intimes Tagebuch* (Bern, München: Scherz 1987), S. 30
34 *S*, S. 96
35 TCap Notes, S. 2
36 Ebd., S. 2–3
37 Ebd., S. 3
38 Dick, a. a. O., S. 82–83
39 Interview m. Cele Conason v. 14. Febr. 1990
40 *S*, S. 158
41 HM an Emil Conason, ohne Datum
42 Interview m. Cele Conason v. 14. Febr. 1990
43 TCap Notes, S. 4
44 Vgl. Index to Divorce and Separation Proceedings [Register zu Scheidungs- und Trennungsverfahren], Bd. M-1, Kings County Records
45 TCap Notes, S. 4
46 Ebd.
47 Ebd., S. 5
48 *S*, S. 55
49 Ebd., S. 241
50 Dick, a. a. O., S. 167; TCap Notes, S. 5
51 *S*, S. 425–426

5. An Junes Seite

1 TCap Notes, S. 5
2 *P*, S. 5–7
3 Dick, a. a. O., S. 168
4 *P*, S. 22
5 Dick, a. a. O., S. 171
6 TCap Notes, S. 6
7 Dick, a. a. O., S. 54
8 Ebd.
9 TCap Notes, S. 6
10 Ebd.
11 *P*, S. 39
12 TCap Notes, S. 7
13 *S*, S. 57
14 HM an Emil Schnellock, ohne Datum [1935?], Box 30B, UCLA; vgl. auch TCap Notes, S. 7
15 TCap Notes, S. 5
16 Ebd., S. 7; vgl. auch *P*, S. 120
17 *P*, S. 41
18 Ebd., S. 211
19 Ebd., S. 44
20 Ebd., S. 46–47
21 *LE*, S. 10
22 HM, *Semblance of a Devoted Past* (Berkeley, Kal.: Bern Porter, 1944), S. 22
23 TCap Notes, S. 8
24 *P*, S. 99
25 Ebd., S. 113–115
26 Ebd., S. 72–73
27 TCap Notes, S. 10
28 HM an Richard Osborn, ohne Datum, Box 25, UCLA
29 Vgl. Bern Porter, *HM: A Chronology and Bibliography* (Berkeley, Kal.: Bern Porter, 1945), S. 35
30 TCap Notes, S. 10
31 *LE*, S. 13–14
32 TCap Notes, S. 11
33 *N*, S. 159
34 Vgl. HM, *Gliding into the Everglades* (Lake Oswego, Oregon: Lost Pleiade Press, 1977), S. 22
35 TCap Notes, S. 13
36 Dick, a. a. O., S. 72
37 *P*, S. 134
38 *WSt*, S. 152–155
39 *P*, S. 373–374
40 June E. Mansfield, «A Bowery Phoenix», in: *Pearson's Monthly Review*, Febr. 1925, S. 58
41 HM, «Dreiser's Style», in: *The New Republic*, 46
42 TCap Notes, S. 14
43 Ebd.
44 Ebd., S. 15

6. Henry Street und Love Lane

1 TCap Notes, S. 15
2 Ebd.
3 *P*, S. 410
4 Ebd., S. 207
5 Ebd., S. 147
6 TCap Notes, S. 16
7 Dick, a. a. O., S. 181–182
8 TCap Notes, S. 16
9 *N*, S. 15
10 TCap Notes, S. 16
11 Ebd.
12 Dick, a. a. O., S. 181
13 TCap Notes, S. 18
14 Ebd., S. 19
15 *CC*, S. 76
16 Nin, *Henry, June und ich*, a. a. O., S. 55
17 TCap Notes, S. 18
18 Ebd., S. 19
19 Ebd., S. 20

20 Ebd., S. 21
21 Vgl. *N*, S. 76–94
22 Ebd., S. 71
23 TCap Notes, S. 21
24 Ebd., S. 22
25 Ebd.
26 Einbürgerungsdienst, Petition and Record, Bd. 267, S. 181
27 *N*, S. 147
28 Ebd., S. 159
29 Ebd., S. 164
30 TCap Notes [S. 1]; HM schreibt: «Ursprünglich schnell zusammengetragen in 24 Stunden Handschrift im Büro der Parkverwaltung, Queen's County, 1927, während June mit ihrer Freundin Jean Kronski in Europa war.»
31 *N*, S. 205
32 Ebd., S. 182
33 Ebd., S. 187
34 Ebd., S. 238
35 HM an Witter Bynner, 4. März 1954, Witter Bynner Collection, Houghton Library, Harvard University
36 *N*, S. 186
37 *M*, S. 1
38 *N*, S. 249
39 Ebd., S. 195
40 Ebd., S. 196
41 Ebd.
42 *M*, S. 1
43 HM an Richard Osborn, 10. Juni [1934], Box 24, UCLA
44 *N*, S. 215
45 HM an Emil Conason, 4. Mai 1928
46 *N*, S. 268
47 *CC*, S. 151
48 HM an Emil Schnellock [Nov. 1931], Box 30B, UCLA
49 Alfred Perlès, *My Friend Henry Miller* (1956; Nachdruck New York: Belmont Books, 1962), S. 14
50 HM an Ned Calmer, Samstag [1930]
51 HM an Frank Dobo, 22. Okt. 1958, NYPL
52 HM an F.-J. Temple, 30. Juni 1965, Box 41, UCLA
53 HM an Richard Osborn, ohne Datum, Box 24, UCLA

7. Ein Amerikaner in Paris

1 *BL*, S. 73
2 *LE*, S. 17
3 Ebd.
4 HM, *Land der Erinnerung* (Zürich: Arche, 1957) S. 103–104
5 *LE*, S. 18
6 Ebd., S. 22
7 HM an Ned Calmer, 10. März [1931]
8 *LE*, S. 51
9 HM an Ned Calmer, 10. März [1931]
10 HM, «Preface to ‹Chair and Metal›», in: *International HM Letter*, 6 (April 1964), S. 4
11 Ebd., S. 3
12 HM, *Semblance of a Devoted Past*, a. a. O., S. 5
13 Hilaire Hiler, «What I Remember about HM», masch. schriftl. MS, Hilaire Hiler Collection, Reel D 302, Archives of American Art
14 HM an Frank Dobo [27. Juli 1933], NYPL
15 HM an William Gordon, 3. Sept. 1966, Univ. of Texas
16 HM an Emil Conason, 15. Mai [1930]
17 Perlès, a. a. O., S. 20
18 George Wickes, «HM», in:

George Plimpton (Hg.), *Writers at Work: The Paris Review Interviews*, 2nd series (New York: Viking, 1963), S. 179–180

19 *LE*, S. 47

20 HM an John Weston [20. Okt. 1936], Box 15, UCLA

21 HM an Ned Calmer, ohne Datum [1931?]

22 *LE*, S. 54

23 MS v. *Tropic of Cancer*, Box 1, UCLA

24 Ebd.

25 *LE*, S. 69

26 HM an Ned Calmer, ohne Datum [1931?]

27 HM an George Leite, 31. Dez. [1931?], Univ. of Texas

28 HM, «Mademoiselle Claude», in: *Lachen, Liebe, Nächte* (Reinbek: Rowohlt, 1957), S. 114

29 *LE*, S. 63

30 Ebd., S. 66

31 Ebd., S. 67

32 Richard G. Osborn, «No. 2 Rue Auguste Bartholdi», in: Bern Porter (Hg.), *The Happy Rock* (Berkeley, Kal.: Bern Porter, 1945)

33 *LE*, S. 75

34 Ebd., S. 74

35 HM an Emil Schnellock, 14. Okt. [1934], Box 30B, UCLA

36 Osborn, a. a. O., S. 31

37 Lawrence Durrell, «Foreword», in: Noel Young (Hg.), *The Paintings of HM: Paint as You Like and Die Happy* (San Francisco: Chronicle Books, 1982), S. 18

38 HM, *Semblance of a Devoted Past*, a. a. O., S. 10

39 Ebd., S. 7

40 HM an Ned Calmer, 10. März [1931]

41 HM an Ned Calmer, ohne Datum [1931?]

42 HM, «Preface to ‹Chair and Metal›», a. a. O., S. 5

43 Michael Fraenkel, «The Genesis of *Tropic of Cancer*», in: Porter, a. a. O., S. 40

44 Ebd., S. 45

45 Anaïs Nin, *Die Tagebücher der Anaïs Nin*, Bd. 1 (München: dtv, 1971), S. 358. Vgl. auch Patrick Freiherr v. Richthofen, *The Booster / Delta Nexus*, unveröff. Diss., Univ. of Durham (England), 1987, Bd. 1, S. 129. HM verbrachte später noch einmal fast vier Jahre in der Rue Villa Seurat Nr. 18, und die meisten Erinnerungen von seinen Freunden und ihm selbst beziehen sich eher auf diesen zweiten Aufenthalt.

46 Michael Fraenkel, «The Genesis of *Tropic of Cancer*», in: Porter, a. a. O., S. 45

47 *WK*, S. 13

48 HM an Michael Fraenkel, 25. Juni 1933, Box 10, UCLA

49 HM an Ned Calmer, ohne Datum [April 1931?]

50 Perlès, a. a. O., S. 36; vgl. auch Waverley Root, *The Paris Edition, 1927–1934* (San Francisco: North Point Books, 1989)

51 *LE*, S. 83–84

52 Vgl. die Ausschnitte in Perlès' Notizbuch, Univ. of Texas

53 HM an Ned Calmer [Juli 1931]

54 HM und Perlès, «The New Instinctivism», S. 8, Univ. of Texas

55 Samuel Putnam an Alfred Perlès und HM, 21. Aug. 1931, Perlès' Notizbuch, Univ. of Texas

56 Wambly Bald, *On the Left Bank, 1929–1933*, Benjamin Franklin V, Hg. (Athens: Ohio Univ. Press, 1987), S. 73–74

57 George Wickes, «Preface», in: ders. (Hg.), *HM and the Critics* (Carbondale: Southern Illinois Univ. Press, 1963), S. V–VI

58 *LE*, S. 101

59 HM an Ned Calmer, ohne Datum
60 HM an Richard Osborn, ohne Datum [1931?], Box 24, UCLA
61 HM an Ned Calmer, 12. Jan. [1931]

8. «*Die phallische Bedeutung der Dinge*»

1 HM an Ned Calmer, ohne Datum [Juli 1932?]
2 HM an Richard Osborn, 4. Juli [1934], Box 24, UCLA
3 *LE*, S. 96
4 HM an Emil Schnellock, ohne Datum, Box 30B, UCLA. Vgl. Anaïs Nin, «A House and a Garden: The Rise and Fall of 2 bis rue Monbuisson», in: *Anaïs: An International Journal*, 7 (1989), S. 32–46
5 Anaïs Nin, «With Antonin Artaud», in: *Anaïs: An International Journal*, 6 (1988), S. 14–15
6 Bald, a. a. O., S. 75–76
7 HM an Ned Calmer, ohne Datum
8 *BAN*, S. 35
9 Ebd.
10 Anaïs Nin, *Henry, June und ich*, a. a. O., S. 22
11 *LE*, S. 88–89
12 Nin, *Henry, June und ich*, a. a. O., S. 19
13 Ebd., S. 22
14 HM an Emil Schnellock, 16. [? 1934 ?], Box 30B, UCLA
15 Bald, a. a. O., S. 77
16 Ebd., S. 87–89
17 Nin, *Henry, June und ich*, a. a. O., S. 24
18 Ebd., S. 36
19 *LE*, S. 122
20 Evelyn Hinz (Hg.), *A Woman Speaks: The Lectures, Seminars and Interviews of Anaïs Nin* (Chicago: Swallow Press, 1975), S. 63
21 *BL*, S. 163–164
22 *BAN*, S. 42
23 Ebd., S. 98–99
24 HM an Joe O'Regan, 25. Jan. 1932, Box 24, UCLA
25 *BAN*, S. 41
26 *WK*, S. 212
27 *BAN*, S. 40
28 HM an Richard Osborn, ohne Datum [Febr. 1932], Box 25, UCLA
29 *BAN*, S. 52/53
30 Ebd., S. 47
31 *BL*, S. 36
32 Ebd., S. 75
33 Nin, *Henry, June und ich*, a. a. O., S. 68
34 *BL*, S. 45
35 Ebd., S. 64, und Nin, *Henry, June und ich*, a. a. O., S. 93
36 Nin, *Henry, June und ich*, a. a. O., S. 88
37 *LE*, S. 107
38 *BL*, S. 48
39 Perlès, a. a. O., S. 68
40 HM an Richard Osborn, 10. Juni [1934], Box 24, UCLA
41 *LE*, S. 93
42 MS v. *Tropic of Cancer*, Box 1, UCLA
43 *BAN*, S. 98
44 *BL*, S. 112
45 *WK*, S. 13
46 Ebd., S. 151
47 Ebd., S. 250/251
48 Samuel Putnam, *Paris Was Our Mistress: Memoirs of a Lost-and-Found Generation* (1947; Nachdruck Carbondale: Southern Illinois Univ. Press, 1970), S. 17
49 HM an Hilaire Hiler, 29. Nov. 1934, Box 14A, UCLA
50 Hugh Ford, *Published in Paris.*

American and British Writers, Printers, and Publishers in Paris, 1920–1939 (New York: Macmillan 1975), S. 347

51 Jack Kahane, *Memoirs of a Booklegger* (London: Michael Joseph, 1939), S. 260
52 *BL*, S. 141
53 HM an Richard Osborn [1932], Box 25, UCLA
54 Kahane, a. a. O., S. 261–262
55 *BAN*, S. 104
56 Ebd., S. 107
57 *LE*, S. 110
58 HM an Richard Osborn, ohne Datum, Box 25, UCLA
59 HM an Richard Osborn, 3. Sept. [1934?], Box 25, UCLA
60 HM an Huntington Cairns, 2. März 1941, Cairns Collection, Library of Congress
61 Putnam, a. a. O., S. 114
62 HM an Richard Osborn, 20. Juli [1933?], Box 25, UCLA
63 HM an Hilaire Hiler, ohne Datum [1935?], Box 14A, UCLA
64 *LE*, S. 110
65 Ebd., S. 109
66 *BL*, S. 97
67 Anaïs Nin, «With Henry and June – From the Original, Unedited Diary, November, 1932», in: *Anaïs: An International Journal*, 5 (1987), S. 3–14
68 *BL*, S. 153
69 HM an Richard Osborn, 6. Dez. 1932, Box 25, UCLA
70 HM, «Via Dieppe – Newhaven», in: *Lachen, Liebe, Nächte*, a. a. O., S. 34
71 *LE*, S. 123
72 Ebd., S. 112
73 HM an Ned Calmer, ohne Datum [1933], vgl. auch HM an Emil Schnellock [Nov. 1933], Box 30B, UCLA
74 *LE*, S. 123
75 Ebd., S. 126
76 HM an Richard Osborn, ohne Datum, UCLA, Box 24

9. Tropische Stürme

1 HM an Richard Osborn, 2. Febr. 1933, Box 25, UCLA
2 *BAN*, S. 108
3 *BL*, S. 159–160
4 HM an Richard Osborn, ohne Datum, Box 25, UCLA
5 HM, Manuskriptfragment, S. 15, Northwestern Univ. Library
6 Ebd., S. 4
7 HM an Richard Osborn, ohne Datum, Box 25, UCLA
8 *BL*, S. 234
9 *SF*, S. 25
10 Ebd., S. 23
11 Ebd., S. 24
12 *LE*, S. 119
13 *BAN*, S. 118
14 HM an Drake, 29. Mai 1932, Univ. of Texas
15 *BAN*, S. 161
16 Maurice Girodias, *The Frog-Prince: An Autobiography* (New York: Crown, 1980), S. 116
17 HM an Richard Osborn, ohne Datum, Box 25, UCLA
18 Der Brief ist in HMs *The Wisdom of the Heart* wiederabgedruckt.
19 HM an George Leite, ohne Datum, Univ. of Texas
20 *BL*, S. 259
21 Ebd., S. 261–265
22 Nin, Bd. 1, a. a. O., S. 187

23 *BL*, S. 268
24 Jules Frantz, «I Did Not Fire HM», in: *Lost Generation Journal*, 1 (Mai 1973), S. 7
25 *BAN*, S. 122–123
26 Ebd., S. 121–128. Zu Rank vgl. auch E. James Lieberman, *Acts of Will: The Life and Work of Otto Rank* (New York: Free Press, 1985)
27 *BL*, S. 236–237
28 David Gascoyne, *Paris Journal 1937 bis 1939* (London: Enitharmon, 1978), S. 49
29 HM, «Max und die weißen Phagocyten», in: *Lachen, Liebe, Nächte*, a. a. O., S. 115
30 *BAN*, S. 144
31 HM, «The All-Intelligent Explosive Rocket», Univ. of Texas
32 *HM on Writing*, ausgew. v. Thomas H. Moore (New York: New Directions, 1964), S. 163
33 Ebd., S. 161
34 HM an Hilaire Hiler [Herbst 1933], Box 14 A, UCLA
35 HM an Emil Schnellock, 4. Dez. [1933], Box 30 B, UCLA
36 *BL*, S. 271–272
37 HM, *Semblance of a Devoted Past*, a. a. O., S. 22
38 *BL*, S. 275
39 Ebd., S. 273, Fußn.
40 HM, *Semblance of a Devoted Past*, a. a. O., S. 40–41
41 *BAN*, S. 175
42 *BL*, S. 275
43 HM an Richard Osborn, 20. Juli [1934], Box 25, UCLA
44 *BL*, S. 274, Fußn.
45 HM an Richard Osborn, 20. April [1934], Box 25, UCLA
46 HM an Emil Schnellock, ohne Datum [1934], Box 30 B, UCLA; vgl. auch *BL*, S. 291, Fußn.
47 HM an Richard Osborn, 1. Nov. 1934, Box 25, UCLA
48 HM an Richard Osborn, 7. Nov. 1934, Box 25, UCLA
49 *LE*, S. 149
50 Kahane, a. a. O., S. 263
51 Perlès, a. a. O., S. 102
52 *BAN*, S. 182
53 Karl Shapiro, «Introduction» zur amer. Ausgabe v. *WK*, S. X
54 T. S. Eliot an HM, 13. Juni 1935, Box 8, UCLA
55 Zit. in Waverley Root, «Montparnasse Memories», in: *The International Herald Tribune*, 8. Nov. 1982, S. 7 W. Interview m. Frank Dobo v. 12. Jan. 1989
56 HM an Hilaire Hiler, 29. Nov. 1934, Box 14 A, UCLA
57 HM an Emil Schnellock, 14. Okt. [1934], Box 30 B, UCLA
58 HM an Meyer Hiler, ohne Datum, Box 14 A, UCLA
59 *BL*, S. 292
60 HM an Hilaire Hiler, 29. Nov. 1934, Box 14 A, UCLA
61 HM an Emil Schnellock, 14. Okt. [1934], Box 30 B, UCLA
62 *BL*, S. 309
63 Ebd., S. 289
64 HM und Michael Fraenkel, *Hamlet*, Bd. 2, S. 161
65 HM an Hilaire Hiler [Jan. 1935], Box 14 A, UCLA
66 HM an Hilaire Hiler [Jan. 1935], Box 14 A, UCLA
67 HM an Osborn, 4. Febr. [1934?], Box 25, UCLA, Hervorh. v. HM
68 HM an Joe O'Regan, 11. Okt. 1937, Box 24, UCLA
69 HM an Hilaire Hiler, 29. Nov. 1934, Box 14 A, UCLA
70 HM, *Reise nach New York* (Zürich: Arche, 1962), S. 13
71 Ebd., S. 52
72 Anaïs Nin, *Die Tagebücher der Anaïs Nin*, Bd. 2 (München: dtv, 1982), S. 23
73 HM, «Murder In the Suburbs»,

in: John Singer (Hg.), *New Short Stories 1945–1946* (Glasgow: William Maclellan, 1946), S. 176 bis 183.
74 HM an Walter Lowenfels, Sonntag [1935], Univ. of Virginia
75 HM an Emil Conason, ohne Datum
76 HM an John Weston [20. Okt. 1936], Box 15, UCLA
77 HM an Ned Calmer, ohne Datum
78 HM an Hilaire Hiler [1935], Box 14A, UCLA
79 HM an Hilaire Hiler, 20. Nov. [1935], Box 14A, UCLA
80 HM an Alfred Perlès, 5. April 1935, Box 30B, UCLA
81 Nin, Bd. 2, a. a. O., S. 33
82 HM, *Reise nach New York*, a. a. O., S. 91
83 In einem Brief an Richard Osborn vom 18. Dez. [1935] erwähnt HM, er sei sechs Monate zuvor nach Paris zurückgekehrt.
84 HM und Michael Fraenkel, *Hamlet*, Bd. 2, S. 250.

10. Die Villa Seurat

1 Nin, Bd. 2, a. a. O., S. 252
2 *DMB*, S. 37
3 Lawrence Durrell, «Introduction» zu HM, *Order and Chaos Chez Hans Reichel* (Tucson, Ariz.: Loujon Press, 1966), S. 10
4 Ebd., S. 72. Sowohl Anaïs Nins Vetter Eduardo Sanchez als auch der Schweizer Astrologe Conrad Moricand, den Miller 1936 kennenlernte, sagten, daß die Astrologie damals zu einer treibenden Kraft in Millers Leben wurde.
5 HM, *Ein Teufel im Paradies* (Reinbek: Rowohlt, 1978), S. 20
6 HM, *Order and Chaos Chez Hans Reichel*, a. a. O., S. 72
7 HM, *What Are You Going to Do About Alf?* (1935; Nachdruck Berkely, Kal.: Bern Porter, 1944), S. 10
8 HM an Emil Schnellock [Okt. 1935], Box 30B, UCLA
9 Perlès, a. a. O., S. 47
10 HM an Emil Schnellock, 4. Dez. [1933], Box 30B, UCLA
11 Nin, Bd. 2, a. a. O., S. 47
12 HM an Michael Fraenkel, 7. April 1940, Box 10, UCLA
13 *MLW*, S. 132
14 Joseph the Provider, Catalog 22, Item A 18
15 *SF*, S. 8
16 Ebd., S. 21/22
17 Ebd., S. 160–161
18 HM an Richard Osborn, [12. Sept. 1935], Box 24, UCLA
19 Ebd.; Herbert West behauptet in *The Mind on the Wing*, die erste Auflage habe tausend Stück umfaßt; Anaïs Nin schreibt in ihrem Tagebuch in dem Eintrag für Juni 1935, es seien 130 Stück verkauft worden. In Joseph the Provider, Catalog 22, Item A 1, wird darauf hingewiesen, daß ein beträchtlicher Teil der Erstauflage wahrscheinlich von Post- und Zollbeamten beschlagnahmt und/oder vernichtet wurde.
20 *DMB*, S. 18; vgl. auch HM an Richard Osborn [18. Dez. 1935?], Box 25, UCLA
21 HM an Frances Steloff [1935], Folder 59, NYPL
22 HM an Frank Dobo [1936], Folder 2, NYPL
23 Anaïs Nin, «A House and a Gar-

den», in *Anaïs: An International Journal*, 7 (1989), S. 44

24 Nin, Bd. 2, a. a. O., S. 66

25 Anaïs Nin an Emil White, ohne Datum, Univ. of Texas

26 Perlès, a. a. O., S. 117

27 Brassaï, *Henry Miller in Paris* (Frankfurt a. M.: Fischer, 1979), S. 15–16

28 HM an Richard Osborn, 18. Dez. [1935], Box 25, UCLA

29 V. Richthofen, a. a. O., S. 145, vgl. auch d. Pressemitteilung d. Obelisk Press, ohne Datum, Univ. of Texas

30 HM an Richard Osborn, 25. Nov. 1938, Box 25, UCLA

31 HM an Emil Schnellock, 6. Juli 1936, Box 30B, UCLA

32 HM an Hilaire Hiler [April 1936], Box 14A, UCLA

33 Girodias, a. a. O., S. 202–203

34 Interview m. Eric Kahane v. 31. Okt. 1988

35 Interview m. Georges Belmont v. 2. Nov. 1988

36 HM an Roger Pelorson [1938]

37 HM an Lawrence Durrell, Sonntag [1937?], Box 1, UCLA

38 HM an Lawrence Durrell, 15. Jan. [1938?], UCLA

39 HM an Richard Osborn, 20. Juli [1934], Box 24, UCLA

40 HM an Frank Dobo, 15. Sept. 1936, Folder 3, NYPL

41 HM, «In the Future Is Contained All», masch. schriftl. MS, S. 5, Dartm.

42 Ebd., S. 6

43 HM an Richard Osborn, 20. Juli [1934], Box 25, UCLA

44 *DMB*, S. 119–120

45 Zit. nach Bernard Crick, *George Orwell. Ein Leben* (Frankfurt a. M.: Insel, 1984), S. 410, Fußn.

46 Ebd., S. 421; vgl. auch Perlès, a. a. O., S. 131

47 George Orwell, *Im Innern des Wals* (Zürich: Diogenes, 1975), S. 97

48 *BAN*, S. 396

49 *DML*, S. 315

50 *DMB*, S. 60

51 HM an Herbert West [Sommer 1938], Dartm.

52 V. Richthofen, a. a. O., S. 320 bis 321

53 Ebd., S. 384

54 HM an Huntington Cairns, ohne Datum, Library of Congress

55 HM an Joe O'Regan, 11. Okt. 1937, Box 24, UCLA

56 *BIML*, S. 31

57 Betty Ryan an Frances Steloff, 15. Febr. 1938, NYPL

58 HM an Joe O'Regan, 11. Okt. 1937, Box 24, UCLA

59 HM an Huntington Cairns, 24. Juni 1937 u. 27. Juli 1937, Cairns Collection, Library of Congress

60 HM an Frank Dobo, 10. Mai 1937, Folder 4, NYPL

61 HM an Huntington Cairns, 31. Okt. 1937, Cairns Collection, Library of Congress

62 HM an Frank Dobo, 5. Dez. [1938], Folder 5, NYPL

63 *WSt*, S. 12

64 Ebd., S. 13

65 HM an Frances Steloff, 22. Febr. 1939, Folder 4, NYPL

66 *BAN*, S. 197–198

67 Ebd., S. 200–201

68 *DMB*, S. 120

69 HM, *Hamlet Letters*, hg. v. Michael Hargraves (Santa Barbara: Capra Press, 1988), S. 154

70 *DMB*, S. 132

71 HM an Frederick Carter, 22. April 1938, Univ. of Texas

72 «Four Letters of HM to Count Keyserling», in: *International HM Letter*, 5 (Aug. 1963), S. 17

73 HM an Frederick Carter, 22. April 1938, Univ. of Texas
74 HM an Frances Steloff, 30. April 1939, Folder 5, NYPL
75 Ebd.
76 HM an Frances Steloff, 25. März 1939, Folder 5, NYPL
77 Gershon Legman an die Autorin, 21. Febr. 1989
78 HM an Frank Dobo, 16. März 1939, Folder 7, NYPL. Vgl. auch Gershon Legman, «Henry Miller», demnächst in: *The Adventures of Peregrine Penis* (Valbonne, Frankr.: Samizdat Press).
79 HM an Frank Dobo, 15. April 1939, Folder 7, NYPL

11. Der klimatisierte Alptraum

1 HM an Herbert West, 20. Aug. [1940?], Dartm.
2 *KM*, S. 34
3 *KM*, S. 156
4 HM an Huntington Cairns, 24. Juli [1939], Cairns Collection, Library of Congress
5 *KM*, S. 162
6 HM an Huntington Cairns, ohne Datum
7 HM an Frances Steloff, 31. Okt. 1939, Folder 6, NYPL
8 Lawrence Clark Powell, «Remembering HM», in: *Southwest Review* (Frühjahr 1981), S. 122
9 *New Yorker*, 15 (18. Nov. 1939), S. 105
10 HM an Frances Steloff, 1. März [1940], Folder 7, NYPL
11 Legman, a. a. O., S. 4–7, 19
12 Anaïs Nin, *Die Tagebücher der Anaïs Nin. 1939–1944*, Bd. 3 (München: dtv, 1979), S. 167
13 HM an Frances Steloff, 1. März [1940], Folder 7, NYPL
14 HM an James Laughlin, 16. 4. 1945
15 HM an James Laughlin, 2. Mai 1941
16 HM an Huntington Cairns, [1941?], Cairns Collection, Library of Congress
17 HM an Frances Steloff, 8. Aug. [1941?], Folder 15, NYPL
18 *KA*, S. 18
19 *BAN*, S. 278
20 HM, *Remember to Remember* (New York: New Directions, 1947), S. 79
21 HM an Knud Merrild, 4. Juli [o. J.], Box 20 A, UCLA
22 HM, *Reflections*, a. a. O., S. 55
23 HM an Ben Abramson, ohne Datum, Beinecke Library an der Yale Univ.
24 HM an James Laughlin, 16. April 1945
25 *BAN*, S. 315–317
26 *KA*, S. 18
27 Ebd.
28 HM an Frances Steloff, 5. Mai [1941], Folder 14, NYPL
29 *BAN*, S. 330
30 Nin, Bd. 3, a. a. O., S. 142–143
31 Clay McDaniel an die Autorin, 28. Jan. 1988
32 HM an James Laughlin [Frühjahr], 1944
33 Abe Rattner, Tagebucheintrag, 14. Dez. 1941, Archives of American Art, Reel D 204
34 HM an Huntington Cairns, 26. Dez. 1941, Cairns Collection, Library of Congress
35 *WSt*, S. 307
36 *S*, S. 99
37 HM, *The Red Notebook*, o. S.

38 HM an Cyril Connolly, 9. Jan. 1943, Univ. of Texas
39 *BAN*, S. 386
40 Ebd., S. 385
41 HM an Bernard Levinson, 8. Dez. 1942, Sammlung von Ken DuMain
42 *BAN*, S. 388
43 «Layout for Printed Notice», Dartm.
44 Neil Baldwin, *Man Ray, American Artist* (New York: Clarkson Potter, 1988), S. 239–240
45 HM an Claude Houghton Oldfield, 10. Mai 1942, Box 23, UCLA
46 *DMB*, S. 155
47 Vgl. Sevasty Koutsaftis an HM, 11. Juni [1943], Box 17 B, UCLA, und HM an Herbert West, ohne Datum, Dartm.
48 «Open Letter to All and Sundry», Exemplare in Dartm., Univ. of Texas, auszugsweise abgedruckt in: Kathryn Winslow, *Ein Mann wie Henry Miller* (Bern, München, Wien: Scherz 1988), S. 83
49 Henry M. Robinson an HM, 16. Juli 1943, Columbia Univ.
50 HM an Harvey Breit, 12. März 1943, Northwestern Univ.
51 HM, *Remember to Remember*, a. a. O., S. 93
52 HM an Abe Rattner, 8. Nov. 1943, Box 28, UCLA

12. Little Henry, Big Sur

1 HM an Herbert West, 11. Januar 1944, Dartm.
2 In den letzten Jahren ist *Der Engel ist mein Wasserzeichen* zum seltensten Werk Millers geworden. Vgl. Joseph the Provider, Catalog 22, Item A 100 [o. J., o. S.]
3 Nin, Bd. 3, a. a. O., S. 345
4 HM an Geraldine Fitzgerald, ohne Datum, Box 14 A, UCLA
5 HM an Frances Steloff, 26. Sept. 1944, Folder 27, NYPL
6 *DMB*, S. 175
7 Interview m. Bern Porter v. 8. 10. 1988
8 HM an Emil White, 24. April 1944, Univ. of Texas
9 HM an Harry Hershkowitz, April [1944], Box 14, UCLA
10 HM an Emil White, ohne Datum [1944], Univ. of Texas
11 Harry Hershkowitz an HM, ohne Datum, Box 14, UCLA
12 Harry Hershkowitz an HM, ohne Datum, Univ. of Texas
13 Winslow, a. a. O., S. 145
14 Vgl. *BL*, S. 397
15 HM an Huntington Cairns, 19. Mai 1944, Dartm.
16 HM an Judson Crews, 19. Mai [1944], Dartm.
17 Bern Porter, a. a. O., S. 124
18 HM an Emil White [Okt. 1944], Univ. of Texas
19 Interview m. Noel Young v. 3. Dez. 1988
20 HM, *Remember to Remember*, a. a. O., S. 53
21 Vgl. *BL*, S. 404
22 Vgl. «HM Affair [Pucciani]», Box 20 B, UCLA
23 Vgl. HM an Leon Shamroy, 14. Juli [1947], Lilly Library, Indiana Univ.
24 HM an Leon Shamroy [1947], Lilly Library, Indiana Univ.
25 Interview m. Lynn Bloom v. 12. Dez. 1988
26 Walter Lowenfels an HM, 10. Sept. 1960, Box 14 B, UCLA

27 Harry Kiakos, «At HM's: Notes for a Casual Portrait», in: *Anaïs: An International Journal*, 7 (1989), S. 76
28 June Mansfield an Lepska Miller [5. Sept. 1947], Box 4 A, UCLA
29 *DMB*, S. 224–227
30 Ebd., S. 226
31 Ebd., S. 229
32 Ebd., S. 231
33 *Plexus*, S. 472–473
34 HM, *Das Lächeln am Fuße der Leiter* (Reinbek: Rowohlt, 1978), S. 37

13. Der Familienvater

1 HM an Audrey Shamroy, 10. März 1949, Lilly Library, Indiana Univ.
2 HM an Audrey Shamroy, 27. Febr. 1949; HM an Oscar Baradinsky, 18. März 1949, Univ. of Texas; HM an Kathryn Winslow, 18. Mai 1949, wiederabgedruckt in Winslow, a. a. O., S. 236–237
3 Winslow, a. a. O., S. 285
4 *BL*, S. 417
5 *DMB*, S. 247
6 HM an Leon Shamroy, 4. Juli 1951, Lilly Library, Indiana Univ.
7 *BS*, S. 166–167
8 HM an F.-J. Temple, 1. April 1952, Box 41, UCLA
9 Robert Fink, «A Profile of HM», unveröff. MS, Univ. of Minnesota
10 HM an Eve Miller, 27. April [1960], Univ. of Texas
11 *DMB*, S. 248
12 Val Miller an Eve Miller, 27. April [1960], Univ. of Texas
13 Eve Miller an Emil White, 2. März 1953, Univ. of Texas
14 HM an Georges Belmont, 10. Febr. 1953
15 HM an Emil White, 18. Febr. 1953, Univ. of Texas
16 HM an Kenneth Rexroth, 18. März 1945; Rexroth an HM, ohne Datum, Box 28, UCLA
17 Vgl. HM an Robert Fink, 6. Aug. 1950, 18. Aug. 1950, Univ. of Texas
18 *DMB*, S. 254
19 HM an Emil White, 29. Jan. 1953, Univ. of Texas
20 HM an Paul Geheeb, 6. Juni 1958, Box 17, UCLA
21 HM an Georges Belmont, 28. Aug. 1953
22 HM an Frances Steloff, 20. Jan. 1944, Folder 24, NYPL
23 Alfred Perlès an Frank Dobo [30. März 1955], Folder 16, NYPL
24 Vgl. undatierte Briefe von Anaïs Nin an Emil White, Univ. of Texas
25 Harry Hershkowitz an HM, ohne Datum [1944?], Box 14, UCLA
26 HM an Huntington Cairns, 23. Juli 1944
27 Frank Dobo an HM, 4. Febr. 1955, Folder 16, NYPL
28 Alfred Perlès an HM [Nov. 1954], Box 26 B, UCLA
29 Vgl. Mabel Farrell an HM, 6. Febr. 1955, Box 14, UCLA
30 HM an Robert Fink [8. Febr. 1956], Univ. of Texas
31 HM an Emil White, 14. März 1956, Univ. of Texas
32 HM an Robert Fink [8. Febr. 1956], Univ. of Texas
33 *MLW*, S. 182/184

34 HM an Tullah und Ed Hanley, 9. Juli 1956, Univ. of Texas
35 HM an Robert Fink, 11. Juni 1956, Univ. of Texas
36 HM an Emil White, 7. Febr. 1956, Univ. of Texas
37 June Mansfield an HM, [11. Juni 1956] und 26. Sept. 1956, Box 4A, UCLA
38 James und Annette Baxter an HM, 3. Nov. 1956, Box 4A, UCLA
39 HM an Robert Fink, 3. Jan. 1959, Univ. of Texas
40 HM an Robert Fink, 31. Dez. 1956, Univ. of Texas
41 Fink, a. a. O., S. 22
42 Ebd., S. 53
43 HM an Barney Rosset, 4. April 1959, Grove Press collection, George Arents Research Library, Syracuse Univ.
44 Vgl. Barney Rosset, «HM v. ‹Our Way of Life›», 9. Mai 1941, Grove Press Collection, George Arents Research Library, Syracuse Univ.; der Kommentar seines Lehrers lautete: «Vielleicht liegt die Gehässigkeit im kosmologischen Auge selbst, nicht in der Welt, die es sieht.»
45 Interview m. Barney Rosset v. 10. Okt. 1988
46 Maurice Girodias an Barney Rosset, 7. Mai 1959, Grove Press Collection, George Arents Research Library, Syracuse Univ.
47 Barney Rosset an Michel Hoffman, 18. Jan. 1960, Grove Press Collection, George Arents Research Library, Syracuse Univ.
48 HM an Barney Rosset, 20. Jan. 1960, Grove Press Collection, George Arents Research Library, Syracuse Univ.

14. Ruhm

1 HM an Emil White, 30. Juli 1959, Box 30B, UCLA
2 Ebd., S. 325
3 Eve Miller an Lawrence Durrell, 7. Sept. [1959], Box 7, UCLA
4 Eve Miller an Lawrence Durrell, 6. Dez. [1959], Box 7, UCLA
5 *DML*, S. 371
6 Interview m. Belmont v. 2. 11. 1988
7 HM an Eve Miller, 29. Nov. 1960, Box 20C, UCLA
8 Eve Miller an HM, 27. Mai 1960, Box 20C, UCLA
9 *DML*, S. 375
10 HM an Alfred Perlès, 23. Okt. 1960, HM Literary Society *Newsletter* (Nov. 1960), o. S.
11 Georges Simenon, *Als ich alt war* (Zürich: Diogenes, 1977), S. 160
12 HM an Eve Miller, 18. Nov. 1960, Box 20C, UCLA
13 Renate Gerhardt an HM, ohne Datum, Box UM 1, UCLA
14 HM an Eve Miller, 29. Nov. 1960, Box 20C, UCLA
15 HM an Eve Miller, 25. Dez. 1960, Box 20C, UCLA
16 Interview m. Barney Rosset v. 10. Okt. 1988
17 HM an Eve Miller, 5. Febr. 1961 und 20. Febr. 1961, Box 20C, UCLA
18 HM an Barney Rosset, 3. Juni 1961, Grove Press Collection, George Arents Research Library, Syracuse Univ.
19 Zit. nach E. R. Hutchison, *Tropic of Cancer on Trial: A Case Study*

of *Censorship* (New York: Grove Press, 1968), S. 64

20 *San Francisco Chronicle*, 11. Juni 1961, S. 26

21 HM an Eve Miller, 12. April 1961, Box 20 C, UCLA

22 HM an Emil White, 6. Juli 1961, Box 30 B, UCLA.

23 HM an Eve Miller, 20. Sept. 1961 und 27. Okt. 1961, Box 20 C, UCLA

24 June Mansfield an HM, ohne Datum, Box 4 A, UCLA

25 *New Yorker*, 41 (27. Nov. 1965), S. 245

26 HM an Eve Miller, 31. Juli 1962, Box 20 C, UCLA

27 Renate Gerhardt an HM, 11. Sept. 1961, Box UM 1, UCLA

28 Vgl. Charles Rembar, *The End of Obscenity: The Trials of Lady Chatterley, Tropic of Cancer, and Fanny Hill* (New York: Random House, 1968)

29 Interview m. Georges Belmont v. 2. Nov. 1988

30 Interview m. Ephraim Doner v. Juni 1989

31 HM an Eve Miller, 14. Okt. 1962, Box 20 C, UCLA. Lepska heiratete jedoch bald wieder und zog 1964 aus.

32 *DML*, S. 387

33 Interview m. Irving Stettner v. 25. Sept. 1988

34 Ted Morgan, *Literary Outlaw: The Life and Times of William S. Burroughs* (New York: Henry Holt, 1988), S. 328–329

35 Vgl. Ferlinghetti-Korrespondenz, Bancroft Library, San Francisco

36 *LÖ*, S. 231–232

37 *DML*, S. 421

38 HM an Barney Rosset, 22. Jan. 1964, Grove Press Collection, George Arents Research Library, Syracuse Univ.

15. Pacific Palisades

1 HM an Georges Belmont, 7. Okt. 1965, Box 4 A, UCLA

2 HM an Robert Fink, 30. Jan. 1964, Univ. of Texas

3 HM an Eve Miller, 12. Nov. 1963, Box 20 C, UCLA

4 Interview m. Barbara Sylvas Miller v. 5. Nov. 1989

5 Josei Jishin, «HM Proposed to Hoki Tokuda», Pressenotiz, Grove Press Collection, George Arents Research Library, Syracuse Univ.

6 Vgl. z. B. die Briefe von Tullah Hanley an HM, Univ. of Texas

7 HM an Emil White, 12. Dez. 1966, Univ. of Texas

8 HM, *Insomnia oder Die schönen Torheiten des Alters* (Reinbek: Rowohlt 1977)

9 HM an S. Kubo, 26. Aug. 1967, Box 17 B, UCLA

10 Snyder, a. a. O., S. 53

11 Interview m. Georges Belmont v. 2. Nov. 1988

12 HM, *Insomnia oder Die schönen Torheiten des Alters*, a. a. O.

13 *BTH*, S. 123

14 Ebd., S. 60–61

15 Interview m. John Calder v. 9. Nov. 1988

16 Interview m. Joseph Strick v. 14. Okt. 1988; Interview m. Georges Belmont v. 2. Nov. 1988

17 HM an Alfred Perlès, 18. Juli 1969, Box 26 B, UCLA

18 HM an Alfred Perlès, 25. Dez. 1971, Box 26B, UCLA
19 Simon zit. nach: Leonard Maltin, «American Film Comedy», Pressenotiz Nr. 276, The Museum of Modern Art, Department of Film, S. 2
20 Interview m. Joseph Strick v. 14. Okt. 1988
21 *The New Republic* (7. März 1970), S. 39
22 Interview m. Joseph Strick v. 14. Okt. 1988
23 HM an Barney Rosset, 15. April 1968, Grove Press Collection, George Arents Research Library, Syracuse Univ.
24 HM an Valentine Miller, 8. Jan. 1970
25 *DML*, S. 437
26 Kate Millett, *Sexus und Herrschaft* (München: Desch, 1971), S. 342
27 Kiakos, a. a. O., S. 71
28 Waverley Root, «Montparnasse Memories: HM and Anaïs Nin», in: *International Herald Tribune*, 19. Nov. 1982
29 Kiakos, a. a. O., S. 72
30 *BTH*, S. 230
31 Brian T. Maeda, «Dinner With the ‹Grand Old Man›», in: Jim Haynes (Hg.), *Homage to Henry* (Paris: Handshake Editions, ohne Datum [1978]), o. S.
32 Interview m. Bill Webb v. 24. Juni 1989
33 HM an Alfred Perlès, 28. April 1974, Box 26B, UCLA
34 HM an Emil White, 9. Nov. 1972, Univ. of Texas
35 *DML*, S. 479
36 Ebd.
37 Zit. in: *LCF*, S. 24
38 Vgl. *Letters of Wallace Fowlie and HM (1943–1972)* (New York: Grove Press, 1975), S. 107
39 Simenon, a. a. O., S. 345
40 *DML*, S. 497
41 *Venus*, S. 197
42 Interview m. Barbara Kraft v. 25. Jan. 1989; Interview m. Sandi Stahl v. 7. Nov. 1989
43 *DML*, S. 511
44 Abgedruckt in Alfred Perlès, «HM – Dead?», in: *Black Messiah: A Tribute to HM* (Ellensburg, WA: Vagabond Press, [o. J.]), S. 16
45 Interview m. Sandi Stahl v. 7. Nov. 1989
46 Joseph the Provider, Catalog 22, Rückumschlag
47 Michael Hargraves (Hg. und Komp.), *HM Bibliography with Discography* (San Francisco: Michael Hargraves, 1980), o. S.
48 Joseph the Provider, Catalog 22, Items A 1 und G 1
49 *WSt*, S. 13
50 Ebd.
51 Ebd., S. 12
52 *DMB*, S. 231

Bibliographie

Veröffentlichte Einzelausgaben in chronologischer Reihenfolge

Tropic of Cancer (Paris: Obelisk Press, 1934); *Wendekreis des Krebses* (Hamburg: Rowohlt, 1953; Neuausg. Reinbek: Rowohlt, 1979, rororo 4361)

Aller Retour New York (Paris: Obelisk Press, 1935); *Reise nach New York* (Zürich: Arche, 1962)

Black Spring (Paris: Obelisk Press, 1936); *Schwarzer Frühling*, bestehend aus «Der vierzehnte Bezirk», «Der dritte oder vierte Frühlingstag», «Ein Samstagnachmittag», «Der Engel ist mein Wasserzeichen», «Der Schneiderladen», «Jabberwhorl Cronstadt», «Ins Nachtleben hinein», «Hin und Her in China», «Das Konzertcafé», «Wahnsinn einer gigantischen Stadt» (Hamburg: Rowohlt, 1960; Neuausg. Reinbek: Rowohlt, 1973, rororo 1610)

Max and the White Phagocytes (Paris: Obelisk Press, 1939); daraus die Erzählung «Max und die weißen Phagocyten» in: *Sämtliche Erzählungen* (Reinbek: Rowohlt, 1968) bzw. in: *Lachen, Liebe, Nächte* (Hamburg: Rowohlt, 1957, rororo 227)

Tropic of Capricorn (Paris: Obelisk Press, 1939); *Wendekreis des Steinbocks* (Hamburg: Rowohlt, 1953; Neuausg. Reinbek: Rowohlt, 1980, rororo 4510)

Hamlet (zus. m. Michael Fraenkel), 2 Bde. (Paris, New York: Carrefour, 1939–1943)

The Cosmological Eye (New York: New Directions, 1939)

The World of Sex, Privatdruck (Chicago: 1940); *Die Welt des Sexus* (Hamburg: Rowohlt, 1960; Neuausg. Reinbek: Rowohlt, 1982, rororo 4991)

The Colossus of Maroussi (San Francisco: Colt Press, 1941); *Der Koloß von Maroussi. Eine Reise nach Griechenland* (Hamburg: Rowohlt, 1956; Neuausg. Reinbek: Rowohlt, 1965, rororo 758)

The Wisdom of the Heart (New York: New Directions, 1941)

Sunday After the War (New York: New Directions, 1944)

The Air-Conditioned Nightmare (New York: New Directions, 1945); *Der klimatisierte Alptraum* (Reinbek: Rowohlt, 1977, rororo 1851)

Maurizius Forever (San Francisco: Colt Press, 1946)

Remember to Remember (New York: New Directions, 1947); daraus *Land der Erinnerung* (Zürich: Arche, 1957; Neuausg. Reinbek: Rowohlt, 1967, rororo 934)

Blaise Cendrars (Paris: Denoël, 1947); «Blaise Cendrars», in: *Ein Henry Miller Lesebuch* (Reinbek: Rowohlt, 1961; Neuausg. Reinbek: Rowohlt, 1971, rororo 1461)

The Smile at the Foot of the Ladder (New York: Duell, Sloan & Pearce, 1948;

Neuausg. New York: New Directions, 1966); *Das Lächeln am Fuße der Leiter* (Wien: Donau-Verl., 1955; Neuausg. Reinbek: Rowohlt, 1978, rororo 4163)

Sexus, 2 Bde. (Paris: Obelisk Press, 1949); *Sexus* (Reinbek: Rowohlt, 1970; Neuausg. Reinbek: Rowohlt, 1980, rororo 4612)

Rimbaud, frz. Ausg. (Lausanne: Mermod, 1952), amer. Ausg. *The Time of the Assassins. A Study of Arthur Rimbaud* (New York: New Directions, 1956); *Vom großen Aufstand* (Zürich: Arche, 1954; Neuausg. Reinbek: Rowohlt, 1976, rororo1974; Neuausg. *Rimbaud oder Vom großen Aufstand* [Frankfurt a. M.: Luchterhand, 1989, Sammlung Luchterhand 863])

The Books in My Life (New York: New Directions, 1952); *Die Kunst des Lesens. Ein Leben mit Büchern* (Reinbek: Rowohlt, 1963, rowohlts deutsche enzyklopädie 181)

Plexus, 2 Bde. (Paris: Olympia Press, 1953); *Plexus* (Hamburg: Rowohlt, 1955; Neuausg. Reinbek: Rowohlt, 1970, rororo 1285)

Nights of Love and Laughter (New York: New American Library of World Literature, 1955); *Lachen, Liebe, Nächte*, bestehend aus «Der versoffene Veteran», «Via Dieppe – Newhaven», «Astrologisches Frikassee», «Die Brooklynbrücke», «Mademoiselle Claude», «Max und die weißen Phagocyten» (Hamburg: Rowohlt, 1957, rororo 227)

Big Sur and the Oranges of Hieronymus Bosch (New York: New Directions, 1956); *Big Sur und die Orangen des Hieronymus Bosch* (Hamburg: Rowohlt, 1958; Neuausg. Reinbek: Rowohlt, 1966, rororo 849)

A Devil in Paradise (New York: Signet, 1956); *Ein Teufel im Paradies* (Reinbek: Rowohlt, 1961, rororo 449; Neuausg. Reinbek: Rowohlt, 1978, rororo 4240)

Quiet Days in Clichy (Paris: Olympia Press, 1956); *Stille Tage in Clichy* (Reinbek: Rowohlt, 1968; Neuausg. Reinbek: Rowohlt, 1980, rororo 5161)

The Red Notebook (Highlands: Jargon Books, 1958)

Reunion in Brooklyn (Northwood: Scorpion Press, 1959); *Wiedersehen in Brooklyn* (Zürich: Arche, 1960)

Nexus (Paris: Olympia Press, 1959); *Nexus* (Reinbek: Rowohlt, 1961; Neuausg. Reinbek: Rowohlt, 1970, rororo 1242)

The Intimate Henry Miller (New York: Signet, 1959)

Stand Still Like the Hummingbird (New York: New Directions, 1962); *Von der Unmoral der Moral* (Zürich: Arche, 1958; Neuausg. Reinbek: Rowohlt, 1979, rororo 4396)

Greece (New York: Viking Press, 1964)

Order and Chaos Chez Hans Reichel (Tucson, Ariz.: Loujon Press, 1966)

Entretiens de Paris avec Georges Belmont (Paris: Edition Stock, 1970); *Meine Jugend hat spät begonnen. Dialog mit Georges Belmont* (Stuttgart: Goverts Krüger Stahlberg, 1971; Neuausg. Frankfurt a. M.: Fischer, 1973, FiTb 5858)

My Life and Times (New York: Playboy Press, 1971); *Mein Leben und meine Welt* (München, Wien, Zürich: Edition Praeger, 1972; Neuausg. Reinbek: Rowohlt, 1974, rororo 1745)

Insomnia or The Devil at Large (New York: Doubleday, 1974); *Insomnia oder Die schönen Torheiten des Alters* (Frankfurt a. M.: Umschau, 1975; Neuausg. Reinbek: Rowohlt, 1977, rororo 4087)

Henry Miller's Book of Friends. A Tribute to Friends of Long Ago (Santa Barbara: Capra Press, 1976); *Jugendfreunde. Eine Huldigung an Freunde aus lang vergangenen Zeiten* (Reinbek: Rowohlt, 1977; Neuausg. Reinbek: Rowohlt, 1990, rororo 12587)

Gliding Into the Everglades and Other Essays (Lake Oswego, Or.: Lost Pleiade Press, 1977)

My Bike and Other Friends (Santa Barbara: Capra Press, 1978); *Mein Fahrrad und andere Freunde. Erinnerungsblätter* (Reinbek: Rowohlt, 1982, rororo 5057)

The World of Lawrence (Santa Barbara: Capra Press, 1980); *Die Welt des D. H. Lawrence. Eine Huldigung* (Reinbek: Rowohlt, 1983, rororo 5140)

Reflections (Santa Barbara: Capra Press, 1981)

Opus Pistorum (New York: Grove Press, 1983); *Opus Pistorum* (Reinbek: Rowohlt, 1984; Neuausg. Reinbek: Rowohlt, 1986, rororo 5820)

Kleine Schriften

What Are You Going to Do About Alf? (Paris: Lecram-Servant, 1935; Neuausg. Berkeley, Kal.: Bern Porter, 1944)

Scenario. A Film With Sound (Paris: Obelisk Press, 1937)

Money and How It Gets That Way (Paris 1938)

Obscenity and the Law of Reflection (Yonkers: Alicat Book Shop, 1944); *Obszönität und das Gesetz der Reflexion* (Hamburg: Rowohlt, 1953)

The Plight of the Creative Artist in the USA (Berkeley, Kal.: Bern Porter, 1944)

Murder the Murderer. An Excursus on War (Berkeley, Kal. 1944)

Varda. The Master Builder (Berkeley, Kal. 1944)

Semblance of a Devoted Past (Berkeley, Kal.: Bern Porter, 1945)

The Amazing and Invariable Beauford Delaney (Yonkers: Alicat Book Shop, 1945)

Patchen, Man of Anger & Light (New York 1946)

The Waters Reglitterized (San José: John Kidis, 1950)

To Paint Is to Love Again (Alhambra: Cambria Books, 1960); *Malen ist Lieben* (Berlin: Limes, 1988)

On Turning Eighty (Santa Barbara: Capra Press, 1972)

The Nightmare Notebook (New York: New Directions, 1975)

Drama

Just Wild About Harry: A Melo-Melo in Seven Scenes (New York: New Directions, 1963); *Ganz wild auf Harry* (Berlin: Gerhardt, 1963)

Sammelausgaben

Henry Miller Miscellanea (Berkeley, Kal.: Bern Porter, 1945)

The Henry Miller Reader, hg. v. Lawrence Durrell (New York: New Directions, 1959); *Ein Henry Miller Lesebuch* (Reinbek: Rowohlt, 1961; Neuausg. Reinbek: Rowohlt, 1971, rororo 1461)

Sämtliche Erzählungen, bestehend aus «Mademoiselle Claude», «Der vierzehnte Bezirk», «Der dritte oder vierte Frühlingstag», «Ein Samstagnachmittag», «Der Engel ist mein Wasserzeichen», «Der Schneiderladen», «Jabberwhorl Cronstadt», «Ins Nachtleben hinein», «Hin und her in China», «Das Konzertcafé», «Wahnsinn einer gigantischen Stadt», «Die Brooklynbrücke», «Via Dieppe – Newhaven», «Max und die weißen Phagocyten», «Der versoffene Veteran», «Astrologisches Frikassee», «Das Lächeln am Fuße der Leiter» (Reinbek: Rowohlt, 1968; Neuausg. *Der Engel ist mein Wasserzeichen* [Reinbek: Rowohlt, 1983])

Briefe

Henry Miller – Alfred Perlès – Lawrence Durrell. Art and Outrage. A Correspondence (London 1959); *Kunst und Provokation. Ein Briefwechsel* (Reinbek: Rowohlt, 1960)

Lawrence Durrell – Henry Miller. A Private Correspondence (New York: Dutton, 1963); *Lawrence Durrell – Henry Miller. Briefe 1935–1959* (Reinbek: Rowohlt, 1967)

Letters to Anaïs Nin (New York: Putnam, 1965); *Briefe an Anaïs Nin* (Reinbek: Rowohlt, 1968; Neuausg. Reinbek: Rowohlt, 1981, rororo 4751)

Letters of Henry Miller and Wallace Fowlie (New York: Grove Press, 1975)

Henry Miller, Years of Trial and Triumph, 1962–1964 (Carbondale, Edwardsville: Southern Illinois University Press, 1978); *Die Literatur und das Obszöne. Briefwechsel zwischen Henry Miller und seinem Anwalt Elmer Gertz* (A. Knaus: Hamburg, 1980)

Letters From Your Capricorn Friend: Henry Miller and the Stroker, 1978–1980 (New York: New Directions, 1984)

A Literate Passion: Letters of Anaïs Nin and Henry Miller, 1932–1953 (New York: HBJ, 1987); *Briefe der Leidenschaft* (Bern, München, Wien: Scherz, 1989)

Brenda, Liebste... Henry Millers Liebesbriefe an Brenda Venus (München: C. Bertelsmann, 1987)

The Durrell – Miller Letters, 1935–1980 (New York: New Directions, 1988)

Liebesbriefe an Hoki Tokuda Miller (Frankfurt a. M.: Eichborn, 1988)

Letters to Emil (New York: New Directions, 1989)

Aquarelle

The Angel Is My Watermark (Fullerton: Holve-Barrow, 1944); *Der Engel ist mein Wasserzeichen* (Köln: DuMont Schauberg, 1961)
Echolalia. Reproductions of Water Colors (Berkeley, Kal. 1945)
Paintings of Henry Miller: Paint As You Like and Die Happy (San Francisco: Chronicle Books, 1982)

Register

Abramson, Ben 244, 254, 260, 272, 275, 282
Ackroyd, Graham 306
Adams, Eve 207
Admiral, Virginia 253
Aguinaldo, Emilio 25
Alger, Horatio 47, 81
Allendy, Dr. René 180, 197, 199, 211
Anderson, Sherwood 91, 136, 263
Aragon, Louis 198
Armstrong, Louis 278
Artaud, Antonin 197
Atlas, Louis 161

Baker, Josephine 161
Bald, Wambly 148, 161, 163, 166, 168, 171, 174
Balzac, Honoré de 70, 202
Barrows, George 274
Barrymore, John 58, 260
Barton, Bruce 109
Baumann, Henry (Vetter von HM) 31, 39
Baxter, Annette 322
Baxter, James 322
Beach, Sylvia 235
Beatty, Warren 369
Beckett, Samuel 325
Beecher, Henry Ward 24
Belloc, Hilaire 89
Bellow, Saul 338, 362
Belmont, Georges 218, 228, 237, 311, 329, 354
Bênet, Stephen Vincent 269
Beveridge, Albert J. 34
Birge, Vincent 330, 331, 332
Blackwood, Algernon 270
Blake, William 169
Blawatski, Mme. 242, 247
Bodenheim, Maxwell 81, 136
Bolton, Angus 106
Booth, Edna 42
Borowski, Stanley 25, 31, 62, 87f., 89, 95f., 114, 142, 319, 365
Bowinkle, Attilio 270, 272
Boyd, Madeleine 188
Boyle, Kay 209
Bradley, William Aspenwall 184, 186, 187, 193, 196
Brady, Millicent Edie 293
Brassaï 198, 203, 219, 234, 237, 364
Brecht, Bertolt 267
Breton, André 291
Bruno, Guido 58, 63, 136
Brussels, Jake 254f., 319
Buchet, Edmond 311, 312
Bugalowski, Michael 186
Bull, Harry 263
Buñuel, Luis 147, 163, 173, 237
Burroughs, William S. 332, 345, 372
Burstyn, Ellen 355
Buzby, George 184, 187, 188

Cairns, Huntington 225, 236, 240, 248, 250, 252, 258, 265, 282, 283, 287
Calder, John 356
Calmer, Ned 148, 151, 158, 161, 163f.
Camus, Albert 291
Carnegie, Andrew 47, 84
Carney, Eddie 31, 319
Carter, Frederick 242
Casals, Pablo 352
Céline, Louis-Ferdinand 8, 208
Cendrars, Blaise 207, 312, 362
Chabrol, Claude 371
Chamberlain, Neville 240
Chaplin, Charles 279, 332

Chaplin, Oona 332
Chouteau, George 49f.
Chouteau, Pauline 48ff., 52, 54f., 56, 57, 60, 62, 63, 64, 65, 366
Clausen, Carl 71
Cocteau, Jean 132, 147, 163, 236
Conason, Cele 87, 96, 98, 100f.
Conason, Emil 87, 89, 96, 98, 100f., 124f., 126, 215, 216, 322, 338
Connolly, Cyril 243, 268, 298
Considine, Alec 45
Cooney, James 243
Corbett, Stratford 141, 294
Cousins, Norman 335
Covici, Pat 188
Cowley, Malcolm 75, 213
Cowley, Muriel, geb. Maurer 75, 77, 79, 98, 105, 213
Crevel, René 195
Crosby, Caresse 252, 253, 258, 267, 282, 287
Culmell, Rose 170
Culver, Ed 303
cummings, e. e. 136

Dalí, Gala 258
Dalí, Salvadore 159, 163, 258
Darwin, Charles 35, 72
Day, Ralph 349, 357
De Fontbrune, Dr. 312, 313
Delaney, Beauford 289, 354
Delteil, Caroline 311, 312
Delteil, Joseph 198, 311, 312
De Maigret, Arnaut 218
Derain, André 159
Dewar, Bill 87, 89, 209, 365
Dewey, Admiral 25
Dexter, Jasper 286
Dexter, Paul 59
Dibbern, George 307, 338
Djukič, Radmila 243
Dobo, Frank 149, 198, 209, 224, 229, 244, 292, 319
Doner, Ephraim 278, 323
Dos Passos, John 136, 163, 164, 208
Dostojewski, Fjodor 46, 62, 70, 141, 251, 345, 362
Dreiser, Theodore 81, 118, 140, 152, 164, 216
Dreyer, Carl 312
Du Barry, Mme. 169
Du Bois, W. E. B. 57, 82
Duchamp, Marcel 132, 260
Dudley, Flo 260
Dudley, John 260, 270, 273
Dulac, Germaine 153f.
Duncan, Robert 253
Duras, Marguerite 325
Durrell, Lawrence 62, 76, 219, 224, 227, 228, 229, 230, 232f., 234, 235, 240, 241, 243, 247, 250, 277, 284, 288, 291, 292, 297ff., 306, 307f., 312, 313, 314, 318, 323, 327ff., 330, 331, 336, 342, 343, 354, 358, 364, 367, 369, 370
Durrell, Nancy 232, 233, 247

Eastwood, Clint 368
Edgar, David 241, 247
Egg, Oscar 53
Eliot, T. S. 72, 207, 208, 224, 229, 240, 243, 293, 335
Elkus, Abe 154, 204
Ellis, Havelock 72
Eluard, Paul 195
Emerson, Ralph Waldo 8, 17, 57, 251, 352
Evans, Keith 277

Fadiman, Clifton 252
Fasset, Bill 303
Fasset, Lolly 303
Faulkner, William 267
Faure, Elie 46, 62, 193, 251
Fedrant, Camilla 79, 81, 86, 238
Fellini, Federico 369
Ferlinghetti, Lawrence 345
Fink, Robert 320, 321, 322, 341, 363
Fitzgerald, F. S. 72, 293, 345, 375
Fitzgerald, Geraldine 282
Fletcher, Horace 51
Folger, Joe 53
Ford, Charles Henri 270
Ford, Henry 47

Ford, John 260
Fowlie, Wallace 286, 361
Farrell, James T. 215
Fraenkel, Michael 158–161, 164, 167, 180, 181, 182, 184, 200, 201, 211, 213, 217, 218, 219–222, 224, 227, 228, 234, 235, 240, 241, 247, 370
France, Anatole 72
Franco, F. Bahamonde 230
Frank, Waldo 173, 216
French, Howell 111
Freud, Sigmund 57, 72, 97, 180, 299
Friede, Donald 268
Friedman, Marcel 268

Gardner, Ava 350
Gascoyne, David 200, 218
Gauguin, Paul 108
Genet, Jean 325, 355, 358
George, Yvonne 191
Gerhardt, Renate 329, 330, 331, 332, 336, 338, 340
Gertz, Elmer 342
Gide, André 222, 291
Gimpel, Jakob 350
Ginsberg, Allen 345
Girodias, Maurice 196, 207, 228, 249, 290, 291, 292, 297, 311, 312, 365
Goethe, Johann Wolfgang von 159, 352
Goldman, Emma 56f., 362
Granich, Irwin 81
Gray, Joe 349, 351, 353
Greer, Germaine 359
Gromaire, Marcel 159
Guiler, Hugh (Hugo) 169, 170, 171, 172, 173, 176, 178, 179, 190, 196, 197, 206, 209, 210, 216, 217, 226, 292, 304, 339, 364

Haggard, Rider 34, 41, 305
Hall, Radclyffe 185
Hall, Weeks 259, 263
Hamling, H. L. 346
Hamsun, Knut 72, 80, 90, 141, 360, 362
Hargraves, Michael 371
Harris, Frank 58f., 62, 151, 185
Harwell, Pierce 270, 271
Hearst, William Randolph 111
Hecht, Ben 91, 122
Heller, Henry (Vetter von HM) 321
Hemingway, Ernest 72, 136, 163, 215, 293, 345, 375
Henty, George Alfred 33, 41, 305
Hershkowitz, Harry 279f., 282, 285, 286, 318
Hesse, Hermann 366
Hickerson, Harold 96, 97, 98, 106
Hiler, Hilaire 188, 198, 203, 208, 211, 212, 215, 227, 228
Hill, Caryl 328, 329, 330
Hinz, Evelyn 370
Hitler, Adolf 212, 228f., 230, 231, 240, 264
Hodges, Jake 276, 303
Hoffman, George 370
Hoffman, Michel 292, 311, 333, 334
Holliday, Terence 269
Holty, Carl 240
Holve, Norman 274
Houghton, Claude 270f.
Hubbard, L. Ron 314
Hughes, Thomas 35
Huxley, Aldous 72, 207, 208, 222, 224, 270, 342

Imhof, Joey 32, 150
Imhof, Tony 32
Insel, Wilhelmina, geb. Schäfer (Urgroßmutter von HM) 18, 19
Ionesco, Eugène 325, 337
Isherwood, Christopher 342

James, Henry 134, 251
Johnson, Roy Mellisandre 253f.
Johnson, Uwe 338
Jones, Jennifer 350
Jong, Erica 359, 367
Josephson, Julian 268
Joyce, James 8, 155, 173, 185, 186f., 193, 194, 225, 333, 337

Kahane, Eric 228
Kahane, Jack 184–187, 193, 196, 198, 204, 205, 207, 208 f., 222, 223 f., 227, 228, 239, 240, 249, 290, 312, 333
Kahane, Marcelle 228
Kahn, Albert E. 287
Kann, Fred 147, 157, 158, 164, 174
Karsten, Karl 114
Katsimbalis, George 248, 249
Kaufman, Philip 371
Keeler, Charles 65
Kerouac, Jack 338, 345
Keyserling, Graf Herman 193, 242, 273
King, Larry 286
Knopf, Blanche 237, 255
Kokoschka, Oskar 161
Kotin, Albert 149
Koutsaftis, Sevasty 271, 272, 365
Kraft, Barbara 369
Krans, Dr. 176, 184
Kronski, Jean 122–132, 139, 140, 142, 150, 172, 192, 210, 211, 266, 288, 301, 347

Lancaster, June 279 ff., 286, 310
Langmann, Jacqueline 363
Laughlin, James 208, 224, 236, 237, 240, 250, 254, 260, 263, 265, 274, 275, 278, 282, 284, 290, 306, 319, 325, 333, 365
Lawrence, D. H. 8, 156, 167, 168, 169, 170, 171, 177, 186 f., 193, 194, 196, 250, 283, 318, 324, 333, 358, 370
Lawton, Jack 31
Ledig-Rowohlt, Heinrich Maria 327, 331, 332
Ledig-Rowohlt, Jane 327
Lehmann, John 202
Leite, George 268, 275, 276, 283, 284, 293
Lepska, Janina Martha (dritte Frau von HM) 286 ff., 290, 292, 295, 302, 308 f., 310, 311, 314, 320, 322, 328, 329, 330, 336, 342, 349, 351, 364
Levine, Joseph E. 341, 351
Lewis, Jerry 342
Lewis, Sinclair 164, 215
Liszt, Franz 64, 67
London, Jack 62
Londos, Jim 108
Long, Haniel 307, 338
Loren, Sophia 351
Louie, Laure 264, 271
Lowenfels, Walter 158, 159, 160, 164, 176, 195, 206, 220, 224, 227, 234, 235, 247, 293
Lu, Li 364
Lundkvist, Arthur 367
Lurcat, Jean 159
Luttinger, Dr. Paul 96

Macfadden, Bernarr 51, 54, 57, 109, 113, 118
MacLaine, Shirley 351
Mailer, Norman 358, 367
Maillet, Albert 327
Mann, Heinrich 267
Mann, Thomas 155, 267
Mansfield, June s. Smith, June
Martin, Dean 349, 351
Martin, Jay 371
Martin, John 261
Marx, Harpo 342
Maugham, Somerset 229
Maurer, Ethel 77, 98
Mazumdar, Haridas 78, 149, 153, 182
McAlmon, Robert 162, 163
McCarthy, Andrew 371
McClure, Eve (vierte Frau von HM) 309, 310–313, 315, 316, 320, 321 f., 323, 325, 327, 328, 329, 330, 331, 332, 334, 337, 341, 346, 351, 360
Mechau, Frank 157, 164
Mechau, Paula 157, 164
Mencken, H. L. 237
Millar, Ronald 118
Miller, Barbara Sylvas (Tochter von HM) 68 f., 80, 90, 95, 97, 103, 114, 125, 126, 204, 206, 256, 279, 280, 292, 315, 351, 372

Miller, Beatrice Sylvas, geb. Wickens (erste Frau von HM) 63–69, 73, 78–81, 84, 86, 87, 90, 94, 95–98, 103, 104, 115, 117, 118, 133, 136, 142, 199, 206, 254, 256, 279, 297, 308, 315, 346, 347, 351, 372
Miller, Gladys 86
Miller, Heinrich (Vater von HM) 20, 21, 25, 31, 33, 36, 38, 40, 46, 58, 60, 64, 116, 117, 127, 151, 229, 255f., 259f.
Miller, Lauretta Anna (Schwester von HM) 26–29, 38, 94, 118, 255, 285, 320ff., 325, 330, 357
Miller, Louise Marie, geb. Nieting (Mutter von HM) 19, 20ff., 24, 26f., 33, 36, 38, 39f., 46, 60f., 65, 66, 69, 117, 127, 152, 217, 255f., 257, 259, 265, 285f., 319, 320f.
Miller, Tony (Sohn von HM) 302, 308, 309, 311, 314f., 329, 330, 331, 349, 353, 356, 364, 372
Miller, Valentine (Tochter von HM) 292f., 296, 308, 311, 314f., 329, 330, 331, 336, 349, 351, 353, 357, 364, 371, 372
Millett, Kate 358
Mills, Benjamin Fay 57f.
Mini, Norman 303
Mischima, Jukio 361
Morand, Paul 147
More, Gonzalo 226, 230
Moricand, Conrad 241f., 252, 295f., 369, 374
Morris, William 58
Müller, Barbara, geb. Kropf (Großmutter von HM) 19
Müller, Heinrich (Großvater von HM) 19, 20
Müller, Henry 151
Murphy, Marcella 41
Mussolini, Benito 229

Nadeau, Maurice 311
Neagoe, Peter 163
Neiman, Gilbert 267, 268f., 303
Nepus, Sava 349
Niarchos, Melpomene 271, 272, 282, 286, 365
Nichols, John 156f.
Nieting, Annie (Tante von HM) 19, 31
Nieting, Emilia (Tante von HM) 18f., 23, 38, 217
Nieting, Emilie, geb. Insel (Großmutter von HM) 18, 38
Nieting, Mary (Tante von HM) 19
Nieting, Valentin (Großvater von HM) 18, 19, 20, 24, 25, 58
Nietzsche, Friedrich Wilhelm 46, 62, 72, 89, 202, 251
Nin, Anaïs 7, 126, 165, 168–182, 184f., 187, 188ff., 193–201, 204ff., 209ff., 213, 216f., 218, 223, 226, 227, 229, 230, 233, 234, 236, 240, 243, 247, 250, 252, 253, 257, 258, 259, 261, 262, 263, 264f., 266, 267, 269, 270, 271, 273, 276, 278, 282, 283, 286, 304, 308, 315f., 339, 340, 343, 352, 359, 360, 364, 365, 371
Nin, Joaquin 170
Norman, Dorothy 243
Novak, Kim 351

O'Regan, Joe 75, 76, 77, 79, 87, 89, 106, 110, 114, 115, 116, 119, 157, 187, 212, 256
Ornitz, Samuel 134
Orwell, George 230f.
Osborn, Richard 135, 154–157, 164, 166ff., 169, 171, 172, 182, 183, 186, 187, 188, 191, 192, 193, 194, 200f., 206, 212, 227

Pach, Walter 58, 62, 64
Painter, Miriam 41
Palmer, Geoffrey 357
Parker, Daniel 291
Parr, Bill 56, 57
Pasta, Jimmy 117, 131, 260
Patchen, Kenneth 279, 284, 307
Pater, Walter 134

Patschutinski, Eugène 149
Paul, Elliot 158
Paul, Johnny 319
Pelham, Janice 279
Pelorson, Roger s. Belmont, Georges
Perlès, Alfred 7, 137, 150, 151, 154, 158, 161–164, 166ff., 174, 178, 180, 181, 188, 189, 190, 191, 195, 197, 199, 204, 213, 216, 218, 219–222, 223f., 226, 228f., 233ff., 243, 247, 253, 291, 312f., 315ff., 319, 320, 323, 327, 331, 339, 349, 363, 365, 370, 374
Perlès, Anne 313
Picasso, Pablo 132, 292, 346
Pickerill, Bill 369, 370
Pinter, Harold 325
Pirandello, Luigi 90
Poe, Edgar Allen 251
Pole, Rupert 304, 364
«Pop» 133, 135, 136, 140, 141, 145
Porter, Bern 275, 283f., 285, 293, 306, 333, 365
Pound, Ezra 72, 81, 163, 207, 208, 209, 214, 218, 224, 235f.
Powell, Lawrence Clark 268, 271, 304f., 339
Powys, John Cowper 57, 306, 313, 338
Prather, Elmer 233, 235
Proust, Marcel 8, 156, 173, 177, 192, 193, 251
Putnam, Samuel 161ff., 184, 188, 218

Queneau, Raymond 198, 218

Rabelais, François 193, 195
Rahv, Philip 318
Rainer, Luise 264
Ramos, Steve 87
Rank, Otto 198f., 204, 206, 209, 210, 211f., 216
Rattner, Abe 219, 257ff., 265, 273, 337
Rauth, Dr. 43
Ray, Man 270, 292
Reich, Wilhelm 293
Reichel, Hans 132, 218, 226, 227, 237, 311
Reitman, Ben 56
Rembar, Charles 324
Rexroth, Kenneth 314
Ricketts, Ed 263
Rimbaud, Arthur 21, 269, 273, 288
Rivise, Mike 103
Robinson, Boardman 62
Robinson, Charles 366
Robitaille, Diane 354
Robitaille, Gerald 354, 363f.
Rodann, Ziva 351
Roosevelt, Nicholas 302
Roosevelt, Teddy 13, 23, 25, 34, 35, 54, 302
Roosevelt, Tirzah 302
Root, Waverley 177f., 360
Rosenfeld, Paul 237
Ross, David 225
Ross, Harolde 78
Ross, Harrydick 327f., 329, 351
Ross, Patience 291
Rosset, Barney 10, 324ff., 332ff., 335, 337, 341, 346, 357, 365, 367
Roth, Philip 372
Roth, William 263
Rudhyard, Dane 270
Rutt, Walter 52
Ryan, Betty 218, 226, 237

Sadow, Joe 215, 255
Sanchez, Eduardo 206, 222
Sandburg, Carl 78
Sargent, Dudley 51f.
Sargent, Lynda 276, 277, 278, 281, 303
Saroyan, William 234
Sartre, Jean-Paul 291
Sattenstein, Sam 75, 87, 89, 104
Schatz, Bezalel 300, 303, 312, 323
Schatz, Louise 310, 312

Schnellock, Emil 38, 70, 73, 77, 79, 81, 87f., 89, 106, 108, 109, 110, 112f., 126, 129, 131, 145, 147, 148, 151, 153, 154, 156, 157, 168, 174, 175, 179, 181, 184, 187, 189, 191, 192, 195, 199, 203, 206, 208, 209, 210, 216, 219, 227, 237, 252, 258, 267, 284, 287, 307, 370
Schnellock, Ned 101, 109, 114, 115, 116
Schrank, Bertha 157, 164, 166, 168, 175, 182
Schrank, Joe 157, 164
Scorsese, Martin 372
Scott, Sir Walter 41
Seferiades, George 248
«Servant» 222
Seward, Cora 42, 43, 54, 72, 99f., 166, 366
Shakespeare, William 59
Shamroy, Leon 351
Shaw, George Bernard 70
Siegel, Lee 352, 353
Simenon, Georges 332
Simon, John 356
Simon, Michel 312
Singer, Isaac Bashevis 338, 362, 367
Sitwell, Osbert 292
Slaboszowska, Zofia 351
Slocum, John 252, 255, 257, 259, 260, 261
Smerth, June s. Smith, June
Smith, Bradley 361
Smith, June (zweite Frau von HM) 7, 9, 53, 91–101, 102–106, 109–120, 121–142, 145f., 150, 151, 153f., 156, 164f., 167, 168, 169, 171–180, 188–192, 195, 196f., 204, 209, 210, 211, 216, 227, 228, 238, 239, 256, 266, 271, 279, 288, 294f., 297, 299, 308, 310, 322, 327f., 338, 339, 347f., 351, 352, 356, 360, 373f.
Snyder, Robert 353, 357
Sommer, Elke 351
Spencer, Herbert 62, 72, 89
Spengler, Oswald 89, 156, 193, 202, 251, 299
Stahl, Sandi 369
Stalin, Jossif Wissarionowitsch 231
Stein, Gertrude 163, 236
Steinbeck, John 263f.
Steiner, Rudolf 242
Steloff, Frances 225f., 235, 239, 242, 244, 249, 252, 253, 254, 256, 259, 262, 271, 282
Sternberg, Joseph von 262
Stettner, Irving 295, 367, 370
Stieglitz, Alfred 261
Stoker, Bram 94
Street, Toby 330
Strick, Joseph 355, 357
Strindberg, Johan August 70, 90
Styron, William 337
Swanson, Gloria 351
Symons, Julian 243

Tagore, Rabindranath 82
Talbot, Lyle 309
Tennyson, Alfred Lord 41
Teunissen, John 370
Thiebaud, Twinka 366, 369, 370
Thoma, Richard 218, 223
Thomas, Dylan 243
Thorsen, Jens Jorgen 357
Tillotson, Major 35ff.
Titus, Edward 151, 170, 195
Tokuda, Hiroko (fünfte Frau von HM) 352–356, 358, 360f., 364, 372
Torn, Rip 355
Trantino, Tommy 367
Trubezkaja, Natascha 179
Truffaut, François 369
Turner, William 145, 157
Tyler, Parker 270

Unamuno, Miguel de 134

Varda, Jean 276, 281, 289
Varda, Virginia 276, 281
Varèse, Edgar 261

Venus, Brenda 368 ff.
Voltaire 194

Wassermann, Jakob 268
Watanabe, Michiko 354
Webb, Bill 362
Weininger, Otto 72
Weiss, Paul 286
Wells, H. G. 70
Welty, Eudora 261
West, Herbert 267, 272, 274, 287, 288
West, Nathanael 215
West, Rebecca 229
Wharton, Jean 278, 302
White, Emil 277 f., 281, 283, 285, 286, 288, 289 f., 313, 317, 327, 331 f., 352, 364, 372
Whitman, Walt 8, 10, 17, 24, 167, 182, 251
Wickes, George 371
Wilde, Oscar 59
Williams, William Carlos 215, 224, 335
Wilson, Edmund 318
Winslow, Kathryn 303 f., 371
Winslow, Walker 285, 303, 309
Wolfe, Thomas 215
Woodburn, John 257
Wright, George 42, 45

Young, Courtland 119
Young, Lafe 261
Young, Noel 361, 365

Zadkine, Ossip 132, 146, 164

Dank

Das vorliegende Buch erhebt nicht den Anspruch, eine autorisierte Biographie zu sein. Trotzdem bedanke ich mich an dieser Stelle bei Henry Tony Miller, Valentine Lepska Miller und Barbara Sylvas Miller für die Beantwortung von Routinefragen und für die Erlaubnis, die Briefe und Manuskripte ihres Vaters in der Bibliothek der UCLA einzusehen sowie aus seinen unveröffentlichten Briefen zu zitieren.

Die Society of Fellows in the Humanities an der Columbia University stellte mir nicht nur einen Arbeitsplatz zur Verfügung, sondern gewährte mir auch bereitwillig Hilfe. Mein Dank geht an Barbara Miller und Richard Kuhns, die früheren Vorsitzenden der Society, und besonders an Loretta Nassar, ihre frühere Leiterin. Jack Salzman vom Center for American Culture Studies sowie die Angehörigen des Department of English and Comparative Literature – beide an der Columbia University – standen mir ebenfalls mit Rat und Tat zur Seite. Weitere Unterstützung erhielt ich von der National Endowment for the Humanities in Form eines Reisestipendiums.

Die Liste der Leute, die sich zu Interviews bereit erklärten, einen umfangreichen Briefwechsel mit mir führten, mir ihre Gastfreundschaft in fremden Städten gewährten oder mir auf andere Weise kritisch zur Seite standen, ist fast endlos. Ohne die Hilfe der im folgenden aufgeführten Personen sowie all derer, die ich vielleicht zu erwähnen vergessen habe, hätte das vorliegende Buch nicht entstehen können; ich muß jedoch gerechterweise auch gestehen, daß sie nicht unbedingt alle mit meinen Deutungen und Schlußfolgerungen übereinstimmen: Georges Belmont, Lynne Bloom, Andreas Browne, Karen Burke-LeFevre, John Calder, Richard Centing, Gloria Calmer, Cele Conason, Muriel Cowley, Marie-Claude de Brunhof, Francis Dobo, Ephraim Doner, Peter Dreyer, Ken Du Main, Richard Ellmann, Lawrence Ferlinghetti, Harry Finestone, Noel Riley Fitch, Hugh Ford, Benjamin Franklin V, Allen Ginsberg, der inzwischen verstorbene Maurice Girodias, Michael Hargraves, John Hayes, Joyce Howard, Roger Jackson, Erica Jong, Eric Kahane, Michael Kane, Brian Kilner, Barbara Kraft, James Laughlin, Gershon Legman, Manfred Linus, Milt Lubovski, Juliette Man Ray, John Manola, John Martin, Bertrand Mathieu, Clay McDaniel, Sidney P. Moss, Mario Muchnik, Michael Neal, Sava Nepus, Margaret Nieman, James O'Roark, Rupert Pole, Esther Gentle Rattner, Ernst Richter, Barney Rosset, Mark SaFranko, Robert Sharrad, Mahumud Shurayh, Bradley Smith, Robert Snyder, Sandi Stahl, Irving Stettner, Joe Strick, John Tytell, Brenda Venus, Patrick Freiherr von Richthofen, Lepska Warren, Howard Welch, Edmund White und der inzwischen verstorbene Emil White. Besonderen Dank schulde ich Elmer Gertz, Fred Jordan, Phil Nurenberg, Bern Porter, Gunther Stuhlmann, Bill Webb und Noel Young.

Folgende Kustoden und Bibliothekare haben mir meine Nachforschungen wesentlich erleichtert: J. Rossi von der Alderman Library an der University of Virginia; Jennie Rathbun von der Houghton Library an der Harvard University; Sigrid P. Perry von der Northwestern University Library; Patricia C. Willis von der Bienecke Rare Book and Manuscript Library an der Yale University; Sara S. Hodson von The Huntington Library; Philip N. Cronenwett von der Dartmouth College Library; Cynthia Wall von The Newberry Library; Stanley A. Carroll von der San Francisco Public Library; Saundra Taylor von der Lilly Library an der Indiana University; Vivian K. Newbold von den University Libraries an der University of Minnesota. Besonders erwähnen möchte ich: Cathy Henderson vom Harry Ransom Humanities Research Center an der University of Texas in Austin; Wayne Furman und die inzwischen verstorbene Lola Szladits von der New York Public Library; Monte Olenick von der Brooklyn Public Library; die Mitarbeiter der George Arents Research Library an der Syracuse University; Anne Caiger, Simon Eliot und Lilace Hatayama vom Department of Special Collections der University Research Library an der UCLA.

Großes Glück hatte ich mit meinen Assistenten, die durch ihre Beharrlichkeit, ihren Einfallsreichtum und ihre gute Laune einen unermeßlichen Beitrag zur Verbesserung des vorliegenden Buches leisteten. Ich danke an dieser Stelle David Gratt, Jill Wacker, Deborah Brudno, Marianna Cherry, Jean King, Brendan Mernin und Jason McLachlan.

Bei Simon & Schuster waren mir Nancy Nicholas und später Bob Bender fähige und begeisterte Lektoren, und Johanna Li stand mir mit kritischen Ratschlägen bei. Debbie Goodsite und Toby Greenberg halfen, einige wichtige Fotos aufzuspüren. Außerdem bedanke ich mich bei Carol O'Brien von Harper Collins und bei Maxine Groffsky, meiner unvergleichlichen Agentin.

Schließlich möchte ich hier noch all jene erwähnen, die auf unterschiedliche Weise wesentlich zur Entstehung dieser Biographie beitrugen: Meryl Altman, Nat Austern, Roger Blumberg, Mary Campbell, John T. G. Dearborn, Richard und Marguerite Dearborn, Miriam Gurniak, Martin Hurwitz, Warren Johnson, Joe Markulin und wieder einmal vor allen Dingen Eric Laursen.

Bildnachweis

1, 2, 3, 5, 9, 23, 24: mit freundlicher Genehmigung des Department of Special Collections, University Research Library, UCLA
4, 6, 15: mit freundlicher Genehmigung von Masters and Masterworks /Robert Snyder
11, 16, 17: mit freundlicher Genehmigung des Anaïs Nin Trust
14: © Carl Van Vechten, mit freundlicher Genehmigung des Anaïs Nin Trust
18: mit freundlicher Genehmigung von Michael Hargraves
19: mit freundlicher Genehmigung von Maurice Girodias
20, 21: mit freundlicher Genehmigung der Rare Books and Manuscripts Division, The New York Public Library, Astor, Lenox and Tilden Foundations
22, 25: mit freundlicher Genehmigung der Special Collection, University of Virginia Library
30: mit freundlicher Genehmigung von Hoki Tokuda Miller und Joyce Howard
32: © Martin